Zwischen Bebop und Free Jazz

SCHOTT
Musikwissenschaft

Wolfram Knauer

Zwischen Bebop und Free Jazz

Komposition und Improvisation des Modern Jazz Quartet

Band I: Text

SCHOTT

Mainz · London · New York · Paris · Tokyo

Bestellnummer: ED 7869

Umschlaggestaltung: Günther Stiller, Taunusstein
Printed in Germany · BSS 47327

ISBN 3-7957-1863-5

Inhalt

Inhalt des Notenbandes

Meinen Eltern

Vorwort

Diese Arbeit wurde von der Philosophischen Fakultät der Universität Kiel am 4. Februar 1989 als Dissertation im Fach Musikwissenschaft angenommen. Der Originaltitel lautete: »Das Modern Jazz Quartet. Studien zu Komposition und Improvisation zwischen Bebop und Free Jazz«.

Keine Monographie, die den Anspruch erhebt, ein Sachgebiet möglichst umfassend darzustellen, käme ohne die Hilfe und Unterstützung anderer aus. So möchte ich mich bei den Personen, Instituten und Organisationen bedanken, die zum Gelingen dieser Studie mit beigetragen haben.

An erster Stelle sind meine akademischen Lehrer zu nennen, Heinrich W. Schwab und Friedhelm Krummacher, die die einzelnen Kapitel mit kritischem Interesse lasen und deren wertvolle Anregungen den eigenen kritischen Blick immer wieder auf zentrale Probleme richteten.

Thomas Owens (Torrance, California) sei Dank für die Überlassung einer Kopie seiner Magisterarbeit über das Modern Jazz Quartet von 1965. Bei mehreren Aufenthalten in den Vereinigten Staaten konnte ich in verschiedenen Archiven Materialsammlungen zur Rezeption des Modern Jazz Quartet anlegen, aber auch seltene und zum Teil unveröffentlichte Aufnahmen des Quartetts hören. Ich bedanke mich besonders bei Dan Morgenstern und seinen Mitarbeitern am Institute of Jazz Studies (Rutgers University, Newark, New Jersey) bei den Bibliothekaren des Schomburg Center in Harlem (New York) und bei den Bibliothekaren der Music Division der New York Public Library im Lincoln Center (New York).

John Lewis, William O. (Bill) Smith, Bill Perkins und Dave Brubeck haben bei verschiedenen Gelegenheiten Zeit gefunden, mir ausführliche Interviews zum Thema zu geben.

Ein anderthalbjähriger Aufenthalt in New York City im Frühjahr/Sommer 1986 wurde durch ein großzügiges Promotionsstipendium des Deutschen Akademischen Austauschdienstes (DAAD) finanziert. Die Materialsammlung in New York wurde außerdem durch einen Zuschuß der Amerika-Gesellschaft e.V. (Hamburg) unterstützt. Die Dr. Helmut Robert Gedächtnisstiftung ermöglichte mit einem Promotionsstipendium die ungestörte Niederschrift der Arbeit. Die Ministerin für Bildung, Wissenschaft, Jugend und Kultur des Landes Schleswig-Holstein schließlich bewilligte einen Zuschuß zu Kosten, die durch die Einbeziehung der Transkriptionen in diese Veröffentlichung entstanden.

Zwei engen Freunden sei an dieser Stelle ebenfalls Dank gesagt. William Scott Andrews (Covington, Louisiana, und New York City) ermöglichte mit seiner Gastfreundschaft verschiedene meiner Besuche in den Vereinigten Staaten, Besuche, auf die man in der Forschungsarbeit auf dem Gebiet der amerikanistischen Musikwissenschaft kaum verzichten kann. Rebekka Bertling (Kiel) hat seit Beginn des Projekts jedes Kapitel mit Enthusiasmus und Kritik begleitet. Ihre Distanz zur Materie und die unzähligen langen Diskussionen gaben viele Anregungen, die zum Gelingen der Arbeit beitrugen.

Das Modern Jazz Quartet ist auch heute noch aktiv. Seine Musik ist selbst nach den vielen unzählbaren Stunden noch faszinierend, die ich – transkribierend, analysierend, aber auch zum eigenen Vergnügen – mit ihr verbracht habe. Die etlichen Konzerte, in denen ich das Quartett – in den verschiedensten Umgebungen – hören konnte, waren immer wieder Inspiration und wichtiger Anstoß für die laufende Arbeit. Dafür nicht zuletzt sei den Mitgliedern des Modern Jazz Quartet gedankt, mit allem Respekt vor ihrer Musik. Ohne Milt Jackson, John Lewis, Percy Heath und Connie Kay wäre nicht nur diese Arbeit nicht möglich gewesen, ohne sie wäre auch die Jazzgeschichte um ein faszinierendes Kapitel ärmer.

Einleitung

Das Modern Jazz Quartet ist eines der erfolgreichsten Ensembles der Jazzgeschichte. In seinen Schallplatteneinspielungen aus den fünfziger und sechziger Jahren liegen wichtige Beispiele für ein ansonsten nur schlecht dokumentiertes Genre des Jazz vor, nämlich den Third Stream. Obwohl die Gruppe nicht vollkommen dieser von Gunther Schuller benannten Stilrichtung zugeordnet werden kann, sind doch die Konzeptionen Schullers und die des Pianisten, Komponisten und spiritus rector des Modern Jazz Quartet, John Lewis, zumindest vergleichbar. Beide wollten in ihrer Arbeit Elemente aus der europäischen und der afro-amerikanischen Tradition, d.h. vor allem fortentwickelte Kompositions- und Improvisationstechniken zu einem dritten Strom vereinen.

Der Third Stream selbst ist von der Jazzforschung innerhalb der Musikwissenschaft meist nur monographisch aufgearbeitet, selten aber in Bezug zu den umgebenden, beeinflussenden und beeinflußten Stilen gesetzt worden. Zwei Dissertationen aus den USA[1] befassen sich vor allem damit, welche Elemente europäischer und afro-amerikanischer Musik in dieser und vergleichbaren Stilrichtungen zusammenfließen und mit welchen Mitteln Komponisten wie improvisierende Musiker die unterschiedlichen Traditionsbereiche kombinieren. In dem von Ingrid Karl und der Wiener Musik Galerie herausgegebenen Sammelband *Jazz op. 3*[2] bietet der Beitrag von Herbert Hellhund[3] einen Überblick über das Konzept Schullers und anderer, nennt dabei auch Beziehungen zu vorhergegangenen Jazzstilen und die Einbeziehung einzelner Free-Jazz-Musiker in Konzertpräsentationen und Schallplatteneinspielungen von Third-Stream-Kompositionen.

Ekkehard Josts richtungsweisende Arbeit über den Free Jazz[4] enthält monographische Kapitel über herausragende Musiker jener Stilepoche. Jost bemerkt den Bezug einzelner Exponenten des Jazz der sechziger Jahre auf die Tradition afro-amerikanischer Musik, zeichnet aber weder die musikalischen noch die ästhetischen Verbindungen des Free Jazz zum zentralen vorweggegangenen Stil des Bebop oder zur Third-Stream-Bewegung New Yorker Komponisten und Musiker nach.

Das Modern Jazz Quartet selbst ist nur in wenigen Beiträgen Betrachtungsgegenstand der Jazzforschung. In Hellhunds oben genanntem Artikel wird ihm

1 Robert L. Brown, *A Study of Influences From European Art Music on Certain Types of Jazz*, Phil. Diss. (Columbia University), New York 1974; Clarence Joseph Stuessy, Jr.: *The Confluence of Jazz and Classical Music from 1950 to 1970*, Phil. Diss. (University of Rochester, Eastman School of Music), Rochester, N.Y. 1978

2 Ingrid Karl (Wiener Musik Galerie) (Hg.), *Jazz op. 3. Die heimliche Liebe des Jazz zur europäischen Moderne*, Wien 1986

3 Herbert Hellhund: *Third Stream. Zum Verhältnis eines strittigen Begriffs und einer mißverständlichen Sache*, in: *Jazz op.3*, hg. von Ingrid Karl, S. 37 ff.

4 Ekkehard Jost: *Free Jazz. Stilkritische Untersuchungen zum Jazz der 60er Jahre*, Mainz 1975

eine *singuläre Position* zwischen den *stilistischen Gravitationsfeldern* von West Coast Jazz, Cool Jazz, Bebop und Third Stream zugeschrieben[5]. Hellhund analysiert in seiner Dissertation über den Cool Jazz[6] einige frühe Aufnahmen des Quartetts, die zumindest peripher Parallelen zu den vom Autor aufgezeigten Stilmerkmalen des Cool Jazz aufweisen.

Einzelne amerikanische und britische Autoren sind zwar eher der Jazzkritik zuzurechnen, geben dennoch – zum Teil mit gutem analytischen Einfühlungsvermögen – wertvolle Reflexionen über die Musik des Modern Jazz Quartet und seine Stellung im Jazz der Zeit ab. Zu diesen Autoren gehören vor allem Nat Hentoff, Martin Williams und Max Harrison[7].

Eine Monographie über das Modern Jazz Quartet schließlich liegt in der Magisterarbeit von Thomas Owens über *Improvisation Techniques of the Modern Jazz Quartet*[8] von 1965 vor. Owens beschränkt sich auf eine Würdigung des bis dahin auf Schallplatte aufgenommenen Oeuvres und einzelner personalspezifischer Charakteristika. Die Einordnung des Quartetts auch in die Entwicklung ästhetischer Vorstellungen in jenen Jahren war zugegebenermaßen 1965 schwierig, zumal der mangelnde Abstand und die Unkenntnis der Folgen von Third Stream und Free Jazz eine objektive Beurteilung behinderten.

* * *

Im Mittelpunkt dieser Arbeit steht die Frage, auf welche Art und Weise John Lewis in seinen Kompositionen und Arrangements bzw. wie das Modern Jazz Quartet in den Realisationen dieser Musik eine Vermittlung zwischen Komposition und Improvisation erreichen und welche Position das Konzept von Lewis, das ähnlichen im Third Stream vergleichbar ist, in der Jazzentwicklung der fünfziger und sechziger Jahre innehat.

Die Zeit zwischen 1950 und 1960 wurde in der Jazzgeschichtsschreibung vielfach als eine Periode des Übergangs vom Bebop zum Free Jazz dargestellt. Die allgemein konstatierten Stilrichtungen des Cool Jazz, Post Bop oder Hard Bop waren dabei allerdings in der Regel so stark den musikalischen Techniken des Bebop verbunden, daß eine scharfe Abgrenzung zwischen diesen Stilbereichen schwerfällt. Der Free Jazz, der Ende der fünfziger und Anfang der sechziger

5 Herbert Hellhund: *Third Stream*, S. 48

6 Herbert Hellhund: *Cool Jazz. Grundzüge seiner Entstehung und Entwicklung*, Mainz 1985

7 Hentoff, Williams und auch Gunther Schuller waren maßgeblich an der Entwicklung bzw. der Würdigung des Third Stream sowie an einer kritischen Anerkennung des jungen Jazz beteiligt. Schuller beispielsweise wies in seinen Aufsätzen immer wieder darauf hin, daß die Improvisationskonzepte führender Free-Jazz-Musiker ihm als Pendant zu seinen eigenen Kompositionsexperimenten wertvoll erschienen. Hentoff produzierte Anfang der sechziger Jahre Schallplatteneinspielungen unter anderem mit Cecil Taylor. Williams war Mitherausgeber der Zeitschrift *Jazz Review*, die Ende der Fünfziger Jahre sowohl die aktuelle Entwicklung des Jazz betrachten und begleiten als auch die Verbindungen der neuesten Avantgarde zur afro-amerikanischen Tradition analysieren wollte.

8 (University of California), Los Angeles 1965 (maschr.)

Jahre von exponierten Musikern wie Ornette Coleman und Cecil Taylor vorgestellt wurde, schien demgegenüber völlig neue Spiel- und Organisationsmodelle in den Jazz einzuführen. Die musikalische Faktur der Komposition und der Improvisation, neue Spielpraktiken und bislang unübliche Organisationsformen in Musikerinitiativen waren ein Grund dafür, daß Kritiker und Hörer den jungen Free Jazz als eine »Revolution« in der Jazzgeschichte empfanden – entsprechend vielleicht der »Revolution« des Bebop in den vierziger Jahren. Um diese Entwicklung besser zu verstehen, zogen die zeitgenössischen Kritiker und Jazz-Historiographen Traditionslinien beispielsweise von Ornette Coleman zu Charlie Parker oder von Cecil Taylor zu Duke Ellington. Solche Bezüge sind in der Retrospektive kaum zu leugnen, stellen aber nur ein Einflußmoment unter vielen dar.

Neben Cool Jazz und Hard Bop gab es im New York der fünfziger Jahre eine Bewegung unter Komponisten und Jazzmusikern, deren Ziel es war, Elemente aus den Traditionen afro-amerikanischer Musik und europäischer Kunstmusik zusammenzubringen, um so dem Jazz wie auch der zeitgenössischen amerikanischen Komposition bislang fremde Traditionsstränge zu öffnen. Der Komponist Gunther Schuller prägte den Terminus »Third Stream« für diese neue Musikrichtung. Im Gegensatz zu vorhergegangenen Versuchen vor allem europäischer Komponisten, Elemente aus dem Jazz in ihre Kompositionen einzubringen, sollten im Third Stream jazz-typische Momente nicht nur als eine »coleur exotique« behandelt werden, sondern in ihrer eigenen Tradition erhalten bleiben. Dies betraf besonders die Improvisation, die als zentrales Moment des Jazz auch eine zentrale Stellung im Third Stream einnahm. Obwohl Kompositionen, die Schullers Idee verpflichtet waren, bis in die achtziger Jahre geschrieben und aufgeführt wurden, bezeichnet der Stilterminus »Third Stream« in erster Linie Arbeiten, die von New Yorker Musikern und Komponisten etwa zwischen 1955 und 1965 vorgelegt wurden. Als Eckdaten können die Gründung der Jazz and Classical Music Society (1955) und die Auflösung des Orchestra USA (Anfang 1966) gelten. Die Musik war wenig erfolgreich und wurde höchstens in den großen Zentren der Vereinigten Staaten – New York, Chicago – von einem ausgewählten, meist intellektuellen Publikum rezipiert. Hatte der Third Stream nur eine begrenzte Öffentlichkeit, so prägte er doch in der Gleichbewertung der Traditionen europäischer und afro-amerikanischer Musik das Selbstbewußtsein der jungen Avantgarde-Musiker entscheidend mit, die im frühen Free Jazz Einflüsse aus beiden Bereichen in ihren Improvisationen verarbeiteten. Die Verwurzelung wichtiger Protagonisten des Third Stream in der musikalischen Improvisationssprache des Bebop und ihre gleichzeitige Offenheit gegenüber neuen Ideen und Improvisationskonzepten des Free Jazz muß dabei im Rückblick als eine Vermittlung zumindest der ästhetischen Ideale der beiden zentralen Jazzstile angesehen werden.

Das Modern Jazz Quartet wurde von der Jazzkritik oft als ein singuläres Ensemble dargestellt, das weder dem Cool Jazz noch dem Hard Bop oder dem Third Stream eindeutig zugeordnet werden könne. Einzelne besonders der frühen kompositorischen Ideen sowie die Zurückhaltung im Solospiel des Pianisten John Lewis schienen einer Auffassung zu entsprechen, wie sie typisch für den Cool Jazz war. Der virtuose und mit »soul«-Elementen durchsetzte Improvisationsstil des Vibraphonisten Milt Jackson erinnerte deutlich an Solisten des Hard Bop. Die Verwurzelung im traditionellen Blues und der Rückgriff auf konventionelle Modelle schließlich ließen trotz der formalen Experimente im Repertoire des Quartetts eine deutliche Zuordnung zum Third Stream zumindest fragwürdig erscheinen.

Betrachtet man die Ideen, die hinter dem Konzept von John Lewis stehen, so wird eine enge Verbindung mit den ästhetischen Idealen des Third Stream erkennbar. Das Ensemble ragt in dem hohen Grad der gegenseitigen Durchdringung kompositorischer und improvisatorischer Ideen in seiner Musik aus der New Yorker Szene jener Jahre heraus. In dem Bekanntheitsgrad, den das Quartett nicht zuletzt durch die formalen Experimente in seinem Repertoire erfuhr, steht es noch heute als der einzig populäre Pol der Third-Stream-Bewegung da. Anhand seiner musikalischen Realisationen in den fünfziger und sechziger Jahren läßt sich der nachhaltige Wandel der musikalischen Mittel und der ästhetischen Ansichten vom Bebop zum Free Jazz dokumentieren.

Das Modern Jazz Quartet ist den Traditionen afro-amerikanischer und europäischer Musik eng verbunden. Die Improvisationssprache der einzelnen Mitglieder basiert auf den musikalischen Konventionen des Bebop. Auch in den motivisch geprägten Soli von John Lewis sind dabei immer wieder typische Bebop-Floskeln zu hören. Die Kompositionssprache des Pianisten dagegen ist stark von seinem Studium der europäischen Kunstmusik beeinflußt und insbesondere von seiner Faszination durch die Musik Johann Sebastian Bachs. Lewis hat sich mit allen Epochen der europäischen Musikgeschichte auseinandergesetzt. Er ist mit den Vokalwerken von Heinrich Schütz genauso vertraut wie mit der Arbeit Karlheinz Stockhausens und anderer kontemporärer Komponisten – mit denen er auch persönlichen Umgang pflegte. Im Gegensatz zu Gunther Schuller, der für seine Werke in der Regel die zeitgenössische kompositorische Sprache benutzte, die nicht zuletzt er selbst in den USA mitprägte, hielt sich Lewis in seinen dem Third Stream zuzurechnenden Kompositionen an Formmodelle und die harmonische und melodische Sprache vor allem des 18. und 19. Jahrhunderts, die er mit authentischen Jazzelementen vermengte.

Das Konzept hinter der Musik des Modern Jazz Quartet ist in erster Linie ein Konzept von John Lewis. Der Pianist und Komponist ist ein von Kollegen anerkanntes Mitglied der »jazz community«, zugleich aber auch Intellektueller und Ästhet mit weitgefächerten Interessen. In der Harlem Renaissance der zwanziger Jahre hatten Dichter, Schriftsteller, Maler, einzelne Komponisten und politisch aktive Intellektuelle in New York eine Bewegung ins Leben gerufen, die zum ersten Mal öffentlich den Gleichrang schwarzer und weißer Kunst bzw. schwarzen und weißen Denkens propagierte. John Lewis und andere Afro-Amerikaner, die ihr Universitätsstudium in den vierziger und fünfziger Jahren beendeten, waren die Generation nach der Harlem Renaissance. Ihr Selbstvertrauen und Selbstbewußtsein basierte auch auf der Anerkennung, die Literaten, bildende Künstler und Komponisten wie W.E.B. DuBois, Alain Locke, James Weldon Johnson, Langston Hughes, Miguel Covarrubias, Winold Reiss, Aaron Douglas, Hall Johnson, William Grant Still oder Duke Ellington schwarzer Kunst auch in der konservativen – und von Weißen besetzten – Kulturkritik verschafft hatten. Das neue Selbstbewußtsein schwarzer Intellektueller in den vierziger und fünfziger Jahren ist auf musikalischem Gebiet eine Voraussetzung für die Selbstverständlichkeit, mit der John Lewis in seinen Third-Stream-Arbeiten und mit der die jungen Avantgardisten im Free Jazz Techniken aus europäischer und afro-amerikanischer Musik für die eigenen Belange in Komposition oder Improvisation benutzten.

Das Modern Jazz Quartet fand in Europa wie in den Vereinigten Staaten vor allem bei intellektuellen Kritikern und Hörern Zuspruch. Sie sahen in seiner Musik einen ästhetischen Anspruch erfüllt, der über den einer improvisierten Jazzmusik hinausging, die in erster Linie als eine Weiterentwicklung oral tradierter Volksmusik verstanden wurde. Vielfach zog die Jazzkritik bis dahin das isolierte Solo als einziges Beurteilungskriterium für das Gelingen einer Jazzrealisation heran. In der Konzeption von Lewis und vergleichbaren Komponisten der Zeit, aber auch schon im Werk Duke Ellingtons dagegen war das improvisierte Solo Teil eines Ganzen und war das Gesamtergebnis nur dann angemessen zu würdigen, wenn man die komponierten Elemente – Rahmen wie Sologrundlage – und die improvisierte Leistung zueinander in Beziehung setzte und als Einheit betrachtete.

John Lewis selbst merkte an, daß der größte Markt für das Modern Jazz Quartet auch in den fünfziger Jahren in Europa lag. Das Publikum in den Vereinigten Staaten entstammte scheinbar dem gebildeten weißen Bürgertum und einer Elite schwarzer Intellektueller, die – John Lewis gleich – ihre eigene Tradition der europäischen als gleichrangig erachteten. Man kann allerdings davon ausgehen, daß ein Großteil des schwarzen Publikums die Musik des Ensembles auch deshalb befürwortete, weil in ihr jedwede »Unsauberheit« in der Diktion, jeder Verweis auf die »dirty roots« des Jazz – sowohl in der Ausführung wie auch in der Präsentation – fehlten. Das Selbstbewußtsein vieler schwarzer Intellektueller in jenen Jahren war in Wahrheit noch zu unsicher, als daß sie der musikalischen Avantgarde der sechziger Jahre hätten zustimmen können. Diese Ungleichheit zwischen dem Konzept von John Lewis und der Rezeption eines Großteils der schwarzen Hörerschaft ist mit dafür verantwortlich, daß das Modern Jazz Quartet bei vielen der »progressiven« schwarzen Autoren und Kritiker als »reaktionär« abgelehnt und vor allem im Konzept von John Lewis eine Verleugnung schwarzer Wurzeln und Traditionen gesehen wurde.

Eine Ausnahme bildet der schwarze Dichter und Kritiker LeRoi Jones. Seinen Vorwürfen, daß beispielsweise einzelne der Orchesterarrangements von Lewis wie die leblose Streichermusik klängen, die man in Lifts zu hören bekomme[9], ist – mit Einschränkungen – zuzustimmen. Viele gerade der sinfonischen Experimente von Lewis sind im Rückblick als mißlungen zu betrachten, da der Komponist trotz seiner Ausbildung Schwierigkeiten damit hatte, den konventionellen Streicherapparat eines Sinfonieorchesters oder auch kammermusikalische Besetzungen auf eine Art und Weise einzusetzen, die den Jazzthemen oder den eingerahmten Jazz-Improvisationen angemessen wäre. Jones und andere Kritiker des Modern Jazz Quartet aber verteidigen den Pianisten Lewis wie auch die restlichen Ensemblemitglieder als fundierte, tief im Blues verwurzelte Musiker, die in Soli und im Zusammenspiel ohne weiteres in der Lage seien, bewegende und aufregende Musik zu produzieren.

Wenn Jones sich auf die Versuche des Komponisten Lewis bezieht, *to »combine« classical music and jazz*[10], so verurteilt er diejenigen Beispiele, in denen eine solche Verbindung sich im »Überstülpen« europäischer Formen und Techniken über die traditionellen Praktiken des Jazz erschöpft. Jones macht ein ästhetisches Kriterium geltend, das nicht nur an die Experimente des Third Stream angelegt, sondern das ebenso als Bewertungskriterium früherer und späterer Jazzstile mit herangezogen werden muß:

> *In order for the jazz musician to utilize most expressively any formal classical techniques,* – und man kann hier genausogut die Benutzung anderer Techniken oder Formen einfügen – *it is certainly necessary that these techniques be subjected to the emotional and philosophical attitudes of Afro-American music – that these techniques be* used *not canonized.*[11]

In der Entstehungsgeschichte des Jazz werden europäische Formmodelle und Musiziermethoden von den Schwarzen beispielsweise in New Orleans als Mittel zum individuellen Ausdruck benutzt und den *emotionalen und philosophischen Vorstellungen* afro-amerikanischer Musik unterworfen. Die Übernahmen etlicher Musical-Kompositionen in das Repertoire des Jazz seit den zwanziger Jahren folgte demselben Prinzip einer Aneignung ursprünglich fremden musikalischen Materials. In den formalen Experimenten schließlich, die John Lewis in den fünfziger Jahren mit dem Modern Jazz Quartet und im Rahmen des Third Stream durchführte, übernahm er vor allem Kompositionsmuster aus der europäischen Kunstmusik, um sie mit dem Jazz zu vermengen. Insbesondere in der virtuosen Ausführung durch das Modern Jazz Quartet führt sein Konzept dabei zu einer partiellen Angleichung zwischen kompositorischen und improvisatorischen Techniken. Die gelungensten dieser Versuche können höchstens bei oberflächlicher Betrachtung als Nachahmungen europäischer Konzertmusik erscheinen, verleugnen aber in den Ausdrucksmomenten der improvisatorischen Verwirklichung nie die Traditionen afro-amerikanischer Musik.

9 LeRoi Jones: *Blues People*, New York 1963, S. 229

10 ibid.

11 ibid., S. 230

In der Vermittlung, die John Lewis zwischen Komposition und Improvisation herstellt, liegt der Erfolg vieler seiner Experimente gerade beim Modern Jazz Quartet begründet. Der frühe Free Jazz hat dann auf eine noch vollkommenere Art und Weise Kompositionskonzepte besonders auch der zeitgenössischen Musik verinnerlicht. Das Modern Jazz Quartet ist dabei keineswegs ein direkter Vorgänger des Free Jazz. In der improvisatorischen Sprache sind die vier Musiker fest im Bebop verwurzelt, während sich die Exponenten des Free Jazz von vielen der musikalischen Regeln des früheren Stils befreit hatten. Auch kompositorisch sind die Experimente von John Lewis alles andere als avantgardistisch. Aufnahmen des Jimmy Giuffre Trio aus jenen Jahren, Produktionen aus der Werkstatt Lennie Tristanos und ihm verbundener Musiker sowie Kompositions- und Improvisationskonzepte wie das *Lydian Chromatic Concept of Tonal Organization*, das George Russell bereits 1953 beendete, waren mit Sicherheit fortschrittlicher und eher von direktem Einfluß auf Musiker der Avantgarde als die kompositorischen Absichten von John Lewis. Seinem Plan einer Vermittlung zwischen Komposition und Improvisation schließlich können ähnliche Experimente in der Musik von Charles Mingus zur Seite gestellt werden, die zumindest in der Konsequenz einer improvisatorischen Auffassung von Komposition sehr viel weiter gingen als es bei Lewis der Fall war.

Die singuläre Position des Modern Jazz Quartet in der Jazzentwicklung zwischen Bebop und Free Jazz ergibt sich letztlich aus der Tatsache, daß die Musik des Ensembles weder die Traditionen der Komposition noch die Traditionen des Jazz verleugnete. John Lewis wollte eine Vermittlung zwischen Komposition und Improvisation erreichen, indem er jeden der beiden Bereiche durch Charakteristika der jeweils anderen Technik modifizierte, um so letztlich eine weitestgehende Angleichung zu bewirken. Er verfolgte hierin dasselbe Ziel wie andere dem Third Stream zuzurechnende Komponisten. Jenen allerdings fehlten in der Regel entweder die improvisatorische Erfahrung oder die Solisten, die ihrer Kompositionssprache eine angemessene Improvisation entgegenzusetzen hatten. Die gelungensten Realisationen aus den sechziger Jahren sind ohne Zweifel einzelne Arbeiten von Gunther Schuller, in denen Avantgarde-Musiker wie Ornette Coleman oder Eric Dolphy die zeitgenössische Komposition mit zeitgenössischer Improvisation konfrontierten. Schullers Musik und seine Erkenntnis, daß eine Verbindung essentieller Momente des Jazz und der europäischen Kunstmusik im Sinne seines Third Stream möglich sei, basieren allerdings nicht zuletzt auf den Realisationen des Modern Jazz Quartet, in denen die vier Ensemblemitglieder beweisen, daß sie auf diesem ungewohnten Gebiet emotional und intellektuell befriedigende Ergebnisse zu schaffen in der Lage sind.

In der Analyse läßt sich feststellen, daß nicht nur die offensichtlich dem Third Stream zuzuordnenden Kompositionen und Arrangements von John Lewis – Fugen, Suiten oder Konzertmodelle – eine Referenz an den von Lewis und Schuller propagierten neuen Stil darstellen, sondern daß selbst in Blues- oder Balladenarrangements für das Modern Jazz Quartet das Konzept einer stärkeren Strukturierung der Improvisation durch formale Eingrenzungen präsent ist.

*   *   *

Die zentralen Kapitel dieser Studie versuchen, charakteristische Momente der Komposition und der Improvisation herauszuarbeiten und ihre Rolle für das Gesamtergebnis der Realisation zu bestimmen. Die Planung 1. der einzelnen Soli und Sologrundlagen, 2. der verwendeten Improvisationsmethoden, 3. der unterschiedlichen Begleitstrukturen und darüber hinaus 4. die genaue Kenntnis der Personalstile der einzelnen Solisten führen bei den Modern-Jazz-Quartet-Realisationen der Kompositionen von John Lewis zu sehr ausgewogenen Ergebnissen. In ihnen steht nicht ein einzelnes Solo im Vordergrund, sondern muß der Zusammenschluß von komponierten und improvisierten Partien, von Solostimme und Begleitung als eine stringente Einheit und eine komplette Anlage gewürdigt werden.

In der Analyse verschiedener Suiten von John Lewis können unterschiedliche Konzepte für eine Vermittlung zwischen Komposition und Improvisation anhand vergleichbarer Beispiele aus einem Genre nachgewiesen werden.

Das biographische Kapitel zu Beginn der Studie soll die – auch musikalische – Herkunft der Musiker klären sowie ihren Personalstil in kurzen analytischen Beschreibungen definieren. Eine Übersicht über das Repertoire des Modern Jazz Quartet kann zeigen, wie sich das Ensemble in seinen Konzerten auf unterschiedliche Publikumserwartungen einzustellen vermag. Anhand verschiedener Programme aus den fünfziger und sechziger Jahren werden zudem einige Third-Stream-Veranstaltungen dokumentiert, an denen das Modern Jazz Quartet teilnahm.

Ein Überblick über die kritische Rezeption belegt, wie extreme Zustimmung und extreme Ablehnung oft nur an der Oberfläche der Musik des Ensembles blieben und sich an Äußerlichkeiten – an der Garderobe oder dem Bühnenverhalten der Gruppe – festmachten. John Lewis versucht, mit Mitteln der Präsentation auch das Hörverhalten des Jazzpublikums zu ändern, da seine Musik stärkere Aufmerksamkeit und Hörbereitschaft fordert als vordem im Jazz üblich.

An die analytischen Kapitel schließt sich eine Einordnung der Musik des Quartetts in die Jazzentwicklung der fünfziger und sechziger Jahre an. Sie kann das Bild der ästhetischen Vorstellungen jener Zeit abrunden, die einen direkten Einfluß auf den frühen Free Jazz darstellen.

Wie in jeder wissenschaftlichen Abhandlung über Jazz muß auch in dieser Studie darauf hingewiesen werden, daß die Transkriptionen in den Notenbeispielen wie im Notenband einzig eine den Text verdeutlichende Funktion haben. Notenexempel können in der Jazzforschung nie den Höreindruck der Musik an sich ersetzen. Die Transkriptionen eines Improvisationssolos, aber auch die Transkription von Komposition, die in der Realisation durch Jazzmusiker mittels Intonation, leichter rhythmischer Verschiebungen oder melodischer bzw. harmonischer Interpretation verändert werden kann, bleibt immer eine unvollständige Fixierung des tatsächlichen Klangerlebnisses. Der Notenband beschränkt sich auf ausgewählte Voll- und Teiltranskriptionen zumeist in Quartett-Partitur. Viele der Kompositionen von John Lewis sind auch heute noch beim Verlag MJQ Music, Inc., New York, erhältlich. Sie sind nur in wenigen Archiven – in Europa wie in den USA – einzusehen.

Insbesondere bei den komplexer strukturierten Arrangements, die Lewis zum Beispiel den Fugen-Kompositionen und den Suiten gegeben hat, erschien die Verwendung von Formskizzen als eine angemessene Methode, eventuell gesichtete Partituren oder aber auch – beispielsweise bei den Fugen – die Höranalyse in knapper Form übersichtlich zusammenzufassen. Die Formskizze macht noch stärker als die transkribierte Partitur deutlich, daß zum Verständnis des durch sie beschriebenben musikalischen Ablaufs das Hörerlebnis der originalen Schallplatteneinspielungen unerläßlich ist. Neben den im Notenband beigefügten Transkriptionen von Realisationen des Modern Jazz Quartet existieren weitere musikalische Übertragungen, die im dritten Teil der Bibliographie verzeichnet sind. Als eine wichtige Quelle muß auf jeden Fall schon hier auf die Magisterarbeit von Thomas Owens über *Improvisation Techniques of the Modern Jazz Quartet*[12] hingewiesen werden, deren Notenband weitere Transkriptionen des Quartetts enthält. Eine Kopie dieser Arbeit wurde dem Verfasser von Thomas Owens freundlicherweise zur Verfügung gestellt, eine weitere Kopie befindet sich im Institute of Jazz Studies an der Rutgers University in Newark, N.J.

Die Analysen in dieser Studie beziehen sich auf veröffentlichte Schallplatteneinspielungen des Modern Jazz Quartet. Nur in einzelnen Fällen werden nicht publizierte und so für die meisten Leser nicht zugängliche Aufnahmen als Vergleichsexempel zu veröffentlichten Einspielungen herangezogen.

*   *   *

Das Modern Jazz Quartet hat sich seit 1982 in seiner originalen Besetzung – mit Connie Kay am Schlagzeug – wieder zusammengefunden.Die meisten der offiziellen Konzert- und Studioeinspielungen des Ensembles erscheinen in diesen Jahren nach und nach in – technisch zum Teil verbesserten – Wiederveröffentlichungen. Mit der Musik des Quartetts insbesondere aus den fünfziger und sechziger Jahren sind so auch heute noch Experimente jener Zeit auf dem Markt präsent. Sie haben als Exempel für Konzepte New Yorker Musiker und Komponisten zu gelten, die – im Third Stream – ein Selbstbewußtsein im Jazz schufen, das den Free Jazz mit ermöglichte. Diese Studie soll helfen, eine Facette der Epoche zwischen Bebop und Free Jazz zu beleuchten und die Entwicklung in der Faktur wie in der ästhetischen Beurteilung des Jazz zu verdeutlichen, die zur Avantgarde der sechziger Jahre führte. Das Modern Jazz Quartet steht auch für den Verfasser als eine Ausnahme des Third Stream. Diese

12 (University of California), Los Angeles 1965 (maschr.)

Ausnahmeposition allerdings hat es vor allem deshalb inne, weil in ihm die Funktionen von Komposition und Improvisation in der Arbeit einer personell beständigen Einheit zusammenfallen. Arbeitet man das Konzept heraus, das sowohl hinter der Musik von Lewis als auch hinter der Musik vieler anderer Third-Stream-Kompositionen steht, so eröffnet sich einem die Tatsache, daß diese Musik alles andere als einflußlos blieb, daß sie als ästhetische Voraussetzung für die Weiterentwicklung des Jazz auf jeden Fall von Bedeutung war.

Das Modern Jazz Quartet

Einzel- und Gruppenbiographik sowie musikalische Kurzcharakteristik

Die folgenden Beispiele und kurzgefaßten Beschreibungen der Personalstile der einzelnen Modern-Jazz-Quartet-Mitglieder sind als Einführung in die Stilistik des Ensembles gedacht. Die Vorgehensweise insbesondere der Stilbeschreibungen ist zusammenfassend, nicht primär analytisch. Ausführungen zu Improvisationstechniken, zu Eigenarten im harmonischen, rhythmischen oder melodischen Verständnis der einzelnen Musiker werden im Verlauf des vorliegenden Textes immer wieder in Einzelanalysen herausgearbeitet.

Die Biographien der fünf behandelten Musiker – Milt Jackson, John Lewis, Percy Heath, Kenny Clarke und Connie Kay – sollen Angaben über Herkunft, musikalischen Werdegang und die Zusammenarbeit mit anderen – stilbildenden – Musikern geben. Ray Brown war Mitglied des sogenannten »First Quartet«, des Milt Jackson Quartet von 1951. Außerdem war er Bassist im Dizzy Gillespie Orchestra, der eigentlichen Keimzelle für das spätere Modern Jazz Quartet. Seit 1982 arbeitet er unter anderem als Manager des wieder vereinten Quartetts. Da er aber nach 1951 nicht mehr als Bassist des Ensembles tätig war, ist seine Biographie ausgespart – es sei auf die gängigen Nachschlagewerke verwiesen[1].

[1] In der folgenden Bibliographie sind die hauptsächlichen Informationsquellen zusammengefaßt, die für die Biographien dieses Kapitels herangezogen wurden: Balliett, Whitney, *Improvising*, New York 1977, S. 171 ff. (Kapitel *Like A Family*); Bohländer, Carlo und Holler, Karl Heinz, *Reclams Jazzführer*, Stuttgart ²1977; Carr, Ian, Fairweather, Digby und Priestley, Brian, *Jazz. The Essential Companion*, London 1987; Chilton, John, *Who's Who of Jazz*, o.O. 1978 (Time-Life-Ausgabe); Dance, Helen, *Kenny Clarke – Oral History*: Interview mit Clarke vom 30. September 1977, Teil des Oral History Project der Smithonian Institution und des Institute of Jazz Studies, einzusehen im Institute of Jazz Studies, Rutgers University, Newark, N.J.; Dauer, Alfons Michael und Longstreet, Stephen, *Knaurs Jazzlexikon*, München und Zürich 1957; Feather, Leonard, *The Encyclopedia of Jazz*, New York 1966; ders., *The Encyclopedia of Jazz in the Sixties*, New York 1966; ders. und Gitler, Ira, *The Encyclopedia of Jazz in the Seventies*, New York 1976; Ginibre, Jean-Louis und Wagner, Jean, *Entretien. John-le-laconique* (Interview mit John Lewis), in: *Jazz Magazine*, 107 (Juni 1964), S. 41 f.; Green, Benny, *John Lewis. Group Consciousness*, in: *These Jazzmen of Our Time*, hg. von Raymond Horricks (1959), London 1960 (Jazz Book Club), S. 122 ff.; Heath, Percy, *What I Feel About Jazz*, in: *Jazz News*, v/42 (18. Oktober 1961), S. 8 f.; Horricks, Raymond, *Milt Jackson. Soul Brother*, in: *These Jazzmen of Our Time*, hg. von Raymond Horricks, S. 109 ff.; Jablonski, Edward, *The Encyclopedia of American Music*, Garden City, N.Y. 1981, S. 538; Jackson, Milt, *»Bags« Has Vocal Aspirations*, in: *Crescendo*, iv/6 (Januar 1966), S. 12; Jörgensen, John und Wiedemann, Erik, *Jazzlexikon*, Gütersloh o.J.; Lee, Bill, *People in Jazz*, Hialeah, Fla. 1984, S. 101; Lyons, Len, *The Great Jazz Pianists*, New York 1983, S. 75 ff.

Milt Jackson

Milt Jackson (Spitzname »Bags«) wurde am 1. Januar 1923 als eines von sechs Kindern in Detroit, Michigan, geboren. Seine Mutter war Hausfrau, sein Vater arbeitete in der Automobilindustrie, in den Fabriken von Ford und Chevrolet. Der Vater spielte nebenbei einige Instrumente, darunter Klavier und Gitarre. Die Mutter war Mitglied der Sanctified Church, und die Musik, die Milt in dieser Religionsgemeinschaft zu hören bekam, war für seinen späteren Personalstil von großer Bedeutung. Milt lernte mit sieben Jahren autodidaktisch das Gitarrespiel und bekam mit elf eine erste ordentliche Musikausbildung bei Mr. Holloway, einem örtlichen Klavierlehrer. In der High School spielte er fünf verschiedene Instrumente: Drums in der Marschkapelle, Tympani und Violine im Sinfonieorchester sowie Gitarre und Xylophon in der Tanzkapelle. Zugleich sang er im schuleigenen Glee-Club. Seinen ersten öffentlichen Auftritt hatte Jackson 1939 mit den Evangelist Singers, einem lokalen Gospel Quartett, und – etwa zur selben Zeit – als Vibraphonist mit Charles Ringo und der George E. Lee Band.

Jackson begann ein Musikstudium an der Michigan State University in Detroit, wurde aber von dort zur Armee eingezogen, wo er bis 1944 in den Special Services der U.S. Air Force diente. Nach seiner Entlassung bildete er ein eigenes Quartett – die Four Sharps – in der Besetzung Vibraphon, Gitarre, Klavier und Kontrabaß. Bereits 1942 hatte Jackson Dizzy Gillespie kennengelernt, der anbot, ihm einen Platz im Earl Hines Orchestra zu vermitteln, ein Angebot, das wegen der Einberufung zur Armee nie verwirklicht werden konnte. Drei Jahre später hörte Gillespie Jacksons Quartett und überredete den Vibraphonisten, im Oktober 1945 nach New York zu kommen, um im Sextett des Trompeters mitzuwirken. Im Dezember desselben Jahres machte Jackson seine ersten Schallplattenaufnahmen mit der Sängerin Dinah Washington und der Band eines Detroiter Saxophonisten, den Lucky Thompson All Stars. Ende 1945 spielte Jackson im Sextett Gillespies – zu dem auch Charlie Parker gehörte – in Billy Berg's Supper Club in Hollywood, California. Zurück in New York war er 1946 auf der 52nd Street aktiv und nahm Mitte des Jahres an Aufnahmen des neuen Gillespie Orchesters teil. In diesem Orchester trafen drei Musiker zusammen, die später drei Viertel der ersten Modern-Jazz-Quartet-

(Interview mit John Lewis); Marne, Geoffrey, *The Modern Jazz Quartet*, in: *International Musician*, lxii/1 (Januar 1964), S. 8 f., 39; N.N., *John Lewis*, in: *Current Biography*, xxiii/1 (Januar 1962), S. 20 ff.; Rado, Alexandre und Postif, Francois, *John Lewis à coeur ouvert*, in: *Jazz Hot*, xxxv/249 (April 1969), S. 26 ff.; Rusch, Robert D., *Connie Kay: Interview*, in: Cadence, v/2 (Februar 1979), S. 8 ff.; ders., *Milt Jackson* (Interview), in: *Jazztalk. The Cadence Interviews*, hg. von Robert D. Rusch, Secaucus, N.J. 1984, S. 41 ff.; Sachs, Ed, *John Lewis. Man and Musician*, in: *Down Beat*, xxvi (5. Februar 1959), S. 18 ff.; Wilmer, Valerie, *Percy Heath*, in: *Jazz Journal*, xvii/6 (Juni 1964), S. 6 ff.; Wilson, John S., *Connie Kay. One Drummer Who Doesn't Care to Solo*, in: *Down Beat*, xvi (5. März 1959), S. 20 f., 40.

Besetzung ausmachen sollten: Jackson, der Pianist John Lewis und der Schlagzeuger Kenny Clarke.

1947 gewann Jackson den New Star Award des Magazins *Esquire* in der Sparte Vibraphon. In den folgenden Jahrzehnten wurde er in den Leser- und Kritikerumfragen der Musikmagazine immer wieder zum bedeutendsten Vibraphonisten gewählt. Neben Schallplatteneinspielungen mit Howard McGhee und Tadd Dameron (1947) machte Jackson 1948 Aufnahmen mit einem eigenen Quintett, dem außer John Lewis Milts Bruder Al Jackson am Baß, Kenny Clarke sowie Chano Pozo an den Bongos angehörten, also im Prinzip die Rhythmusgruppe des Gillespie Orchesters. An der Europa-Tournee dieses Orchesters nahm Jackson nicht teil, er spielte stattdessen im Juni 1948 mit Sonny Stitt und ging im Juli desselben Jahres mit Thelonious Monk ins Studio, um eine vielbeachtete Schallplatte einzuspielen. 1949 arbeitete er unter anderem mit Charlie Parker im New Yorker Jazzclub Royal Roost sowie mit dem Orchester Gil Fullers. Er ersetzte den Vibraphonisten Terry Gibbs im Woody Herman Orchestra, in dem er bis 1950 blieb. Im September dieses Jahres war er wieder bei Dizzy Gillespie, in dessen Sextett er wahlweise Vibraphon und Klavier spielte. In Parallel-Engagements der Gillespie-Band und des Lester Young Quartetts im New Yorker Jazzclub Birdland kam es in den nächsten beiden Jahren immer wieder zu Sessions, in denen Jackson mit John Lewis, dem Begleiter Youngs, zusammentraf. Nach einer erneuten Plattensitzung unter Thelonious Monks Namen entstanden im August 1952 die ersten Einspielungen des Milt Jackson Quartetts mit John Lewis, Ray Brown und Kenny Clarke, einer Besetzung, die später als »the First Quartet« bezeichnet wird und in der Faktur der eingespielten Stücke bereits deutlich auf das Modern Jazz Quartet verweist. Zusammen mit dem Altsaxophonisten Lou Donaldson nahm diese Besetzung im April 1952 sechs Stücke für die Plattenfirma Blue Note auf. Als Milt Jackson Quartet begleitete die Gruppe Ende des Jahres nacheinander die Saxophonisten Ben Webster und Charlie Parker im New Yorker Jazzclub Birdland. Schließlich entstanden am 22. Dezember 1952 die ersten Einspielungen des offiziellen Modern Jazz Quartet.

In den Jahren bis 1974 war Jackson – wie alle Mitglieder des Modern Jazz Quartet – auch an Schallplatteneinspielungen und Konzerten anderer Musiker beteiligt, holte außerdem für Aufnahmen unter anderem Namen bedeutende New Yorker Jazzmusiker ins Studio. Die bekanntesten Kollaborationen des Vibraphonisten waren die mit Miles Davis (1954/55), mit Ray Charles (1957/58), mit Coleman Hawkins und mit Cannonball Adderley (1958), mit John Coltrane (1959), mit Oscar Peterson und mit Wes Montgomery (1961). 1964 spielte Jackson in Italien eine Schallplatte ein, auf der er als Sänger herausgestellt wurde. Seit ca. 1965 arbeitete er öfters mit dem Pianisten Cedar Walton zusammen, der noch in den achtziger Jahren immer wieder Mitglied in den Gruppen des Vibraphonisten ist. Bis Anfang der siebziger Jahre lebte Jackson zusammen mit seiner Ehefrau Sandra in Hollis, Long Island, zog dann nach

Scarsdale, New Jersey, und lebt heute in Teaneck, einer kleinen Stadt in der Nähe New Yorks.

Nach der offiziellen Auflösung des Modern Jazz Quartet im Jahre 1974 arbeitete der Vibraphonist zum einen mit eigenen Gruppen – unter anderem mit einer Band, die er schon seit einigen Jahren zusammen mit dem Bassisten Ray Brown leitete – er spielte außerdem auf verschiedenen Tourneen mit Jazz at the Philharmonic (JatP). Auch solistische Tourneen, für die er lokale Rhythmusgruppen engagierte, und Platteneinspielungen mit New Yorker Studiomusikern standen auf seinem Programm. Ausflüge in den Bereich populärer Musik, Aufnahmen mit Streichern und Vokalgruppen, überzeugten weder die Kritik noch das Publikum, so daß sich Jackson Ende der siebziger Jahre wieder mehr der »klassischen« akkustischen Quartett-Besetzung zuwandte, gestärkt sicher durch den Erfolg einer Art »Bebop Revival« dieser Zeit. Seit sich das Modern Jazz Quartet Anfang der achtziger Jahre wieder zu regelmäßigen Konzerttourneen zusammenfand, teilt Jackson sein Arbeitsjahr – wie in den sechziger Jahren – zwischen den Verpflichtungen des Quartetts und denen eigener Gruppen – zumeist mit dem Pianisten Cedar Walton, dem Bassisten Bob Cranshaw und dem Schlagzeuger Mickey Roker – auf.

* * *

Seit 1949 benutzt Milt Jackson ein Imperial Vibraphon der Marke Deagan aus dem Jahr 1937, das eine Kontrollmöglichkeit der elektrischen Geschwindigkeit und so des erzielten Vibratos besitzt. Auf den frühen Aufnahmen Jacksons ist die Suche nach einem spezifisch eigenen Klang noch recht deutlich zu hören. Das langsame Vibrato, das schließlich zu einem Erkennungsmerkmal seines Personalstils wurde, empfindet Jackson als Parallele zum Klang seiner Gesangsstimme. Aber auch seinen melodischen und harmonischen Instrumentalstil führt der Vibraphonist auf seine frühe Gesangserfahrung zurück sowie auf seine Ambition, professionell zu singen[2]:

> *My style of playing vibes, using the speed control on the motor to get a slower vibrato, goes back to a lifetimes's ambition to be a singer. I've always thought about singing in a very melodic and lyrical fashion – so this is the reason I play that way.*[3]

Der Einfluß eines schwarzen Gesangsideals – vermittelt sicher auch durch die religiöse Musik, die Jackson in seiner Jugend in der Sanctified Church hörte – ist besonders in seinen Balladen-Improvisationen überaus präsent[4].

[2] In den sechziger und in den siebziger Jahren nahm Jackson je eine Schallplatte auf, auf der er sich als Sänger vorstellte.

[3] Milt Jackson, *»Bags« Has Vocal Aspirations*, S. 12

[4] Vgl. Robert D. Rusch, *Milt Jackson*, S. 45. Zitat Jackson: *The sound also comes from the fact when I was singing back in '39 and '40. The vibrato with the instrument is the type of sound I use for my voice. In playing a ballad for example, the sound on the instrument is the same way I would visualize myself as a vocalist.*

Ein direkter Bezug Jacksons auf die Stile früherer Vibraphon-Virtuosen wie Lionel Hampton oder Red Norvo ist trotz der ähnlichen kammermusikalischen Einbindung aller drei Musiker – Hampton im Benny Goodman Quartett, Norvo im eigenen Trio und Jackson im Modern Jazz Quartet – nur bedingt festzustellen[5]. Jackson entstammt stilistisch vielmehr dem Musikerkreis um den Altsaxophonisten Charlie Parker. Besonders in frühen Einspielungen mit dem vollen Gillespie Orchester oder der Rhythmusgruppe desselben wird in seinem melodischen, harmonischen und rhythmischen Verständnis der Einfluß Parkers deutlich. Eine Art reiferen Stil entwickelte Jackson in den fünfziger Jahren, als er in der durchgeformten Musik des Modern Jazz Quartet letztlich auch eine gewisse Distanz zu den Ursprüngen des Bebop fand. Wie die meisten Jazzmusiker bildete der Vibraphonist einen mit personaltypischen Klischees durchsetzten Individualstil aus, dessen melodische, rhythmische und harmonische Eigenheiten es möglich machen, ihn nach wenigen improvisierten Takten sicher zu erkennen.

In einer groben Zusammenfassung lassen sich folgende personalstilistischen Charakteristika der Improvisationssprache Jacksons festhalten:

1. Er benutzt – im »reiferen« Stil – ein langsames Vibrato, gebraucht nur selten das Pedal und spielt in Einzelnotenlinien mit zwei Schlägeln (»two mallet style«).
2. Er lockert arrangierte Melodik oft durch rhythmische Interpretation in Triolen auf (♫ = ♩³♪). Die stete Abwechslung von binärer und ternärer Rhythmik sowie die Off-Beat-Akzentuierung einzelner Noten oder längerer melodisch-rhythmischer Abschnitte bewirken eine ähnliche rhythmische Lockerung in Solopassagen. Durch starkes Anschlagen einzelner Töne, d.h. Betonung zumeist des höchsten Tons eines Phrasenteils oder eines Off-Beat verschobenen Tons, wird in eine rhythmisch eher »langweilige« Passage oft ein gliedernder Schwerpunkt gesetzt[6].
3. In der fest in den Ursprüngen des Bebop verankerten harmonischen Sprache Jacksons werden melodische Phrasen, Läufe und Schwerpunktnoten durch das System der Terzschichtung über dem zugrundeliegenden Dreiklang bestimmt. In einer von vornherein variierenden Auffassung des vorgegebenen harmonischen Arrangements dienen Zwischenharmonien und eine automatisch komplexere Ausfüllung der Basisakkorde als imaginäres Improvisationsgerüst.
4. In Jacksons melodischer Improvisationssprache sind die Blues-Melodik (mit Blue Notes der kleinen Terz, verminderten Quint und kleinen Septim) und

[5] Der Trompeter Art Farmer berichtet in einer Folge des ZDF Jazz Club (ausgestrahlt am 6. Juni 1988), wie Jackson einst regelmäßig im New Yorker Jazzclub The Bandbox erschien und dort mit Lionel Hampton in Jam Sessions spielte, während Hamptons Orchester Engagements im Club wahrnahm.

[6] Vgl. hierzu Thomas Owens, *Improvisation Techniques of the Modern Jazz Quartet*, Magisterarbeit (University of California), Los Angeles 1965 (maschr.), S. 33

eine Vielzahl personaltypischer Klischees – die zumeist ebenfalls Blues- oder Shout-Phrasen darstellen – auffällig. Die Melodieerfindung gründet zwar in der Hauptsache auf der speziellen harmonischen Auffassung des Vibraphonisten, bietet aber innerhalb des Harmoniegerüstes, das er zur Basis seiner Improvisation macht, eine Vielzahl interessanter melodischer Lösungsmöglichkeiten.

5. Jacksons Solokonzeption betont eine dynamische Steigerung im Verlauf der Chorusketten, schafft eine solche aber auch im Einzelchorus, nämlich durch Zunahme melodischer, harmonischer und rhythmischer Komplexität, durch Benutzung von Shout-Floskeln, Tonrepetitionen oder Einzelakzenten.
6. Instrumental-Breaks, die John Lewis oft an Übergangsstellen zwischen Komposition und Improvisation vorschreibt, werden in der Regel durch virtuose melodische Vibraphonphrasen ausgefüllt.

John Lewis

John Aaron Lewis wurde am 3. Mai 1920 in La Grange, Illinois, einem Vorort Chicagos, geboren. Sein Vater war Innenausstatter[7], er spielte Trompete, Klavier und Fidel. Lewis' Mutter hatte bei der Tochter von Madame Schumann-Heink Gesang studiert, starb aber, als der Sohn vier Jahre alt war. Lewis wurde von seiner Großmutter aufgezogen und lebte seit früher Kindheit in Albuquerque, New Mexico. Albuquerque hatte eine vorwiegend spanische Kultur. Es gab keine »black community« und nur wenige Schwarze, so daß Lewis in einer Umgebung aufwuchs, in der die Diskriminierung von Afro-Amerikanern kaum ein Thema darstellte.

Der junge Lewis erhielt ab seinem siebten Lebensjahr die ersten Klavierstunden, spielte recht früh mit Cousins in einer Familienband und hatte mit zwölf Jahren seinen ersten bezahlten Job. Viele der lokalen Bands und der Orchester aus dem Südwesten der Vereinigten Staaten arbeiteten in Albuquerque, und die Familie Lewis hatte enge soziale Kontakte zu den Musikern, unter anderem z.B. auch zum Tenorsaxophonisten Lester Young, in dessen Quartett der Pianist später einmal spielen sollte. Frühe Einflüsse auf Lewis waren Klaviervirtuosen wie Earl Hines sowie Jay McShann, bei dem er sogar einige Stunden Unterricht nahm. Bereits mit fünfzehn spielte Lewis auf Engagements in Dance Halls und Night Clubs, häufig in der Band des Schlagzeugers Kenny »Sticks« McVea[8]. Ende der dreißiger Jahre dann immatrikulierte er sich an der University of New Mexico, wo er Anthropologie und Musik studierte.

[7] Einzelne Quellen geben als Beruf des Vaters »optometrist« an; vgl. Geoffrey Marne, *The Modern Jazz Quartet*, S. 8.

[8] Vgl. Frank Driggs und Harris Lewine, *Black Beauty, White Heat*, New York 1982, S. 171. Unter einem Photo der Band Eddie Carson's Hot-Ten-Tots wird auf den Pianisten/Arrangeur Lewis (*second from R*) verwiesen, der auf dem genannten Photo allerdings nicht zu sehen ist.

Daneben leitete er eine örtliche Tanzkapelle. Sechs Monate vor dem Examen wurde er zur Armee eingezogen, in der er von 1942 bis 1945 in den Special Services Dienst tat. Er ging nach Europa und traf dort unter anderem den Schlagzeuger Kenny Clarke, mit dem er in einer Armee-Kapelle Posaune spielte. Nach seiner Rückkehr an die University of New Mexico hörte er das Dizzy Gillespie Sextett im Radio und ging – unterstützt durch die Fürsprache des Kritikers und Produzenten John Hammond – im Herbst 1945 nach New York City.

Erste Gigs auf der 52nd Street mit Allen Eager, Eddie »Lockjaw« Davis, Hot Lips Page und anderen führten Lewis in die Musikszene New Yorks ein. Im September 1946 wurde er durch Fürsprache Kenny Clarkes Pianist und Arrangeur für die Dizzy Gillespie Big Band, in der er die nächsten beiden Jahre spielte. Mit Unterstützung durch John Hammond und Teddy Wilson schrieb sich Lewis zur selben Zeit an der Manhattan School of Music ein, an der er Klavier, Komposition, Orchestration und Musiktheorie studierte, außerdem in der Schola Cantorum sang. Eine Europa-Tournee des Gillespie-Orchesters brachte Lewis Ende 1947 nach Paris, wo er nach Abschluß der Tour mehrere Monate blieb, Arrangements für die Band von Tony Proteau schrieb und bei dessen Mutter Klavierunterricht nahm. Vielbeachtete Schallplattenaufnahmen mit dem Altsaxophonisten Charlie Parker in den Jahren 1947 und 1948 machten den Namen des Pianisten auch einem größeren Publikum bekannt. Im Oktober 1948 spielte Lewis in der Band von Illinois Jacquet, in der er für acht Monate blieb. Etwa zur selben Zeit arbeitete er bereits an Arrangements für ein Nonet des Trompeters Miles Davis, dessen Schallplattenaufnahmen unter anderem dieser Stücke für Capitol aus dem Jahr 1949 als *»Birth of the Cool«* in die Geschichte des Jazz eingingen. Konzerte und Aufnahmen mit Charlie Parker (1950), mit dem Lester Young Quartet (1950-51), dem Milt Jackson Quartet (1951-52), mit Clifford Brown (1953) sowie eine Tournee als Begleiter der Sängerin Ella Fitzgerald durch die Vereinigten Staaten und Australien gingen der regulären Arbeit im neu gegründeten Modern Jazz Quartet voraus.

Dem Quartet, das ab 1954 regelmäßige Konzerttourneen und Schallplatteneinspielungen machte, galt Lewis' konstantes Interesse als Komponist und Pianist in den nächsten zwanzig Jahren. Nebenbei aber experimentierte er mit jazz-unüblichen Formmodellen, mit größeren und ebenfalls unüblichen Besetzungen und mit einer Fortentwicklung kompositorischer und improvisatorischer Methoden des Jazz. Schon 1947 hatte er für das Gillespie Orchester eine *Toccata For Trumpet And Orchestra* geschrieben, komponierte nun für die von ihm mitgegründete Jazz and Classical Music Society komplexere Werke, denen oft europäische Formmodelle, zumindest aber ein an die europäische Ästhetik angenähertes Konzept zugrunde lagen.

Von 1957 bis 1960 war John Lewis Fakultätsvorsitzender der Lenox School of Jazz, einer alljährlichen mehrwöchigen Lehrveranstaltung, an der einige der führenden Jazzmusiker jener Jahre einem begrenzten Studentenkreis Möglichkeiten und Probleme der Jazzmusik aufzeigten. Hier auch lernte Lewis den Altsaxophonisten Ornette Coleman und den Trompeter Don Cherry kennen, führende Vertreter des späteren Free Jazz, denen er unter anderem einen Vertrag mit der Plattenfirma Atlantic vermittelte, welche auch die Aufnahmen des Modern Jazz Quartet produzierte. Von 1968 bis Anfang der achtziger Jahre war Lewis »musical director« und musikalischer Ratgeber für das Monterey Jazz Festival in Kalifornien. Viele seiner ambitionierteren Kompositionen, auch viele Third-Stream-Werke anderer Komponisten wurden in Monterey einer breiteren Öffentlichkeit vorgestellt. Mehrere Filmmusiken – so zu Roger Vadims *»Sait-On Jamais«* (1957) oder zu Robert Wises *»Odds Against Tomorrow«* (1959) – wurden sowohl unter Lewis' eigenem Namen als auch in Transkriptionen des Modern Jazz Quartet auf Schallplatte eingespielt. Eine Ballettproduktion – *»Original Sin«* – fand ihre Uraufführung 1961 mit dem San Francisco Ballet. 1962 organisierte Lewis zusammen mit dem Komponisten Gunther Schuller das Orchestra USA, das in den nächsten vier Jahren regelmäßige Konzerte in New York sowie drei offizielle Schallplatteneinspielungen machte. Neben Film- und Ballettmusiken schrieb Lewis die Musik für ein TV-Special mit Harry Belafonte – *»New York 19«* – sowie die Theatermusik für William Inges Stück *»Natural Affection«*, das 1963 am Broadway aufgeführt wurde. 1966 wurde Lewis in den Vorstand der Manhattan School of Music aufgenommen.

Nach der Auflösung des Modern Jazz Quartet 1974 lehrte Lewis am Davis Center for Performing Arts, einer Abteilung des City College of New York, im Sommer 1975 außerdem in zwei Kursen an der Harvard University. Er wurde in das »Panel for Jazz, Folk and Ethnic Music« der Stiftung National Endowment for the Arts (NEA) berufen und übernahm den Posten eines Präsidenten der International Jazz Federation. Seit Mitte der siebziger Jahre trat Lewis verstärkt in Solokonzerten auf, spielte auch im Duo mit anderen Pianisten, so z.B. mit Hank Jones. Er schrieb eine weitere Filmmusik für *»Cities For People«*, einen Film, der 1975 den ersten Preis des San Francisco Film Festival gewann, und nahm eine Schallplatte mit der Sängerin Helen Merrill auf sowie weitere als Solist oder mit eigenen Gruppen. In den achtziger Jahren bekam Lewis Ehrendoktortitel u.a. von der University of New Mexico, vom Columbia College in Chicago und vom New England Conservatory in Boston, Massachussetts. 1986 übernahm er die musikalische Leitung des vom Jazzkritiker Gary Giddins gegründeten American Jazz Orchestra, einer Organisation, die sich sowohl der Pflege älterer Orchesterarrangements des Jazz widmet als auch Kompositionsaufträge an verschiedene Jazzmusiker vergibt. Im Auftrag einer japanischen Plattenfirma machte Lewis Einspielungen eigener Arrangements von Klavierwerken Johann Sebastian Bachs, insbesondere aus dem *»Wohltemperierten Klavier«* und den *»Goldberg Variationen«* – letztere in Zusammenarbeit mit seiner Ehefrau Mirjana, einer Jugoslawin, mit der er seit 1962 verheiratet ist.

* * *

John Lewis nennt vor allem Earl Hines und Jay McShann als frühe pianistische Einflüsse auf sein Klavierspiel. In den späten vierziger Jahren wird ein weiterer Einfluß durch Bud Powell bzw. durch die melodische Konzeption Charlie

Parkers deutlich. Der reifere Personalstil, den Lewis spätestens Anfang der fünfziger Jahre ausgebildet hatte, läßt nach wie vor die genannten Einflußmomente erkennen. Sein Bezug zum Blues – deutlich in authentisch scheinenden Blues-Chorussen oder besonders in seiner Begleitung zu Blues-Improvisationen beispielsweise Milt Jacksons, vor allem auch im häufigen Riff-Akkompagnement – deutet sowohl auf den Kansas City Jazz eines Jay McShann als auch allgemein auf die Riff-Tradition der Swingmusik der dreißiger Jahre hin. Kurze Boogie-Phrasen oder angedeutete Stride-Partien der linken Hand sind direkte zitathafte Bezüge auf vorhergehende Klavierstile des Jazz. Die harmonische Konzeption sowie einzelne melodische Phrasen zeigen auch beim reifen Lewis noch den Einfluß Bud Powells. Dieser wird allerdings vor allem in den frühen Aufnahmen mit der Gillespie Big Band, mit Charlie Parker und anderen deutlich. Lewis' Personalstil benutzt all die erwähnten Einflüsse höchstens als Mosaiksteine innerhalb einer melodisch und rhythmisch reduzierten musikalischen Konzeption. Seine »Sparsamkeit«, das fehlende »show off« pianistischer Virtuosität, wurde oft mit dem überaus zurückhaltenden Klavierstil Count Basies verglichen. Auch bei jenem sind die Einflüsse von Blues und Stride-Piano in reduzierten »abstracts« deutlich zu hören. Lewis' Spielweise allerdings ist zum Teil aus seiner Konzeption der motivischen Improvisation – einer äußerst »bewußten« Improvisationsmethode – heraus zu erklären. Die Wirkung seines Klavierstils kommt im Zusammenhang mit dem virtuosen Vibraphonisten Milt Jackson besonders zur Geltung. In Aufnahmen unter eigenem Namen sind vor allem auch die Arrangements, ist die harmonische und rhythmische Vorkonzeption der eingespielten Stücke für den Erfolg der jeweiligen Schallplatte mit verantwortlich. Lewis' mangelnde Virtuosität auf seinem Instrument nämlich verlangt den Ausgleich durch eine stärkere formale Struktur in Komposition wie Improvisation.

* * *

Eine Zusammenfassung stilistischer Merkmale seines Personalstils muß folgende Momente betonen:

1. Lewis hat einen weichen, fast »zärtlichen« Anschlag, der einzelne Akkorde wie hingehaucht erscheinen läßt und dem Transkribenten allemal Schwierigkeiten bereiten kann. Lewis reibt die Tastatur des Steinway-Flügels, auf den er jahrelang vertraglich bestanden hatte, mit einem speziellen Mittel ein, das ihm ein sanfteres Übergleiten über die Tasten ermöglicht. Tatsächlich läßt sich beim Anblick der Fingeraktion des Pianisten häufig feststellen, daß einzelne Begleitakkorde und melodische Linien zwar auf der Tastatur angedeutet werden, im Höreindruck aber nur ein Abstrakt eines solchen vollständigen Satzes erklingt[9].

[9] Vgl. die Stride-Passagen in Stücken wie *The Golden Striker* (1957 etc.) und *The Cylinder* (Tokyo 1966) oder die Zitate von Boogie-Woogie-Riffs, beispielsweise in *Ralphs's New Blues* (Tokyo 1966).

2. Seine rhythmische Konzeption ist oft durch Abwechslung von »on the beat« und – als Triolen notiert – Off-Beat-Phrasen bestimmt. Im Gegensatz zu vielen anderen Jazzmusikern akzentuiert Lewis Einzelnoten häufig bereits minimal vor dem Beat[10].
3. Lewis' harmonische Konzeption stammt in der Hauptsache aus der musikalischen Sprache des Bebop. Für Solo-Akkompagnements benutzt er dabei zumeist ein relativ einfaches, akkord-bezogenes Voicing und auch in den Klaviersoli ist der Bezug zur Grundharmonik deutlicher als beispielsweise bei Jackson. Im sparsamen Spiel des Pianisten fällt oft die harmonisch begleitende Funktion fort, die das Klavier meist im Jazz hatte. Diese wird dann allein auf den Baß übertragen. Einzeltonmelodik, motivische Variation, die häufige Wiederholung einzelner Töne oder kurzer melodischer Phrasen stellen eine andere Art der Melodieerfindung dar als sie zum Beispiel bei Milt Jackson festzustellen ist. Die Konzentration auf motivische Entwicklung und melodisch-rhythmische Korrelationen drängt in einzelnen Exempeln einen deutlichen harmonischen Bezug leicht in den Hintergrund. Bei harmonisch besonders intrikaten Solochorussen läßt sich in der Regel ein bereits komplexeres harmonisches Vorarrangement konstatieren.
4. Lewis' Melodieerfindung bedient sich vor allem dreier hauptsächlicher Methoden: a. der traditionellen Chorusphrasen-Improvisation über zugrundeliegender Harmonik, b. einer motivischen Improvisation, in der die melodische Entwicklung durch bewußte Variation zentraler Motivik bestimmt wird, und c. die Benutzung melodischer Klischees, die auf die Jazztradition zurückweisen – wie Stride, Boogie Woogie und Riff – als auch personaltypische Klischees – wie das plötzliche ein- oder zweitaktige *double time feeling* mit schneller, doch gleichmäßiger Achtel- oder Sechzehntelrhythmik innerhalb eines ansonsten langsameren, rhythmisch ungleichmäßigeren Chorus. Die Einzeltonmelodik in den Soli des Pianisten wird mit zum Teil nur »angehaucht« scheinenden Akkorden der linken Hand unterlegt und oft in Oktav- oder Doppeloktavparallelen von rechter und linker Hand gespielt.
5. Die Solokonzeption des Pianisten stellt in nicht-motivischer Improvisation Bezüge zwischen den einzelnen melodisch-motivischen Abschnitten der Soloentwicklung her, so daß in den besten Beispielen ein innerer Zusammenhang den Hörer sowohl durch den einzelnen Chorus als auch durch das komplette Solo führt. Eine Steigerung in Chorusketten durch Änderung der

[10] Billy Taylor und Thomas Owens postulieren eine Akzentuierung *right on the beat* (Taylor, S. 14) bzw. *exactly with* (...) *the bass and drums* (Owens, S. 22). Vgl. Billy Taylor, *Jazz Piano. A Jazz History*, Dubuque, Iowa 1982/3, S. 14; Thomas Owens, *Improvisation Techniques of the Modern Jazz Quartet*, S. 22. Owens wie Taylor haben mit ihren Feststellungen insofern recht, als viele gerade der ambitionierteren (motivisch durchgeprägten) Soli von Lewis lange Phasen relativ *straight* akzentuierter Rhythmik haben. Man braucht sich aber nur eine Riff-Begleitung oder ein Akkord-Akkompagnement zu Soli Milt Jacksons zu vergegenwärtigen, um sich der rhythmischen Konzeption *on top of the beat* (Taylor), also eines minimalen Vorziehens des Beat, bewußt zu werden.

Begleittechnik, der zugrundeliegenden Metrik oder der Stimmführung wird als weiteres gliederndes Moment von Lewis benutzt. In der Begleitung anderer Solisten sowie in Duo-Chorussen mit Milt Jackson zeigt Lewis eine schnelle Reaktion auf melodische Einfälle des Partners, so daß es in der Eingespieltheit des Quartetts oft zu deutlich dialogisierenden Partien zwischen den Musikern kommt.

Percy Heath

Percy Heath wurde am 30. April 1923 als eines von vier Geschwistern in Wilmington, North Carolina, geboren. Sein Vater war Automechaniker und spielte nebenbei Klarinette, seine Mutter war Friseuse, außerdem Chorsängerin in der Baptistengemeinde. Percy wuchs in Philadelphia, Pennsylvania, auf und sang bereits als Kind im örtlichen Radiochor für die Kinderstunde. Er nahm Violinunterricht und spielte im Schulorchester. 1943 wurde er zur Armee eingezogen, in Keesler Field, Biloxi, Mississippi, zum »fighter pilot« ausgebildet und war später in der Tuskegee Air Force Base in Tuskegee, Alabama, stationiert. Von 1945 bis 1946 studierte er Kontrabaß und Harmonielehre and der Granoff School of Music in Philadelphia. 1946 auch trat er mit dem Hollis Hoppers Trio auf, einer Gruppe im Stil Nat King Coles. Er gehörte zusammen mit dem Pianisten Red Garland und dem Schlagzeuger Charlie Rice zum Haus-Trio des Down Beat Club in Philadelphia und begleitete dort Musiker wie Coleman Hawkins, Eddie »Lockjaw« Davis und Howard McGhee. Mit letzterem ging er nach einem Engagement in der Rhythm and Blues Band von Joe Morris nach New York und spielte dort bis 1946 in McGhees Sextett. Im Mai 1948 besuchte er mit dieser Gruppe das Paris Jazz Festival. Er spielte in den folgenden Jahren mit Fats Navarro, Gil Fuller (1949), Stan Getz, Coleman Hawkins (1950), dem Dizzy Gillespie Sextet (1950-51), Miles Davis, Sonny Rollins (1951), Milt Jackson, Zoot Sims (1952), Elmo Hope, Lou Donaldson, Charlie Parker und Clifford Brown (1953). 1952 wurde Heath Mitglied des regulären Modern Jazz Quartet. Während seiner Zeit im Quartett nahm er an Konzerten und Plattensitzungen verschiedener Musiker teil. Heraus ragen dabei sowohl die Aufnahmen mit seinen Brüdern, dem Saxophonisten Jimmy Heath und dem Schlagzeuger Albert »Tootie« Heath, als auch Einspielungen mit den Gruppen von Lee Konitz, Art Farmer, Paul Bley, Art Blakey und Bud Powell (1954), Kenny Dorham, Duke Jordan und Howard McGhee (1955), Thad Jones und J.J. Johnson (1956), Sonny Rollins (1957), Benny Golson (1958), Ornette Coleman und Art Farmer (1959), Nat Adderley und John Coltrane (1960), Cannonball Adderley (1961), Bill Evans (1962), Mary Lou Williams (1963) und vielen anderen. Nach Auflösung des Modern Jazz Quartet leitete Heath erst zusammen mit seinen Brüdern Jimmy und Albert, dann nur mit Jimmy die Heath Brothers

Band (1975-82). Er lebte seit 1958 mit seiner Frau June in Springfield Gardens, South Queens, New York und wohnt heute in Montauk in der Nähe New Yorks.

* * *

Eine Aufnahme mit John Simmons, dem Bassisten des Coleman Hawkins Ensembles der vierziger Jahre, war Auslöser für Percy Heath, den Kontrabaß aufzunehmen. Er nennt als seine wichtigsten Vorbilder Jimmy Blanton, Ray Brown und Oscar Pettiford. Brown, der auf verschiedenen Aufnahmen des »First Quartet« spielte, gab ihm in den späten vierziger Jahren viele Tips zur Baß-Begleittechnik im Bebop. Am Anfang seines Engagements mit dem Modern Jazz Quartet studierte Heath dann für kurze Zeit mit Charles Mingus, der – wie Pettiford – vor allem Einfluß auf sein Solospiel hatte. Heath benutzt einen über zweihundertfünfzig Jahre alten Ruggieri-Baß, den er 1956 in Berlin kaufte. Er spielt ungern Baß-Soli, fühlt sich nicht als Baß-Virtuose, sondern mehr als begleitende Stütze der Band. In vielen komplexeren Kompositionen von John Lewis ist die Baßstimme ausgeschrieben, in anderen Stücken läßt sich in Vergleichsaufnahmen eine weitgehende Ähnlichkeit zwischen den Baßlinien feststellen. Obwohl Heath aufgrund der vorrangigen Stützfunktion des Basses im Oeuvre des Modern Jazz Quartet kaum einen eigenständigen Personalstil ausbildet, seien im folgenden Momente zusammengefaßt, von denen viele sicher nicht nur auf das Baßspiel Heaths zutreffen, sondern auch auf das einiger anderer erstklassiger Bassisten des Bebop und Post-Bop:

1. In der Tradition des Jazz spielt Heath vor allem in Pizzicato-Technik, benutzt nur selten den Bogen.
2. Die harmonische Grundierung des Ensemblesatzes geschieht hauptsächlich durch Grundton, Terz und andere Akkordtöne auf erster und dritter Taktzeit sowie Durchgangs- und Nebennoten auf zweiter und vierter Taktzeit.
3. Heath betont – wie im Bebop üblich – alle vier Schläge des Taktes, d.h. er spielt in der Regel vier Viertelnoten je Takt, addiert zur rhythmischen Auflockerung manchmal auftaktige Achtelnoten, die zumeist auf die erste Zählzeit des folgenden Taktes hinzielen (| ♩ ♩ ♩ ♪♪ | ♩ ♩ ♩ ♩ |). Eine Begleitung in halben Notenwerten ist im Normalfall auf arrangierte Vorschreibungen durch John Lewis zurückzuführen, die Walking-Bass-Technik wird von Heath als Akkompagnement besonders swingender Chorusse gern verwandt.
4. Die melodische Erfindung in den wenigen Baßsoli im aufgenommenen Oeuvre des Modern Jazz Quartet ist eher beschränkt. Heath fühlt die Notwendigkeit, auch während eigener Soli die Begleitfunktion, die er unter Improvisationen anderer Solisten hat, wahrzunehmen, bleibt daher innerhalb des rhythmisch-harmonischen Rahmens, der ihm als Akkompagnement gesteckt ist[11]. Er benutzt oft eingängige Phrasen, die an Stellen thematischer Wiederholung (beispielsweise in der Reprisenbarform) wieder auftauchen.

[11] Vgl. Percy Heath, *What I Feel About Jazz*, S. 8

Heath empfindet die Möglichkeiten seines Instrumentes nicht als gleichrangig denen von »front line instruments«, wie dies bei anderen Bassisten der Zeit – z.B. Paul Chambers, Scott LaFaro oder Red Mitchell – der Fall ist.

Kenny Clarke

Kenneth Spearman »Kenny« Clarke (mohammedanischer Name, den er in den vierziger Jahren annahm: Liaquad Ali Salaam; Spitzname: Klook) wurde am 9. Januar 1914 in Pittsburgh, Pennsylvania, geboren. Sein Vater spielte Posaune, zwei Brüder Schlagzeug und Vibraphon in der High School. In den dreißiger Jahren spielte er mit verschiedenen Swing-Orchestern, u.a. mit Roy Eldridge (1935), dem Jeter-Pillars Orchestra (1936), mit Edgar Hayes (1937-38) – mit dem er eine Skandinavien-Tournee unternahm –, mit Claude Hopkins (1938-39) und mit Teddy Hill (1939-40). In den frühen vierziger Jahren leitete Clarke die Hausband im New Yorker Club Minton's Playhouse, in dem sich die führenden Neuerer des Bebop trafen, Musiker wie Thelonious Monk, Dizzy Gillespie, Charlie Parker und Charlie Christian. Nebenbei spielte er für kurze Zeit mit Louis Armstrong und mit Ella Fitzgerald (1941), mit dem Sextett Benny Carters (1941-42), mit Red Allen und mit Coleman Hawkins (1942-43). 1943 wurde Clarke zur Armee eingezogen und war Posaunist in einem Bühnenorchester in Paris. Hier auch begegnete er zum erstenmal John Lewis. Nach seiner Rückkehr in die Vereinigten Staaten wurde er 1946 Mitglied des Dizzy Gillespie Orchestra. Mit diesem machte er Anfang 1948 eine Europa-Tournee und blieb anschließend für einige Monate in Paris, wo er seine erste Frau heiratete. Nach Engagements mit Tadd Dameron (ab und an, 1947-50), Billy Eckstine (1951), Milt Jackson und John Lewis (1952) half Clarke bei der Organisation des offiziellen Modern Jazz Quartet, dem er bis Ende Januar 1955 angehörte. Sein Austritt aus dem Ensemble ist vor allem auf Differenzen zwischen Clarke und dem Arrangeur Lewis zurückzuführen. Clarke gefiel die Rolle des zurückhaltenden Begleiters nur wenig, er wollte eine extrovertiertere Musik spielen, als es ihm im Modern Jazz Quartet möglich war. Böse Worte – in Interviews geäußert – festigten den Bruch. Clarke war in den nächsten Jahren als *freelance*-Musiker in New York aktiv und ging im Sommer 1956 wieder nach Frankreich, wo er sich permanent niederließ. Er war für einige Zeit mit der Sängerin Carmen McRae verheiratet, spielte mit ihr, als Begleiter amerikanischer Gastsolisten und vor allem als Ko-Leiter der Kenny Clarke-Francy Boland Big Band (ca. 1961-73). In den siebziger Jahren war er auf kurzen Tourneen auch wieder in den Vereinigten Staaten zu hören. 1983 kam es in Hamburg zu einem Konzert, bei dem er mit dem »First Quartet«, mit Milt Jackson, John Lewis und Ray Brown zusammenspielte. Am 26. Januar 1985 starb Kenny Clarke in Paris an Herzversagen.

Connie Kay

Connie Kay (richtiger Name: Conrad Henry Kirnon) wurde am 27. April 1927 in Tuckahoe, New York, geboren. Sein Vater, Schneider und später Fahrstuhlführer von Beruf, spielte ein wenig Gitarre, seine Mutter Klavier und Orgel. Von ihr bekam Kay mit sechs Jahren seinen ersten Klavierunterricht. Mit zehn Jahren brachte er sich selbst das Schlagzeugspiel bei und nahm mit fünfzehn Unterricht auf diesem Instrument. 1939 spielte er in der Band von Fats Noel, 1944-45 im Trio mit Sir Charles Thompson und Miles Davis im New Yorker Jazzclub Minton's Playhouse. Tourneen mit verschiedenen Rhythm and Blues Shows bis 1952 gingen einem Engagement mit dem Tenorsaxophonisten Lester Young voraus, in dessen Gruppe er ab und an bis Mitte der fünfziger Jahre spielte. Kay war in jener Zeit vor allem als Studiomusiker in New York aktiv und machte Schallplatteneinspielungen unter anderem mit Cat Anderson (1949), Milt Jackson, Miles Davis und Stan Getz (1952) sowie mit Ray Charles (1953). Ende Januar 1955 ersetzte er den Schlagzeuger Kenny Clarke im Modern Jazz Quartet, erst nur in einem auf kurze Zeit begrenzten Engagement, aus dem dann aber ein festes Zusammenspiel für die nächsten zwanzig Jahre wurde. Während dieses Zeitraums wurde Kay nach wie vor zu Studioaufnahmen namhafter Jazzmusiker herangezogen, so arbeitete er z.B. mit Randy Weston, Joe Newman und Dick Katz (1957), Hal McKusick (1958), Chet Baker (1959), Paul Desmond (1959, 1961-64), Cannonball Adderley (1961), Sonny Stitt, Jimmy Heath und Bobby Timmons (1963) und vielen anderen. Nach Auflösung des Modern Jazz Quartet spielte Kay mit Tommy Flanagan, John Lewis, Soprano Summit, dem Smithonian Jazz Ensemble und mit Benny Goodman. Seit 1975 war er Hausschlagzeuger im zehn Jahre später geschlossenen Eddie Condon's Club in New York. Seit 1982 spielt er hauptsächlich mit dem neu vereinten Modern Jazz Quartet.

*   *   *

Kenny Clarke wird in der Jazzgeschichtsschreibung oft als einer der Väter des Bebop, als der erste moderne Jazzschlagzeuger bezeichnet. Seine Technik des »dropping bombs«, der Akzentuierung einzelner begleiteter Solophrasen durch laute Schläge der Baßtrommel emanzipierten den Jazzschlagzeuger von seiner Rolle als reiner Zeitgeber (»timekeeper«) der Band. In dem Konzept, das Clarke, Max Roach und andere Musiker im Bebop entwickelten, hatte der Schlagzeuger eine mehr als nur unterstützende Funktion. Er befand sich – in zum Teil deutlich antreibendem Stil – in einer Art Dialog mit dem Solisten. Clarkes Eingehen auf die jeweiligen Improvisatoren wirkte deutlich inspirierend auf deren solistische Erfindung. In den Aufnahmen aber, die er bis 1955 mit dem Modern Jazz Quartet machte, ist er stark in die Arrangements von John Lewis eingebunden. Ein Aspekt des Lewisschen Konzeptes war die Kontrastierung des virtuosen Vibraphonisten Milt Jackson mit dem zurückhaltenden Klavierstil von Lewis, einem beweglichen Kontrabassisten, dessen Spiel zwischen antreibend und statisch bewegt wechselte, und einem Schlagzeuger, der in den frühen Aufnahmen tatsächlich vor allem als »timekeeper« fungierte. Clarkes harte Kritik an Lewis macht klar, wie wenig er ins Konzept des Pianisten und Arrangeurs paßte:

> *At first the Modern Jazz Quartet was a sympathetic, swinging group, but John Lewis soon took over, and although he can play terrific jazz himself when he wants to, basically he hates jazz; he prefers Bach and Chopin. You can't imagine how boring it was, working in the Modern Jazz Quartet, wanting to play jazz and having to play those damn arrangements.*[12]

Der Stil des eher zurückhaltenden Connie Kay war dem Modern Jazz Quartet sehr viel angemessener, selbst wenn, wie Thomas Owens bemerkt[13], auch Kay in seinen ersten Aufnahmen mit dem Ensemble einzig als rhythmischer Zeitgeber eingesetzt ist. Kay gibt als hauptsächliche Einflüsse auf sein Schlagzeugspiel die früheren Drummer Gene Krupa, Buddy Rich, Chick Webb und Big Sid Catlett an. Obwohl er sich also an Meistern seines Instrumentes orientiert, die allesamt im »show off« des Schlagzeugsolos geübt waren, ist Kay Soli gegenüber eher abgeneigt. Der Unterschied zwischen Clarke und Kay wurde von Milt Jackson kurz und treffend charakterisiert:

> *Kenny always wanted to play things his way. With Connie, if you want a paradiddle right here, you get a paradiddle. And when Kenny had a drum solo, he saw it as just a drum solo. But Connie treats it in relation to the whole piece.*[14]

Vor allem auf Vorschlag von John Lewis vergrößerte Connie Kay sein Schlaginstrumentarium, daß außer dem normalen Trommelset bald vier verschiedene Zymbeln (neben der High Hat-Zymbeln), syrische Zeremonietrommeln, italienische Handzymbeln, Fingerzymbeln, Triangeln, Watusi-Knieglocken, einen Schellenbaum und – in einzelnen Aufnahmen – Pauken beinhaltete. Ein großes Schlaginstrumentarium war schon in den Jazz- und Showorchestern der zwanziger Jahre durchaus üblich gewesen – vgl. z.B. das Instrumentenset Sonny Greers im Duke Ellington Orchester –, verschwand aber in den dreißiger Jahren zunehmends aus dem Fundus der Swing Bands. Kays Schlaginstrumente bildeten eher eine Parallele zur Perkussionsgruppe in europäischen Orchestern.

Die wenigen Soli, die Kay im aufgenommenen Oeuvre des Modern Jazz Quartet zukamen – *Fontessa* (1956), *La Ronde* (1957) und *Sacha's March* (1984) –, waren nicht »show off« von Technik und Schnelligkeit, wie es andere Schlagzeuger in ihren Soli üblicherweise vorführten, sondern in ihrer Struktur durchdachte, zum Teil extrem melodische Abschnitte, die sich an jeder Stelle

12 Zit. nach Leonard Feather, *The Book of Jazz* (1957), London 1961 (Jazz Book Club), S. 171
13 Thomas Owens, *Improvisation Techniques of the Modern Jazz Quartet*, S. 44
14 Zit. nach John S. Wilson, *Connie Kay. One Drummer Who Doesn't Care To Solo*, S. 2

der charakteristischen Zurückhaltung seines Stils unterwarfen. Seine Unterstützung der Solisten Jackson und Lewis – oft durch eine durchgehende Beckenbegleitung mit einzelnen Snare-Akzenten – übersteigt nie eine leise Grunddynamik, kann aber dem begleiteten Solo durch subtile Reaktionen, Wechsel der Begleittechnik – Becken oder Trommeln, Besen oder Stöcke, etc. – und unmerkliche Unterschiede in der Intensität ein strukturelles Finish geben, das auf unaufdringliche Art und Weise zum Erfolg des Soloabschnitts beiträgt.

John Lewis schreibt in seinen Arrangements – auch für komplexere Fugen oder Third-Stream-Kompositionen – dem Schlagzeuger zumeist nur einen Grundrhythmus und eventuell die Anschlagtechnik vor, überläßt die individuelle Ausgestaltung dem Drummer selbst. Angesichts der Zurückhaltung im Personalstil Connie Kays, angesichts der Ähnlichkeiten in der Musikauffassung von Kay und Lewis kann sich der Pianist auch außerhalb vorher abgesprochener Arrangements des Schlagzeugparts sicher sein, daß die Begleitung seinem Stil und seinen Erwartungen entspricht. Kays Erfahrungen in verschiedenen Jazzstilen – Dixieland, Swing, Bebop und Third Stream – machen ihn zu einem der gewandtesten, wenn auch nicht solistisch virtuosesten Schlagzeuger des Jazz. Die Ausweitung des Schlaginstrumentariums, die zum großen Teil auf Vorschläge von John Lewis zurückgeht, war ein nicht unwichtiger Anstoß für andere Schlagzeuger der fünfziger und sechziger Jahre, ihr Perkussionsinstrumentarium zu erweitern.

Modern Jazz Quartet

Die Keimzelle des Modern Jazz Quartet lag – wie schon aus den Einzelbiographien der Ensemblemitglieder deutlich wird – in der Rhythmusgruppe des Dizzy Gillespie Orchesters, zu der in der zweiten Hälfte der vierziger Jahre Milt Jackson, John Lewis, Ray Brown und Kenny Clarke gehörten. Sowohl das anfänglich beschränkte Orchesterrepertoire als auch die – insbesondere für die Blechbläser – überaus anstrengenden Arrangements wurden im Nachhinein als Grund dafür genannt, daß bei Konzerten oft die Rhythmusgruppe als »Pausenfüller« einsprang. Der ruhige Gegenpol zu den tour-de-force-Arrangements der Big Band war ein Erfolg beim Publikum und eine interessante Herausforderung für die beteiligten Musiker. Aufnahmen, in denen die Rhythmusgruppe solistisch herausgestellt wird[15] oder Einspielungen des aus der Rhythmusgruppe des Orchesters gebildeten Milt Jackson Quintet von 1948[16] zeigen eine stark am Bebop orientierte Gruppe, in der die durchgeformten Arrangements des

[15] Z.B. *Emanon*, New York 1946, Musicraft 447; Wiederveröffentlichung auf Prestige P 24030

[16] *Bobbin With Robin*, *Autumn Breeze*, *Slits* und *Baggy Eyes*, Detroit 1948, alle wiederveröffentlicht auf America (F) 30 AM 6072

späteren Modern Jazz Quartet noch gänzlich fehlen. Anfang 1951 teilte sich das Dizzy Gillespie Sextet mit Milt Jackson und Percy Heath sowie das Lester Young Quartet mit John Lewis das Programm im New Yorker Jazzclub Birdland. Es kam des öfteren zum Zusammenspiel der drei späteren Modern-Jazz-Quartet-Musiker. Im August des Jahres ging das Milt Jackson Quartet mit Jackson, Lewis, Brown und Clarke in ein New Yorker Studio, um für Dizzy Gillespies Schallplattenlabel Dee Gee vier Titel einzuspielen. Im September desselben Jahres und im April 1952 folgten weitere Aufnahmesitzungen, im April bereits in der Originalbesetzung des späteren Modern Jazz Quartet mit Percy Heath am Baß und Kenny Clarke am Schlagzeug. Im Herbst 1952 trat die Gruppe zum ersten Mal öffentlich im New Yorker Downbeat Club auf. Als Begleitband für Ben Webster und Charlie Parker wurde sie ins Birdland verpflichtet und spielte am 22. Dezember 1952 die ersten Aufnahmen des neuen Modern Jazz Quartet ein.

Bis Herbst 1953 war das Modern Jazz Quartet einzig eine Studio-Gruppe, im Oktober des Jahres trat es zum erstenmal öffentlich im New Yorker Birdland auf. Der einzige personelle Wechsel geschah im Januar 1955, als Kenny Clarke während eines weiteren Birdland-Engagements das Ensemble verließ und daraufhin der Schlagzeuger Connie Kay verpflichtet wurde. Das Quartett war eine kooperative Gruppe, als deren musikalischer Leiter zwar John Lewis bestellt wurde, in der aber letztlich ein jeder Verantwortung für Organisation und Durchführung von Konzerten, für das Repertoire und für die geschäftlichen Angelegenheiten hatte. Connie Kay beschreibt die Aufgabenverteilung innerhalb der Organisation Modern Jazz Quartet:

> *The quartet was a cooperation, but as far as the music was concerned, that was* [Lewis'] *department. My department was transportation, Percy's department was finances, Milt's department was public relation: doing interviews and things like that, John's department was taking care of the music.*[17]

Die Selbstorganisation des Quartetts[18] und die Gründung eines eigenen Verlags – MJQ Music, Inc. –, der sowohl Kompositionen von John Lewis als auch solche von anderen, vor allem Third-Stream-Komponisten veröffentlichte, waren trotz ähnlicher Aktivitäten zum Beispiel einiger Orchesterkollektive in den zwanziger Jahren, trotz Eigenverlagen beispielsweise von Duke Ellington und trotz der Gründung musikereigener Plattenlabels – unter anderem durch Charles Mingus – in den fünfziger Jahren recht ungewöhnlich. Der kommerzielle Erfolg des Quartetts in den Vereinigten Staaten wie in Europa bestätigte musikalische Entscheidungen und die Organisationsform der Gruppe. Jährliche erfolgreiche Europa-Tourneen, Konzerte auf ehedem dem Jazz verschlossenen Veranstaltungen wie dem Donaueschingen Musik Festival 1957 und dem Maggio Musicale in Florenz 1959 sowie Konzerte in vormals nur der kompo-

17 Zit. nach Robert D. Rusch, *Connie Kay: Interview*, S. 11

18 Konzerte und Tourneen lagen lange Zeit in den Händen der New Yorker Monte Kay Agentur.

nierten europäischen Musik offenstehenden Konzerthallen – unter anderem dem Salzburger Mozarteum, der Aula der Universität in Padua, der Pariser Sorbonne und etlichen philharmonischen Hallen – festigten den Ruf der Gruppe als zuverlässiges, seriöses Jazzensemble. Das Repertoire mit vielen formal europäisch beeinflußten Kompositionen von John Lewis sowie die Präsentation, d.h. der Auftritt im Smoking oder in dunklen Anzügen, förmliche Ansagen mit kurzen Beschreibungen der zu spielenden Stücke und gedruckte Programme, die ebenfalls Kurzanalysen der Kompositionen enthielten, brachten dem Quartett auf der anderen Seite von vielen Jazzfans die negative Kritik der »pretentiousness« oder den Spitznamen *undertakers*[19] ein.

John Lewis' Third-Stream-Experimente involvierten sehr oft das Modern Jazz Quartet, führten so zu Konzerten und Plattenaufnahmen mit dem Beaux Arts String Quartet, mit Holzbläserensembles, Jazz-, aber auch Sinfonieorchestern. In vielen der Konzerte, die durch die Third-Stream-Bewegung im New York der späten fünfziger und frühen sechziger Jahre zustande kamen, wurde das Programm zwischen den Werken klassischer Komponisten, traditionellen Jazzstücken des Modern Jazz Quartet und Third-Stream-Kompositionen aufgeteilt, in welchen letzteren Quartett und Orchester kollaborierten. Besonders die Zusammenarbeit mit etlichen amerikanischen Sinfonieorchestern gehörte für Lewis zu den wichtigsten musikalischen Herausforderungen, wenn auch die Reaktionen des Publikums auf solche Konzerte nur eingeschränkt positiv waren. Ende der sechziger Jahre, als die Jazzmusik sich ganz allgemein in einem Popularitätstief befand, konnten auch Kompositionen von Lewis, in denen deutliche Anklänge an Beat oder psychedelische Musik zu hören waren, das Modern Jazz Quartet nicht aus seiner Identitätskrise lösen. Milt Jackson, der fühlte, daß einem ernsthaften virtuosen Musiker ein besserer finanzieller Verdienst zustände als er ihn im Quartett hatte, der zudem Popmusikgruppen wie die Beatles oder die Bee Gees um ihren kommerziellen Erfolg beneidete, gab schließlich den Anstoß zur Auflösung des Modern Jazz Quartet Mitte 1974. Ein Abschlußkonzert am 25. November des Jahres in der Avery Fisher Hall in New York beendete vorläufig die mehr als zwanzigjährige Geschichte des Ensembles.

Auflösungsgerüchte hatte es schon vorher gegeben. Als Kenny Clarke 1955 die Gruppe verließ, hieß es, nun würde auch Milt Jackson nicht mehr lange bleiben. Anfang der sechziger Jahre ging durch die Presse, daß Jackson als viertes Mitglied zum Oscar Peterson Trio stoßen solle und daß John Lewis gedächte, mit Gil Evans eine Band zu gründen. Ein Arrangement zwischen den Quartettmitgliedern, nur die Hälfte des Jahres im Ensemble zusammenzuspielen, den Rest des Jahres individuellen musikalischen Aktivitäten zu überlassen, ist sicher als ein Grund dafür anzusehen, daß das Quartett allen Auflösungsgerüchten zum Trotz bis 1974 bestand. Einzelne Konzerte brachten die vier Musiker auch in der zweiten Hälfte der siebziger Jahre zusammen. Als bei einer Konzert-Tournee 1981 klar wurde, daß das Interesse am Jazz und am

[19] Brian Nicholls, *Jazzman's Diary*, in: Jazz Journal, ii/1 (Januar 1958), S. 33

Modern Jazz Quartet wieder so gewachsen war, daß es sich auch finanziell lohnen würde, die Gruppe für länger zusammenzubringen, entschlossen sich die vier Mitglieder, unter dem Management Ray Browns das Wagnis einzugehen. John Lewis schrieb neue Kompositionen und fertigte veränderte Arrangements einiger alter *originals* an. Mit der Erfahrung, die die Musiker in den Jahren 1974 bis 1982 gesammelt hatten, konnte das Quartett in den achtziger Jahren außer dem alten auch ein neues Publikum für seine Musik interessieren.

Das Repertoire des Modern Jazz Quartet in Schallplattenaufnahmen und Konzerten

Die am Ende dieser Arbeit enthaltene Diskographie des Modern Jazz Quartet listet die offiziellen Studio- und Konzerteinspielungen auf, die von den Plattenfirmen veröffentlicht wurden, bei denen das Ensemble unter Vertrag stand. Sie enthält außerdem nicht publizierte Aufnahmen offizieller Plattensitzungen sowie veröffentlichte und einige nicht veröffentlichte Konzertmitschnitte, soweit sie für diese Arbeit von Interesse sind. Einspielungen, an denen das Modern Jazz Quartet nur bedingt beteiligt war – also beispielsweise Aufnahmen des Dizzy Gillespie Orchestra oder des Orchestra USA – sind in der Diskographie nicht berücksichtigt; es sei auf Fußnoten im laufenden Text und auf die diskographischen Standardwerke der Jazzliteratur verwiesen.

In der Regel werden neue Kompositionen von John Lewis vor der Schallplatteneinspielung im tagtäglichen Konzertrepertoire des Modern Jazz Quartet ausprobiert. Es liegen vom Quartett bislang keine »alternate takes« zu Studioaufnahmen vor, wie dies bei anderen Musikern in jenen Jahren vielfach der Fall ist[20]. Das Aussuchen eines zu publizierenden Take ist eine Editionshandlung, und dementsprechend ist die veröffentlichte Studioaufnahme als »Partitur« der Komposition anzusehen, als von den Musikern zur Publikation freigegebene Realisation des Stückes. Die Veröffentlichung insbesondere illegaler Konzertmitschnitte dagegen unterlag in keinem Fall der Begutachtung durch die ausführenden Musiker. In den sogenannten »Boris Rose«-Mitschnitten[21] aus dem New Yorker Jazzclub Birdland von 1953 und 1955 sind beispielsweise etliche Aufnahmen zu hören, die im Vergleich zu späteren Studioeinspielungen derselben Stücke unfertig scheinen, in deren improvisatorischer Realisation die Aneignungsphase deutlich wird. Ist auch die Vermarktung solcher Konzert-

[20] Einzige Ausnahme ist ein »alternate take« von *One Never Knows* (New York, 4. April 1957), der auf Versailles, einem französischen Vertragslabel der Plattenfirma Atlantic, veröffentlicht wurde.

[21] Benannt nach Boris Rose, einem etwas skurilen New Yorker Sammler, der mit Mikrophon und Bandgerät in New Yorker Clubs ging und Konzerte mitschnitt, die er später auf »bootleg labels« – Session Disc, Alto, Ozone, etc. – veröffentlichte.

mitschnitte moralisch-rechtlich fragwürdig – den Musikern werden in der Regel keine Tantiemen gezahlt –, so sind sie für den Forscher als Vergleichsaufnahmen zu den vom Komponisten und den Musikern abgesegneten Studioeinspielungen von unschätzbarem Wert. Ebenso können unveröffentlichte Konzertaufnahmen – häufig Radiomitschnitte – als wertvolles Vergleichsmaterial herangezogen werden. Sie sind meist nur dem Spezialisten zugänglich und sollen daher in dieser Studie nur dann berücksichtigt werden, wenn besondere Merkmale in Komposition und Improvisation anhand veröffentlichter Aufnahmen nicht gezeigt werden können bzw. wenn der Vergleich zwischen dem nicht publizierten Material und veröffentlichten Live- oder Studioaufnahmen Erkenntnisse über den Kompositionsprozeß oder die Improvisationsauffassung der Solisten geben kann.

* * *

Das Konzertrepertoire des Modern Jazz Quartet ist breit gefächert. Es enthält Blues-Kompositionen, Standard-Songs und -Balladen, originäre Balladen und Up-Tempo-Kompositionen, Bebop-Themen, »Fugen«-Kompositionen und Kompositionen, in denen der Formverlauf durch europäische Modelle bestimmt wird, Transkriptionen von Werken europäischer Komponisten sowie Third-Stream-Kompositionen.

Jazzstandards anderer Komponisten erhalten in der Interpretation durch das Modern Jazz Quartet zumeist ein neues, vom Stil John Lewis' geprägtes Arrangement. Einzig Balladen werden oft in jazz-üblicher Balladen-Improvisation und ohne ausgeformtes Arrangement gespielt. Im Laufe der Jahre dienten die Standards immer mehr als Feature einzelner Solisten, angefangen von den »ballad medleys« der späten fünfziger und frühen sechziger Jahre bis hin zu *I Should Care* (Klavier-Feature, sechziger Jahre) oder *Nature Boy* und *Autumn Leaves* (Vibraphon-Feature, achtziger Jahre). Tatsächlich waren die Standards, die über längere Zeit im Repertoire des Quartetts blieben, vor allem Referenzen an andere Jazzmusiker und wurden in Konzertprogrammen und Ansagen als solche kenntlich gemacht: *Confirmation* (Charlie Parker)[22], *Yardbird Suite* (Charlie Parker)[23], *A Night In Tunesia* (Dizzy Gillespie)[24], *'Round Midnight* (Thelonious Monk)[25], *It Don't Mean A Thing* (Duke Ellington)[26], *Rockin' In*

22 New York 1952, Ozone 22 (mit Ben Webster); New York 1974, Atlantic SD 2-909; im Konzertrepertoire der siebziger und achtziger Jahre

23 Lenox, Mass. 1958, Atlantic LP 1299; im Konzertrepertoire der fünfziger und sechziger Jahre

24 New York 1957, Atlantic 1256; San Remo 1958, Ingo 12; Lenox, Mass. 1958, Atlantic LP 1299 (mit Sonny Rollins); New York 1974, Atlantic SD 2-909; im Konzertrepertoire der fünfziger und sechziger Jahre

25 New York 1951, Savoy 1106; Chicago 1957, Verve MV 2695; Stockholm 1960, Atlantic SD 2-603; New York 1974, Atlantic SD 2-909; im Konzertrepertoire der fünfziger und achtziger Jahre

26 New York 1959, Atlantic SD 1325; Stockholm 1960, Atlantic SD 2-603; im Konzertrepertoire der sechziger Jahre

Rhythm und andere Kompositionen von Duke Ellington[27] sowie *Topsy* (Count Basie)[28]. Andere Standards, die eine relative Langlebigkeit im Quartettrepertoire erlangten, sind *I'll Remember April*[29] und *Softly As In A Morning Sunrise*[30]. Die Schallplattenaufnahme *»The Modern Jazz Quartet Plays George Gershwin's Porgy And Bess«*[31] führte in den folgenden Jahren zu Konzertblöcken, in denen einzelne oder auch alle eingespielten Arrangements der sieben Gershwin-Standards präsentiert wurden.

Zur ungewöhnlichen Präsentation der Musik des Modern Jazz Quartet gehörten in den fünfziger und sechziger Jahren Programmhefte, in denen die genaue Folge der Kompositionen sowie Kurzbeschreibungen der Stücke abgedruckt wurden. Das Quartett bot in der Regel drei oder vier verschiedene Programmfolgen an, die im Wechsel gespielt wurden. In dem Programm der Europa-Tournee 1959 werden beispielsweise vier Programmfolgen verzeichnet[32]:

a. *Django, Bags' Groove, How High The Moon, A Cold Wind Is Blowing, Midsömmer, A Social Call, Vendome, Festival Sketch, Now's The Time,* (Pause), *It Don't Mean A Thing, Pyramid, Skating In Central Park, The Comedy (La Cantatrice/Harlequin/Fontessa).*
   Diese Programmfolge enthält eine ausgewogene Mischung aus Standards, Blues, Filmmusik, der gekürzten Suite *The Comedy* und ambitionierteren Eigenkompositionen.
b. *Softly As In A Morning Sunrise, Two Degrees East, Three Degrees West, Odds Against Tomorrow, It Don't Mean A Thing, Skating In Central Park, I'll Remember April, No Happiness For Slater, Yardbird Suite,* (Pause), *Festival Sketch, One Never Knows, Three Windows, The Golden Striker, Cortege, The Rose Truc.*
   Auch hier zeigt in der ersten Hälfte eine ausgewogene Mischung verschiedenster Jazzkompositionen, während in der zweiten Hälfte die einzelnen Teile der Filmmusik *»Sait-On Jamais«* aneinandergereiht werden.
c. *The Queen's Fancy, Pyramid, Cortege, Now's The Time, One Never Knows, It Don't Mean A Thing, Yesterdays, La Cantatrice, The Golden Striker,* (Pause), *A Cold Wind Is Blowing, How High The Moon, No Happiness For Slater, Midsömmer, A Social Call, Bluesology, Skating In Central Park, The Rose Truc.*

27 New York 1988, East-West 790 926; im Konzertrepertoire der achtziger Jahre

28 New York 1985, Pablo 2310-917; im Konzertrepertoire der achtziger Jahre

29 New York 1955, Alto AL 716; Hackensack, N.J. 1955, Prestige P-7005; Chicago 1957, Verve 2367-072; San Remo 1958, Ingo 12; Stockholm 1960, Atlantic SD 2-603; im Konzertrepertoire bis in die achtziger Jahre

30 New York 1952, Savoy SJL 1106; Hackensack, N.J. 1955, Prestige P-7005; New York 1974, Atlantic SD 2-909; Budokan (Japan) 1981, Atlantic P 13011; im Konzertrepertoire bis in die achtziger Jahre, seit 1955 mit der Einleitung aus dem *»Musikalischen Opfer«* von Johann Sebastian Bach

31 New York 1964/65, Atlantic SD 1440

32 Programmheft für eine Tournee des Modern Jazz Quartet 1959, Offenbach o.J. [1959]

d. *Vendome, Ralph's New Blues, Concorde, Sun Dance, England's Carol, Three Windows, Versailles,* (Pause), *The Comedy (La Cantatrice/Harlequin/ Fontessa), Now's The Time, Odds Against Tomorrow, Cue No. 9.*
Dieses »anspruchsvollste« Programm enthält im ersten Teil Kompositionen, die sich in Formmodellen oder Zitaten an europäische Vorbilder anlehnen, im zweiten Teil die gekürzte Suite *The Comedy*, einen Up-Tempo-Blues und zwei Kompositionen aus der Filmmusik *»Odds Against Tomorrow«*.

Das Modern Jazz Quartet, das seit Mitte der fünfziger Jahre regelmäßige Europatourneen unternahm, stellte sich mit den hier aufgelisteten Programmen sicher auf Publikumsunterschiede in verschiedenen Ländern und Städten ein. Eine Programmfolge wie d., in der immerhin vier »Fugen«-Kompositionen gespielt wurden und in der eine programmatische Trennung zwischen erster und zweiter Konzerthälfte deutlich ist, unterscheidet sich allein in der Konzeption von beispielsweise Programmfolge c., in der eine ausgewogene Mischung verschiedenster Kompositionen das gesamte Konzert bestimmt.

In den zahlreichen Konzerten, in denen das Modern Jazz Quartet zusammen mit anderen Instrumentalisten präsentiert wurde – Streichquartett, Bläserensemble, Kammer- oder Sinfonieorchester –, gliederte sich das Programm in der Regel in Einzelblöcke der jeweiligen Ensembles und einen Block, in dem beide zusammenspielten. In vielen solcher Konzerte wurde neben Jazz so auch komponierte europäische Musik gespielt. Dies Konzept, das bereits von Organisatoren etlicher Third-Stream-Konzerte in den fünfziger Jahren – von der Jazz and Classical Music Society oder vom Orchestra USA – verfolgt wurde, fand seine kontinuierlichste Präsentation in den Auftritten des Modern Jazz Quartet mit den verschiedensten klassischen Repertoireensembles über die Jahre. Einige Beispiele sollen die Bandbreite der Konzertprogramme dokumentieren:

> Beim ersten Konzert des Modern Jazz Quartet in der Cooper Union, New York, im Frühjahr 1955 beispielsweise teilte sich das Quartett das Programm mit der Aufführung u.a. Alec Wilders *Concerto For French Horn*[33].
>
> Am 19. November desselben Jahres nahm das Quartett an einem Konzert der Modern Jazz Society (Jazz and Classical Music Society) in der New Yorker Town Hall teil, in dem außer einem Quartettblock Arrangements für Modern Jazz Quartet und Bläser-Kammerorchester, Arrangements von Lewis und J.J. Johnson für Bläser und Rhythmusgruppe sowie die amerikanische Erstaufführung von Luigi Nonos *Polifonica, Monodia, Ritmica* enthalten war[34].

33 Vgl. Pressenotiz: N.N., Swinging Union, in: *Metronome*, lxxi/3 (März 1955), S. 6

34 Vgl. Bill Coss, *Jazz Society at Town Hall*, in: *Metronome*, lxxii/1 (Januar 1956), S. 16, 50; Nat Hentoff, *Modern Jazz Society Concert Marks Some Firsts*, in: *Down Beat*, xxii (28. Dezember 1955), S. 14; John S. Wilson, *Jazz Unit Makes Town Hall Debut. Modern Society Group and Chamber Orchestra Offer Adventurous Program*, in: *New York Times* (21. November 1955), S. 23

In einem vielbeachteten Town Hall-Konzert von Modern Jazz Quartet und Beaux Arts String Quartet am 25. September 1959 folgten auf Haydns *Streichquartett op. 74,1* – gespielt vom Beaux Arts Quartet – und einen kurzen Programmblock des Modern Jazz Quartet die Zusammenarbeit der beiden Ensembles in John Lewis' Komposition *Sketch* und Gunther Schullers *Conversation For Double Quartet*[35].

Am 28. Dezember 1962 gab das Orchestra USA unter der Leitung Schullers ein Konzert im Lincoln Center, New York, in dessen Mittelpunkt das Modern Jazz Quartet stand, das u.a. die Lewis-Komposition *Sketch* zusammen mit einem Streichquartett aufführte, das aus dem Streicherensemble des Orchesters gebildet wurde. Die weiteren Programmpunkte des Konzertes waren: die *Deutschen Tänze* von Franz Schubert/Anton Webern, *Fünf Stücke für Orchester* von Webern, *Labyrinth* von Hans Werner Henze und *La Creation du Monde* von Darius Milhaud[36].

In einem New Yorker Konzert mit der Symphony of the New World vom 6. Oktober 1968 erklang außer dem Quartettrepertoire die Komposition *Quadri*, die William O. (Bill) Smith für Modern Jazz Quartet und Sinfonieorchester geschrieben hatte, sowie Arnold Schönbergs *Verklärte Nacht* und Sergei Prokofieffs *Sinfonie Nr. 7*, gespielt von der Symphony of the New World unter Leitung von James DePries[37].

In einem Pariser Konzert vom Oktober 1970 spielte ein Orchester aus Jazzsolisten das Strawinskys *Ebony Concerto*, das Modern Jazz Quartet einen Block mit eigenem Repertoire und zusammen mit dem Orchestre Philharmonique O.R.T.F. unter der Leitung von Vladimir Kojoukharov drei Kompositionen von André Hodeir, Miljenko Prohaska und John Lewis[38].

Auch nach Auflösung des Quartetts gab es Konzerte, in denen eine Kooperation im obigen Sinne stattfand. Als letztes Beispiel sei die Zusammenarbeit des Modern Jazz Quartet mit dem Kansas City Philharmonic Orchestra unter Maurice Peress genannt, die am 25. Januar 1977 zu einem Programm in der New Yorker Carnegie Hall führte, das Debussys *Golliwogg's Cakewalk*, Strawinskys *Ragtime* aus *»L'Histoire du Soldat«*, Scott Joplins *Maple Leaf Rag*, Duke Ellingtons *Black, Brown And Beige*, einen Programmblock des Modern Jazz Quartet allein und John Lewis' *In Memoriam* für Jazz Quartett und Orchester enthielt[39].

35 Vgl. George Hoefer, *Caught In The Act*, in: *Down Beat*, xxvi (12. November 1959), S. 46; John S. Wilson, *Fusion of Styles. Beaux Arts Strings and the Modern Jazz Quartet on Same Bill at Town Hall*, in: *New York Times* (26. September 1959)

36 Vgl. Konzertprogramm im Archiv des Institute of Jazz Studies, Rutgers University, Newark, New Jersey

37 Vgl. Donald Henahan, *Jazz and Symphonic Traditions Merge in 'Quadri'*, in: *New York Times* (7. Oktober 1968)

38 Vgl. Michel Savy, *Modern Jazz Quartet/Orchestre Philharmonique O.R.T.F./22 Solistes de Jazz*, in: *Jazz Hot*, xxxvi/267 (Dezember 1970)

39 Vgl. Konzertprogramm im Archiv des Institute of Jazz Studies, Newark, New Jersey

Das Modern Jazz Quartet hat mehrere Komponisten dazu angeregt, für diese Besetzung zu schreiben. Kompositionen von Gunther Schuller, André Hodeir, Werner Heider, Miljenko Prohaska, William O. (Bill) Smith, Jimmy Giuffre und anderen – alle für Modern-Jazz-Quartet-Besetzung und zum größten Teil mit Orchester- oder kammermusikalischer Erweiterung – waren durch das Quartett inspiriert oder sogar Auftragskompositionen für das Ensemble. Bill Smith beispielsweise berichtet, daß seine Kompositionen *Interplay* und *Quadri* für Modern Jazz Quartet und Sinfonieorchester sowie sein *Concerto For Jazz Soloist And Orchestra*, das er für das Orchestra USA schrieb, als Auftragswerke für John Lewis entstanden[40]. Ein Unikum innerhalb der Kompositionen für das Quartett bildet Boris Blachers *Two Poems for Jazz Quartet*, eine Komposition, die er im Auftrag der Deutschen Grammophon Gesellschaft schrieb und die am 14. November 1958 in der Nonagon Art Gallery, New York, vom Modern Jazz Quartet uraufgeführt wurde. Blachers *Two Poems* beinhalten keine Improvisationsteile, und auch die Komposition macht – von der Besetzung abgesehen – kaum Zugeständnisse an eine jazz-gemäße Diktion.

Die meisten dem Modern Jazz Quartet dedizierten Fremdkompositionen fanden keinen Platz im regelmäßigen Repertoire des Ensembles. Dies erklärt sich sicher schon aus der in der Regel vorgeschriebenen großen Besetzung, innerhalb derer das Modern Jazz Quartet solistisch hervortretender Bestandteil war. Nicht alle der Quartett-Zueignungen anderer Komponisten sind als Schallplatteneinspielung dokumentiert, und auch einzelne John-Lewis-Kompositionen für das Quartett existieren in keiner Aufnahme[41].

Das Repertoire an Lewis-*originals* im Programm des Modern Jazz Quartet wird im Kapitel zur Kompositionstechnik bei John Lewis rubriziert und im Vergleich der Blues, Balladen, Up-Tempo-Stücke, »Fugen«- und Third-Stream-Kompositionen eingehend diskutiert.

[40] Persönliches Interview mit Bill Smith, Nizza, Frankreich, 8. Juli 1984

[41] Weder Lewis' *Conception and Inflection of a Jazz Rhythm* ist auf Schallplatte aufgenommen noch beispielsweise Miljenko Prohaskas *Concertino for Jazz Quartet and Strings*, Bill Smiths *Interplay* oder *Quadri*, Francis Thornes *Quartessence*, Peter Phillips' *Concerto Grosso (for Jazz Quartet and Chamber Orchestra)* oder Michael Gibbs' *Six Improvisatory Sketches*, alles Kompositionen, die die Modern-Jazz-Quartet-Besetzung als zentralen Ausgangspunkt benutzen.

Zur Rezeption des Modern Jazz Quartet in Europa und den USA

Die Jazzkritik hat das Modern Jazz Quartet meist als ein herausragendes Ensemble betrachtet, das in der Jazzentwicklung der Zeit – gemeint sind die fünfziger und sechziger Jahre – mit kaum einer anderen Gruppe verglichen werden konnte. Da das Quartett den Weg des Mainstream vor allem mit den formalen Experimenten von John Lewis recht früh verließ, kam es auf der Seite der Jazzfans wie der Kritiker zu konträren Reaktionen, d.h. zu zum Teil extremen Formen von Zustimmung oder Ablehnung.

Ein Blick auf die publizistische Rezeption der Musik des Modern Jazz Quartet in den fünfziger und sechziger Jahren erlaubt zugleich einen Blick auf die Situation, in der das Ensemble seine Musik in jener Zeit darbot. Der Jazz befand sich in einem Umbruch, der von einzelnen Musikern verlangt, von Kritikern konstatiert und von Vielen aus beiden Bereichen gefürchtet wurde. Neue Elemente, die zum Teil aus dem Jazz selbst heraus entwickelt, zum Teil aber auch von außen in den Jazz integriert wurden, stellten für etliche Autoren einen Bruch mit der Jazztradition dar. Andere wiederum verteidigten gerade diese neuen Momente als eine Chance für die Weiterentwicklung der Musik. Die Kritikpunkte, die dem Modern Jazz Quartet gegenüber in jenen Jahren geäußert wurden, sind für die Änderung musikalischer wie allgemein ästhetischer Werte signifikant. Im folgenden Überblick über das Rezeptionsverhalten von Kritik und Publikum sollen vor allem die folgenden Bereiche in bezug auf John Lewis und das Modern Jazz Quartet beleuchtet werden: 1. Publikumsverhalten und Aufführungsbedingungen, 2. Bühnenverhalten des Modern Jazz Quartet, 3. die musikalische Qualität im Oeuvre des Ensembles und 4. das Verhältnis des Quartetts zur Tradition.

In allen – und besonders in den negativen – Kritiken wird in erster Linie der Pianist, Komponist und Arrangeur John Lewis herausgestellt. Diese Konzentration auf Lewis entspricht seiner Rolle als Initiator des musikalischen Konzeptes der Gruppe. Die Virtuosität von Milt Jackson, das fundierte Spiel des Bassisten Percy Heath oder die verläßliche Zurückhaltung Connie Kays werden in der Regel nicht in Frage gestellt. Es sind zumeist das Lewissche Konzept einer Integration kompositorischer und improvisatorischer Elemente sowie die Präsentation von Jazz als Konzertmusik, die die extremsten Reaktionen hervorrufen.

John Lewis stellte bereits 1959 Unterschiede im Rezeptionsverhalten europäischer wie amerikanischer Zuhörer und Kritiker fest. Er lobte besonders das deutsche Publikum:

In Germany they listen intently and with curiosity. [...] *They wanted to find out what was so unique about this music, if it could really compete with other art music.*[1]

Lewis führt das Interesse für den Jazz in Deutschland – korrekterweise – unter anderem auf die Situation der Nachkriegszeit zurück. Die jungen Menschen würden den Jazz als etwas Neues anerkennen, ältere Hörer dagegen seien besonders durch die »old forms« von der Musik des Quartetts fasziniert sowie durch eine Präsentation, die ihren Erfahrungen mit dem klassischen Konzertwesen nahekommen und den Vorurteilen über das »wilde« Element des Jazz zu widersprechen schienen.

John Lewis fordert in Interviews aus jenen Jahren ein neues Hörverhalten des Jazzpublikums. Er verlangt Aufmerksamkeit, Interesse und Offenheit gegenüber auch bislang fremdem musikalischen Material. Seine eigene Musik, so meint er, könne die Aufmerksamkeit in den Hörern halten, *because there is really something there to listen to*[2]. In England wie in den Vereinigten Staaten existiere eine Anerkennung des Jazz als Kunstmusik nicht, wie sie zumindest dem Modern Jazz Quartet in Deutschland zuteil werde. John S. Wilson zitiert den Pianisten über die britischen wie über die amerikanischen Kritiker:

»They just make big flamboyant statements, the same as I read over here.« The writing on jazz in the United States is, Lewis thinks, »primitive.«[3]

Tatsächlich hatte der Erfolg des Modern Jazz Quartet in Europa andere Formen angenommen als in Amerika. Vollen Theatern in London stand ein relativ kleines Publikum beispielsweise in Boston gegenüber[4]. Das Modern Jazz Quartet unternahm seit 1956 alljährlich lange Tourneen durch Europa. John Lewis sah im europäischen Publikum die hauptsächlichste Zielgruppe des Ensembles. Er war sich durchaus der Marktverhältnisse bewußt, die auch den Charakter der Musik – beispielsweise in den formalen Experimenten seiner Kompositionen – mitbestimmten:

People expect certain things of me. Even when I've changed the nature of the music a little, we've gotten in trouble, particularly in Europe – and our biggest market is in Europe, not here.[5]

Das Hörverhalten des europäischen Jazzpublikums führte zu Konzertvorstellungen insbesondere bei John Lewis, die Auswirkungen auch auf das Auftreten des Quartetts in den Vereinigten Staaten hatten. Wurde das Quartett Anfang bis Mitte der fünfziger Jahre vorrangig in Nightclubs engagiert, so führte das Verlangen zumindest des Pianisten und nominellen Leiters John Lewis nach

1 John S. Wilson, *Homecoming Jazzmen. Striped Pants of the Modern Jazz Quartet Astounded a British Enthusiast*, in: *New York Times* (6. April 1958)

2 ibid.

3 ibid.

4 Vgl. John McLellan, *Paradox of Jazz Is Puzzling*, in: *Boston Traveller* (3. März 1960)

5 Zit. nach Leonard Feather, *MJQ Has An Era All Its Own*, in: *Home News* (21. November 1971)

Aufmerksamkeit im Publikum und nach einer Atmosphäre, die konzentriertes Hören ermöglicht, spätestens Ende der fünfziger Jahre dazu, daß das Quartett auch in den Vereinigten Staaten fast nur noch in Konzertsälen zu hören war. John Lewis stellte schon 1958 fest:

> *The Quartet has developed a subtle, tightly knit, losely flowing yet complex form of jazz that is lost in a night club, useless in a dance hall but excellently suited to the atmosphere of the concert hall.*[6]

In den späten fünfziger Jahren weigerte sich Lewis, in Nightclubs zu spielen, wenn nicht die Registrierkasse während der Sets des Modern Jazz Quartet abgestellt würde[7]. 1962 schließlich gehen Berichte durch die Fachpresse, das Quartett träte überhaupt nicht mehr in Nachtclubs auf[8].

Die Musik des Ensembles wurde in der Folge immer wieder mit den Termini »Konzertmusik«[9] oder gar »Kammermusik«[10] belegt. Diese Bezeichnungen entsprechen sicher der Absicht von Lewis, dem als idealer Aufführungsort ein Zwischending zwischen Nightclub und großer Konzertbühne vorschwebte:

> *What would be nice is a small room, maybe holding 900 to 1,000 people, where jazz could be played without the liquor or food.*[11]

Neben unpassenden Aufführungsörtlichkeiten war dem Pianisten vor allem auch die Abhängigkeit vom zur Verfügung gestellten Klavier ein Greuel. Nachdem auch in Europa Jazzpianisten oft die besten Instrumente verweigert wurden, bestand Lewis etwa ab 1960 vertraglich auf einem frischgestimmten Instrument der Marke Steinway[12]. Bei einem Konzert in Kopenhagen kam es gar zu einem Eklat, als Lewis den Auftritt absagen ließ, da ihm trotz der vertraglichen Zusicherung kein Steinway-Flügel bereitgestellt wurde[13].

Allein die Tatsache, daß die zeitgenössische Kritik von neuen Konzertörtlichkeiten wie vom Streit zwischen Lewis und Veranstaltern um bereit-

6 John S. Wilson, *Jazz: Modern Quartet. Group Offers Its Subtle Music at Town Hall*, in: *New York Times* (13. Mai 1958)

7 Vgl. John Litweiler, *The Freedom Principle. Jazz after 1958*, Poole, Dorset 1985, S. 111

8 N.N., [Pressenotiz], in: *Jazz Hot*, xxviii/178 (Juli 1962), S. 30

9 Vgl. Helen McNamara, *Jazz: Don't Buy It - It's Still Moving*, in: *The Telegram*, Toronto (21. Oktober 1967)

10 Vgl. zum Beispiel Lennard Östberg, *Underbar Kammarjazz*, in: *Orkester Journalen*, xxiv/12 (Dezember 1956), S. 8 f.

11 Zit. nach Ed Sachs, *John Lewis. Man and Musician*, in: *Down Beat*, xxvi (5. Februar 1959), S. 19

12 Vgl. John Lewis, zit. nach Les Tomkins, *Disc Discussion*, in: *Crescendo*, ii/11 (Juli 1964), S. 23: *There's really only* one *piano – I don't know* what *the rest of the things are they roll out. Piano means Steinway.* Vgl. auch Ross Russell, *Bird Lives*, London 1976, S. 318: *MJQ contracts stipulated that the sponsor must have a Steinway grand piano tuned that day to 440 pitch, just like Horowitz or Gieseking.*

13 Vgl. Pressemitteilung aus einer nicht identifizierten Quelle vom 23. April 1960 im »clipping file« des Institute of Jazz Studies, Rutgers University, Newark, N.J.

zustellende Instrumente Kenntnis nahm, bezeichnet eine neue Art von Öffentlichkeit, die sich dem Jazz gegenüber bildete. Auch andere Pianisten des Jazz mußten mit Organisatoren über schlechte Klaviere streiten, nie jedoch wurden solche Händel von der Öffentlichkeit wahrgenommen. Ein Ensemble aber wie das Modern Jazz Quartet drang mit seiner »kammermusikalischen« Besetzung, mit der exakten, perfekten Exekution zum Beispiel von Fugen und mit der ernsthaften Präsentation seiner Musik in den Bereich des klassischen Konzertwesens ein. Daß Lewis nun auch die Privilegien einer solchen Konzerttradition für sich und das Quartett in Anspruch nahm, war bis dahin unerhört in der Jazzgeschichte und öffnete letzten Endes vielen Musikern neue Aufführungs- und Wirkungsstätten.

In der Jazzkritik existieren einzelne Autoren, die sich in besonders vielen Artikeln positiv über die Musik des Modern Jazz Quartet äußerten und dabei versuchten, dem breiten Publikum die intellektuelle Seite der Musik näherzubringen. Zu nennen sind insbesondere: Nat Hentoff, Martin Williams, John S. Wilson, Gunther Schuller, Max Harrison, Raymond Horricks und Joachim Ernst Berendt. All diese Autoren nun waren ohnedies neuen Experimenten und Entwicklungen gegenüber aufgeschlossen. Williams, Wilson, Schuller und Hentoff zählen zu den ersten Kritikern, die den aufkommenden Free Jazz als eine intellektuell ansprechende Musik darstellten und die herausragenden Musiker dieser neuen Bewegung in der Öffentlichkeit unterstützten. Sie sahen das Modern Jazz Quartet in den fünfziger und frühen sechziger Jahren als ein progressives Ensemble, das für die Entwicklung des Jazz nicht ohne Bedeutung sei. Sie waren sich jedoch sehr wohl auch der Schwierigkeiten und Hindernisse bewußt, die sich John Lewis und seinem Konzept einer Integration von Komposition und Improvisation in den Weg stellten.

Die unsachlichste Kritik über die Musik des Modern Jazz Quartet kommt aus England. Ein Kuriosum stellt sicher ein Beitrag dar, den ein gewisser Herbert Corby im Jazz Journal vom Februar 1960 veröffentlichte. In seinem Gedicht »*The Modern Jazz Quartet. A Poem*«[14] setzt Corby die Musik des Quartetts in den Zusammenhang der Jazzgeschichte. In teilweise ungelenken Alexandrinern malt er in einer ersten Strophe das Bild des Jazz in den Bordellen von New Orleans. In drei weiteren Strophen werden frühe Musiker besungen: Jelly Roll Morton, Buddy Bolden, Fats Waller und Bessie Smith. Die letzte Zeile der vierten Strophe lautet – zusammenfassend:

for Jazz is Negroes, earthy and dedicated.

Nun folgt die Verbindung zur Musik des Modern Jazz Quartet:

[14] Herbert Corby, *The Modern Jazz Quartet. A Poem*, in: *Jazz Journal*, xiii/2 (Februar 1960), S. 7

That is the background. Now reflect.

This neutral eunuch music which, alas,
could never grace a whorehouse, cheats its breed,
denies its parentage, puts on clean socks,
but won't evoke more than a passionless dream.

Our Bravo isn't Jazz, now he's castrated.

Die schlimmsten Ausfälle einzelner englischer Autoren, wie sie – beispielsweise von Benny Green oder Berta Wood – auch im folgenden noch zitiert werden sollen, waren mit eine Ursache für die oben zitierte Ablehnung, die John Lewis besonders britischen Kritikern gegenüber hegte[15].

Die Art und Weise, die das Modern Jazz Quartet in Konzerten für die Präsentation seiner Musik wählte, war immer wieder Ausgangs- oder gar Mittelpunkt kritischer Betrachtungen. John S. Wilson berichtet, daß auf einer Großbritannien-Tournee die gestreiften Hosen einer der Band-Uniformen das größte Echo in der Presse auslösten[16]. Selbstverständlich trugen Jazzmusiker auch vor dem Modern Jazz Quartet Smokings und feine Anzüge. In vielen der vornehmen Nightclubs der zwanziger und dreißiger Jahre wäre eine andere Bekleidung gar nicht denkbar gewesen. Wenn die Kritiker gerade beim Modern Jazz Quartet die Garderobe so ausgiebig bemerkten, so sahen sie hier vor allem eine Parallele zur seriösen, »steifen« Musik des Ensembles. Von einzelnen Autoren wurde dem Quartett Ende der fünfziger Jahre der Spitzname *the undertakers* verliehen[17], andere verwiesen wohlwollend auf die Weltläufigkeit der vier Musiker, die »Band-Uniformen« bei einem namhaften Schneider in Londons Saville Row fertigen ließen.

Lewis' Ansagen, die zum Teil kurze analytische Beschreibungen der zu spielenden Arrangements enthielten, waren ein weiterer Stein des Anstosses. Vielfach wurden sie als *pretentious* gewertet, insbesondere dann, wenn sie Verbindungen vom Jazz zur europäischen Kulturgeschichte herzustellen versuchten. Einige wenige Kritiker allerdings lobten *the communication of its musical expression to the audience*[18] als einen Kontrast zur gängigen Praxis anderer zeitgenössischer Jazzmusiker. Und dem Vorwurf der *pretentiousness* in den Ansagen von Lewis begegnet beispielsweise Peter Clayton 1961:

15 Beispielhaft für deren Unsachlichkeit kann auf Benny Green verwiesen werden (nicht zu verwechseln mit dem amerikanischen Kritiker gleichen Namens), der in teilweise zynischen Kritikern auch vor persönlichen Beleidigungen gegen John Lewis nicht haltmachte. Dennoch wunderte sich Green, als Lewis ihn im Wissen um Greens Artikel als Interviewpartner für ein TV-Gespräch strikt ablehnte. Vgl. Benny Green, *Drums In My Ears. Jazz In Our Time*, New York 1973, S. 45.

16 John S. Wilson, *Homecoming Jazzmen*

17 Vgl. Brian Nicholls, *Jazzman's Diary: The Quartet To End All Quartets*, in: Jazz Journal, xi/1 (Januar 1958), S. 23; vgl. auch Robert Reisner, *The Jazz Titans*, New York 1960, S. 76

18 William L. Grossman und Jack W. Farrell, *The Heart of Jazz*, New York 1956, S. 274

It's much less pretentious to hear, and to hear about from a man like Lewis, than to read about.[19]

Tony Brown sieht das Bühnenverhalten des Ensembles ganz allgemein, d.h. Auftreten, Kleidung, die brave Verbeugung zum Schluß, aber auch die Anordnung der Instrumente auf der Bühne, vor allem als *tricks of salesmanship*[20], erkennt aber den Erfolg solch einer Verkaufsstrategie durchaus an. Ralph Gleason dagegen empfindet die Auftritte des Modern Jazz Quartet als beispielhaft für die Präsentation ihrer Musik, als beispielhaft auch für eine Professionalität, die viele andere Gruppen nicht erreichten[21].

Ein Verweis auf die Tradition von Präsentation im Jazz ist dabei sicher nicht von der Hand zu weisen. Louis Armstrong, Duke Ellington, Cab Calloway oder Dizzy Gillespie wußten sehr genau, wie sie ihre ganz spezielle Art von Musik zu präsentieren hatten. Und insbesondere die Carnegie-Hall-Konzerte, in denen Duke Ellington viele seiner Suiten zum ersten Mal vorstellte, kommen – in der Art der Präsentation und auch in den Ansagen, in denen Ellington knappe Erklärungen für seine Kompositionen lieferte – dem Konzept von Lewis und dem Modern Jazz Quartet äußerst nahe.

Das öffentliche Auftreten des Modern Jazz Quartet und seiner einzelnen Mitglieder stand auch für eine Verläßlichkeit, die dem potentiellen Konzertbesucher versicherte, *if he buys a ticket, he also buys a reliable performance*[22]. Die Art der Präsentation entspricht dem Respekt und der Respektabilität, die John Lewis für seine Musik anstrebte[23]. Die Worte *respect* und *respectability* erscheinen nicht nur in den Artikeln vieler Kritiker, sondern wurden ebenso von Musikerkollegen in Äußerungen über das Modern Jazz Quartet benutzt[24].

Der Erfolg, den das Modern Jazz Quartet nicht zuletzt dank der professionellen Präsentationsmethoden in Amerika wie in Europa hatte, führte unter anderem zu der Kritik, solcher Erfolg zerstöre neue Ideen[25]. Während Kritiker und selbst Musikerkollegen wie der Saxophonist Don Byas[26] das Repertoire des Ensembles als in der Hauptsache kommerziell abwerteten, stellt Ralph Gleason den kommerziellen Aspekt in einen etwas anderen Zusammenhang. Auch er

19 Peter Clayton, *Jazz and the M.J.Q.*, in: *Jazz News*, v/41 (11. Oktober 1961), S. 11

20 Tony Brown, *Jazz in a Bowler Hat*, in: *Melody Maker* (7. Dezember 1957)

21 Ralph Gleason, *Perspectives*, in: *Down Beat*, xxiv (18. April 1957), S. 58 f.

22 Francis Newton, *Jazz Concerts*, in: *This Is Jazz*, hg. von Ken Williamson, London 1960, S. 15 f.

23 Vgl. Jean Amery, *Im Banne des Jazz. Bildnisse großer Jazzmusiker*, Zürich 1961, S. 123 ff.

24 Vgl. Ralph Gleason, *Celebrating the Duke*, Boston 1975, S. 113: *...they set out to and in fact did earn the respect of the entire musical profession for their sheer professionalism.* Vgl. auch Henri Renauds Bemerkungen, zit. nach N.N., *le M.J.Q. – fait-il du jazz?*, in: *Jazz Magazine*, iii/22 (Dezember 1956), S. 21: *Son autre but est de faire respecter le jazz en concert comme on respecte la musique classique*.

25 Vgl. Kenny Graham, *The MJQ. Is It Too Obviously the Work of John Lewis?*, in: *Crescendo*, ii/10 (Mai 1962), S. 3

26 Zit. bei N.N., *le M.J.Q. - fait-il du jazz?*, S. 20

konzidiert: *...the group is commercial. There isn't a more commercial group in business than the MJQ.*[27] Weiterhin aber bemerkt er, das Quartett sei *commercial without being corny*[28] und spezifiziert diese Ansicht 20 Jahre später:

> *The MJQ took itself and jazz seriously. They were the complete answer to the funny hat bands and the clowning of entertainers.*[29]

Gleasons Meinung wird von Graham Collier geteilt:

> *The Modern Jazz Quartet are one of the few groups in jazz who have achieved such respectability without, in the main, lowering the quality of their work.*[30]

Dank seines Erfolgs machte das Modern Jazz Quartet auch außerhalb der Jazzwelt von sich reden. So nahmen die vier Musiker 1961 beispielsweise an einer Aktion teil, bei der namhafte Künstler Patenschaften für Bäume in der Stadt New York übernahmen, und im Jahr 1960 erschien in der schwarzen Mittelstands-Illustrierten *Ebony* ein Feature über John Lewis, in dem er als Pianist, Komponist, Arrangeur, aber auch als Koch, Gourmet und Mann von Welt vorgestellt wird[31].

John Lewis wurde oft vorgeworfen, er würde die Virtuosität insbesondere des Vibraphonisten Milt Jackson durch seine streng geformten Kompositionen und Arrangements inhibieren und somit die musikalische Qualität des Modern Jazz Quartet mindern. Die Leistungen aller vier Ensemblemitglieder – so die Meinung etlicher Kritiker in den fünfziger und sechziger Jahren – seien außerhalb des Modern Jazz Quartet größer als innerhalb der Beschränkungen durch den Arrangeur Lewis[32]. Auch einzelne Musiker unterstrichen diese Meinung[33], die bereits Kenny Clarke als einen Grund dafür angab, daß er das Quartett verlassen hatte[34]. Dagegen stehen etliche Autoren und Musikerkollegen, die im Zusammenspiel des Modern Jazz Quartet eine seltene Perfektion, Sauberkeit und dabei einen enormen *swing* feststellten. Die Worte *perfect*, *polished*, *finished* oder *exact* finden sich in vielen zeitgenössischen Kritiken, haben dabei – je nach Position des Autors – einen positiven oder negativen Beigeschmack. John Hammond bemerkt 1955, das Spiel des Quartetts sei *polished in the*

27 Ralph Gleason, *Perspectives*, in: *Down Beat*, xxi (17. Dezember 1954), S. 15

28 ibid.

29 Ralph Gleason, *Celebrating the Duke*, S. 113

30 Graham Collier, *Jazz*, Cambridge 1978, S. 62

31 N.N., *John Lewis. Music Master*, in: *Ebony*, xv/5 (März 1960), S. 110 ff.

32 Vgl. Dan Morgenstern, *Newport '59*, in: *Jazz Journal*, xii/8 (August 1959), S. 4: *Each member is more than the sum*; vgl. auch Michael Gibson, *Modern Jazz Rhythm Sections*, in: *Jazz Journal*, xiii/4 (April 1960), S. 13: *All the members of the* [Modern Jazz Quartet], *Lewis included, have done their best work outside the group.*

33 Vgl. Don Byas, zit. bei N.N., *le M.J.Q. - fait-il du jazz?*, S. 20

34 Zit. bei Leonard Feather, *The Book of Jazz. A Guide to the Entire Field* (1957), London 1961 (Jazz Book Club), S. 171

extreme, but never free and easy[35]. Die Perfektion und Vollendung in der Musik des Ensembles, von vielen Kritikern immer wieder gelobt[36], werden von anderen Autoren als »Drill« empfunden[37], der die Möglichkeiten, die in der Virtuosität der einzelnen Ensemblemitglieder stecken, behindere. Während Dave Dexter, der die Musik des Modern Jazz Quartet eh für überheblich (*pretentious*) hält, von einer *farout, unmelodic, non swinging music* spricht[38], wird dem Ensemble von anderen Kritikern wie von Musikerkollegen ein stark swingendes Element zugestanden[39]. Eigenschaften wie saubere Intonation, perfekte Arrangements, vollendete und perfekte Ausführung sind sicherlich nicht überall im Jazz üblich. Sie sind auch als allgemeingültige Beurteilungskriterien für den Jazz nicht zulässig. Ein Solo eines Virtuosen wie Charlie Parker kann kaum mit Begriffen wie *polished* oder *exact* beschrieben werden. Die Spaltung der Kritiker, die sich hier über Beurteilungsmaßstäbe für »guten Jazz« nicht einig waren, ist bezeichnend für den Umbruch, in dem sich die Jazzästhetik jener Jahre befand. Da dennoch ein innerer Zusammenhang zwischen den verschiedenen ästhetischen Konzeptionen beispielsweise von John Lewis und Charlie Parker bestand, schlägt Ira Gitler 1957 jazz-ungewohnten Hörern vor:

> *Let them start listening to the Modern Jazz Quartet, certain pieces of theirs, if they can't begin with Bird.*[40]

Ein edukatives Moment spielte gewiß auch eine wichtige Rolle dabei, wenn das Modern Jazz Quartet beispielsweise in der Bundesrepublik der sechziger Jahre im Musikunterricht der Schulen behandelt wurde, dort in der Absicht, die Schüler durch Fugen-Kompositionen von John Lewis an Barockmusik sowie

[35] John Hammond, *The Modern Jazz Quartet - Intellectual Techniques*, in: *New York Herald Tribune Book Review* (6. März 1955), S. 13

[36] Vgl. zum Beispiel Bob Dawbarn, *The MJQ Are Marvelous*, in: *Melody Maker* (10. November 1956); vgl. auch John S. Wilson, *John Lewis & Co. in Jazz Program. Quartet Offers a Polished Concert at Philharmonic*, in: *New York Times* (29. Dezember 1963): [...] *performances that are far more completely finished than one is accustomed to hear from a jazz ensemble.*

[37] Vgl. Brian Nicholls, *Jazzman's Diary*, S. 23: [...] *well drilled gimmicks* [...].

[38] Dave Dexter, *The Jazz Story. From the '90s to the '60s*, Englewood Cliffs, N.J. 1964, S. 137

[39] Vgl. zum Beispiel Ralph Gleason, *Perspectives*, in: *Down Beat*, xxi (17. Dezember 1954), S. 15: *They are the epitome of modern jazz – intelligent, interesting, swinging, and delightful.* Vgl. auch William L. Littler, *Jazz Can Cross Tracks*, in: *Toronto Daily Star* (26. Februar 1968). Littler stellt fest, daß das Modern Jazz Quartet sehr wohl swinge, wenn auch – wie er meint – *the primitive drive is missing*. Verschiedene französische Jazzmusiker schließlich gaben als ein Beurteilungskriterium für ihr Interesse an der Musik des Quartetts den immensen *swing* der Gruppe an. Vgl. die Aussagen von Sacha Distel, Raymond Fol und Ralph Schecroun, zit. bei N.N., *le M.J.Q. – fait-il du jazz?*, S. 20 f.

[40] Ira Gitler, *Modern Jazz Today*, in: *Just Jazz*, hg. von Sinclair Traill und Gerald Lascelles, London 1957, S. 154.

ganz allgemein an europäische Musikgeschichte heranzuführen[41]. Das Quartett diente für Gitler wie für den deutschen Musiklehrer als Mittler zwischen den Extremen und somit als möglicher Einstiegspunkt in den »wahren« Jazz oder in die europäische Konzertmusik.

Die Experimente, die John Lewis im Rahmen des Third Stream unternahm, führten zu kontroversen Reaktionen. Neben einem generellen Erfolg und viel kritischer Zustimmung waren seine Fugen-Kompositionen sicher ein Grund mit dafür, daß Lewis und das Modern Jazz Quartet zum Donaueschingen Musikfestival von 1957 geladen wurden. Auf der anderen Seite fragten Autoren – und partiell mit Berechtigung –, warum man alte Formmodelle benutze, *while legitimate jazz is not allowed to use its own 20th century most modern art forms?*[42] Den Vorwürfen, John Lewis würde in seiner Musik den Jazz verleugnen[43], steht beispielsweise Friedrich Guldas Bemerkung zur Seite, Gunther Schuller, Lewis und andere zeigten eine *erschreckende Unkenntnis* der klassischen sowie der zeitgenössischen komponierten Kunstmusik[44]. An anderer Stelle sagt Gulda:

> *There is a big difference between what classical music is and what John Lewis and Gunther Schuller think it is. They may talk about it a great deal and don't really know what it is. There is nothing worse than half-knowledge.* [...]
>
> *What desturbs me is not that they try to get hold of classical principles but the incredible superficiality with which they do it. Their view of classical music is like the view of the long-hair about jazz.*[45]

41 In diesem Zusammenhang muß auch auf die Vortragstournee von Joachim Ernst Berendt und Josef Tröller hingewiesen werden, die Ende der fünfziger Jahre durch verschiedene deutsche Städte ging. In ihr spielte das vom Modern Jazz Quartet beeinflußte Wolfgang Lauth Quartett kontrapunktische Cool-Jazz-Musik, außerdem wurden Klangbeispiele aus der Musik von Johann Sebastian Bach und vom Modern Jazz Quartet vorgeführt. Neben Verweisen auf musikalische Parallelen zwischen Barockmusik und Jazz sollten hier vor allem auch die Interessen des Publikums geweitet, d.h. die Liebhaber alter Musik an den Jazz und die Jazzfans an alte Musik herangeführt werden. Vgl. Joachim Ernst Berendt und Josef Tröller, *Jazz und Alte Musik*, in: *Prisma der Gegenwärtigen Musik*, hg. von Joachim Ernst Berendt und Jürgen Uhde, Hamburg 1959, S. 162 ff.

42 Berta Wood, *Modern Jazz Quartet*, in: *Jazz Journal*, ix/6 (Juni 1956), S. 8. Woods Frage ist eher rhetorisch gemeint, da sie in ihrem Artikel die ganze Idee des späteren Third Stream angreift.

43 Vgl. Kenny Clarke, zit. bei Leonard Feather, *The Book of Jazz*, S. 171; vgl. auch Benny Green, *Drums in My Ears*, S. 42: *As far as I have been able to deduce from his general behaviour as well as from his playing, Lewis believes jazz to be vulgar.* Vgl. schließlich William L. Littler, *Jazz Can Cross Tracks*: *Lewis's is largely composed music structured rather intellectually and lacking in the obvious rhythmic and emotional ties to Negro blues.*

44 Zit. nach Eric T. Vogel, *Friedrich Guldas Bekenntnis zum Jazz*, in: *Jazz Podium*, xii/3 (März 1963), S. 74.

45 Zit. nach Gene Lees, *If Friedrich Gulda Is Right, Jazz Has Had It*, in: *Down Beat*, xxx (6. Juni 1963), S. 20

Guldas Vorwurf einer Verleugnung der Wurzeln afro-amerikanischer Musik bei John Lewis entspricht den Aussagen vieler Kritiker der Third-Stream-Bewegung. Bill Coss schreibt über eines der frühen Konzerte der Modern Jazz Society im Jahr 1956:

> *John's growth shows more sociological trends, trends away from jazz, than it does any real advance in jazz.*[46]

Vier Jahre später urteilt Donald Henahan über das Zusammenbringen von klassischer Musik und Jazz im Third Stream:

> Beide Bereiche *seem to be looking for safe music and (perhaps more importantly) for music that has more status, gentility-wise. One group is fleeing from Bourbon St., the other from Tchaikowsky. What both are looking for is therapy, not music.*[47]

Der Vorwurf, der Third Stream und insbesondere auch die Kompositionen und Arrangements von John Lewis würden die Tradition schwarzer Musik verleugnen, ist ein zentraler Punkt in der Negativkritik über das Modern Jazz Quartet. Verteidiger wie Martin Williams und viele andere verweisen immer wieder auf traditionelle Jazzelemente, die in der Musik der Gruppe verwandt werden. Kollektive Improvisation, Riff-Begleitung und Riff-Kompositionen, Breaks, Stride-Piano-Passagen und ganz allgemein die Blues-Basis vieler Improvisationen der Einzelmusiker auch in nicht blues-haften Kompositionen stellen eine ganz direkte Referenz an die Tradition des Jazz und die Tradition afro-amerikanischer Musik dar. Aber auch die Lewis-Komposition *Django* belegt schon in der Absicht einer Dedikation an einen verstorbenen Jazzsolisten Traditions- und Geschichtsbewußtsein innerhalb der eigenen Musik[48]

Auf die andere Tradition der europäischen Kunstmusik verweist der Begriff *neo-classic*, der dem Modern Jazz Quartet immer wieder zugeordnet wurde[49]. Nur aus diesem Verständnis heraus erklärt sich zum Beispiel der Vergleich, der von einzelnen Autoren zwischen Konzeptionen von John Lewis und Igor Strawinsky gezogen wird:

> *I can't help but think that* [Strawinsky] *would approve the Lewis approach to this music.*[50]
>
> *As I have often said, had not Lewis choose jazz as his medium of musical expression, I have no doubt that he could have become a Bartok, Mahler or a Stravinsky in another area.*[51]

46 Bill Coss, *Jazz Society at Town Hall*, in: *Metronome*, lxxii/1 (Januar 1956), S. 50

47 Donald Henahan, *Spotlight Review*, in: *Down Beat*, xxvii (8. Dezember 1960), S. 37

48 Vgl. James McCalla, *Jazz: A Listener's Guide*, Englewood Cliffs, N.J. 1982, S. 96

49 ibid.; vgl. auch Dorothy Hagan, *Jazz as Contemporary Art. MJQ Gives Concert at University*, in: *Courier*, Champaign-Urbana, Ill. (7. April 1959): *Neo-jazz has its neo-classicism, too.*

50 John McLellan, *Modern Jazz Quartet Records Magnificent Album*, in: *Boston Traveller* (1. März 1960)

51 Stanley Robertson, *Scribe Discusses Jazz Test of Time*, in: *Los Angeles Sentinel* (27. Oktober 1960)

Kritiker wie die schon zitierten Berta Wood, Benny Green oder Herbert Corby bezweifelten das Traditionsbewußtsein von Lewis. Sie waren ganz konkret der Meinung, daß er sich auf die Wurzeln seiner Musik, d.h. des Jazz zurückbesinnen und nicht versuchen solle, Elemente aus der europäischen Kunstmusik mit dem Jazz zu verbinden und so quasi die Tradition zu verwässern. Selbst Friedrich Gulda unterstreicht eine solche Auffassung, wenn er sagt:

> *John Lewis has enough tradition and roots in jazz, but he defies them. When he plays a blues, he has all that he requires, when I play a Beethoven sonata, I have all that I require.*[52]

Wird so die Musik des Modern Jazz Quartet einerseits von etlichen Kritikern abgelehnt, weil sie zu viele neue Momente in den Jazz einbringe und sich zu wenig auf die Tradition afro-amerikanischer Musik beziehe, so melden andere Kritiker gerade Zweifel am Wort »Modern« im Namen der Gruppe an. Die in der Jazzwelt verbreiteten ironischen Veränderungen des Gruppennamens können beispielhaft für solche Zweifel genannt werden: Stanley Dance spricht vom *Modern Bach-Words Quartet*[53] oder vom *Modest John's Quartet*[54], und die Bezeichnung als »Modern Isn't Jazz Quartet« findet sich in Artikeln besonders aus den späten fünfziger und frühen sechziger Jahren. Tatsächlich zweifelt Kenny Graham an jedem einzelnen Wort des Gruppennamens:

> *Modern? How modern is modern – especially after nearly ten years? Jazz? Where have all the feelings gone? Don't they ever get an unsuppressable urge to 'shout' even for a second?*
> *Quartet? Well I can't deny that.*[55]

Solche Zweifel an der Progressivität des Ensembles sind in diesem Fall allerdings eher polemische Angriffe als ernstgemeinte Vorwürfe. Die zitierten Kritiker lehnen die zeitgenössische Avantgarde, also Ornette Coleman oder Cecil Taylor, ebenso ab wie das Modern Jazz Quartet[56].

52 Zit. nach Gene Lees, *If Friedrich Gulda Is Right*, S. 20 f.

53 Stanley Dance, *The Modern Bach-Words Quartet*, in: *Jazz Journal*, x/2 (Februar 1957), S. 13

54 Stanley Dance, *Modest John's Quartet*, in: *Jazz Journal*, xi/1 (Januar 1958), S. 25

55 Kenny Graham, *The MJQ. Is It Too Obviously the Work of John Lewis?*, S. 3

56 Bei Autoren und Musikern, die dem neuen Jazz offener gegenüberstanden, teilten sich die Meinungen über die Progressivität des Modern Jazz Quartet. Autoren, die vom Quartett als richtungsweisend sprachen, sahen dabei meist die kompositorischen Experimente von John Lewis, während bei denen, die am Avantgarde-Charakter des Ensembles zweifelten, in der Regel die improvisatorische Leistung im Vordergrund stand. Peter Gammond meint 1958: *It is likely that Lewis will be the important jazz composer of the future*. Auch der französische Jazzmusiker Benny Vasseur empfindet die Musik des Quartetts als Musik der Zukunft. Dagegen urteilt der Pianist Martial Solal, das Oeuvre des Quartetts sei zwar beeindruckend, aber sicher nicht die Musik der Zukunft. In einem Leserbriefstreit schließlich, der 1958 im deutschen *Jazz Podium* ausgetragen wurde, stellt ein Briefschreiber fest: *Richtungsweisend oder gar stilbildend kann die Musik des MJQ nicht sein.* [...] *Die Mitglieder des MJQ kommen als Neuerer nicht mehr in Frage, weil sie ihren künstlerischen Höhepunkt erreicht*

Der Eindruck von Seriosität und Würde, den das Modern Jazz Quartet seiner Musik und seinen Konzertpräsentationen verlieh, stand für viele Kritiker im Vordergrund. Die Einsicht, daß durch die Andersartigkeit dieser Musik auch vom Hörer ein anderes Rezeptionsverhalten gefordert würde, führte in den fünfziger Jahren dazu, daß der Impressario Norman Granz in einem Tourprogramm seiner Jazz-at-the-Philharmonic-Package, an der auch das Modern Jazz Quartet teilnahm, eine ganze Seite dem Publikumsverhalten bei Jazzkonzerten widmete[57]. Unter der Überschrift *How To Act At A Jazz Concert* stellt er die Probleme dar, die sich einem Veranstalter bei Jazzkonzerten bieten, wenn nach wie vor ein Teil des Publikums nicht dazu in der Lage ist, Ruhe zu bewahren und so sich selbst und dem Rest ein aufmerksames Hören der Musik zu ermöglichen.

> *Sure, it's O.K. to get excited and applaud and even cheer your favorite tenor man or your favorite trumpeter, on »Perdido« or »Cottontail« or »Flyin' Home,« but why not keep quiet when these same artists play »Body and Soul« or some other beautiful ballad?* [...] *JATP has a lot of variety in music to offer, so why not give us and your neighbors around you a chance to hear all the music we have to offer.*
>
> *Especially is this unfair to Ella Fitzgerald, Oscar Peterson, and the MJQ when they try to sing and play the pretty things for you. [...] And believe me you'll enjoy Ella, Oscar, and the MJQ more if you listen quietly.*
>
> *You can show your appreciation to the artist and applaud at the end of a number as well as during a number, and I can assure you the artists will appreciate that gesture a lot more than your spoiling his solo.*[58]

In diesen Zeilen werden die eingangs zitierten Worte von John Lewis bestätigt, der feststellte, daß das Publikumsverhalten in Europa – und insbesondere in Deutschland – sich von dem in den Vereinigten Staaten grundlegend unterscheide. In der Bundesrepublik zog das Modern Jazz Quartet auch in den fünfziger Jahren vor allem ein gebildetes Bürgertum in seine Konzerte, Hörer, die vielfach an klassische Musik und an das Publikumsverhalten während klassischer Konzerte gewohnt waren[59]. Für sie waren solche Ermahnungen nicht

haben. Avantgardisten zu sein hieße für sie, sich von allen bisher gebildeten und erarbeiteten Formen zu lösen; und dies ist äußerst unwahrscheinlich. Vgl. Peter Gammond, *The Decca Book of Jazz*, Kapitel *»Time On My Hands« (Pioneers of Jazz Piano)*, London 1958, S. 191; Vasseur und Solal zit. bei N.N., *le M.J.Q. – fait-il du jazz?*, S. 21; R.J. Wenseler, *Leserbrief*, in: *Jazz Podium*, vii/9 (September 1958), S. 188.

57 *JatP Program. A National Tour*, o.O., o.J. [1956 oder 1957]

58 ibid.

59 Diesem Hörpublikum trug auch die Entscheidung der deutschen Bundesländer von 1958 Rechnung, das Modern Jazz Quartet als *künstlerisch hochstehend* einzustufen und entsprechend steuerlich zu begünstigen. Das *Jazz Echo* merkt hierzu im März 1958 an: *Eine Ausnahme bildete allein das LAND BAYERN. Hier herrscht bei den Behörden noch immer die andernorts längst überholte Meinung, daß Jazzkonzerten kein Prädikat verliehen werden kann.* Vgl. N.N., [Pressenotiz], in: *Jazz Echo* (März 1958), S. 48.

nötig, während in den USA selbst an die Besucher klassischer Musikveranstaltungen in der Carnegie Hall noch 1986 Verhaltensmaßregeln ausgegeben wurden, die dem regelmäßigen Konzertgänger wie selbstverständlich erscheinen[60].

Das Publikum des Modern Jazz Quartet wurde dabei nicht so sehr mit einer neuartigen Musik und einer neuen Art der Präsentation konfrontiert als vielmehr mit der bislang ungewohnten Forderung der Künstler an die Hörer, die Feinheiten der Musik durch intensives Hören auf sich einwirken zu lassen. Zwar gab es auch in vorhergehenden Stilen Beispiele für Musik, die in erster Linie zum Zuhören gedacht war und weniger die Funktion von Tanz- oder Begleitmusik erfüllte; so deutlich wie beim Modern Jazz Quartet aber wurde selbst im Bebop die Forderung nach Aufmerksamkeit, Interesse und Offenheit gegenüber neuen musikalischen Ideen selten an den Hörer herangetragen. Mit der Einführung von Jazzkonzerten wurde das traditionelle Jazzpublikum ganz allgemein in eine neue Hörsituation versetzt, die zu akzeptieren und in der zurechtzufinden es erst lernen mußte. Die Verhaltensmaßregeln, die Norman Granz seinem Programmheft beigibt, um die üblichen, leiser Musik durchaus abträglichen Tumulte in Grenzen zu halten, mit denen einige Jazzfans die Musiker anzuspornen versuchten, erklären sich gerade aus diesem Umbruch im Verhältnis zwischen den ausführenden Musikern und dem Publikum. Das Modern Jazz Quartet hat mit seiner Musik und mit der Art der Präsentation den Jazz einem weiteren Publikum gegenüber hoffähig gemacht. Es hat außerdem in Europa wie in Amerika dem Jazz Musikstätten geöffnet, die bislang als Hochburgen europäischer Kunstmusik galten. Eine Musik wie der frühe Free Jazz fand seine Aufführungsstätten zwar nach wie vor meist in konventionellen Jazzclubs, profitierte aber ohne Zweifel auch von dem neuen Hörverständnis, das sich in der Folge des Bebop im Jazz durchsetzte.

Wenn viele Kritiker die Musik des Modern Jazz Quartet als zu sachlich empfinden und beklagen, daß in dem Gegensatz von Virtuosität bei Milt Jackson und Zurückhaltung bei John Lewis das typische Moment des »excitement« im Jazz zu kurz komme, so sind Teile dieser Kritik, wenn auch im einzelnen anfechtbar, doch verständlich. Sicher fehlen in der Musik des Quartetts jazztypische Momente, die die Qualität anderer Einzelmusiker oder Gruppen mit ausmachen. An die Stelle ausufernder Solovirtuosität setzte Lewis ein Konzept der Verbindung kompositorischer Struktur und improvisatorischer Freiheit, das erst dann dem Hörer eine ästhetische Genugtuung geben kann, wenn er seine bisherigen Wertvorstellungen über den Jazz relativiert und die Musik des Modern Jazz Quartet in ihrer Position zwischen den ästhetischen Idealen der Jazztradition und der europäischen Kunstmusik begreift.

60 Vgl. Byron Belt, *Concert Etiquette*, in: *Stagebill* (Carnegie Hall), viii/9 (Mai 1986), S. 37

Komposition

Während die Entwicklung von Improvisationstechniken im Verlauf der Jazzgeschichte meist im Mittelpunkt der Jazzforschung steht, sind die Aufgaben der Komposition im Jazz nur selten untersucht und zueinander in Beziehung gesetzt worden. Die Kenntnis der Tradition von Jazzkomposition aber erlaubt erst eine Beurteilung der kompositorischen Experimente, die John Lewis unter anderem mit dem Modern Jazz Quartet unternahm. Im folgenden muß daher eine relativ ausführliche Diskussion der Aufgaben von Komposition in der Jazzgeschichte der konkreten Analyse der Kompositionen im Oeuvre des Modern Jazz Quartet vorangestellt werden.

Komposition in der Jazzgeschichte

Aufgaben und Methoden der Komposition in der Jazzgeschichte sind gezwungenermaßen durch die ästhetischen Vorstellungen bedingt, die dem jeweiligen Zeit- oder Personalstil zugrundeliegen. Wie zumeist innerhalb der Musikgeschichte lassen sich auch hier keine stringenten Entwicklungsmuster konstruieren, die wie ein roter Faden die Jazzgeschichte durchlaufen würden. Die zusammenfassende Betrachtung der Aufgabe von Komposition innerhalb des Jazz – einer Musik, die ja vor allem durch Improvisation bestimmt wird – kann Aufschlüsse über das ästhetische Bewußtsein der jeweiligen Musiker oder Komponisten gegenüber der Kompositionstradition geben. Erst im Wissen um das Verhältnis des Jazz zur Komposition lassen sich das Problembewußtsein und die Problemlösungen, die John Lewis in seiner Arbeit für das Modern Jazz Quartet und für andere Ensembles zu formulieren versuchte, in eine nicht nur jazz-fremde Kompositionstradition einordnen, sondern lassen sich gleichfalls die jazz-internen Einflüsse und Auswirkungen der Kompositionsmethoden und des Traditionsverständnisses feststellen, welche Lewis und einige andere im New York der fünfziger Jahre mit entwickelt hatten.

Die Beschränkung im folgenden auf die Beschreibung von Komposition in bestimmten Stilen und bei ausgesuchten Musikern versucht, möglichst unterschiedliche Positionen zum Verhältnis von Komposition und Improvisation zu dokumentieren. Die Fortlassung wichtiger Persönlichkeiten wie beispielsweise Lennie Tristano oder Thelonious Monk ist eine subjektive Entscheidung, da bei ihnen keine grundsätzlich anderen Ideen bezüglich Komposition und Improvisation als in den beschriebenen Fällen anzuführen sind.

Ragtime – Tin Pan Alley – Das Musical und die Entstehung von Jazz Standards

Ragtime

Der Ragtime ist eine komponierte Musik, in der Improvisation eine nur geringe Rolle spielt[1]. Leichte Varianten in verschiedenen Konzertfassungen oder Aufnahmen von Ragtime-Kompositionen haben ihren Grund eher in der musikantischen Tradition, der die meisten Pianisten entstammen. Die wichtigsten Komponisten warnten vor improvisatorischen Veränderungen ihrer Konzertstücke[2], und selbst Jazz-Pianisten wie Jelly Roll Morton, James P. Johnson und andere spielten die »klassischen« Ragtimestücke in ihrem Repertoire ohne allzu große melodische, rhythmische und harmonische Abweichungen von der Originalkomposition. Dennoch weist wohl die Tatsache, daß Komponisten wie Scott Joplin und Artie Matthews die notengetreue Ausführung ihrer Werke ausführlich verlangten, auf eine übliche Improvisationspraxis hin, welcher durch solche Forderungen vorgebeugt werden sollte[3]. Tatsächlich ist eine leichte spontane Variation der zugrundeliegenden Kompositionen in vielen Realisationen üblich, als Überbleibsel gleichsam der musikantischen Variations- und Wiederholungsformen afro-amerikanischer Musik des 19. Jahrhunderts, denen der »klassische« Klavierrag seinen Ursprung verdankt[4].

Ein Grund für die Angst vor improvisatorischer Veränderung war sicher, daß Komponisten wie Scott Joplin oder James Scott sich als in der Tradition europäischer Konzertmusik stehend betrachteten und mit allen Mitteln zu verhindern suchten, daß ihre Musik durch »ungenaue« Interpretation in den Bereich bloßer »Volksmusik« abglitt. Im Amerika nach dem Bürgerkrieg waren die schwarzen Komponisten darum bemüht, eigene Traditionselemente <u>innerhalb</u> des durch die weiße, im Prinzip europäische Ästhetik geprägten Wertesystems beizubehalten, um so im Prozeß der Emanzipation ihre Rasse auch

1 Einzelne Berichte über Improvisation durch »authentische« Ragtime-Pianisten beschreiben die Ausnahme. Vgl. Tom Stoddard, *Blind Tom – Slave Genius*, in: *Storyville*, 18 (April-Mai 1970), S. 134 ff. Blind Toms (voller Name: Thomas Green Bethune) Improvisationen waren allerdings eher Spontankompositionen, wie Stoddard zu verstehen gibt, wenn er beschreibt, daß die improvisierten Stücke zumeist als *permanent part of his repertoire* (S. 137) in Blind Toms Konzertprogramm übergingen.

2 Vgl. Edward A. Berlin, *Ragtime. A Musical and Cultural History*, Berkeley 1980, S. 76 ff.

3 Vgl. Artie Matthews' *Pasttime Rags No. 1, No. 2* und *No. 4*, in: *Classic Piano Rags*, hg. von Rudi Blesh, New York 1973, S. 226, 231, 241, jeweils mit der Vorschrift *Don't fake*; vgl. auch Scott Joplins *School of Ragtime* (1908), zit. bei Rudi Blesh und Harriett Janis, *They All Played Ragtime*, New York 1971, v.a. S. 144, Anmerkungen zur *Exercise No. 6*.

4 Vgl. Alfons M. Dauer, *Ragtime. Entwurf eines Entstehungsschemas und einer musikalischen Entwicklungsgeschichte*, in: *Jazzforschung*, 18 (1986), S. 170

musikalisch einen Beitrag zur Entwicklung der westlichen Kultur leisten zu lassen. Blesh/Janis schreiben:

> *Scott Joplin, the short, black-skinned quondam itinerant from Texarkana, was a stubborn as well as dedicated man. Until he died he persisted in believing that his syncopated music belonged with the European classics.*[5]

Dieser Irrtum, diese Hoffnung, der sich viele der Ragtime-Komponisten jener Zeit verschrieben, ist sicher ein Grund für den Primat der Komposition im Ragtime, der sich einer scheinbar präsenten improvisatorischen Tradition afroamerikanischen Musikantentums entgegenstellte.

Dem Vergleich mit der europäischen Kompositionstradition aber steht die relativ einfache formale Struktur auch jener virtuosen Ragtime-Kompositionen gegenüber, die Joplin oder Scott veröffentlichten. Die Beschränkung auf eine *pseudo-rondo pattern*[6], also die Form AA BB A CC DD, die sich in zahlreichen Beispielen des »classic ragtime« findet, auch Reihungsformen mit drei bis fünf meist gleichlangen Themen, in denen melodische und harmonische Entwicklung nur in sehr engen Grenzen vollzogen wird, schränken selbst in den virtuosesten Stücken der herausragenden Meister die Möglichkeiten zur Differenzierung der Gesamtkomposition stark ein. Auch die kompliziertesten Beispiele des Genres bewahren nach wie vor einen Tanz- und Volksmusik-Charakter deutlich afro-amerikanischer Herkunft[7].

Die Aufgabe der Komposition im Ragtime entspricht – um es pointiert zu formulieren – der in europäischer Konzertmusik. Komposition hält eine vom kreativen Künstler geschaffene Melodie als reproduzierbares Produkt seiner Schöpferkraft fest. Die musikalischen und funktionalen Inhalte der Komposition – Einflüsse aus Volks- und Tanzmusik der Zeit – sollen durch die Fixierung in künstlerisch geformter Partitur eine Erhöhung in der ästhetischen Wertschätzung erfahren, so wie dies in europäischer Tradition mit Volkslied- und Tanzformen geschehen war. Ein musikantisches Element, das durch die Improvisation in afro-amerikanischer Musik auch im 19. Jahrhundert allgegenwärtig ist, wird von den vor allem an europäischen Komponisten sich orientierenden Schöpfern des »klassischen« Ragtime abgelehnt. Komposition hat nicht – wie später im Jazz – eine Funktion als Rahmung oder Basis für individuelle Schöpfungen des Ausführenden, sondern Komposition ist sich selbst genug, als endgültige Aussage des kreativen Komponisten.

5 Rudi Blesh und Harriett Janis, *They All Played Ragtime*, S. 145

6 Marshall W. Stearns, *The Story of Jazz* (1956), New York 1970 (Reprint 1981), S. 141

7 Vgl. Ann Charters, *Negro Folk Elements in Classic Ragtime*, in: *Ethnomusicology*, v (1961), S. 174 ff.

Tin Pan Alley

Der Terminus »Tin Pan Alley« soll hier vor allem auf die populäre Musik im ersten Viertel dieses Jahrhunderts bezogen werden, in der unter Benutzung einzelner Erfolgsklischees aus afro-amerikanischer Musik versucht wird, quasi ein Erfolgsrezept für den populären Hit zu finden[8]. Die Ansammlung vieler Musikverlage in der 28. Straße New Yorks, zwischen Fifth und Sixth Avenue, führte zum Spitznamen »Tin Pan Alley«, da die Kakophonie der vielen *song pluggers*, deren Klavierspiel aus den geöffneten Fenstern der Verlage zu hören war, sich anhörte wie auf Blechpfannen produzierter Lärm. Der Name wurde auf die dort veröffentlichte Musik übertragen, umfaßt allgemein die Kompositionen des american song, die frühen Kompositionen Jerome Kerns, Irving Berlins, George Gershwins, Cole Porters und anderer wie auch *novelty piano pieces*, kleine, vom Ragtime beeinflußte, mehr oder weniger virtuose Klavierstücke meist weißer Komponisten wie Zez Confrey, Harry von Tilzer, Irving Berlin und anderer[9].

Der Tin-Pan-Alley-Schlager benutzt mehr als die übliche Repetitionsform des Ragtime das klassische song-Schema der Reprisenbarform. Die Komponisten sind zumeist Weiße – kein Wunder in einer Musikindustrie des 20. Jahrhunderts, deren Zielgruppe vor allem die weiße Mittel- und Unterschicht ist. Die verschiedenen Ausformungen der Tin-Pan-Alley-Schlager hatten, wie Alfons M. Dauer berechtigt anmerkt[10], erheblichen Einfluß auf das Jazzverständnis etlicher europäischer Komponisten. Tin Pan Alley als *Weltbörse* der Musik[11] sorgte als erstes für die Verbreitung populärer amerikanischer Musik auf den erreichbaren Märkten der Welt.

Wie der Ragtime, so ist auch der Tin-Pan-Alley-Schlager im Grunde eine komponierte Musik. Daß viele der beliebten Melodien später von Jazzmusikern als Grundlage zur Improvisation genutzt wurden und zum Teil als Jazz Standards größere Popularität erfuhren als die Originalkomposition selbst, ist im ursprünglichen Kompositionsprozeß nicht festgelegt. Die Komponisten haben vor allem die kommerzielle Ausnutzbarkeit ihrer Produkte im Auge, ob sie nun Tagesschlager schreiben – meist für kurzlebige Revuen konzipiert –, ob sie operettenhafte Musicals mit Musik ausstatten oder ob sie Klavierstücke

[8] Ein zwar viele Zusammenhänge verfälschendes, vor allem den afro-amerikanischen Einfluß auf die populäre amerikanische Musik schmälerndes, dennoch als Zeitdokument interessantes Buch zu diesem Thema ist Isaac Goldberg, *Tin Pan Alley. A Chronicle of American Popular Music* (1930), New York 1961.

[9] Vgl. Alfons M. Dauer, *Ragtime. Entwurf eines Entstehungsschemas...*, S. 180 ff. Dauer beschreibt die Zusammenhänge zwischen Tin-Pan-Alley-Rag oder -Song und Ragtime, beschreibt außerdem die Einbindung der Tin-Pan-Alley-Kompositionen in die amerikanische Musikindustrie.

[10] Alfons M. Dauer, *Ragtime. Entwurf eines Entstehungsschemas...*, S. 182

[11] ibid., S. 180

für den pianistisch fortgeschrittenen Freund populärer amerikanischer Musik komponieren. Die großen Erfolge – Liebeslieder, patriotische Lieder oder Comedy Songs – werden in leichten Varianten von konkurrierenden Komponisten nachgeahmt, in Textinspiration gleichwie in der Übernahme musikalischer Klischees, eingängiger Melodik, Rhythmik oder raffinierter Harmonik.

Die herausragenden Beispiele des amerikanischen Popular Song hat Alec Wilder kommentiert[12], und bei der Vergegenwärtigung seiner Beispiele läßt sich feststellen, daß – unabhängig davon, daß viele der Kompositionen ins Standard-Repertoire von Jazzmusikern eingegangen sind – zur Komposition der Stücke selbst das Moment der Realisation, der Aufführung bestimmend hinzukommt. Eine Komposition wie die des Tin-Pan-Alley-Schlagers braucht die Aufführung, braucht den Erfolg bei einer breiten Bevölkerungsschicht. Diese Voraussetzungen bestimmen maßgeblich die Möglichkeiten musikalischer Ausformung, die dem Komponisten gegeben sind. Der Tin-Pan-Alley-Schlager muß eingängig, d.h. die Melodik muß sangbar sein, merkbar auch für musikalische Laien. In der Rhythmik darf eine nur relativ simple Konzeption verwandt werden. Die Harmonik der Originalarrangements dagegen kann etliche Elemente aus dem Jazz, vielfach auch Anleihen aus europäischer Kunstmusik enthalten. Die Texte unterliegen dem Verlangen nach Eingängigkeit und »Allgemeingültigkeit«, nach vielfältigen Identifikationsmöglichkeiten. Liebeslieder oder patriotische Songs sollen jeden potentiellen Käufer ansprechen. Die Aufgabe der Komposition im Tin-Pan-Alley-Schlager ist es, innerhalb einer relativ kurzen musikalischen Einheit – und die Reprisenbarform ist dem musikalischen Laien eingängiger als eine Repetitionsform mit verschiedenen Themen – ein populäres Lied zu produzieren, das in relativ komplexen Arrangements von Musical- oder Revuevorführungen genauso effektiv ist wie in der häuslichen Realisation mit vereinfachter Klavierpartitur. Und hier ist bereits ein wichtiger Anhaltspunkt für das, was den American Popular Song ausmacht: Er ist von vornherein auf verschiedene Realisationen qua Arrangement angelegt. Der Schlager für sich ist kurz und in seiner Kürze oft relativ belanglos. In der Ausformung komplexer Orchesterarrangements zur Begleitung der Musical-Realisationen oder in den Arrangements, die für die Tanzorchester der zwanziger Jahre geschrieben wurden, bekommen die einzelnen Stücke zum Teil erst den Charakter, der sie zum Hit werden läßt. Komposition und Arrangement im American Popular Song, im Tin-Pan-Alley-Schlager, sind eng miteinander verbunden. Die Komposition bedarf auf jeden Fall des Arrangements[13]. Das Arrangement seinerseits kann für Erfolg oder Nichterfolg der Komposition entscheidend sein.

12 Alec Wilder, *American Popular Song. The Great Innovators 1900-1950*, New York 1972

13 In diesem Zusammenhang ist die Tatsache erwähnenswert, daß beispielsweise George Gershwin seine *Rhapsody In Blue* von Ferde Grofé orchestrieren ließ, dem Arrangeur für das Paul Whiteman Orchester. Gershwin hatte in dieser Zeit in erster Linie Erfahrungen als *song plugger* in verschiedenen Verlagen der New Yorker Tin Pan Alley.

Das Musical und die Entstehung von Jazz-Standards

Zwischen der Jazzmusik und dem American Popular Song, der zumeist für Revuen oder Musicals geschrieben wurde, gibt es eine fruchtbare Wechselbeziehung. Komponisten wie Kern, Berlin, Porter oder Gershwin profitierten von den neuen, swingenden Rhythmen, vom Reiz ungewohnter harmonischer Zusammenklänge, vom zu Beginn noch relativ exotischen Flair des frühen Jazz, den sie durch Übernahme einzelner in der Komposition zu Klischees abgeschliffener Momente in ihre Musik zu transportieren versuchten. Die Befruchtung der Popularmusik durch afro-amerikanische Elemente war durchaus nicht neu. Sie hatte einen Vorläufer bereits in der Minstrel Show, jener überaus populären Unterhaltungsform des ausgehenden 19. und frühen 20. Jahrhunderts. Die Bemühungen beispielsweise George Gershwins in seiner *Rhapsody In Blue*, Jazzelemente – oder besser: Jazzklischees – in quasi klassische Formmodelle einzupassen, auch Paul Whitemans sinfonische Arrangements mit dem Ziel *to make a lady out of jazz* entstammen der gleichen Vorstellung, daß nämlich der Jazz für sich nur bedingt wertvoll sei und erst durch kompositorische Erhöhung einzelner seiner Elemente auf eine Stufe mit der Tradition europäischer Konzertmusik gestellt werden könne.

Der Jazz auf der anderen Seite verdankt spätestens seit seinem kommerziellen Erfolg in den amerikanischen Metropolen den großen Musical-Komponisten ein Reservoir an Standards, die von den Musikern als Improvisationsgrundlage benutzt werden konnten. Die Einbindung des Jazzmusikers in die Unterhaltungsindustrie verlangte von ihm von vornherein die Beherrschung der gefragten Tagesschlager, der Musical- oder Revue-Hits. In der dem Jazz eigenen Manier improvisatorischer Erhöhung zugrundeliegender Kompositionen interpretierten die Jazzmusiker diese Tagesschlager auf dieselbe Art und Weise, wie sie nach dem Repetitionsprinzip Chorus an Chorus über traditionsreiche Blues-Kompositionen reihten. Einzelne der Pop-Songs boten sich zur Improvisation besonders gut an. Bei schnellen Kompositionen waren dies Stücke mit relativ einfachem Harmoniegerüst, simpler Rhythmik und Melodik, Stücke, die eingängig waren und dem Solisten auch bei schneller Ausführung die Möglichkeit zu spontaner improvisatorischer Erfindung ließen. Bei den Balladen waren es Kompositionen mit vertikal und horizontal interessanten harmonischen Verläufen und sanglicher – balladesker – Melodik. In beiden Fällen wurde vom ausführenden Jazzmusiker über die komponierte melodische, harmonische und rhythmische Struktur eine eigene Interpretation dieser Parameter gespielt, zumeist selbst in der *straight* vorgetragenen Themenexposition. Einzelne Stücke, die in den Originalproduktionen, für die sie komponiert worden waren, ohne Erfolg blieben, wurden erst in Realisationen durch bekannte Jazzmusiker zu großen Hits[14].

[14] Ein bekanntes Beispiel ist George Gershwins *The Man I Love*, das ursprünglich für die Show *»Lady Be Good«* (1924) geschrieben, aber schon während der Probenläufe in Philadelphia

Das Repertoire der Jazzbands in den zwanziger Jahren beschränkte sich zumeist noch auf Blues, Eigenkompositionen und wenige ausgewählte Standards. Die Übernahme einer großen Menge von Musical- und Revue-Hits ins Jazz-Repertoire kennzeichnet vor allem die Swing-Musik der dreißiger Jahre. Die großen Orchester, die mehr noch als die Jazzbands im Jahrzehnt zuvor dem Kommerz der Musikindustrie unterworfen waren, die den Gesetzmäßigkeiten eines neuen, medienbewußten Showbusiness gehorchten, also Radio und Schallplatte als eines der wichtigsten Mittel zum Erfolg benutzten, waren in größerem Maße auf die Interpretation von Tagesschlagern angewiesen als die Tanz- und Revueorchester der zwanziger Jahre. Bestimmte Erwartungshaltungen mußten in ihren Aufführungen erfüllt werden: der swingende, »fetzende« Orchestersatz über schnelle Riff-Themen, die virtuose Solo-Ballade eines herausgestellten Solisten, der *torch singer*, meist eine Sängerin, die über mehr oder weniger seichten Arrangements zwei bis drei Balladen und eine schnellere Komposition sang. Vor allem für die Solo-Ballade und für die Stücke, die *the canary*, die Band-Sängerin, zu präsentieren hatte, wurde das Reservoir des Musical-Schlagers ausgeschöpft. Für die Instrumentalisten in den großen Swing-Orchestern bekamen so die Hits des American Popular Song einen Bekanntheitsgrad, der sie zu schnell hervorrufbaren Repertoirestücken in Jam Sessions oder eigenen Aufnahmesitzungen machte. Die Kompositionen selbst dienten hier in arrangierter Form als Rahmengerüst, innerhalb dessen in der Reihungsform des Chorusprinzips die Jazzimprovisation stattfand.

Die Komposition im Jazz-Standard ist 1. Rahmengerüst, 2. harmonischer Sologrund und 3. Impuls und Inspiration für den improvisierenden Solisten. Dieser dritte Punkt – Komposition als Inspiration – hat in der Jazzentwicklung verschiedene Ausformungen erfahren. In einer nur paraphrasierenden Improvisationstechnik, in der also die Improvisation relativ nah am melodischen Geschehen der Ursprungskomposition bleibt, betrifft die Inspiration direkte musikalische Parameter. Von einzelnen Solisten wie beispielsweise dem Tenorsaxophonisten Lester Young wird zudem berichtet, daß für sie auch die textliche Dimension der Standard-Kompositionen als Inspiration von Gewicht war[15]. Komposition ist Rahmen, Sologrund, Inspiration, nicht mehr aber unver-

aus der Revue gestrichen wurde. Auch zwei weitere Versuche, die Komposition in späteren Revuen unterzubringen – *»Strike Up The Band«* (1927) und *»Rosalie«* (1928) – schlugen fehl, und erst auf Umwegen und durch europäische Tanzorchester wurde *The Man I Love* auch in Amerika zum Hit. Die Interpretationen durch Swing-Musiker der dreißiger Jahre taten ein weiteres, um *The Man I Love* über Jahrzehnte hinweg in seiner Position als populärer Schlager wie auch als Jazz-Standard zu festigen. Vgl. Charles Schwartz, *Gershwin. His Life and Music*, New York 1973, S. 100 f.; Alec Wilder, *American Popular Song*, S. 129 f.

15 Vgl. Nat Hentoff, *Lester Young*, in: *The Jazz Makers*, hg. von Nat Shapiro und Nat Hentoff, New York 1957 (Reprint New York 1979), S. 268. Hentoff zitiert Lester Young: *A musician should know the lyrics of the songs he plays. That completes it. Then you can go for yourself and you know what you're doing. A lot of musicians that play nowadays don't know the lyrics of the songs. That way they're just playing the changes. That's why I like records by singers when I'm listening at home. I pick up the words right from there.* Vgl. auch Bill Coss,

änderliche Größe, die in rein rekreativer Aufführung vom Musiker vorgestellt wird. Tatsächlich sind im Jazz die Namen des Solisten oder Arrangeurs meist wichtiger als der des ursprünglichen Komponisten.

Jelly Roll Morton – James P. Johnson – Duke Ellington

Jelly Roll Morton

Jelly Roll Morton, James P. Johnson und Duke Ellington gehörten einer Generation von Jazzmusikern an, die verschiedene Traditionen in ihrer Musik verbanden. Alle drei waren sie Pianisten und hatten ihre Laufbahn mehr oder weniger mit dem Ragtime-Spiel begonnen. Jelly Roll Morton blieb Zeit seines Lebens der Ragtime-Tradition eng verhaftet. Seine Kompositionen wurden auch in den zwanziger Jahren zum großen Teil in ausgefeilten, deutlich seinen Stil wiedergebenden Klavierarrangements veröffentlicht[16]. Die allgemein als herausragend angesehenen Aufnahmen der »Red Hot Peppers« aus der zweiten Hälfte der zwanziger Jahre bestanden aus formell komplexeren, zumeist originären Ragtime-Kompositionen, die erst durch Spieltechnik und Phrasierung einen spezifischen Jazzcharakter bekamen[17]. Die Ragtime-Anklänge werden deutlich 1. in der formalen Gestaltung mehr-thematischer Kompositionen, nicht selten in der typischen Repetitionsform des Ragtime, 2. in komponierten Passagen, die zum Teil sehr genau intonierte rhythmische Synkopen ausspielen und somit quasi die Ragtime-Klavierpartitur auf ein Bandarrangement ausweiten, 3. in der extremen Durchformung des Vorarrangements inklusive deutlicher Vorabsprachen auch scheinbar improvisatorischer Partien und 4. in einer rhythmischen Untermauerung, die eher aus dem Klavier-Ragtime als aus dem frühen instrumentalen Jazz abzuleiten ist. Die Improvisationspraktiken bei Jelly Roll Morton umfassen sowohl die im frühen New Orleans Jazz übliche Kollektivimprovisation in Variantenheterophonie als auch kurze Solo-Breaks sowie vollständige Solochorusse einzelner Instrumentalisten. Entsprechend den verschie-

Lester Young, in: *The Jazz Word*, hg. von Dom Cerulli, Bert Korall und Mort Nasatir (1960), London 1963 (Jazz Book Club), S. 89. Coss zitiert Young: *I sing lyrics with my horn.*

16 Vgl. die Klavierausgabe früher *sheet music*-Publikationen Mortons, *Just Jazz, Blues and Stomps*, New York o.J. [1973] sowie den von James Dapogny herausgegebenen Transkriptionsband *Ferdinand »Jelly Roll« Morton. The Collected Piano Music*, Washington, D.C. und New York 1982.

17 Eine ähnliche Aussage gilt für viele der Aufnahmen, die King Oliver mit seiner Creole Jazz Band – inklusive seines zweiten Trompeters Louis Armstrong – im Jahre 1923 machte.

denen Einflüssen, die sich in Mortons Musik manifestieren, läßt sich die Rolle der Komposition in seinem aufgenommenen Oeuvre – gemeint sind vor allem die Einspielungen der »Red Hot Peppers« – folgendermaßen beschreiben:

Komposition ist selbstverständlich auch für Morton Rahmen und Chorusgrundlage der Kollektiv- und Soloimprovisation seiner selbst und seiner Solisten. Auch bei ihm ist die Komposition als atmosphärische Inspiration für eine Gesamtrealisation gedacht, in der komponierte und improvisierte Elemente das künstlerische Ergebnis konstituieren sollen. Anders als die Thema-Chorus-Thema-Reihung, die schon in den zwanziger Jahren vielfach üblich ist und die später noch stärker die Jazzpraxis beherrscht, wird durch die relativ genaue, zum Teil viel-thematische Festlegung und durch die weitgehende kompositorische Durchformung des Einzelarrangements bei Morton bereits vom Komponisten ein Personalstil impliziert, der auch durch individuelle Ausfüllungen improvisierender Solisten nur noch bedingt variabel ist[18]. Die Überlieferung einer Festlegung durch Morton auch in solistischen Partien zeichnet das Bild eines Komponisten, der eine individuelle Interpretation seiner Werke durch andere Musiker zumindest strukturell zu leiten verstand[19].

Mortons Kompositionsverständnis orientiert sich – auch das ist durch viele Aussagen dokumentiert, nicht zuletzt in seinen von Alan Lomax aufgenommenen Memoiren – an der europäischen Konzertmusik, die er im musikalisch und kulturell reichen Klima seiner Heimatstadt New Orleans rezipiert hatte[20]. Er steht hier in der Tradition der Ragtime-Komponisten, die sich Veränderungen ihrer Werke ausdrücklich verbaten. Auch in den Realisationen in

[18] Vgl. Gunther Schuller, *Early Jazz*, New York 1968, S. 135 f.: *They were original multi-thematic structures which embodied (like many ragtime) a definite, detailed compositional conception which had to be retained in performance to a much greater extent than is usually required in jazz.*

[19] Vgl. Nat Shapiro und Nat Hentoff (Hgg.): *Hear Me Talkin' To Ya*, New York 1955, S. 181. Shapiro und Hentoff zitieren Omer Simeon: *I'll tell you how Morton was in rehearsing a band. He was exact with us. Very jolly, very full of life all the time, but serious. We used to spend maybe three hours rehearsing four sides and in that time he'd give us the effects he wanted, like the background behind a solo – he would run that over on the piano with one finger and the guys would get together and harmonize it.* Vgl. auch Martin Williams, *Jelly Roll Morton*, in: *Jazz*, hg. von Nat Hentoff und Albert J. McCarthy, New York 1959 (Reprint New York 1975), S. 75: *Morton would often work out with the instrumentalist a sketch or plan which the latter, in turn, was free to fill in or work with ad-lib.* Morton also besprach auch Ideen für solistische Interpretationen mit seinen Musikern, zwang solche Vorschläge den Solisten aber nicht auf, sondern ließ ihnen relative Freiheit bei der letztendlichen Realisation. Vgl. Omer Simeon (s.o., S. 182): *Of course, Jelly had his ideas and sometimes we'd listen to them, and sometimes together with our own, we'd make something better. For me, I'd do whatever he wanted.*

[20] Alan Lomax, *Mister Jelly Roll*, Berkeley ²1973, S. 66. Vgl. auch das Kapitel *Negro Music* in: Henry A. Kmen, *Music in New Orleans. The Formative Years, 1791-1841*, Baton Rouge 1966, S. 266 ff.

Band-Besetzung, in der Einbeziehung improvisierter Abschnitte ließ sich Morton nur bedingt auf das Risiko ein, daß der von ihm intendierte Charakter der Kompositionen durch individuelle Interpretation stilistisch verfälscht werden könnte. Die relativ komplexen Kompositions- und Arrangement-Strukturen im Oeuvre Mortons unterstützen diese Deutung. Sie weisen auf einen ausgesprochen kompositions-orientierten Künstler hin, der sein Werk auch innerhalb der musikalischen Sprache des Jazz möglichst genau und umfassend festzulegen versucht. Mortons Oeuvre wird oft mit dem von Duke Ellington um 1940 verglichen oder auch mit den kompositorisch-formalen Experimenten von John Lewis. Im Gegensatz zu Ellington, Lewis oder Thelonious Monk aber, deren kompositorisches Bewußtsein in erster Linie dennoch in starkem Maße der Jazztradition entsprang, bezieht sich die Festlegung in Komposition und Arrangement bei Jelly Roll Morton vor allem auf Traditionen, die vor dem Jazz liegen sowie auf ästhetische Positionen, die – wenn auch auf krude Weise – aus europäischer Kunstmusik entlehnt sind.

James P. Johnson

James P. Johnson gehört zu den Ragtime-Pianisten der Ostküste, die durch den Einfluß des Blues, eine swingende rhythmische Konzeption und die Benutzung von Improvisationstechniken den komponierten Ragtime in Jazz überführten[21]. Johnson war wegen seiner Virtuosität als Pianist berühmt und hochgelobt, bekannt aber auch als Komponist relativ komplizierter Ragtime-Stücke, Tanz- und Song-Kompositionen für schwarze Broadway-Shows sowie »seriöser« Kompositionen, teilweise sinfonischer Werke, denen er sich verstärkt nach 1928 zuwandte. Gunther Schuller weist bereits für die frühen Kompositionen, in denen Improvisation nur einen geringen Raum innerhalb des formal festen Rahmens des Ragtime-Ablaufs einnimmt, auf den Zusammenhang zwischen Komposition und Improvisation hin, auf das *embodiment of improvisation within a broad compositional frame of reference*[22].

Ross Russell bemerkt zu den durchkomponierten sinfonischen Werken von Johnson:

> *He wanted a form of music which would give more lasting permancence to the material than the transient four-four, twelve and sixteen bar structures.*[23]

Die zum Teil nur in Ausschnitten überlieferten Kompositionen dieses Genres, *Yamekraw* (1927), *Harlem Symphony* (1932) und das *Jasmine (Jazz-O-Mine)*

21 Vgl. Gunther Schuller, *Early Jazz*, S. 214

22 ibid., S. 219

23 Ross Russell, *James P. Johnson*, in: *The Art of Jazz. Ragtime to Bebop*, hg. von Martin Williams, New York 1959 (Reprint New York 1981), S. 55

Concerto (1935), sind sicher mehr als bloße Erweiterungen formal traditioneller Strukturen afro-amerikanischer Musik. In *Yamekraw* beispielsweise reiht Johnson afro-amerikanische Volksmelodien aneinander. Thematische Rekapitulationen, in Jazz wie Ragtime eher unübliche Modulationen und Tonartenrückungen, dazu teilweise pianistisch ausgeformte Partien sorgen für einen dynamisch interessanten Ablauf des Werks[24].

James P. Johnson schien deutlich die Spaltung zwischen Komposition und Improvisation zu spüren. Seine klassische Ausbildung führte zu einem ästhetischen Ideal, das der Komposition und der seriösen Konzertaufführung einen höheren, bleibenden Wert zuordnete. Als schwarzer Amerikaner hatte Johnson nicht die Möglichkeit, auf dem Gebiet klassischer Musik Karriere zu machen. Zudem entwickelte er einen Stolz auf die afro-amerikanische *heritage*, wie er im Harlem der zwanziger Jahre – der Harlem Renaissance – nicht unüblich war. Johnson gab sich aber nicht damit zufrieden, innerhalb der afro-amerikanischen Tradition aktiv zu sein, sondern wollte die Melodien, auf die er stolz war und die ihn in seinem Selbstwertgefühl als schwarzer Amerikaner bestärkten, auf das für ihn höhere Podest stellen, indem er sie in komponierte Konzertstücke einbrachte.

Johnson selbst zeigt bei einer Aufnahme von *Yamekraw* aus dem Jahre 1944[25] leichte improvisatorische Veränderungen der publizierten Originalfassung, hält sich aber im großen und ganzen an die Partitur. Die Originalkompositionen, die Johnson als Klaviersoli auf Schallplatte einspielte, zeigen Improvisationstechniken, wie sie in der Schule des Harlem Stride Piano üblich sind. Die Unterschiede zum Spiel Thomas »Fats« Wallers oder Willie »The Lion« Smiths sind vor allem technischer Natur, betreffen nicht die grundsätzlichen Gegebenheiten des Stils bzw. das Verhältnis von Komposition und Improvisation im Eastern Ragtime. Auch Johnsons Einspielungen mit kleinen Orchesterbesetzungen entsprechen ohne weiteres dem, was im New York der späten zwanziger Jahre üblich war. Am ehesten lassen sich die scheinbaren Brüche kritisieren, die zwischen den einzelnen Strains der Kompositionen entstanden. Solche Brüche zeigen sich aber genauso in den frühen Aufnahmen beispielsweise eines Duke Ellington

Johnsons Verhältnis zur Komposition also war ambivalent. Zum einen befand er sich nach wie vor in der Tradition schwarz-amerikanischer Musik, hatte Teil am Umbruch zwischen Ragtime und Jazz, behielt dabei viel vom Formgefühl aus dem Ragtime bei und fügte Virtuosität und Improvisationskunst hinzu. Auf der anderen Seite war er vom ästhetisch höheren Wert der Komposition – nach Möglichkeit in klassischer Orchesterbesetzung – überzeugt und sah auf diesem

[24] *Yamekraw* wurde 1927 als Klaviersolo in *sheet music*-Form veröffentlicht und für die Uraufführung in der New Yorker Carnegie Hall am 27. April 1928 von William Grant Still für Klavier und Orchester arrangiert. In dieser Premiere übernahm Thomas »Fats« Waller die Solopartie, das Konzert wurde von W.C. Handy dirigiert. Vgl. Scott E. Brown, *James P. Johnson. A Case of Mistaken Identity*, Metuchen, New Jersey 1986, S. 184 ff., S. 203 f.

[25] Folkways FJ 2842

Gebiet spätestens seit den dreißiger Jahren seine größte Leistung. Von den Jazzkritikern ist er hier nur selten gelobt worden. Diese bewunderten am meisten seine improvisatorischen Fähigkeiten, die in eben solchen Werken fortfielen. Auch die allgemeine Musikkritik nahm seine sinfonischen Kompositionen nur bedingt zur Kenntnis, wie sie eh dem Oeuvre schwarz-amerikanischer Komponisten in jener Zeit distanziert gegenüberstand. Ganz abgesehen davon hatten Johnsons sinfonische Werke sicher viele Mängel, die einer unabhängigen Musikkritik genügend Material zur Abwertung hätten geben können.

Johnsons sinfonische Kompositionen sind ohne Einfluß auf den Jazz geblieben. Höchstens in der Idee, der Verwendung afro-amerikanischer Thematik in komponierter Musik, finden sich Epigonen, die aber in der Regel nicht Johnson als Vorbild nennen. Die Berufung einzelner Vertreter des Third Stream auf den Komponisten von *Yamekraw* ist nur in diesem Bezug zutreffend. Der Ausschluß von Improvisation in seinen »seriösen« Werken zeigt, daß es Johnson nicht im selben Maße auf eine Verbindung von europäischen und Jazzelementen – speziell von Komposition und Improvisation – ankam wie dies im Third Stream der Fall war.

Duke Ellington

Ähnlich wie bei Jelly Roll Morton und im Unterschied zur Musizierpraxis anderer Jazzmusiker der gleichen Zeit hatte Komposition für Duke Ellington eine ganz besondere Aufgabe. Gunther Schuller stellt für einige Stücke des Ellington-Repertoires zwischen 1928 und 1931 fest:

> *They were not merely arrangements or arbitrarily thrown-together chains of choruses but disciplined musical creations which could be judged by standards of musical appreciation and analysis established for centuries in »classical« music, and which by their* character *as much as by their quality distinguished themselves from the other jazz*-Gebrauchsmusik.[26]

Ellingtons Kompositionstechnik – vor allem um 1940 und in den Suiten bis an sein Lebensende – zeigt ein extrem ausgeprägtes Formgefühl, wie es in der Musik vergleichbarer Orchester – Fletcher Henderson, Earl Hines, Jimmy Lunceford, Andy Kirk, Count Basie und anderer – niemals erreicht und wohl auch nie angestrebt wurde. Ellingtons Kompositionsschaffen umfaßte bereits in den dreißiger Jahren Arrangements der populären Tagesschlager, mehr oder weniger komplexe Blues- und Song-Kompositionen, mehrthematische Originals und mehrere Suiten. Durch sein langjähriges Engagement im New Yorker Cotton Club hatte Ellington die Möglichkeit, mit einem personell beständigen

[26] Gunther Schuller, *Early Jazz*, S. 352

Orchester verschiedene kompositorische Ideen auszuprobieren und eine individuelle Kompositions- wie Arrangement-Sprache zu finden.

Wie bei Morton sind auch viele der frühen Ideen Ellingtons auf die Tradition des Ragtime bzw. seine Rezeption im New York der zwanziger Jahre zurückzuführen. So ist nicht die Reihung verschiedener Themen in seinen Kompositionen das Neue. Sie gab es bereits im Ragtime, und sie beherrschte auch einen Großteil des Non-Blues-Repertoires der frühen Jazzbands. Neu bei Ellington sind eine spezifische »Kompositionsfarbe«, das Zuschneiden seiner Arrangements auf die im Orchester vorhandenen individuellen Musiker und die Ausweitung und Ineinanderführung einzelner Formteile seiner Werke.

Duke Ellington schrieb für ein ganz bestimmtes Orchester, d.h. auch für einzelne Musiker. Dies wird nicht nur in den dedizierten Concerti – *Concerto for Cootie* für Cootie Williams, *Clarinet Lament* für Barney Bigard, etc. – deutlich, sondern bereits im spezifischen Orchestersatz, in dem Ellingtons Behandlung der einzelnen Instrumentengruppen und ihres Verhältnisses zueinander dazu führt, daß Orchestermitglieder mit so individuellen Instrumentalklängen wie Cootie Williams und Rex Stewart, Trompeten, Lawrence Brown, Tricky Sam Nanton und Juan Tizol, Posaunen, Johnny Hodges, Alt- und Sopransaxophon, Barney Bigard, Klarinette, Ben Webster, Tenorsaxophon und Harry Carney, Baritonsaxophon – alle aus der Band um 1940 – im Orchestersatz heraushörbar sind und daß so ein Orchester-Individualstil im Gesamtarrangement erreicht wird.

Ellingtons harmonisches Gespür ist ein weiteres Merkmal seiner individuellen Kompositionssprache. Verschiedene seiner Musiker beschreiben die *weird chords*, die er benutzte, auch die ungewöhnliche Instrumentierung, die zum Teil den einzelnen Instrumenten untypische Stimmen zuordnete[27]. Die Suitenkompositionen, die Ellington seit Mitte der dreißiger Jahre in regelmäßigen Abständen der Öffentlichkeit vorlegte, waren quasi die Zusammenfassung der kompositorischen Experimente, die er in jenen Jahren unternahm, und sind im Nachhinein als eine Art praktische Kompositionslehre zu betrachten, aus der sich Aufschlüsse über sein übriges Kompositions- und Arrangementschaffen ziehen lassen.

Wie bei Morton so sind auch bei Ellington die drei klassischen Funktionen von Komposition im Jazz festzustellen, mit wiederum individuellen Nuancen: Die Komposition ist Rahmen und Chorusgrundlage, in einer mehr zentralen Position allerdings als allgemein im Jazz üblich. In der Verschmelzung von Komposition und Improvisation, die in der spezifischen, auf individuelle Solisten zugeschneiderten Schreibweise Ellingtons zustandekommt, ist der Solist Teil der kompositorischen Idee[28]. Ellington muß nicht befürchten, daß durch individuelle solistische Aussagen sein Kompositionskonzept verändert

[27] Vgl. Barney Bigard, *With Louis and the Duke*, Houndsmills 1985, S. 47; Derek Jewell, *Duke. A Portrait of Duke Ellington* (1977), New York 1980, S. 45

[28] Vgl. Wolfram Knauer, *»Simulated Improvisation« in Duke Ellington's »Black, Brown and Beige«*, in: *The Black Perspective in Music*, xviii (1990)

würde. Im Gegenteil: Wegen des spezifischen Zuschnitts seiner Werke nimmt er einzelne Stücke aus dem Orchesterrepertoire, sobald der Solist, dem dies Stück zugeeignet war, das Orchester verläßt.

Jelly Roll Morton verpflichtete für seine Aufnahmesessions verfügbare Musiker, die somit nur in einer Studioband, nicht in einer regelmäßig und über längere Zeit hinweg zusammenspielenden Gruppe mitwirkten. Mit ihnen mußte Morton daher exakt über ihr Soloverhalten sprechen, um die intendierte Realisation seiner Kompositionen sicherzustellen. Ellington dagegen konnte im Wissen darum, daß seine Arrangements von bestimmten Musikern realisiert werden, kompositorische Experimente wagen, mit denen er sich weiter vom üblichen Repertoire jazz-gemäßer Formen entfernte. Morton mußte zumindest in den Sologrundlagen die Jazztradition, den Jazzusus wahren, wenn auch er ohnedies eine eher traditionelle Formauffassung hegte. Ellington dagegen konnte den Sologrund wie die Begleitarrangements zu Instrumentalsoli in Harmonik und Klangfarbe kompositorisch gestalten, ohne befürchten zu müssen, gegen die Improvisationsstimme der Solisten anzuschreiben. Das Inspirationsmoment der Komposition schließlich bekommt bei Ellington eine ganz persönliche Nuance. Indem er für bestimmte Musiker schreibt, verbinden sich sein Orchestersatz und die solistische Stimme der Improvisation zu einer Inspirationseinheit, die die Qualität vieler Ellington-Realisationen ausmacht.

Charlie Parker und das Verständnis von Improvisation als Spontankomposition

Das Verhältnis der Bebop-Musiker zu den Jazz-Standards, die sie für viele Improvisationen benutzten, zeigt sich bereits an ihrer Praxis, über die Harmoniestrukturen solcher Kompositionen neue Themen zu legen, die als Rahmen der Improvisation genutzt werden. Frank Tirro beschreibt ausführlich die Neukomposition über dem Form- und Harmoniegerüst von Jazzstandards im Bebop[29]. Tirro weist auf einen der ***musica reservata*** vergleichbaren zum Teil soziologisch begründeten Effekt der ***silent theme tradition*** im Jazz hin, wenn hier durch die Verschleierung der melodischen und – mit Zwischenharmonien und harmonischen Erweiterungen – auch der melodischen Grundlage der Jazz-Standard in eine Bebop-Komposition umgedeutet wird. Die Legende, daß die Bebopper fremde und vor allem technisch altbackenere oder auch schlechtere Musiker von der Teilnahme an Jam Sessions abhalten wollten, indem sie Standards durch neue Themen und komplexere Harmonik veränderten, wird von vielen Jazzmusikern am Leben erhalten. Schon 1949

29 Frank Tirro. *The Silent Theme Tradition in Jazz*, in: *Musical Quarterly*, liii/3 (Juli 1967), S. 313 ff.

allerdings gibt Leonard Feather eine etwas korrektere Interpretation der *silent theme tradition*:

> *In recent years it has been an increasingly common practice to take some definite chord sequence of a well known song (usually a standard old favorite) and build a new melody around it. Since there is no copyright on a chord sequence, the musician is entitled to use this method to create an original composition and copyright it in his own name, regardless of who wrote the first composition that used the same chord pattern.*[30]

Auch Ekkehard Jost stellt sich gegen die Legende, der Bebop habe das Ziel gehabt, *unerwünschte Einsteiger abzuschrecken*[31]. Tatsächlich waren die Bebop-Themen für die Musiker der Zeit relativ unwichtig. Es war üblich, sie im Unisono, d.h. in sehr einfachen Instrumentalarrangements zu intonieren. Zum ersten Mal im Jazz wurden nun auch Einspielungen von Kompositionen veröffentlicht, in denen überhaupt kein Thema im herkömmlichen Sinne gespielt wird, sondern die Aufnahme direkt mit dem Instrumentalsolo beginnt[32].

Charlie Parkers Improvisationssprache wird oft als eine Art »spontane Komposition« aufgefaßt. Ein solches Moment war wohl auch in den bedeutendsten Soli von Louis Armstrong oder Lester Young vorhanden, wurde aber in Parkers Musik grundsätzlich deutlicher als in Einzelstücken anderer Solisten. André Hodeir nennt in einem Aufsatz über *simulierte Improvisation*[33] zwei Parker-Fassungen von *Embraceable You* (28. Oktober 1947[34]), die nichts mehr von den existierenden melodischen Vorgaben enthalten. In einer gewissen Weise negiert die Improvisation das Geschriebene, indem sie es ersetzt.[35]

Parker war nicht der erste und nicht der einzige virtuose Solist der Jazzgeschichte. Mehr als bei allen anderen Musikern aber zeigte sich in seinen

[30] Leonard Feather, *Inside Jazz* (Originalausgabe als *Inside Bebop*, 1949), New York 1977, S. 55 f.

[31] Ekkehard Jost, *Sozialgeschichte des Jazz in den USA*, Frankfurt am Main 1982, S. 82

[32] Als Beispiel mögen die drei von Charlie Parker als *Home Cooking I, II* und *III* eingespielten Aufnahmen über Harmoniegrundlagen von *Cherokee* (*Home Coming II*), *I Got Rhythm* (*Home Coming III*) und *Opus* (*Home Coming III*) dienen, wobei die letzte Komposition – *Opus* von Hal McKusick – selbst ein Zusammenschluß der A-Teile aus *'S Wonderful* und des B-Teils aus *Honeysuckle Rose* ist. *Home Coming* wurde von Parker am 1. Februar 1947 für Dial eingespielt (Dial LP 905, Wiederveröffentlichung auf Spotlight 103). Parkers Soli selbst wurden als Transkriptionen zudem von einzelnen Saxophonisten als Themen gewählt, welche den Rahmen zu eigenen Improvisationen bildeten. Am bedeutendsten für diese Art der Umdeutung sind die Aufnahmen der Gruppe Supersax aus den siebziger Jahren.

[33] André Hodeir, *Die simulierte Improvisation. Ihre Entstehung - ihr Einfluß im Bereich des Jazz*, in: *Jazz op. 3. Die heimliche Liebe des Jazz zur europäischen Moderne*, hg. von Ingrid Karl (Wiener Musik Galerie) Wien 1986, S. 97 ff.

[34] Hodeir nennt das Jahr 1948, meint aber sicher diese berühmten Aufnahmen für das Schallplattenlabel Dial, da Parker 1948 die Komposition *Embraceable You* überhaupt nicht einspielte.

[35] André Hodeir, *Die simulierte Improvisation*, S. 102

Improvisationen ein Formbewußtsein bzw. ein »Formungs«-Bewußtsein, das nicht nur das einzelne Solo, sondern in einigen Fällen die gesamte Realisation eines Stückes umfaßte. Verschiedene Soli von Louis Armstrong aus den Jahren 1926 bis 1929, Lester Youngs Solo über *Lady Be Good* (1936), Coleman Hawkins' Solo *Body And Soul* (1939), aber auch Bix Beiderbeckes Solo über *Singin' The Blues* (1927) sind Beispiele für herausragende Improvisationen, die von der Jazzgemeinde, von Fans und von Musikerkollegen als Meisterwerke in einem Maße anerkannt wurden, wie es im allgemeinen nur in komponierter Musik üblich ist. Die Soli wurden nachgespielt, zeigten deutlichen Einfluß auf die individuelle Improvisationssprache nachfolgender Musiker, wurden auf ein Podest gehoben, das ihrem Ursprung als spontan erfundene, ohne das Medium der Klangaufzeichnung verlorene Musik scheinbar widerspricht.

Die Bezeichnung von Improvisation als »spontane Komposition« ist nun nicht nur ein sophistisches Wortspiel, mit dem die terminologischen Grenzen zwischen den beiden Bereichen durchbrochen werden sollen, sondern macht sehr dezidiert einen Wandel in der Auffassung von Improvisation deutlich, den Wandel vom funktionalen Verständnis einer mehr oralen Tradition hin zu einer sophistizierten »Werk«-Auffassung, wie sie seit dem kommerziellen Erfolg der Schallplattenindustrie sich mehr und mehr durchsetzte. Der Kunstanspruch, den die Jazzmusiker spätestens seit dem Bebop vehement für sich erhoben, war durch diesen Wandel in der Funktionalität der oralen Überlieferung beeinflußt, forderte seinerseits aber selbst das Verständnis von improvisiertem Solo als spontaner Komposition, als Produkt also einer intellektuellen Auseinandersetzung mit dem musikalischen Erbe sowie mit den Möglichkeiten des Ausdrucks emotionaler Erfahrungen durch die Musik.

Wenn auch die Auffassung von Improvisation als »Spontankomposition« bei den großen Virtuosen des Jazz zum Teil gerechtfertigt ist und sich original improvisierte Soli in der Analyse als extrem durchgeformte Musik erweisen[36], so ist doch der unterschiedliche Inhalt des Begriffs Komposition in diesem Zusammenhang zu erwähnen. Der Terminus »Spontankomposition« bezeichnet in der Jazzliteratur – sofern er denn benutzt wird – die Anlage des individuellen Solos, den stark durchdachten und mit äußerstem Formbewußtsein durchgeführten Improvisationskomplex, für dessen Betrachtung in gewissen Grenzen ästhetische Wertkriterien aus komponierter Musik angewandt werden können. Der Terminus bezeichnet allerdings nicht den Zusammenhang der Gesamtrealisation, fest arrangierter und improvisierter Partien.

Verschiedene Soli Charlie Parkers und Louis Armstrongs aus seiner Hot-Five- und Hot-Seven-Zeit (1925 bis 1929) können so ohne weiteres als »Spontankomposition« bezeichnet werden. Im Zusammenhang des kompletten Arrangements aber gibt es immer wieder Brüche zwischen den aneinandergereihten Soli einzelner Solisten sowie zwischen virtuoser Improvisation und

36 Vgl. die Dissertation von Thomas Owens, *Charlie Parker: Techniques of Improvisation*, Los Angeles (University of California) 1974 (maschr.)

eher belangloser Themenkomposition. Max Harrison gibt eine Definition von Jazzkomposition in der Musik Jelly Roll Mortons:

> *Morton, while retaining the immediacy of improvisation, made it submit to a carefully devised structural symmetry in such a way that composed and extemporized elements enhanced each other.*[37]

In diesem Sinne ist die Benutzung des Begriffs Komposition für eine virtuose Improvisation im hier behandelten Zusammenhang irreführend. Es kann und wird von kompositorischen Elementen gesprochen werden, die in der Improvisation einzelner Jazzmusiker zentrale Stellung einnehmen. Gerade in der Musik des Modern Jazz Quartet ist durch die motivische Improvisation von John Lewis ein extrem kompositorisches Moment immer wieder anzutreffen. Es ist dennoch zu unterscheiden zwischen der primär intellektuellen Vorgehensweise von Komposition und der primär emotionalen Praxis der Improvisation. Im Gegensatz zur direkt vorangegangenen Swing-Musik und zum nachfolgenden Cool Jazz war der Bebop nicht wirklich eine Musik der Komposition. Die Arrangements der kleinen Besetzungen waren zumeist belanglos, und die Kompositionen für größere Orchester wiesen in der Regel bereits über den Bebop hinaus. Diese Arrangements allerdings zeigten, daß das Verlangen nach einer Angleichung des Entwicklungsstandes von Improvisation und Komposition nach wie vor vorhanden war. Einzelne Musiker nämlich befaßten sich immer noch mit den Möglichkeiten, eine Kompositionspraxis zu finden, die in angemessener Weise neben das traditionelle Jazzelement der Improvisation gestellt werden könne, so daß zwischen Arrangement und individuellem Solo kein Bruch entstehe, die Gesamtrealisation als ästhetisches Objekt wertvolle Einheit sei.

»Progressive Jazz«: Kenton und andere – Gil Evans – Third Stream

»Progressive Jazz«: Kenton und andere

Orchester wie die von Stan Kenton, Boyd Raeburn und Claude Thornhill, die alle aus der Swing-Tradition stammten, versuchten, das neue Bebop-Idiom in ihre Musik einzubeziehen. Der Erfolg solcher Versuche hing zum großen Teil von der Präsenz herausragender Solisten oder exzellenter Arrangeure ab. Stan

[37] Max Harrison, *Jazz*, in: Paul Oliver, Max Harrison und William Bolcom, *The New Grove Gospel, Blues and Jazz*, London 1986, S. 263

Kenton hatte in den vierziger Jahren die Arrangeure Bob Graettinger und Pete Rugolo, als Solisten den Altsaxophonisten Art Pepper und den Schlagzeuger Shelly Manne. Boyd Raeburn konnte auf die Arrangeure Ed Finckel und George Handy sowie auf die Solisten Dizzy Gillespie, Benny Harris, Trummy Young, Johnny Bothwell, Al Cohn, Dodo Marmarosa und andere zurückgreifen. Claude Thornhills Orchester schließlich spielte mit Solisten wie Lee Konitz außer Eigenkompositionen des Leiters Arrangements von Gil Evans und Gerry Mulligan[38].

In allen drei Orchestern stand die Suche nach einer der Jazzimprovisation angemessenen Sprache in Komposition und Arrangement im Vordergrund. Alle drei Orchester bemühten sich außerdem, die Errungenschaften moderner europäischer Konzertmusik für den Jazz nutzbar zu machen.

> *This stuff we play is modern classical music applied to swing. We've based it on theory of modern music as presented by Hindemith, the Harvard professor, and we follow the lines of the great contemporary moderns, Stravinsky and Shostakovich. Actually we are presenting new sounds in jazz by introducing extra notes in the chords.*[39]

Es waren dies die Jahre, in denen Igor Strawinsky für das Woody Herman Orchestra das *Ebony Concerto* schrieb, Jahre, in denen die Benutzung des modernen Jazzorchesters auch in »klassischer« Musik propagiert wurde. Die Komponisten und Arrangeure des sogenannten »Progressive Jazz« waren großteils studierte Intellektuelle. Sie waren mit der relativ simplen Kompositionssprache des Swing nicht zufrieden, wollten zwar eine typisch amerikanische Musik in der Tradition des Jazz schreiben, entlehnten ihre ästhetischen Wertkriterien zum Teil aber der europäischen Konzertmusik und meinten so, auch ihre Erfahrungen auf diesem Gebiet in die Musik einbringen zu müssen.

Nicht nur soziologische Gründe jedoch sind für die Entstehung des »Progressive Jazz« verantwortlich. Die zunehmende Virtuosität der Solisten im Bebop führt zu einem eklatanten Mißverhältnis zwischen Komposition und Improvisation. Die Progressivität in Melodik, Rhythmik und Harmonik der führenden Bebop-Musiker widerspricht der Simplizität der meisten ihrer Themen, die zudem – im Unisono vorgetragen – nur einen losen Rahmen zu ihrer Musik bilden. Der »Progressive Jazz« will diesem Mißverhältnis zwischen Komposition und Improvisation entgegenwirken, jazz-gemäße fortschrittliche Komposition als Rahmen und als Untermalung aktueller Jazzimprovisation setzen. Die Komponisten und Arrangeure orientierten sich hierbei eher an der harmonischen Sprache moderner europäischer Konzertmusik als an der Tradition des Jazzarrangements. Dennoch finden sich sogar direkte Bezüge auf

38 Mulligan, Evans und die Thornhill-Musiker Lee Konitz, Bill Barber und Joe Shulman waren zudem an den legendären Aufnahmen des Miles Davis Nonet für Capitol beteiligt.

39 Boyd Raeburn, zit. nach Phil Schaap, *Boyd Raeburn and His Orchestra: Man with the Horns* [Plattentext], Savoy (RCA) WL 70534

die Jazztradition, wenn beispielsweise Stan Kentons *Intermission Riff* (1946) dasselbe Thema wie Jimmy Luncefords *Yard Dog Mazurka* (1941) benutzt. Kompositionen wie Pete Rugolos *Fugue for Rhythm Section* (1947) oder sein *Chorale For Brass, Piano and Bongo* (1947) sowie Ed Finckels *Boyd Meets Stravinsky* (1946) zeigen den Einfluß europäischer Konzertmusik auf dieses Stadium des Jazz überaus deutlich.

Die Qualität auch des »Progressive Jazz« steht und fällt mit der Qualität der herausgestellten Solisten. Anders als Ellington aber schrieben die Arrangeure für Orchester, deren Besetzung relativ unbeständig war.

Kentons Musik vor allem war in jenen Jahren erfolgreich, »modern«. Seine ohne Zweifel hervorragenden Arrangeure benutzten Klischees, die – aus europäischer Konzertmusik entlehnt – in jenen Jahren »in der Luft lagen«. Daß Kentons Musik in der Retrospektive vielfach wie Filmmusik klingt, ist kein Wunder, waren doch die soziale Herkunft und die ästhetischen Ambitionen der Hollywood-Komponisten wie der Kenton-Arrangeure vergleichbar. Komposition bei Kenton ist – überspitzt ausgedrückt – der Versuch, die Experimente moderner europäischer Komponisten zu vervollkommnen, nämlich die amerikanische Tanzmusik mit der europäischen Moderne zu verbinden. Der notwendige Bezug der Komposition im Jazz zur Improvisation wird bei Kenton wie auch bei Raeburn vielfach vernachläßigt. Die Werke leben zumeist einzig vom Kontrast zwischen den Kompositions- und Improvisationsblöcken. Dies allein aber kann nach wie vor nur zu einer Aneinanderreihung von Klischees oder zum Zusammenfügen von gelungenen improvisierten Soli und einem interessanten Kompositionsrahmen bzw. Begleitarrangement führen, nicht aber zu einer im Zusammenhang zu bewertenden Gesamtrealisation.

Gil Evans

Schon seine Arbeit für das Claude Thornhill Orchester bis 1948 führte dazu, daß Gil Evans zu einem unter Musikern beachteten Arrangeur wurde. Die Aufnahmen von Miles Davis für Capitol von 1949 dann, zu denen Evans zwei Arrangements beisteuerte – *Moon Dreams* und *Boplicity* –, ließen auch die Kritik hohes Lob aussprechen. Evans, Gerry Mulligan und John Lewis schrieben hier für eine Besetzung mit neun Instrumenten, denn *this was the smallest number of instruments that could get the sound and still express all the harmonies the Thornhill band used*[40].

Vor allem *Moon Dreams* – ein bis auf wenige Freiheiten durcharrangiertes Arrangement einer Ballade von Chummy McGregor, dem ehemaligen Glenn Miller-Pianisten – zeigt in den Farbkontrasten, welche durch den steten Wechsel von Haupt- und Begleitstimmen erzeugt werden, die Arbeitsweise

[40] Gil Evans, zit. nach Jack Chambers, *Milestones 1. The Music and Times of Miles Davis*, New York 1983, S. 99

Evans', wie sie sich auch in seinen späteren Arrangements für Miles Davis oder für eigene Besetzungen wiederfindet.

Evans wurde von der zeitgenössischen Kritik zuweilen der Komponistenstatus abgesprochen, da er in großem Maße mit bereits existierenden Standards arbeitete, die er für Schallplatteneinspielungen arrangierte. Mehr als bei jedem Arrangeur vor ihm allerdings kann bei Evans von Re-Komposition gesprochen werden, von einer schöpferischen Re-Kreation der zugrundeliegenden Komposition[41]. In der Re-Komposition erhalten die zugrundeliegenden Stücke eine harmonisch, melodisch und zum Teil rhythmisch neue Faktur. Sie werden in einzelnen Beispielen gar in komplexere Formstrukturen eingebracht, die einem üblicherweise in Repetitionsform realisierten Stück eine kompositorisch befriedigendere Gesamtform verleihen. Wie beim Phänomen des Jazz-Arrangements allgemein, so ist auch in Evans' Arbeitsweise die unterschiedliche Bedeutung des Begriffs »Komposition« im Jazz zu berücksichtigen. Seine Arrangements sind mehr als nur individuelle Fassungen der Kompositionen anderer. Die Neufassung bei Evans entspricht in vielem dem Verhältnis improvisierender Jazz-Solisten zur kompositorischen Grundlage. Anders als diese benutzt Evans seine Kompositions- bzw. Arrangement-Sprache zur Aneignung jenes Ausgangsmaterials.

Evans sagt über seine Arrangements in den späten vierziger Jahren:

> *An interdependance of modern thought and its expression was needed. If you express new thoughts and ideas in old ways you take the vigour and excitement out of the new thoughts.*[42]

Komposition bei Evans ist somit eine Art Korrelat zur aktuellen Improvisationssprache seiner Zeitgenossen im Jazz. Mehr als viele andere Arrangeure brauchte Evans herausragende Solisten, da seine Arrangements auf die Kongenialität zwischen Arrangeur und Improvisator angelegt waren. Die Problematik einer solchen Konzeption zeigt sich, wenn Originalarrangements von Musikern gespielt werden, denen der virtuose Improvisator fehlt, beispielsweise in der Zusammenarbeit Gil Evans' mit der Laurent Cugny Big Band Lumiere im Jahre 1987. Evans schreibt nicht für bestimmte Solisten, wenn auch der lyrische Ton eines Miles Davis seinen Arbeiten aus den späten fünfziger Jahren am meisten angemessen scheint. Evans aber schreibt für Musiker mit der Fähigkeit zur spontanen Reaktion auf seine Arrangements. Er verlangt nämlich, daß die ausfüllenden Solisten dazu in der Lage sind, auf seine Kreation zu reagieren, eine kongeniale Realisation zu schaffen. Anders als viele seiner Komponisten- und

[41] Zum Terminus *re-composition* vgl. Pat Rogers, *Re-Composition in Jazz*, in: *Jazz Monthly*, iv/4 (Juni 1958), sowie eine Erwiderung auf den Artikel durch Max Harrison, *Re-Composition in Jazz*, in: *Jazz Monthly*, iv/7 (September 1958), S. 26, 32. Rogers wie Harrison beschäftigen sich mit dem Grad der Re-Komposition in verschiedenen Arrangements, die John Lewis für das Modern Jazz Quartet geschrieben hat.

[42] Gil Evans, zit. bei Charles Fox, *Gil Evans*, in: *These Jazzmen of Our Time*, hg. von Raymond Horricks (1959), London 1960 (Jazz Book Club), S. 97 f.

Arrangeur-Kollegen aus den fünfziger und sechziger Jahren steht Evans dabei nur bedingt in der Tradition europäischer Komposition. Zwar benutzt er in seiner Harmonik, Instrumentierung und Stimmführung Elemente, die deutliche Anklänge an spät-romantische Ideale europäischer Konzertmusik haben, schafft aber durch seine ganz persönliche Schreibweise eine Individualität, die ihn von seiten der Jazzmusiker und -kritiker zu einem akzeptablen Komponisten des Jazz machte. So wie von Ellington immer wieder behauptet wird, sein eigentliches Instrument sei das Orchester, so läßt sich von Evans sagen, sein Instrument ist das des Arrangements bzw. der Komposition. Ganz davon abgesehen, daß auch bei ihm Komposition als Rahmen, Sologrund und – in besonderem Maße – als Inspiration für den ausfüllenden Solisten dient, hat sie darüberhinaus einen Stellenwert, wie er ihr im Jazz zuvor nur in seltenen Fällen eingeräumt wurde. Komposition bei Evans steht nicht mehr einzig in dienender Funktion, die ihr selbst in vielen Kreationen Ellingtons noch eigen ist. Sie ist kongeniale künstlerische Aussage, auf die Realisation mit einem kreativ reagierenden Solisten angelegt, in dieser Kooperation aber nicht nur dienendes Element, sondern gleichberechtigte musikalische Sprache.

Third Stream

Mit der Intellektualisierung des Jazz in den vierziger und fünfziger Jahren ging ein neues ästhetisches Bewußtsein einher, eine Veränderung auch ästhetischer Wertmerkmale. Nach wie vor ist das improvisierte Jazzsolo als kohärente Einheit einer »story« maßgebliches Beurteilungskriterium für die Qualität des Soloprodukts. Hinzu aber kommt eine Bewertung, die von der Gesamtfaktur der Realisation ausgeht. Anders als in dem Gros der Jazzstücke aus den dreißiger und vierziger Jahren, in denen virtuose Improvisationen aus zum Teil interessanten, doch immer rahmenden Arrangements herausstachen, bekommt die Einbindung der solistischen Äußerung in den kompositorischen Rahmen des Arrangements nun eine neue Qualität, eine Qualität, die sowohl von den Jazzmusikern als auch von den Kritikern als ästhetisches Kriterium akzeptiert wurde. Arrangement und Komposition haben nicht länger nur die Aufgabe des Zusammenhaltes verschiedener improvisatorischer Teile, sie sind in größerem Maße als dies zuvor der Fall gewesen war, Teil eines Gesamtergebnisses.

Phänomene wie Paul Whiteman, Duke Ellington oder Stan Kenton waren in der Jazzgeschichte vor 1950 immer eher eine Ausnahme gewesen. In ihrer Musik zwar spielte Komposition eine erhebliche Rolle, fand aber nur in geringem Maße eine wirkliche Integration kompositorischer und improvisatorischer Sphären statt. Einzelne der Frühwerke Ellingtons wie *Reminiscing In Tempo* (1935) waren zum größten Teil durchkomponiert, boten der Improvisation nur geringen Raum, obwohl ja gerade Ellington in Anbetracht der Kenntnis seiner Solisten die Möglichkeit gehabt hätte, personaltypische Sologrundlagen ins Arrangement einzubringen. In den Arrangements für Stan Kenton und andere Orchester in der Tradition des »Progressive Jazz« der vierziger Jahre wurde zum Teil eine weitergehende Integration kompositorischer und improvisatorischer Elemente versucht. Eine Problematisierung in bezug auf die Verknüpfung zweier Traditionsstränge fand allerdings erst in den frühen Experimenten des Third Stream Anfang der fünfziger Jahre statt. Eine Gruppe fortschrittlicher New Yorker Musiker, der unter anderem Teddy Charles, Charles Mingus, John LaPorta, Teo Macero, Gunther Schuller und John Lewis angehörten, produzierte auf eigene Kosten oder mit minimaler finanzieller Unterstützung Konzerte in Manhattan, in denen anspruchsvolle Kompositionen der einzelnen Mitglieder dieser Gruppe aufgeführt wurden.

Der Third Stream wollte die Vermittlung von Komposition und Improvisation und damit zwischen den beiden Traditionssträngen, die mit diesen Begriffen verbunden waren. Komposition war nicht länger wie zuvor im Jazz nur funktionale Rahmung. In ihr sollte – der europäischen Tradition gemäß – die Anwendung und Fortentwicklung zeitgenössischer kompositorischer Praktiken stattfinden. Die Improvisation befand sich im großen und ganzen in der Tradition der Jazzimprovisation. Beide Bereiche – Komposition wie Improvisation – sollten durch Annäherung einzelner Techniken Momente der jeweils anderen Tradition übernehmen und so eine interne Vermittlung ermöglichen.

In Gunther Schullers Komposition *Conversation* für Modern Jazz Quartet und Streichquartett[43] beispielsweise ist eine Vermittlung bereits in der Schreibweise für die beiden Instrumentengruppen angelegt. Auch wenn das Jazzquartett relativ ***straight*** komponierte Passagen zu spielen hat, wird in einzelnen Momenten – Bluestonalität des Klaviers, Rhythmik des Schlagzeugs, Grundierungstradition des Kontrabasses oder swingende Melodielinie des Vibraphons – der Tradition des Jazz Rechnung getragen, selbst wenn solche Momente nur selten oder über kurze Zeit auftauchen. Schullers *Abstraction*[44] dagegen benutzt traditionelle Kompositionsprinzipien der postseriellen Musik, die im Vorausplan nicht wirklich eine Verbindung zur Saxophonimprovisation Ornette Colemans oder Eric Dolphys darstellen. Hier muß die Improvisation eine Vermittlung zwischen den beiden Bereichen bewirken.

In den Improvisationspartien trugen vor allem extrem durchdachte Praktiken wie die der motivischen Improvisation bei John Lewis oder die der Assoziationsketten bei Ornette Coleman zu einer Annäherung an die Kompositionsstruktur bei.

Die Angleichung von Komposition und Improvisation im Third Stream sollte schließlich auch durch einen Lernprozeß der daran beteiligten Musiker erreicht werden. Gunther Schuller, Vater des Begriffs sowie Theoretiker und Praktiker des Third Stream, betonte, daß ihm daran liege, Musikern die Möglichkeit zu geben, kreativ aus ihren Erfahrungen sowohl mit europäischer Musikgeschichte

43 New York 1959, Atlantic LP 1345

44 New York 1960, Atlantic 1365 (Solist: Ornette Coleman) sowie New York 1963, GM 3005 D (Solist: Eric Dolphy)

als auch mit afro-amerikanischer Tradition zu schöpfen[45]. Der Third Stream soll dabei weder die Kompositions- noch die Improvisationstraditionen ersetzen, er soll in der Fusion Musikern wie Komponisten neue Erfahrungshorizonte eröffnen, die zu einer Weiterentwicklung beider Stränge führen können. Im Ergebnis der realisierten Kompositionen und Schallplatteneinspielungen des Third Stream zeigt sich indes, daß der Plan einer wirklichen Fusion der beiden Stränge nur in seltenen Fällen tatsächlich gelang. Bei aller Annäherung blieb Komposition eine primär schriftliche Größe, Improvisation eine vor allem spontane Reaktion. Die Unterschiede zwischen Komposition und Improvisation konnten nicht aufgehoben werden, solange die Grenzen zwischen Schriftlichkeit und Nicht-Schriftlichkeit im Third Stream bestehen blieben. Und doch ist die Idee des Zusammenbringens zweier Traditionen, die von Schuller und anderen ausgesprochen und in vielen Experimenten in New York auch ausprobiert wurde, eine wichtige Voraussetzung für die Rolle von Komposition im Free Jazz der sechziger Jahre, für die Selbstverständlichkeit, mit der viele der führenden Free-Jazz-Musiker europäische wie Jazz-Traditionen als musikalisches Reservoir nutzten.

Free Jazz

Obwohl der Free Jazz üblicherweise als ein Höhepunkt improvisierter Musik betrachtet wird, in dem die Improvisation sich von den im traditionelleren Jazz nach wie vor vorhandenen Grundlagen in Harmonik, Rhythmik und Struktur des komponierten Themas befreit, spielt im Free Jazz – zumindest in den herausragenden Beispielen einiger der wichtigsten Vertreter wie Cecil Taylor, Ornette Coleman, Sun Ra, dem Art Ensemble of Chicago und zum Teil John Coltrane – die Komposition eine nicht zu unterschätzende Rolle.

Da der Jazz in erster Linie immer eine improvisierte Musik gewesen war und die Komposition nur in dem Rahmen, der bis hierher beschrieben wurde, interessierte, sind auch die traditionellen Notationsweisen nur selten problematisiert worden. Konkret niedergeschriebene Kompositionen Duke Ellingtons beispielsweise erfahren in der Realisation des Orchestersatzes wie selbstverständlich leichte rhythmische sowie Tonhöhenveränderungen, die zum Teil vom Komponisten erwartet, zum Teil durch Absprachen vorausgeplant werden. Auch bei vielen der Kompositionen, die John Lewis für das Modern Jazz Quartet schrieb, finden sich in den Realisationen rhythmische Abweichungen von der Partitur. Solche Abweichungen nimmt nicht nur Milt Jackson, sondern auch John Lewis selbst vor. Trotz der Schwierigkeiten, in traditioneller europäischer Notation viele der essentiellen Momente des Jazz in der Partitur festzuhalten, reichte diese Art der Notation üblicherweise aus, da die einzelnen Musiker

45 Gunther Schuller, *»Third Stream« Redefined*, in: *Saturday Review* (15. Mai 1961), S. 54; auch in: Gunther Schuller, *Musings*, New York 1986, S. 116

wußten, auf welche Art und Weise sie die Niederschrift korrekt zu verwirklichen hatten. Mit der zunehmenden Komplexität des musikalischen Inhalts wird auch das Problem der schriftlichen Fixierung im Jazz spätestens von einigen Free-Jazz-Musikern deutlich ausgesprochen. Cecil Taylor definiert die Aufgabe von Komposition im Jazz ganz allgemein, weist im folgenden Zitat aber dezidiert auf Schwierigkeiten hin, die notierte Komposition für eine extrem komplexe Musik wie die Taylors oder seiner Kollegen bietet.

When you ask a man to read something, you ask him to take part of the energy of making music and put it somewhere else. Notation can be used as a point of reference, but the notation does not indicate music. It indicates a direction.[46]

Die Abhängigkeit von komplexeren Partituren lenkt – so Taylor – den Musiker von seiner Aufgabe als kreativer Interpret ab. Ähnlich empfindet Ornette Coleman, der sagt:

Ich möchte die Musiker, welche für mich spielen, dazu bringen, sich an den Part zu erinnern, ohne dauernd von den Noten abhängig zu sein. [...] *In der klassischen Musik muß man immer seinen Kopf in den Noten haben, während man in der Musik, die mir vorschwebt, die Noten im Kopf haben sollte.*[47]

Die Kritikpunkte Taylors und Colemans sind nicht unbedingt neu. Bereits in der Mitte der fünfziger Jahre hatte sich der Bassist und Komponist Charles Mingus ausführlich mit ähnlichen Kompositionsmethoden befaßt und versucht, einen Mittelweg zwischen fixer Komposition und der Individualität der ausführenden Musiker zu finden.

I »write« compositions – but only on mental score paper – then I lay out the compositions part by part to the musicians. I play them the »frame-work« on piano so that they are all familiar with my interpretation and feeling and with the scale and chord progressions to be used. Each man's own particular style is taken into consideration, both in ensemble and in solos. For instance, they are given different rows of notes to use against each chord but they choose their own notes and play them in their own style, from scales as well as chords, except where a particular mood is indicated. In this way I find it possible to keep my own compositional flavor in the pieces and yet to allow the musicians more individual freedom in the creation of their group lines and solos.[48]

In seiner Analyse einiger der frühen Aufnahmen Cecil Taylors stellt Gunther Schuller[49] die Nähe zwischen den Strukturen von Komposition und Improvi-

46 Zit. nach Nat Hentoff, *Jazz Is*, New York 1984, S. 231

47 Zit. nach Hans Kumpf, *Postserielle Musik und Free Jazz*, Rohrdorf [2]1981, S. 29

48 Charles Mingus, *Charles Mingus. Pithecanthropus Erectus* [Plattentext], Atlantic 1237

49 Gunther Schuller, *Cecil Taylor. Two Early Recordings*, in: ders., *Musings*, S. 65 ff.

sation fest, die in Taylors Musik zu *a great deal of cohesiveness* führe[50]. Tatsächlich ist sowohl in den frühen Aufnahmen Taylors wie in den Einspielungen zum Ende der sechziger Jahre oder in den Soloplatten der siebziger Jahre ein kompositorisches Element deutlich zu hören, das jedoch im Zusammenhang der improvisierten Realisation nur schwer faßbar wird. Wie Mingus den ausführenden Musikern vor allem die Idee des Stückes vermitteln will, ihnen dabei aber einen weitgehenden individuellen Freiraum zugesteht, so ist auch bei Taylor Komposition eher eine mehr oder weniger musikalisch fixierte Idee, die in freier Improvisation ausgeführt wird. Strukturblöcke, teilweise deutlich erkennbare Melodiephrasen, melodische Verfremdungen, aber auch das Spiel mit traditionellen Jazzelementen, das dem geübten Ohr immer wieder in Taylors Spiel auffällt, dazu ein hohes Maß motivischer Improvisation des Pianisten führen zu einer extremen Annäherung, die zum Teil die Unterscheidung in Komposition und Improvisation hinfällig scheinen läßt.

In den Realisationen vieler Kompositionen des Altsaxophonisten Ornette Coleman wird eine Anlehnung an das traditionelle Reihungsprinzip Thema – Improvisation – Thema ohrenfällig, mit zumeist im gebrochenen Unisono gespielten Themenpassagen, wie sie – »reiner« gespielt – deutliche Erinnerungen an Bebop-Themen aufkommen lassen. In etlichen Einspielungen besonders aus den frühen sechziger Jahren findet sich auch innerhalb der Improvisation eine Struktur, die formal dem Chorusschema des Jazz ähnelt. Vor allem die Baßmelodik stellt für den Hörer in der Regel ein Orientierungssystem dar, das aber vom Saxophonisten Coleman und vom Trompeter Don Cherry vielfach durchbrochen, überlagert oder einfach ignoriert wird. Im Vorwort zu einer Ausgabe verschiedener Coleman-Kompositionen verweist Gunther Schuller auf das Changieren in den Realisationen der Kompositionen des Saxophonisten[51]. Colemans Methode der motivischen Improvisation wurde von Ekkehard Jost als *motivische Kettenassoziation*[52] bezeichnet. Dieser Terminus soll zugleich auf den emotionalen Gehalt der Colemanschen Improvisationsmethode verweisen. Jost beschreibt das Verhältnis von komponiertem Thema zur Improvisation in der Musik Ornette Colemans folgendermaßen:

> *Während nicht selten das Thema im Jazz als bloßer Lieferant von Akkordfolgen und Skalen fungiert, bestimmt es bei Coleman vor allem den ausdrucksmäßigen Gehalt seiner Improvisationen.*[53]

[50] ibid., S. 69. Vgl. auch John Litweiler, *The Freedom Principle*, Poole, Dorset 1985, S. 205. Litweiler bemerkt in einer Rezension der Taylor-Einspielung *Cell Walk For Celeste* (1961): [...] *the complexities of this composition parallel the emerging complexities in Taylor's piano improvising.*

[51] Gunther Schuller, *Ornette Coleman's Compositions*, in: *Ornette Coleman Folio*, New York 1961 (MJQ Music, score 6); auch in Gunther Schuller, *Musings*, S. 80 ff.

[52] Ekkehard Jost, *Free Jazz*, Mainz 1975, S. 57

[53] ibid., S. 64

Eine von Coleman und in der Folge von anderen Musikern des Free Jazz gern benutzte Kompositionsmethode bestand darin, den im Kollektiv oder solistisch agieren den Musikern melodisches bzw. rhythmisches Material zur Verfügung zu stellen, es aber nur bedingt im zeitlichen Ablauf der Realisation festzulegen. Eine Art graphische oder verbale Notation, wie sie Hans Kumpf im Vergleich der Techniken innerhalb insbesondere des europäischen Free Jazz und der postseriellen Musik dokumentiert[54], findet sich ebenso im amerikanischen Free Jazz, zum Teil bereits in den sechziger Jahren, vor allem aber in Partituren einzelner Komponisten aus dem Kreis der Association for the Advancement of Creative Musicians (AACM) in Chicago, beispielsweise bei Anthony Braxton oder Leroy Jenkins.

Komposition im Free Jazz ist mehr als Rahmen, Grundlage oder Inspiration. Das Rahmende kann, muß aber nicht vorhanden sein, steht zudem meist ohne direkten musikalischen Bezug zur eingeschlossenen Improvisation. Komposition bezeichnet hier vor allem die Vermittlung eines ideellen Ablaufs, eines Struktur- und Dynamik-Gerüstes, das mit möglichst viel Freiheit in der Ausführung realisiert wird. Das Element der Inspiration, welches Komposition im Jazz immer wieder in hohem Maße eigen war, bekommt im Free Jazz ein noch stärkeres Gewicht. Viele Komponisten verlangen von den Musikern nicht, notierte Melodien zu spielen, sondern liefern in der Notation – sei es in herkömmlicher, graphischer oder verbaler Partitur – einen Ideenfundus, durch den sich die realisierenden Musiker inspirieren lassen sollen. Der Grad der Verpflichtung der einzelnen Ausführenden zur getreuen Wiedergabe notierten Materials ist von Fall zu Fall verschieden. Im großen und ganzen aber verschwimmen die Grenzen zwischen Komposition und Improvisation im Free Jazz auf eine Art und Weise wie nirgends zuvor im Jazz.

Die Entfernung von auch in afro-amerikanischer Musik herkömmlichen Kompositionsmethoden also ist im Free Jazz zumeist ohrenfällig. Experimente mit musikalischer Aleatorik, die im Jazz wie in der postseriellen Musik der sechziger Jahre stattfanden, negieren das herkömmliche Kompositionsprinzip vollkommen. Bei den wichtigsten Vertretern des Free Jazz allerdings finden sich Methoden, die Vergleiche mit der Entwicklung zeitgenössischer komponierter Musik ohne weiteres zulassen. Die Free-Jazz-Musiker haben stärker, als dies zuvor im Jazz der Fall war, europäische wie afro-amerikanische Traditionen verinnerlicht. Ornette Coleman arbeitete in den frühen sechziger Jahren mit Gunther Schuller zusammen und fand im Zusammenhang mit dem Third Stream engen Kontakt auch zu anderen zeitgenössischen amerikanischen Komponisten. Der Pianist Cecil Taylor setzte sich lange Zeit mit der europäischen Kompositionstradition wie mit dem Jazz auseinander. Er entwickelte frühzeitig ein Selbstverständnis, das ihm beide Traditionen für den kreativen Prozeß seiner eigenen Musik nutzbar machte. Noch stärker zeigt sich ein solches Selbstverständnis bei den Musikern und Komponisten der AACM in Chicago und der

[54] Hans Kumpf, *Postserielle Musik und Free Jazz*, passim

Black Artists Group (BAG) in St. Louis. Hier verwirklichen sich die Hoffnungen, die Gunther Schuller hegte, wenn er plante, mit dem Third Stream einer Musikergeneration letztlich beide Traditionslinien, die komponierter und die improvisierter afro-amerikanischer Musik zu öffnen, ihnen die selbstverständliche Verwendung von Methoden aus beiden Bereichen zu ermöglichen.

Komposition bei John Lewis

Innerhalb des kompositorischen Schaffens von John Lewis für das Modern Jazz Quartet lassen sich fünf Hauptkategorien unterscheiden: 1. Balladen, 2. Blues, 3. Up-Tempo-Kompositionen, 4. Kompositionen, in denen Lewis Fugen und andere Formmodelle aus europäischer Kunstmusik entlehnt, und 5. Third-Stream-Kompositionen. Ausgeklammert sind hier sowohl die Arrangements über Jazz-Standards wie auch die Transkriptionen komponierter Kunstmusik, vor allem von Werken Johann Sebastian Bachs, Heitor Villa Lobos' und Joaquin Rodrigos. Im folgenden soll im Vergleich ausgewählter Beispiele der einzelnen Kategorien dargestellt werden, wie sie in die Tradition von Komposition im Jazz einzuordnen sind und welche personaltypischen Momente den Komponisten und Arrangeur John Lewis auszeichnen.

Die nachstehende Auflistung ordnet die Arbeit von Lewis für das Modern Jazz Quartet nach den fünf oben genannten Kategorien. Die Rubrizierung verschiedener Kompositionen unter eine Kategorie besagt dabei nichts über eine Einheitlichkeit sämtlicher Kompositionsmerkmale. So können beispielsweise die Up-Tempo-Stücke im Tempo von ♩ = 125 bis ♩ = 325 variieren. Die Zuordnung langsamer Kompositionen zu 1. oder 3. ist vor allem in der Ausführung der realisierten Schallplattenaufnahme begründet, d.h. beispielsweise im spezifischen Balladenspiel der Solisten. Die Abgrenzung zwischen 4. und 5. ist zum Teil problematisch. Eindeutig sind vor allem längere Kompositionen der Kategorie 5. – Third Stream – zuzuordnen, gleichfalls Werke mit extrem durchgeformter Improvisationsgrundlage, in denen somit die Grenzen zwischen komplexerer Komposition und Improvisation in Ansätzen aufgehoben werden. Die Kategorie 4. schließlich enthält nur Originals von John Lewis, also weder seine Transkriptionen europäischer Kunstmusik noch die Arrangements über *God Rest Ye Merry, Gentlemen* (alias *England's Carol*) oder *Variations On A Christmas Theme*.

In der Auflistung berücksichtigt sind ausschließlich Kompositionen, die vom Modern Jazz Quartet bis 1974 eingespielt wurden. Die einzige Ausnahme ist die Erwähnung von *A Day In Dubrovnik*, einer längeren Komposition, die im Kapitel über die Suiten von John Lewis ausführlich analysiert wird (vgl. S. 290 ff.). Die Jahreszahlen hinter den Titelnennungen beziehen sich auf die erste offizielle, d.h. autorisierte Einspielung durch das Quartett, bezeichnen also nicht unbedingt das Entstehungsdatum der jeweiligen Komposition.

1. Balladen:

Django (1954); *Milano* (1954); *One Never Knows* (1957); *Venice* (1957); *A Social Call* (1959); *Columbine* (1962); *Pierrot* (1962); *New York 19* (1962); *Lamb, Leopard* (1962); *Natural Affection* (1963); *Blues Milanese* (1966)[55].

2. Blues:

D & E (1951, 32 Takte); *La Ronde* (1952); *Two Degrees East, Three Degrees West* (1956); *The Rose Truc* (1957); *J.B. Blues* (1957); *No Happiness For Slater* (1959, 16 Takte); *Pulcinella* (1962); *Piazza Navona* (1962); *Belkis* (1962); *Trieste* (1964); *Home* (1965); *The Blue Necklace* (1967); *Dancing* (1971); *Blues In B Flat* (1973); *Blues In A Minor* (1973); *Blues In C Minor* (1973, 24 Takte); *Blues in H (B)* (1973).

3. Up-Tempo-Kompositionen:

Delaunay's Dilemma (1953); *Sun Dance* (1956); *A Morning In Paris* (1956); *Cortege* (1957); *The Golden Striker* (1957); *Festival Sketch* (1958); *Skating In Central Park* (1959); *Cue No. 9* (1959); *A Cold Wind Is Blowing* (1959); *Odds Against Tomorrow* (1959); *La Cantatrice* (1960); *Spanish Steps* (1962); *Harlequin* (1962); *The Sheriff* (1963); *Winter Tale* (1963); *In A Crowd* (1963); *Valeria* (1964); *Baseball* (1967); *The Jasmin Tree* (1967); *Visitor From Venus* (1969); *Visitor From Mars* (1969); *Plastic Dreams* (1971); *Walkin' Stomp* (1971); *Romance* (1972).

4. Formanleihen aus europäischer Kunstmusik:

Vendome (1952); *The Queen's Fancy* (1953); *Concorde* (1955); *Versailles* (1956); *A Fugue For Music Inn* (1956); *Three Windows* (1957); *Pulcinella* (1962); *Piazza Navona* (1962); *Fugato* (1962).

5. Third-Stream-Kompositionen:

Fontessa (1956); *Da Capo* (1957); *Midsömmer* (1958); *Sketch (For Double Quartet)* (1959); *Exposure* (1960); *Animal Dance* (1962); *Silver* (1964); *The Spiritual* (1967); *Three Little Feelings* (1967); *In Memoriam* (1973); *Jazz Ostinato* (1973); *A Day In Dubrovnik* (1987).

Balladen

Seitdem das Reservoir an Musical-Schlagern als Grundlage für Jazz-Improvisationen ausgeschlachtet wurde, bildet die Ballade einen wichtigen Bestandteil

55 Der *Blues Milanese* trug im Original der Filmmusik zu »*A Milanese Story*« den Titel *Monday In Milan*. Einzig die Blue-Note-Spannung in der Themenmelodik kann als blues-haft hingestellt werden, während die formale Disposition der komponierten Teile wie der Harmonieprogression in den Soloabschnitten weit vom Blues entfernt ist.

des Jazzrepertoires. Meist ist sie Feature für einen oder wenige Solisten, denen sie die Möglichkeit bietet, in balladen-typischer Phrasierung Chorusse zu spielen, welche einerseits die Atmosphäre der zugrundeliegenden Komposition einfangen, zugleich aber auch eine individuelle Interpretation liefern.

Die meisten lyrischen Balladenkompositionen von John Lewis gehören zu den schönsten Beispielen seiner Musik. *Django*, *Milano* oder *One Never Knows* blieben bis in die achtziger Jahre im Repertoire des Modern Jazz Quartet.

Im folgenden soll anhand verschiedener Beispiele aus der Musik des Modern Jazz Quartet gezeigt werden, a. wie die unübliche Durchstrukturierung von komponiertem Thema und Improvisationsgrundlage den Charakter einer Lewis-Ballade bestimmt (*Django*); b. wie Veränderungen in der komponierten Exposition eine Verfremdung der thematischen Grundlage bewirken und in der unterschiedlichen Diktion einzelner Themensegmente bereits Momente auftauchen, die deutlich zwischen Komposition und Improvisation vermitteln (*Lamb, Leopard*); und c. welche Auswirkungen das Balladenspiel auf die Begleitung und die musikalische Interaktion der Beteiligten hat (*Blues Milanese*, *Venice*). Im Vergleich zweier Fassungen von *Milano* schließlich kann das unterschiedliche Ergebnis verschiedener Arrangements beschrieben werden, vor allem aber auch das Beispiel einer eher unbefriedigenden Annäherung von Komposition und Improvisation, in welcher die Improvisation in stärkstem Maße an Eigenständigkeit verliert.

* * *

Django ist die wohl bekannteste Komposition von John Lewis. Etliche Jazzkritiker werfen in der Diskussion um die Qualität der durchgeformten und »gesitteten« Musik des Modern Jazz Quartet außer der Virtuosität Milt Jacksons und dem Blues- sowie dem erfindungsreichen Begleitspiel durch Lewis vor allem die Komposition *Django* in die Waagschale für das Quartett. Das Stück, eine Referenz an den 1953 verstorbenen Gitarristen Django Reinhardt wurde vom Modern Jazz Quartet am 23. Dezember 1954 zum erstenmal aufgenommen[56]. Es ist die am häufigsten vom Quartett in Studio- und Konzertmitschnitten eingespielte Komposition und avancierte außerdem zu einem Jazz-Standard, der in der Folge von vielen bedeutenden Musikern auf Schallplatte veröffentlicht wurde[57]. Daß *Django* diesen Status eines Jazz-Standards erlangte, erscheint dabei angesichts der relativ unüblichen Struktur des Stücks eher erstaunlich.

[56] New York 1954, Prestige 7749

[57] Herausragende Beispiele sind die Versionen von Cannonball Adderley, Gil Evans, dem Art Farmer-Benny Golson Jazztet (in einem Arrangement von John Lewis), Stan Kenton, Miles Davis, Bill Evans, Sonny Rollins, Wynton Marsalis und vielen anderen. Daneben existiert ein John-Lewis-Arrangement für die Modern Jazz Society (New York 1955, Verve MGV 8131) sowie ein Arrangement Gunther Schullers als *Variants On A Theme Of John Lewis* mit Eric Dolphy, einer Jazzbesetzung und Streichquartett, dokumentiert auf der Schallplatte *»Jazz Abstractions: John Lewis Presents Contemporary Music«* (New York 1960, Atlantic LP 1365).

Das komponierte Thema entspricht nicht der strukturellen und harmonischen Sologrundlage. Der thematische Rahmen umfaßt 20 Takte. Diese lassen sich in einen Zwölf- und einen Achttakter unterteilen, wobei der Achttakter sich aus der Wiederholung einer viertaktigen Melodiephrase zusammensetzt.

In der Improvisationsgrundlage des Chorus folgen vier Formabschnitte aufeinander. Der zwölftaktige A-Teil (6 + 6 Takte) besteht fast nur aus einer Quintfallkadenz mit implizierter Halbtonrückung vor dem Halbschluß (Db→ G^7) und deutlicher Halbtonrückung in der Kadenz zum Ganzschluß (Db→C^7). Eine achttaktige Bridge (B) mit Orgelpunkt im Kontrabaß schließt sich an. Der viertaktige Zwischenschub (C), der in der Quintfallkadenz an den A-Teil erinnert, leitet über zum statischen achttaktigen Schlußteil (D), einer Art Coda mit Ostinatofigur des Basses.

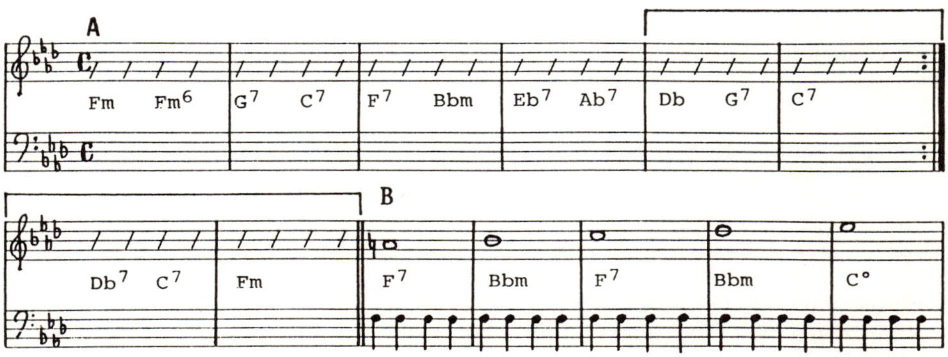

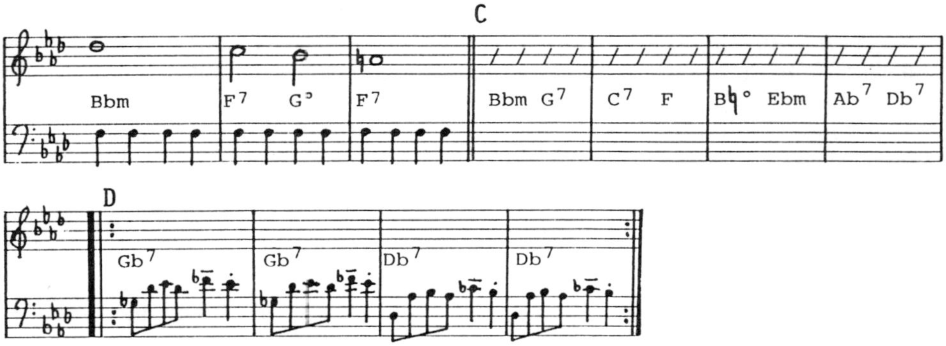

Die Originalversion von 1954 reiht Thema, zwei Vibraphonchorusse, ein viertaktiges Interludium – welches die letzten acht Thementakte auf vier Takte (2 + 2) zusammendrängt –, zwei Klavierchorusse und das vollständige abschließende Thema aneinander. In Vergleichsaufnahmen bis in die frühen achtziger Jahre bleibt das Grundarrangement der Komposition gleich. Einzig die Anzahl der Solochorusse variiert[58].
Thomas Owens[59] weist auf Vermittlungsmomente zwischen Komposition und Improvisation hin, die John Lewis in die Realisation von 1954 einbringt, wenn er unter dem Beginn des Jackson-Solos das Initial-Themenfragment der Komposition zitiert. Eine weitere Korrespondenz – diesmal zum melodischen Vorarrangement des B-Teils der Improvisationsgrundlage – merkt Owens in den Takten 13 bis 20 des ersten Vibraphonchorus an. Allein schon die Anlage der harmonischen Progression bedingt Zusammenhänge zwischen komponiertem Thema und Sologrundlage. Beide Blöcke benutzen in besonderer Häufung Quintfallfortschreitungen sowie Sekundrückungen. In der Harmonik des Themas haben so fast alle Harmoniewechsel eine dominantisch fallende Richtung oder sind Sekundrückungen (Ausnahmen: Takt 4 auf 5: Fm → F; Takt 10 auf 11: $C^{b9} \rightarrow G^{7}$). Auch die harmonische Grundlage der Improvisationsteile basiert auf dem dominantischen Verhältnis der aufeinanderfolgenden Akkorde. Eine wiederholte Quintfallreihung im A-Teil, dominantische Beziehungen und

58 Zum Teil wird das Klaviersolo auf nur einen Chorus verkürzt (Frankreich 1958, Curcio 5), zum Teil wird das Vibraphonsolo auf drei Chorusse erweitert (Stockholm 1960, Atlantic 2-603; New York 1965, Atlantic SD 1449; Tokyo 1966, Atlantic P 5536-7A; Montreux 1982, Pablo D-2308-244).

59 Thomas Owens, *Improvisation Techniques of the Modern Jazz Quartet*, M.A. Thesis, Los Angeles 1965 (maschr.), S. 59. Bei Owens findet sich zudem eine fragmentarische Transkription einzelner Stellen der Fassung New York 1954, eine ebenfalls fragmentarische Transkription der Fassung New York 1959 sowie eine Volltranskription der Fassung Göteborg 1960.

Sekundrückungen in der Bridge, eine weitere Quintfallkadenz im C-Teil, der hierin Elemente aus (A) aufgreift, sowie die statische Kadenzfloskel der »Coda« (D) lassen im Grundmodus der Harmoniefortschreitungen des Chorus eine im Höreindruck deutliche Beziehung zum komponierten Thema erkenntlich werden.

Die Melodik der Komposition ist relativ einfach konzipiert. Das zweitaktige Hauptmotiv (Takte 1 und 2) ist der motivische Grundbaustein für den gesamten Ablauf der 20 Takte. Die ersten zehn Takte des Themas werden in der Aneinanderreihung rhythmisch identischer Zweitakter gebildet, die sich voneinander einzig in verschiedenen Intervallbeziehungen der ersten drei Töne unterscheiden, bedingt durch die zugrundeliegende Harmonieprogression. Eine Sequenzierung des zweiten Hauptmotivtaktes beschließt den Zwölftakter. Der achttaktige zweite Thementeil benutzt eine Sequenz des abgespalteten ersten Hauptmotivtaktes, d.h. des durch die Synkopenspannung herausgehobenen Sekundintervalls.

Zur Eingängigkeit des Themas trägt unter anderem die konstante Verschiebung des metrischen Schwerpunktes bei, die durch die Synkope im ersten Takt, die Punktierung in der ersten Hälfte des zweiten Taktes und den jeweiligen »on the beat«-Schluß des zweitaktigen Hauptmotivs erreicht wird. Eine ähnliche metrische Verschiebung ergibt sich im abschließenden Achttakter durch den Unterschied zwischen synkopierter Sequenz und den jeweils auf erster und dritter Zählzeit intonierten Noten in Halb- und Ganzschluß (Takt 16 bzw. 20).

Herbert Hellhund stellt eine Überlagerung der melodischen und der harmonischen Struktur in der Komposition von *Django* fest[60]:

Melodik	a	a'	a''	b	b'
Harmonik	a	b	c	a	a

Tatsächlich zeigt sich in einer solchen Strukturierung ein stringenter Themenverlauf mit melodisch und harmonisch divergierend fortschreitendem Zwölftakter, welcher insbesondere in der Repetition des abgespalteten zweiten Hauptmotivtaktes (Takte 11 und 12) einen dynamischen Höhepunkt erfährt, und einem eher statischen, in harmonischer und melodischer Wiederholung zurücknehmenden Schlußteil. Allein der Tonhöhenverlauf der Schwerpunktnoten innerhalb der Themenkomposition zeigt eine Melodiekurve, die in Aufbau und Zurücknahme melodischer Spannungsmomente ausgewogen erscheint.

60 Herbert Hellhund, Cool Jazz. Grundzüge seiner Entstehung und seiner Entwicklung, Mainz 1985, S. 230

In der Harmonieprogression der Chorusgrundlage führt der Wechsel zwischen harmonisch bewegteren Partien (in den Teilen A und C) und eher statischen Abschnitten (in den Teilen B und D) zu einer Ausgewogenheit hier der harmonischen Kurve, einer Ausgewogenheit, die der des Themas ohne weiteres vergleichbar ist. Der von Hellhund[61] zu Recht als *vamp* apostrophierte letzte Abschnitt der Chorusgrundlage stellt die Verbindung zwischen den Chorussen, zwischen letztem Vibraphonchorus her. Dieser Achttakter (D) wird von Milt Jackson in seinen beiden Solochorussen (New York 1954) mit einer Melodik gefüllt, die sich ausführlich der Bluesskala bedient und so der traditionellen Blueslinie der vorgegebenen Baßbegleitung gerecht wird.

In Einspielungen von *Django* durch das Modern Jazz Quartet oder durch andere Musiker ist selbst in den Improvisationsteilen meist deutlich die Hand des Komponisten zu spüren. Die harmonische Festlegung, die Abfolge dynamisch kontrastierender kurzgliedriger Teile und der unterschwellige und in seiner Nicht-Direktheit umso auffälligere Zusammenhang zwischen Themenkomposition und Improvisationsgrundlage führen zu einer Einheitlichkeit in Komposition und Arrangement, der sich die realisierenden Musiker nur schwerlich entziehen können. Schon in diesem relativ frühen Beispiel zeigt sich also das Interesse von John Lewis an einer Vereinheitlichung von Komposition und Improvisationsgrundlage, ein Interesse, das mehr als im Bebop oder Post-Bop üblich die Gesamtrealisation des Stückes als ästhetische Einheit im Blick hat.

* * *

Von den in diesem Kapitel aufgelisteten Balladen von John Lewis haben nur drei eine relativ übliche Reihungsform mit gleich langen und harmonisch gleich gestalteten Themen- und Improvisationschorussen: *Milano* (in den Fassungen aus den fünfziger Jahren), *Columbine* und *New York 19*. Alle anderen Balladen zeigen vor allem in der Themenkomposition melodische und harmonische Verfremdungen sowie Varianten in der Länge der einzelnen Themensegmente. In *Lamb, Leopard*[62] (alias *If I Were Eve*), einer Quartett-Transkription aus Lewis' Ballettmusik *»Original Sin«*, werden durch Verschränkungen die Teile A2 und A3 einer Reprisenbarform mit den jeweils folgenden Abschnitten verbunden.

61 ibid., S. 231

62 New York 1962, Atlantic LP 1381. In der Soloharmonik von *Lamb, Leopard* bezieht sich Lewis auf die Improvisationsgrundlage des dritten Satzes aus *Three Little Feelings*

(5)
Vib
Pno
A2
(10)
Vib
Pno
(14)
Vib
Pno
B
(19)
Vib
+ P
Baß
(24)
A3
Pno
(28)
Pno

Es entsteht so anstatt der zweiunddreißigtaktigen Reprisenbarform ein dreißigtaktiger Komplex, in dem der letzte Takt von A2 und der erste Takt der Bridge sowie der letzte Takt von A3 und der erste Takt des sich anschließenden Vibraphonsolos sich überlappen. Der vollständige Vibraphonchorus sowie der Dreiviertel-Chorus des Klaviers benutzen die kompletten Achttakt-Segmente der Reprisenbarform. Neben dem Moment der Verschränkung in der Themenexposition trägt auch der stete Wechsel der melodieführenden Stimmen zur Abwechslung in der Komposition bei. Lewis schreibt für die Quartett-Transkription keine feste Partitur. Selbst in der Themenexposition scheint das Arrangement vor allem durch mündliche Absprache fixiert. A1 – vom Vibraphon vorgetragen – ist eine nur sehr leichte Paraphrase des melodischen Themas. A2 im Klavier entfernt sich insbesondere in der harmonischen Ausdeutung etwas weiter, obwohl auch Lewis sich melodisch und rhythmisch relativ eng an die vorgegebene Komposition hält. Die Bridge – in der ersten Hälfte als Unisono von Klavier und Vibraphon und in der zweiten Hälfte als Kontrabaßsolo gespielt – ist eine fest komponierte Einheit und kontrastiert auch in der *straight*-Diktion zu den umgebenden A-Teilen. In A3 schließlich spielt Lewis eine freiere Paraphrase über die thematische Basis. Entfernung und Wiederannäherung an die zugrundeliegende melodische Faktur der Themenexposition sorgen zum einen für Abwechslung, bilden zum anderen eine deutliche Vermittlung zur sich anschließenden Improvisation der Solochorusse.

* * *

Viele Balladen im Jazz – ob Standard-Balladen oder Originals – werden zum großen Teil in Paraphrasen-Improvisation realisiert. Die Lewis-Komposition *Pierrot* aus *The Comedy* ist beispielsweise als eine typische Jazzballade mit Paraphrase in der Themenexposition wie in der Kurzreprise angelegt (vgl. S. 258 ff.). Eine solche Konzeption findet sich im Oeuvre des Modern Jazz Quartet allerdings sonst nur in Standard-Balladen. Die meisten der Originals von Lewis dagegen benutzen auskomponierte bzw. fest arrangierte Themenstrukturen, die höchstens in leichten rhythmischen Veränderungen – z.B. in der typischen Spielweise des Vibraphonisten – Varianten erfahren.

Balladen sind oft Feature für nur einen einzelnen Solisten. Milt Jackson etwa wird in *Milano* (fünfziger Jahre) herausgestellt, außerdem in *Natural Affection* und im größten Teil von *Venice*. John Lewis' Features sind unter anderem *Columbine*, *A Social Call* und *Milano* (achtziger Jahre).

In seiner Kurzanalyse der Modern-Jazz-Quartet-Version des Standards *Angel Eyes* stellt Thomas Owens fest:

> *In ballad performances there is likely to be less interaction among the players.*[63]

[63] Thomas Owens, *Improvisation of the Modern Jazz Quartet*, S. 56

Tatsächlich gilt diese Aussage weder für das Gros der Standard-Balladen noch für die Originalkompositionen von John Lewis. Im Gegenteil bietet gerade das langsame Tempo der Balladen die Möglichkeit zu einer ausgeprägten melodischen, z.T. gar kontrapunktischen Interaktion der beiden melodieführenden Stimmen Vibraphon und Klavier. So spielt beispielsweise John Lewis im *Blues Milanese*[64] eine gegenüber dem Vibraphonsolo fast gleichberechtigte Kontramelodie mit personaltypischen Riff-Floskeln sowie einzelnen aus dem Thema der Komposition abgeleiteten und motivisch variierten melodischen Phrasen. Auch in *Venice*[65] benutzt Lewis unter dem Solo des Vibraphonisten neben dem jazz-üblichen Comping melodische Riff-Floskeln sowie thematische Sequenzen, die zum Teil im *locked-hands*-Stil ausgeführt sind. Mehr noch, in *Venice* legt er bereits im Arrangement des Themas ein dialogisierendes Moment fest, wenn er im B-Teil von Exposition und verkürzter Reprise der rhythmisch nur leicht varianten Themenmelodik des Vibraphons eine deutlich improvisierte Melodielinie entgegensetzt und damit einen Kontrast zur Begleitung der thematischen A-Teile schafft, welche Melodik und Rhythmik der Melodiestimme unterstützt[66].

* * *

Ein Beispiel für die Veränderung eines Balladenarrangements und die daraus resultierende gleichzeitige Veränderung des Grundcharakters der Realisation bietet sich in *Milano*. Die frühe Fassung von 1954[67] hat ein relativ konventionelles Arrangement. Die Transkription im Notenband dokumentiert die zwölftaktige Einleitung und das zweiunddreißigtaktige Reprisenbarthema, das bis auf die beiden Anfangstakte der Bridge vom Vibraphon intoniert wird, aber eine zum Teil deutlich arrangierte Kontramelodik im Klavier aufweist (z.B. A2, Takte 22-25). Dem Vibraphon-Break (Takte 45-46) folgt der Chorus Milt Jacksons, der drei Viertel, nämlich die Teile A1, A2 und B der Reprisenbarform umfaßt. Eine verkürzte Reprise, die aus dem fehlenden A3-Teil besteht, ist in ihrem Beginn um einen Halbton nach oben gerückt. In mehreren Ganztonrückungen und einer erweiterten Kadenz kehrt das Arrangement dann zur Grundtonart zurück.

Melodik und Harmonik des A-Teils der Komposition halten sich vor allem im Tonika-Dominant-Bereich der Grundtonart C-Dur. Die erste Hälfte der Themenmelodik durchschreitet in vier Takten den Quartraum *a'* bis *e'*, wobei die einzelnen Töne dieses Skalenausschnitts zum Teil aus der Unterquart und –

64 New York 1966, Atlantic SD 1468. Dies ist keine Blues-Komposition, wie der Titel glauben macht. Der Originaltitel in der Filmmusik zu »*A Milanese Story*« war *Monday In Milan*.

65 New York 1957, Atlantic 1284.

66 In einer späteren Aufnahme von *Venice*, die John Lewis zusammen mit Percy Heath und Connie Kay im Mai 1959 unter dem Titel *Love Me* einspielte, stellt der Pianist den Kontrast der Bridge unter anderem durch ein verstärktes »on the beat«-Spiel der Schwerpunktnoten her, die damit die in diesem Fall besonders herausgehobenen rhythmischen (synkopischen) Verschiebungen quasi ausgleichen.

67 New York 1954, Prestige 7749

mit Durchgangsnoten – leittönig angegangen werden. Die Melodik in der zweiten Hälfte des A-Teils basiert auf der Brechung einer Dreiklangsschichtung über der Dominante G-Dur. Der gebrochene Undezimakkord wird in den Takten 5 und 7 des Themas (Takte 18 und 20 in der Transkription) ohne Grundton ausgespielt, das fehlende *g* erst im jeweils folgenden Takt mit der Rückwendung nach C-Dur gesetzt. Auch in der Begleitung – vor allem durch den Kontrabaß – erscheint der Akkordgrundton erst in der zweiten Hälfte der Thementakte 5 und 7. Im Gegensatz zur harmonisch kurzgliedrigen Faktur der A-Teile besteht die Bridge aus der Wiederholung eines viertaktigen Kadenzschemas mit den Kadenzstufen

|| S / s / | T / Tp / | Sp / D^7 / | T / T^7/ |

| S / s / | T / Tp / | (D^7 / $D^{7/9-}$ /) | D / D°/ ||

Die *straight*-Diktion des Vordersatzes und die rhythmisch betonte Begleitung des Nachsatzes der Bridge bilden einen Kontrast zu den A-Teilen, zumal wenn unter der Melodielinie von A3 der Exposition John Lewis in Sekundzusammenklängen und deren harmonischer Auflösung ein besonders prononciertes Dissonanzmoment ins Arrangement einbringt.

Ein spezieller Reiz der Erstfassung von *Milano* liegt in dem Unterschied zwischen fest arrangiertem und auch in der Diktion deutlich als Arrangement erkennbarem Thema und der zum Teil virtuosen, balladen-gemäßen Improvisation Milt Jacksons. In der Konzertfassung der achtziger Jahre[68] ist die Komposition Feature für den Pianisten John Lewis. Sie steht nun in F-Dur statt in C-Dur. Hier ist von einem Kontrast zwischen Komposition und Improvisation nichts mehr zu spüren. Die Realisation umfaßt wiederum zwei vollständige Chorusse. Im Vergleich der Schallplatteneinspielung zu Konzertpräsentationen der Zeit wird deutlich, daß die Themenexposition zumindest als Head Arrangement gefestigt ist. Arpeggien zur Einleitung der A-Teile, leichte melodische Abwandlungen in A2 sowie rhythmische Freiheiten lockern den ehedem steifen Charakter des Themenarrangements auf und erzeugen den Eindruck einer typischen Balladen-Paraphrase. Auch der zweite Chorus, in dem eine improvisatorisch weiterführende Entfernung von der thematischen Vorlage zu erwarten wäre, löst sich nicht wirklich von der Komposition.

Die Rückung von II/A1 und A2 nach Cis-Dur, der Bridge nach C-Dur und die Rückkehr von II/A3 nach F-Dur sorgen für den Schein einer sich entwickelnden Divergenz der beiden Chorusse. Einzig im B-Teil des zweiten Chorus dringen einzelne personaltypische Floskeln der Improvisationssprache von John Lewis durch. II/A3 entspricht in seiner Faktur in etwa I/A3 und wird in den melodischen Schwerpunkten durch das Vibraphon begleitet. Als eine Art Coda schließt sich eine solistische Klavierpartie an, in der Lewis das Kopfmotiv des Themas in Halbtonrückungen sequenziert.

68 New York 1985, Pablo 2310-917

In der Fassung aus den achtziger Jahren sind in *Milano* die Unterschiede zwischen festem Arrangement und Improvisation so gut wie aufgehoben. Diese Tatsache ist weniger einer sich an den Improvisationsduktus anlehnenden Kompositionsweise zu verdanken als vielmehr der fast totalen Zurücknahme von Improvisation. Wo in der frühen Fassung der Kontrast zwischen dem lyrischen Thema und der virtuosen Improvisationskunst des Vibraphonisten eine gelungene Jazzballade geschaffen hat, verliert die Klavierversion in der Repetition ähnlich arrangierter Formteile und in der Zurückgehaltenheit improvisatorischer Erfindung eben dies Kontrastmoment, das die frühe Aufnahme erfolgreich machte. Die Ballade in Paraphrasen-Improvisation ist ein im Jazz konventionelles Genre. Sowohl Jackson als auch Lewis benutzen diese Technik bei der Verwirklichung etlicher Standard-Balladen. Auch Paraphrasen-Improvisation allerdings läßt dem ausführenden Solisten die Freiheit einer Entscheidung über das »Wie« der Paraphrase. Ein so festes Arrangement wie jenes, in das John Lewis sein Klavier-Feature kleidet, ist bei einmaliger Präsentation und insbesondere im Vergleich zur bekannten Version von 1954 interessant, wirkt aber beim wiederholten Hören, bei der Vergegenwärtigung vor allem verschiedener und doch so ähnlicher Konzertfassungen ästhetisch unbefriedigend.

Standard-Balladen sind im Oeuvre des Modern Jazz Quartet recht häufig. Sie werden zum Teil in jazz-üblicher Paraphrasen-Manier ausgeführt, zum Teil aber auch – nicht unähnlich den hier behandelten Beispielen – durch auskomponierte thematische Komplexe eingerahmt[69]. In solcher Einfassung in ein individuelles Arrangement wirkt vor allem die personaltypische Kompositionssprache von John Lewis als vordergründiges Moment, während in der reinen Balladenparaphrase die Aneignung des zugrundeliegenden Standards durch den jeweiligen Solisten die Hauptsache darstellt.

Die Jazzballade ist ihrem Wesen nach lyrisches Feature für einen Solisten. Sie ist auf die Interpretation einer schönen Melodie angelegt. Dies bedeutet, daß auch die Komposition sich dem Gesamtcharakter des Genre unterwerfen muß. Die typische Balladenparaphrase ist eine der erfolgreichsten Lösungen dieser Forderung. Komposition und Arrangement sind in ihr weitgehend zurückge-

69 Stark durcharrangierte Standard-Balladen im aufgenommenen Oeuvre des Modern Jazz Quartet sind z.B. *All The Things You Are* (1952), *But Not For Me* (1953), *Summertime* (1964), *My Man's Gone Now* (1964), *It Ain't Necessarily So* (1965), *There's A Boat Dat's Leavin' Soon For New York* (1964) oder *Softly As In A Morning Sunrise* (1955). Typische Balladenimprovisationen bieten *All Of You* (1955), *Autumn In New York* (1953), *Autumn Breeze* (1951), *Between The Devil And The Deep Blue Sea* (1951), *Here's That Rainy Day* (1969), *I Loves You Porgy* (1964), *I Should Care* (1960), *'Round Midnight* (1951), *The Shadow Of Your Smile* (1967), *What's New* (1952), *Willow Weep For Me* (1956), *Yesterdays* (1957) sowie die drei Ballad-Medleys *Gershwin Medley (Soon/Love Walked In/Our Love Is Here To Stay/For You, For Me, For Evermore)* (1955), *Medley (They Say It's Wonderful/How Deep Is The Ocean/A Ghost Of A Chance/My Old Flame/Body And Soul)* (1957) und *Medley (Stardust/I Can't Get Started/Lover Man)* (1958). Die Analyse einer typischen Balladenparaphrase in *Autumn In New York* folgt im Kapitel über Improvisationsmethoden, S. 193 ff.

drängt, ohne allerdings vollkommen ausgeschaltet zu werden. Starke Kontraste, wie sie sich in John-Lewis-Arrangements von Blues- oder Up-Tempo-Stücken finden, werden in der Anlage seiner Balladen-Arrangements vermieden. Übergänge (Breaks), die Abkürzung eines Improvisationschorus, um das fehlende Chorussegment als komponierte Reprise zu setzen, oder thematische und dialogisierende Solobegleitung tragen mit zur Verhinderung scharfer Gegensätze in der Gesamtrealisation bei. In den arrangierten Partien sorgen vor allem unterschiedlich starke improvisatorische Interpretationen oder leichte Verfremdungen der thematischen Grundlage für eine Abschwächung des ausgeprägten Kompositionscharakters. Der Sonderfall *Django* verbindet Komposition und Improvisation durch eine Strukturierung sowohl der thematischen Teile als auch der Sologrundlage. Das Zusammenbringen verschiedener Strukturcharaktere im Chorusplan – fließende und statische Harmonik, Orgelpunktpartien und Bluesmomente – läßt selbst in der »freien« improvisatorischen Ausführung die Hand des Komponisten deutlich durchscheinen.

Blues

Die Gattung des Blues – eines der wichtigsten Traditionsträger im Jazz – findet auch in der Musik des Modern Jazz Quartet vielfach Verwendung. Ein einziger Blues im Repertoire des Ensembles ist keine Originalkomposition (Charlie Parkers *Now's The Time*[70]). Während in allen anderen zu Beginn dieses Kapitels aufgelisteten Kategorien John Lewis als hauptsächlicher Komponist für das Modern Jazz Quartet genannt werden muß, teilen sich bei den Originals innerhalb der Blues-Kompositionen Lewis und Milt Jackson diese Rolle fast gleichberechtigt.

Vor allem die Beispiele aus der Feder Milt Jacksons, Standards wie *Bags' Groove*, *Bluesology*, *Ralph's New Blues*, Really True Blues oder *Monterey Mist* sind über die Jahre ständig im Repertoire des Quartetts geblieben. Es handelt sich bei ihnen um meist einfache Riff-Themen mit simplen melodischen Linien und einer Harmonik im exakten oder höchstens leicht variierten zwölftaktigen Bluesmodell, um Riff-Kompositionen mit identischen oder analogen Antwortphrasen. Diesem Muster widersprechen nur zwei sehr frühe Stücke des Vibraphonisten, *Baggy Eyes* und *Baggy's Blues* (alias *Bobbin' With Robin*), die Jackson, Lewis, Al Jackson am Baß, Kenny Clarke am Schlagzeug und Chano Pozo an den Bongos als Milt Jackson Quintet 1948 in Detroit einspielten[71]. Beide Beispiele sind in der melodisch und rhythmisch komplexeren Struktur deutlich von Bluesthemen beeinflußt, wie sie Charlie Parker zu spielen pflegte. Die Atmosphäre der Aufnahmen ist im Thema wie in den Improvisationschorussen gleichermaßen stärker im aktuellen Bebop-Stil verwurzelt als dies später beim Modern Jazz Quartet der Fall sein wird. Neben den Bebop-

70 Chicago 1957, Verve MV 2795
71 America 30 AM 6072

Momenten in der Komposition sind so beispielsweise in Lewis' Solo Elemente aus Blues und Bebop enthalten, wie sie auch in seinen Savoy-Einspielungen mit Charlie Parker von 1948 hörbar sind, ohne die sparsame Zurückhaltung, die später zu einem der personaltypischen Merkmale des Pianisten wurde.

In der folgenden Übersicht über die Blueskompositionen von John Lewis sollen vor allem die verschiedenen Ausformungen des Blues in der Musik des Modern Jazz Quartet dargestellt werden. Im Gegensatz zu Jacksons Bluesthemen finden sich bei Lewis neben wenigen traditionellen Bluesmodellen etliche Modifikationen des konventionellen Schemas. Einfache Riff-Kompositionen sind eher selten (*J.B. Blues*). Die traditionelle zwölftaktige Form veranlaßt Lewis zum Teil zur Verschleierung der Melodik, indem er verschiedene Themen über die gleichen Basisakkorde setzt (*Belkis*), zu einer Harmonieprogression, die vom konventionellen Bluesstimmenablauf abweicht (*Belkis*), zur Verringerung melodisch deutlicher Bluesmomente (*The Rose Truc*, *The Blue Necklace*) oder zur komplexeren thematischen Ausformung einer imitatorischen Exposition (*Two Degrees East, Three Degrees West*). Es finden sich außerdem eher unübliche Bluesverläufe mit 16 Takten (*No Happiness For Slater*), 24 Takten und einem Dreiviertel-Metrum (*Blues In C Minor*) oder 32 Takten und einer Reprisenbarform (*D & E*). Innerhalb einzelner *Third-Stream*-Werke verwenden auch andere Komponisten den Blues als Chorusmodell für Improvisationsblöcke des Modern Jazz Quartet (Hodeirs *Around The Blues* und *Ambiguité*, Schullers *Concertino (For Jazz Quartet and Orchestra)*). John Lewis selbst nutzt in zwei Stücken aus *The Comedy* (*Pulcinella*, *Piazza Navona*) die Vertrautheit des Bluesstimmenablaufs als Orientierungshilfe für den Hörer innerhalb eines ansonsten komplexeren Arrangements. Ein Gegenbeispiel hierfür schließlich ist *Trieste*, in dem die bekannte Form eher wie eine Irritation wirkt und kaum als Blues wahrgenommen wird.

* * *

Auch Lewis hat in einzelnen seiner Kompositionen einfache Bluesthemen verwandt, zum Teil als vollständige Riff-Themen, zum Teil in analogen melodischen Repetitionen, die sich also dem Harmonieschema und der typischen aab-Struktur des Blues anpassen. Der *J.B. Blues*, eine adhoc-Komposition für ein Konzert in Donaueschingen 1957[72], ist eines der einfachsten Bluesthemen von Lewis. Es besteht aus der varianten Repetition einer traditionellen viertaktigen Riff-Formel, die in das Ruf-Antwort-Modell des Zwölftakte-Blues gebracht wird.

Herkömmliche Blues-Kompositionen mit melodischer Repetition und deutlich als Antwort-Floskel konzipiertem B-Teil finden sich in *Belkis*, *Home*, dem *Blues in B Flat*, dem *Blues in H (B)* und *Dancing*. Die Grenze zwischen traditionellem Bluesthema und Riff-Komposition wird dabei undeutlich, wenn auch die Antwort-Floskel aus dem melodischen Material der Rufformel gebildet ist (*Dancing*).

[72] MPS 68.161

* * *

Das Thema aus *Belkis*[73] hält sich im traditionellen Strukturrahmen des Zwölftakte-Blues. Zwei Besonderheiten stellen es innerhalb der Arbeiten dieses Genres bei Lewis heraus:

1. Über der Wiederholung des Harmonieschemas erscheint ein zweites melodisches Thema. Die beiden Zwölftakter sind vor allem durch die Identität der Antwortphrase (Takte 9 bis 12, Takte 21 bis 24) aneinander gebunden[74].

2. Der Komposition wie den Solochorussen liegt ein Harmonieschema zugrunde, das eine Variante des traditionellen Bluesstimmenablaufs darstellt[75]:

[73] New York 1962, Atlantic 1381

[74] In einem Arrangement, das der Aufnahme des Modern Jazz Quartet voranging, benutzte Lewis den in der Quartett-Fassung zweiten Zwölftakter als einziges Thema. Dies Arrangement für das Art Farmer-Benny Golson Jazztet wurde um die Jahreswende 1960/61 auf Argo LP 684 eingespielt.

[75] In der Schallplatteneinspielung werden die ersten vier Takte dieses Schemas im dritten Vibraphonchorus sowie zu Beginn des Klaviersolos variiert, wenn von allen Melodiestimmen eine variante Harmonieprogression im Halbtakte-Abstand gespielt wird, die sofort in den originalen Chorusablauf überleitet. Die Akkord-Substitute im ersten Viertakter dieser beiden Chorusse lauten: || E^b A^b | D^b G^b | B E | B^b % |

‖ Eb7	%	%	%	Bb7	%	%	%	F7	%	Bb	% ‖
(T.1	2	3	4	5	6	7	8	9	10	11	12)

Die Benutzung einer varianten Bluesformel mit Beginn auf der Subdominante, Rufwiederholung auf der Tonika und traditioneller Antwort bedingt zwar eine leichte Verfremdung des Bluesmodells, führt aber angesichts der Identität der melodischen Linie von a1 und a2 im ersten Themenchorus, angesichts des deutlichen *call and response* der Viertakt-Segmente, angesichts schließlich der Kurzgliedrigkeit der Einzelphrasen und der prononcierten Verwendung von Blue Notes nicht zur Verschleierung des zugrundeliegenden Formmodells.

* * *

Anders stellt sich *The Rose Truc*[76] aus dem Film *»Sait-On Jamais«* dar. Hier sorgen sparsame Bluesmomente, die zeitweilige Imitation der jeweiligen Melodieinstrumente in der Themenexposition sowie eine ausgesprochen »blues-fremde« *straight*-Diktion der Komposition für die Negierung des Blues-Charakters.

Eine Verfremdung des zugrundeliegenden Modells findet sich auch in *The Blue Necklace*[77]. Das Thema dieser Komposition zeigt eine A B A-Form, in der beide Teile – A wie B – jeweils auf dem klassischen zwölftaktigen Bluesschema basieren. Die exotisch anmutende Themenmelodik, die durch fortwährende Schwerpunktverlagerungen erreichte Verschiebung des Melodierhythmus, das ebenfalls exotisch wirkende melodische Akkompagnement des Pianisten zum Solo Milt Jacksons, die rhythmisch eher eintönige Schlagzeugbegleitung durch Triangel bzw. High Hats und der rhythmische Orgelpunkt des Basses unter dem Klaviersolo tragen stark mit zur Verschleierung der Bluesgrundlage bei. Das unübliche Begleitarrangement in *The Blue Necklace* führt schließlich dazu, daß sowohl Jackson als auch Lewis sich in ihren Soli nur schwer von den Vorgaben durch Melodik und Rhythmik lösen können und insbesondere Jackson nicht zur personaltypischen improvisatorischen Virtuosität inspiriert wird.

* * *

Im Repertoire der Blues-Originals beim Modern Jazz Quartet existieren drei Blues-Kompositionen, die nicht das herkömmliche Zwölftakte-Modell als Vorlage benutzen. Es sind dies *No Happiness For Slater* aus der Filmmusik zu *»Odds Against Tomorrow«* (Sechzehntakte-Blues), *Blues In C Minor* (Vierundzwanzigtakte-Blues im Dreiviertel-Takt) und *D & E* (Zweiunddreißigtakte-Blues in Reprisenbarform).

Das Thema aus *No Happiness For Slater*[78] basiert vor allem auf der Sekundspannung, die sowohl in der melodischen Entwicklung – und zwar in jedem

76 New York 1957, Atlantic LP 1284
77 Bristol, England 1967, Apple SAPCOR 4
78 New York 1959, United Artists UAL 4963

Takt – vorhanden ist als auch im vertikalen Zusammenklang zwischen der Melodiestimme und dem zumeist homorhythmisch begleitenden Klavier. Die harmonische Grundlage ist eine Erweiterung des konventionellen Bluesschemas auf 16 Takte:

|| Dm | % | % | % | Gm | % | % | % | Dm | % | % | % | Am | Gm | Dm | % ||

Die Sekundintervalle der Melodik betonen in jedem der viertaktigen Segmente die *blue-note*-Spannung von kleiner und großer Terz über dem zugrundeliegenden Basisakkord.

* * *

Ebenfalls eine Erweiterung des herkömmlichen Bluesschemas findet sich in der Harmoniegrundlage des *Blues In C Minor*. Es handelt sich um einen Blues im Dreiviertel-Takt, in dem die traditionelle Harmonieprogression auf 24 Takte gedehnt wird, so daß die einzelnen Ruf- und Antwortsegmente jeweils acht Takte umfassen. Wie die restlichen Blues-Einspielungen der Schallplatte *»Blues On Bach«*[79] ist auch der *Blues In C Minor* melodisch überaus einfach konzipiert, mit langen, zum Teil über mehr als drei Takte ausgedehnten Haltenoten, die durch höchstens einen Takt umfassende melodische Kurzglieder verbunden sind. Der im Blues eher unübliche Dreiviertel-Takt führt zu typischen rhythmischen Begleitmustern, beispielsweise der rhythmischen Pattern | 𝄾 ♩. ♩ | im Klaviersolo.

* * *

Die formale Grundlage in der ursprünglichen Fassung von *D & E*[80] ist die traditionelle zweiunddreißigtaktige Reprisenbarform. Etliche blueshafte Momente allerdings lassen eine Zuordnung zu den Blues-Kompositionen als folgerichtig erscheinen. Solche Momente finden sich bereits in der Struktur der Einzelsegmente von *D & E*.

79 New York 1973, Atlantic SD 1652
80 New York 1951, Savoy SJL 1106

Der A-Teil besteht aus zwei identischen Viertaktern mit jeweils drei eintaktigen Riff-Phrasen und abschließender Antwort. Über der Repetition der Riff-Formel ändert sich die harmonische Begleitung, so daß die identische melodische Linie im funktionalen Zusammenhang einen jeweils leicht geänderten Charakter bekommt. Das *es* der Rufphrase zum Beispiel stellt über C-Dur (Takt 1) die Blue Note der Terz dar, im Anschluß an F-Dur (Takt 2) die Blue Note der Septim, eine Änderung des harmonischen Charakters, die deutlich hörbar ist. Die eintaktige Antwortformel ist in der melodischen Bewegung dem Ruf entgegengesetzt, wirkt im Unterschied zur Progression der ternären Rhythmik des Rufs in ihren Synkopen eher statisch und stellt in der Betonung der Blue Note *b* über G-Dur-Grund ein weiteres Mal den Blues-Charakter heraus. Die Bridge kontrastiert zu den umgebenden A-Teilen in der bedächtigeren Rhythmik wie auch in der deutlichen Kadenz zur Tonika, deren finaler Charakter allerdings durch die offene Melodik (Takt 23: *g* über C-Dur-Grund) wieder aufgehoben wird. Der Blues-Charakter, der dem komponierten Thema eigen ist, wird verstärkt durch die ausgesprochene Blues-Melodik im sich anschließenden Vibraphonsolo wie durch die riff-artige Akkordbegleitung des Klaviers.

In den achtziger Jahren wurde *D & E* wieder in das Repertoire des Modern Jazz Quartet aufgenommen[81]. John Lewis schrieb ein verändertes, stark verlängertes Arrangement und machte aus der Komposition ein Feature für den Kontrabassisten Percy Heath. Die Formskizze auf der folgenden Seite gibt den Aufbau des Arrangements wieder.

Die Verselbständigung einzelner Themensegmente, die Verkürzung der Reprisenbarform auf eine A B A-Struktur in der Exposition, den Improvisationschorussen und der Themenreprise, das Aufbrechen selbst dieser Struktur in der Reihung von vier A-Teilen gleich nach der Themenexposition sowie die Aufteilung der varianten A-Teile in komponierte und improvisierte Hälften verändern die formale Grundlage der Originalkomposition. Komponierte

[81] New York 1985, Pablo 2310-917

EINLTG.	EXPOSITION	THEMATISCHE VERARBEITUNG I	THEMATISCHE VERARBEITUNG II	CHORUS I
4 T.	24 T. (3x8)	40 T. (5x8)	36 T. (4x8+4)	24 T. (3x8)
Piano/ Baß: rhythmische Introduktion	A: Baß B: Vib/Pno/ Baß A: Baß	A1: Vib A2: Pno A3: Baß A4: Vib (double time) B1: Vib Verzierungen + Modulation) In allen A-Teilen je 4 T. Kompos., 4 T. Improvisation	A5: Baß (Komp./ Improv.) B2: Baß (Improv.) A6: T. 1-4: Vib (Komp.) T. 5-8: Baß (Improv.) A6: Baß (Improv.) A6: (T. 1-4) Baß (Improv.)	Piano-Solo A (T. 1-4 noch komponiert) B A
Piano/ Baß	Baß (Vib/Pno)	Vibraphon (Pno/Baß)	Baß (Vib)	Piano
G-Dur	=	=	Des-Dur	C-Dur
KOMPOSITION		KOMPOSITION/IMPROVISATION		IMPROVISATION

CHORUS II	CHORUS III	ÜBERLEITUNG	REPRISE	CODA
24 T. (3x8)	24 T. (3x8)	12 T.	32 T.	5 T.
Piano-Solo A B A	Vibraphon Solo A B A	Vibraphon: Orgelpunkt über: *C* (4 T.) *Cis* (4 T.) *D* (4 T.)	A: Baß B: Vib/Pno/ Baß A: (T. 1-4) Baß + 12 T. improvisierte Baßfortspinnung	Hauptmotiv (T. 1 aus A) plus Schluß-phrase mit »flatted fifth«
Piano	Vibraphon	Vibraphon	Baß (Vib/Pno)	Unisono: Vib/Pno/Baß
C-Dur	=	Modulation	G-Dur	=
IMPROVISATION		KOMPOSITION	KOMPOSITION/ IMPROVISATION	KOMPOSITION

Varianten, harmonische Rückungen und Modulationen auf der anderen Seite verringern auch den überdeutlichen Blues-Charakter der Ursprungsfassung. Das komplexere Arrangement, in dem der zusammenhängende Improvisationsteil der Chorusse einen weitaus kleineren Raum einnimmt als die komponierten bzw. fest arrangierten Teile der Realisation, stellt einen Kontrast zum Blues-Charakter der Aufnahme von 1951 dar.

In der Veränderbarkeit der formalen Struktur allerdings zeigt sich, daß die Entscheidung für die Reprisenbarform in der Erstfassung auch vom Komponisten/Arrangeur als ein zweitrangiges formales Muster erachtet wurde. Melodische Blueselemente bestimmen vor allem die A-Teile der Komposition, deren Viertakt-Segmente außerdem von einer Harmonik unterlegt sind, welche die konventionelle I | IV | I | V (I) -Progression nachvollzieht (C | F | C | G^7). Eine Variante des A-Teils wie in A5 ist – in einer Steigerung noch der originalen Themenmelodik – rein als Bluesphrase aufzufassen, die Herleitung aus dem Liedschema wird hierbei völlig belanglos.

Zwar sind Beispiele für Songformen im vokalen Blues ohne weiteres zu finden, die Übernahme von Bluesstrukturen in den Jazz jedoch bevorzugte in der Regel die traditionellen, leicht erkennbaren und in der Harmonieprogression bekannten zwölftaktigen Muster. Schon ein Sechzehntakte-Blues wie in *No Happiness For Slater* oder in den Improvisationsteilen von *Piazza Navona* ist im Jazz eher selten. Die vierundzwanzigtaktige Struktur (12 x 2 Takte) im *Blues In C Minor* muß vor allem als Dehnung der zwölftaktigen Norm durch die metrische Disposition des Stückes verstanden werden. In einer weiteren Entfernung von der Konvention des Zwölftakte-Blues in *D & E* schließlich macht John Lewis deutlich, daß »Blues« für ihn eben nicht in der Hauptsache durch die Form definiert ist, sondern ohne weiteres allein durch melodische und einzelne harmonische Andeutungen eine Komposition bestimmen kann.

* * *

Eine melodisch komplexere Blues-Komposition liegt mit *Two Degrees East, Three Degrees West* vor, welches das Modern Jazz Quartet in offizieller Aufnahme erstmals im August 1956 in Lenox, Massachussetts einspielte[82]. Das

[82] Atlantic LP 1247. Hanns-Werner Heister (*Jazz*, Kassel 1983 [Reihe *Musik Aktuell*, Bd. 5], S. 90) sucht für eine Erklärung des Titels den Globus ab, wobei er feststellt: *Als geographische Angabe scheint* [der Titel] *wenig Sinn zu haben, da nur Längengrade angegeben*

Stück basiert auf dem einfachen Bluesmodell in C-Dur. Das komponierte Thema geht von einem Dreiklangsmotiv aus, welches in Varianten die Basis der gesamten Melodik der Komposition bildet[83].

Ein herausragendes Moment in *Two Degrees East, Three Degrees West* ist die rhythmische Verschiebung der einzelnen melodischen Kurzphrasen gegen das Metrum, die insbesondere in der Beibehaltung der motivischen Dreiklangsphrase als eine solche wahrgenommen wird. Bei der Wiederholung des Themas intoniert das Klavier vom sechsten Takt an kanonartig die ersten vier Thementakte, um dann in einer thematischen Abspaltung die Exposition zu beenden. Durch den Kanon wird die bereits im Thema durch die rhythmischen Verschiebungen verursachte Spannung der metrischen Disposition noch verstärkt. Der Dialog zwischen Vibraphon und Klavier, der hier ins Themenarrangement eingearbeitet ist, beherrscht auch die ersten beiden Chorusse, die nicht Solo-, sondern Duo-Improvisation von Milt Jackson und John Lewis sind. In der Parallele von Kanon und gleichberechtigter Duo-Improvisation ist eine direkte Verbindung zwischen der Exposition und dem ersten Chorus geschaffen. Die reservierte Begleitung in der Themenexposition und in den ersten beiden Chorussen mit durchgehender Triangel-Rhythmik und fehlendem Baßakkompagnement in der Duo-Improvisation stellt einen Kontrast zur swingenden Faktur der restlichen Solochorusse dar. Die Zurückhaltung im Spiel

sind: auf der südlichen Halbkugel liegt da nur das Wasser des Atlantiks, auf der nördlichen gehen beide Längengrade nach England, Frankreich, Spanien, Algerien, Mali etc. Heister erwähnt als zweite Möglichkeit für eine Erklärung des Titels die *Spannung zwischen stärker afro-amerikanisch geprägtem »Eastcoast« und dem »Westcoast«-Jazz*. Tatsächlich bezieht sich der Titel auf die ursprüngliche Schallplatteneinspielung vom Februar 1956 (Pacific Jazz PJ 1217) mit Bill Perkins, Tenorsaxophon, Jim Hall, Gitarre, John Lewis, Klavier, Percy Heath, Baß, und Chico Hamilton, Schlagzeug, also zwei Musikern von der Ost- und drei Musikern von der Westküste der Vereinigten Staaten.

83 Die Dreiklangsmelodik des Hauptmotivs aus *Two Degrees East, Three Degrees West* verarbeitet Lewis auch in einer Komposition der achtziger Jahre, *Encounter In Cagnes* (New York 1987, Atlantic-WEA 254-833).

sowohl Jacksons als auch Lewis' läßt die Duo-Chorusse fast wie eine Art zweite Exposition im Gesamtarrangement wirken. Etliche Blues-Klischees in Chorus 1 und besonders in Chorus 2 scheinen den Mangel blues-hafter Momente im komponierten Thema wettzumachen. Beide Chorusse stehen somit quasi vermittelnd zwischen Kompositions- und Improvisationsteil.

Anders als in *D & E*, in dem eine nicht blues-gemäße Form durch vor allem melodische Momente in einen Blues umgestaltet wurde, wird dem formalen Bluesmodell im komponierten Thema von *Two Degrees East, Three Degrees West* eine eher blues-fremde Melodik eingepaßt. Mit den rhythmischen Verschiebungen und der Imitation der Melodiestimmen verstärkt sich der Unterschied zwischen Melodik und formaler sowie harmonischer Grundlage. Wieder arbeitet Lewis sehr bewußt mit verschiedenen traditionellen Elementen – dem Blues, dem Kontrapunkt, der Synkope –, die er auf eine sehr persönliche Art kombiniert, wobei die Traditionsinhalte zwar präsent bleiben, jedoch deutlich die Handschrift des Komponisten tragen. Die Vermittlung zwischen dem komponierten Bluesthema und den improvisierten Solochorussen hat der Arrangeur hier im Überlappen der kontrapunktischen Techniken (Imitation – Duo-Chorusse) ausgesprochen kunstvoll vollzogen.

In einzelnen Kompositionen im Repertoire des Modern Jazz Quartet ist der Blues Improvisationsgrundlage, die in eine nicht blues-gemäße, mehr oder weniger komplexe Komposition eingeschoben wird.

So stellt er in André Hodeirs *Around The Blues*, das das Modern Jazz Quartet mit Orchester 1960 aufnahm[84], den zentralen Grundbaustein dar. Auf die komponierte Exposition, in der blues-hafte Momente nicht so sehr den formalen Rahmen als vielmehr typische Phrasierungstechniken und melodische Klischees bestimmen, folgt ein vom Vibraphon gespielter Themenchorus in einer modifizierten A B A -Form (11 + 8 + 13 Takte), in der die A-Teile komponiert sind und die »Bridge« improvisatorischer Ausfüllung offensteht. Nach einer Überleitung schließt sich der Bluesblock des Arrangements an. Sechs zwölftaktige Blues-Chorusse über durchgehendem *walking bass* beinhalten teils komponierte Bluesphrasen – insbesondere des Klaviers –, teils improvisierte Vibraphonchorusse. Eine variante Reprise der Eingangstakte beendet kadenzartig die Komposition.

Hodeir versucht in der Aneinanderreihung komponierter Bluesphrasen und improvisierter Vibraphonchorusse vor allem in der Komposition eine Schreibweise zu finden, die sich der Jazzimprovisation in starkem Maße anpaßt. In *Around The Blues* wie in anderen Werken Hodeirs aus diesen Jahren sind bereits Experimente mit *simulierter Improvisation* spürbar, wie er sie später – z.B. in *Anna Livia Plurabelle* (1966) – auf vollständige Kompositionen anwendet[85].

84 New York 1960, Atlantic LP 1359. Vgl. die veröffentlichte Partitur, New York 1960/61 (MJQ Music, Score 6)

85 Vgl. Hodeirs Aufsatz *Die simulierte Improvisation*, S. 97 ff.

Eine andere Komposition Hodeirs, *Ambiguité*, wurde vom Modern Jazz Quartet niemals offiziell eingespielt, in einer unautorisierten Live-Aufnahme aus den späten fünfziger Jahren aber auf Schallplatte veröffentlicht[86]. In dem stark kompositorisch durchgeformten Stück werden John Lewis zwei jeweils sechzehntaktige thematische Improvisationschorusse zugestanden, während Milt Jackson über fünf teilweise nur von der Rhythmusgruppe, teilweise vom Bläserensemble begleitete Blues-Chorusse zu improvisieren hat. Hodeir war ein Bewunderer der Improvisationskunst und besonders der Bluestechnik Jacksons[87]. Seine Entscheidung, Lewis thematische Chorusse zu offerieren, die vom Pianisten auch prompt mit thematischer Improvisationsmelodik gefüllt werden, und dem Solo Jacksons Blues-Chorusse zugrunde zu legen, ist dieser Präferenz angemessen.

Im *Concertino (For Jazz Quartet and Orchestra)* (1959)[88], das vom Modern Jazz Quartet in derselben Schallplattensitzung wie *Around The Blues* eingespielt wurde, benutzt der Komponist Gunther Schuller für die Improvisationsteile verschiedene Bluesmodelle. Die Chorusse des zweiten Satzes (*Passacaglia*) basieren auf einem dreizehntaktigen Bluesschema. Auch der dritte Satz bedient sich eines leicht varianten dreizehntaktigen Bluesmodells, benutzt dann in einem langen improvisierten Double-Time-Abschnitt den traditionellen Zwölftakte-Blues, der bis zum Ende der Komposition beibehalten wird. Bei Schuller dient die Komposition über den Blues – ob in traditioneller oder eher unüblicher Länge – bedingt dem Kontrast zu seiner kompositorischen Sprache, die auch im *Concertino* den Personalstil des Komponisten nicht verleugnet. Martin Williams stellt die Frage, ob nicht die Forderung an den Jazzmusiker, ungewöhnliche Metren und Formen sowie Tempo-Accelerationen auch innerhalb der Improvisationsteile nachzuvollziehen, es unmöglich mache, *to get a comfortable and relaxed performance of the* Concertino[89]. Es sind aber nicht so sehr die ungewöhnlichen Metren und Formen oder gleitende Tempowechsel, die zu einem eher unbefriedigenden Ergebnis der Realisation des *Concertino* beitragen, als vielmehr der doch fehlende Kontrastreichtum innerhalb der Komposition. Tatsächlich erscheinen im Vergleich hierzu Schullers Third-Stream-Werke, in denen Komposition und Improvisation wie zwei fremde Blöcke sich gegenüberstehen und die Vermittlung sich als ein aktiver Prozeß der beteiligten Musiker darstellt, erfolgreicher und in ihrer Experimentierfreudigkeit gelungener.

Im Gegensatz zu Hodeir und Schuller verwendet John Lewis Blues-Chorusse in Non-Blues-Kompositionen nicht in den längeren Third-Stream-Werken,

86 Curcio 5; auch auf LRC (Jap.) 4X 7359 SL. Die auf beiden Alben angegebene Jahreszahl 1958 muß mit Vorsicht zur Kenntnis genommen werden, berücksichtigt man das Entstehungsdatum der restlichen enthaltenen Kompositionen.

87 Vgl. das Kapitel *Bags' Microgroove*, in: André Hodeir, *Toward Jazz*, New York 1962, S. 135 ff.

88 New York 1960, Atlantic SD 1359. Vgl. die veröffentlichte Partitur, New York 1961 (MJQ Music, Score 3)

89 Martin Williams, *Jazz Masters In Transition*, New York 1970, S. 66

sondern höchstens in relativ konventionellen Stücken. *La Ronde* wurde von Lewis ursprünglich unter dem Titel *Two Bass Hit* für das Dizzy Gillespie Orchestra geschrieben. Das Arrangement für das Modern Jazz Quartet lehnt sich größtenteils an das frühere Orchesterarrangement an. Die in der Originalfassung als Baß-Feature geplante Komposition stellt beim Modern Jazz Quartet in unterschiedlichen Einspielungen verschiedene Solisten heraus. In der Aufnahme als *La Ronde Suite* von 1955[90] folgen vier sich entsprechende Grundarrangements mit jeweils unterschiedlicher Solostimme aufeinander. Das komponierte Thema selbst hat die Form A B A B (32 Takte). Die einzelnen Melodiesegmente sind relativ kurz, so daß dem, herausgestellten Solisten die Möglichkeit zur gleichzeitigen improvisatorischen Ausfüllung der Pausen gegeben wird. An die Themenexposition schließt sich ein vierundzwanzigtaktiger Stoptime-Teil (3 x 8 Takte) an. In Blues-Chorussen – die Anzahl variiert von zwei bis sieben – hat dann der Solist die Gelegenheit, zusammenhängende Phrasen zu spielen und sein Können auf dem traditionellen Gebiet der Blues-Improvisation zu zeigen. Ein arrangierter Riff-Chorus zum Schluß des Improvisations-Abschnitts entspricht dem Orchesterarrangement für Dizzy Gillespie.

La Ronde hat als Feature für einen Solisten den Vorteil, daß es ihm die Möglichkeit bietet, in verschiedenen Zusammenhängen – hinter durchbrochener Riff-Melodik, im Stoptime-Teil sowie in mehreren Blues-Chorussen – mit zunehmendem Gewicht der Improvisationslinie hervorzutreten.

* * *

In *Pulcinella* und *Piazza Navona*, zwei Kompositionen aus der Suite *The Comedy*[91], besteht ebenfalls ein Unterschied zwischen den komponierten und den improvisierten Teilen. Für *Pulcinella* schreibt der Komponist nach dem wenig swingenden, nicht blues-gemäßen Themenarrangement sieben Blues-Chorusse für das Vibraphon sowie einen für das Klavier vor. Die Chorusse bilden einen direkten Kontrast zur motivisch durchgeformten Faktur des Kompositionsteils. In *Piazza Navona* folgt nach der Unterbrechung der komponierten Struktur durch zwei jeweils sechzehntaktige *chase*-Chorusse ein Improvisationseinschub für Klavier, Kontrabaß und Vibraphon über ein konventionelles sechzehntaktiges Bluesschema. Die Blues-Improvisation ist hier in ihrem Kontrast zur Komposition ein tektonischer Baustein der Gesamtkomposition (vgl. die Analyse auf S. 270 ff.).

In beiden Beispielen aus *The Comedy* stellt der Rekurs auf die Bluesgrundlage für den Hörer eine Orientierungshilfe innerhalb einer ansonsten komplexeren Komposition dar. Tatsächlich gruppiert sich das Arrangement um die Blues-Chorusse und wird im Gesamteindruck der Realisation in Bezug auf diese wahrgenommen.

90 New York 1955, Prestige 7749

91 New York 1962, Atlantic LP 1390. Vgl. die ausführliche Analyse im Kapitel über die Suitenkompositionen von John Lewis, S. 267 ff.

*   *   *

Ganz anders stellt sich die Situation in *Trieste*[92] dar. Nach einer Einleitung beginnt der Kompositionsteil des Stückes mit einem dreizehntaktigen Tango des Klaviers. Das sechzehntaktige Hauptthema, eine eher lyrische Melodie, schließt sich in leicht gedehnter Form an – seine Originalstruktur erscheint erst in der Reprise. Interludium und eine verkürzte Variante des Hauptthemas führen ins Vibraphonsolo, das zwei Blues-Chorusse in g-Moll umfaßt. Eine Verfremdung dieser Grundlage wird durch die harmonische Begleitung von Kontrabaß und Klavier verursacht, die es vermeidet, die zugrundeliegende Harmonik final, also mit Grundtönen und in typischer Bluesgerichtetheit zu intonieren und die so die Blues-Improvisation offen und scheinbar einschubhaft wirken läßt. Das sich anschließende Klaviersolo benutzt die formale Grundlage sowie motivisches Material des Hauptthemas und endet im Übergang in die Themenreprise mit der bekannten standardisierten Coda aus Thelonious Monks *'Round Midnight*.

Die Rolle der Blues-Improvisation in *Trieste* unterscheidet sich merklich von der Rolle des Blues in anderen Stücken, in denen er als Einschub verwandt wurde. In *Pulcinella*, *Piazza Navona*, in Hodeirs *Around The Blues* und *Ambiguité* oder in Schullers *Concertino* bedeutet die Rekurrenz auf das Bluesmodell für den Hörer das Zurückziehen auf ein bekanntes Terrain, einen deutlichen Orientierungshalt innerhalb des Kompositionsganzen. In *Trieste* dagegen scheint der Blues eher irritierend zu sein, er wird im Zusammenhang mit Tango und lyrischem Thema sowie diversen Überleitungen kaum als bekanntes Bluesmodell wahrgenommen. Auch gehen – zumindest im ersten Chorus – weder der Solist noch die Begleitung merklich auf die Tradition von Bluesspiel ein; die sonst in üblichen Blues-Klischees ausgedrückten Verweise auf die Tradition sind hier ungewöhnlich spärlich.

*   *   *

John Lewis verwendet kaum die Extreme von Blues-Komposition. Es finden sich keine reinen Riff-Themen und nur wenig Blues-Einschübe in Third-Stream-Werken. Lange Kompositionen wie *Fontessa*, *Sketch (For Double Quartet)*, *In Memoriam* oder *Jazz Ostinato* benutzen eher die traditionelle Reprisenbarform in den Solochorussen oder – in *The Spiritual* oder *Three Little Feelings* – jazzunüblichere Harmoniemodelle. Lewis' Blues-Kompositionen stehen in der Regel zwischen den Extremen: Auch die riff-ähnlichen Stücke, welche die melodische aab-Struktur des Blues nachvollziehen, sind durch zwei Themen (*Belkis*, *The Blue Necklace*) oder melodische und rhythmische Verschleierungen (*The Blue Necklace*, *The Rose Truc*) aus der Gruppe einfach strukturierter Blues-Kompositionen herausgehoben. Komplexere Themen wie in *Two Degrees East, Three Degrees West*, unüblichere Chorusformen wie in *D & E*, *No Happiness For*

[92] New York 1962, Atlantic 1382

Slater oder dem *Blues In C Minor* sowie die Einpassung von BluesChorussen in einen größeren, nicht blues-gerechten Zusammenhang nehmen innerhalb dieses Teils des Kompositionsschaffens von Lewis einen verhältnismäßig großen Raum ein.

Im Solo- wie im Begleitspiel des Pianisten ist die Verwendung von Blues-Klischees, von Riff-Floskeln, Stride- oder Boogie-Anklängen ein oft zu beobachtender direkter Verweis auf Jazztradition. In der Kompositionssprache dagegen benutzt Lewis solche Verweise auf eine bedeutend indirektere Art. Durch Verfremdungen formaler Konventionen, das Herauslösen singulärer Blues-Charakteristika und das Zusammenfügen zum Teil scheinbar konträrer Stilmerkmale – traditioneller Zwölftakte-Blues und kanonartige Imitation; melodisch deutliche Riff-Klischees und Reprisenbarform – projiziert der Komponist die Tradition der ursprünglichen »Volksmusik« Blues auf seinen individuellen Personalstil, dessen ästhetische Wertkriterien ja nicht nur aus afro-amerikanischer Musik, sondern gleichfalls aus der europäischen Kompositionsgeschichte stammen. Die Soloabschnitte in seinen Arrangements beziehen sich in der Regel konkret auf die Tradition von Bluesimprovisation. In den Kompositionsabschnitten unterwirft Lewis die formalen, harmonischen und melodischen Konventionen seinem eigenen Kompositionsverständnis und erreicht in durchaus zweideutigen Arrangements formale Kontraste auch innerhalb einer reinen Chorusreihung.

Up-Tempo-Kompositionen

Unter der Kategorie Up-Tempo-Kompositionen sind hier all jene Originals von John Lewis zusammengefaßt, die nicht in den Bereich der Balladen oder Blues fallen, aber auch nicht zu den *extended compositions* oder unter die Rubrik formaler Übernahmen aus europäischer Kunstmusik zu zählen sind. In der folgenden Übersicht sollen drei seiner konventionelleren Jazzarrangements vorgestellt werden (*Delaunay's Dilemma*, *Festival Sketch*, *A Morning In Paris*) sowie drei Kompositionen, in denen er zwei komponierte Themen verwendet (*Odds Against Tomorrow*, *Winter Tale*, *Valeria*). Anhand dreier weiterer Beispiele läßt sich darstellen, wie Lewis im Arrangement die Themenkomposition stark verändert, verkürzt oder fragmentiert, so daß nicht mehr der Rahmen als Orientierungshilfe für die Improvisationschorusse dient, sondern vielmehr umgekehrt die Improvisationschorusse die formale, harmonische und melodische Grundlage der nicht vollständig erklingenden oder stark varianten Themenkomposition erklären (*Harlequin*, *Romance*, *Baseball*). In *Travlin'* schließlich benutzt Lewis eine natürliche Moll-Skala als harmonische Grundlage für Komposition wie Improvisation. Hier ist nur noch die Statik in der harmonischen Konzeption thematisch. Der Bezug auf modale Improvisation anderer Zeitgenossen führt zu einer Vernachlässigung der Vermittlung melodischer oder rhythmischer Momente zwischen Thema und Improvisation. Aufgrund der

Diversität der unter die Up-Tempo-Kompositionen subsumierten Stücke lassen sich keine generalisierenden Bemerkungen an den Schluß der Übersicht stellen. Stattdessen werden der hier vorgenommenen analytischen Zuordnung einzelner Kompositionen zu »Untergruppen« zusammenfassende Kommentare nachgestellt, die eine verbindliche Konklusion ersetzen müssen.

* * *

Delaunay's Dilemma[93] ist ein herkömmliches Jazzarrangement mit viertaktiger Einleitung, zweiunddreißigtaktigem Reprisenbarthema, einer sechstaktigen Überleitung, drei Vibraphonchorussen und einer vollständigen Themenreprise (vgl. die Transkription im Notenanhang). Herbert Hellhund bemerkt, wie die *verkürzte Periode* der Überleitung *Jacksons Solobeginn zunächst als Solobreak erscheinen läßt*, was daraufhin in der regelmäßigen Anordnung der Reprisenbarsegmente des ersten Vibraphonchorus als Scheineindruck sich erweist. Hellhund betont hierin die Fähigkeit des Modern Jazz Quartet und damit insbesondere seines Arrangeurs John Lewis, *nicht nur* in *konventionellen Formeinheiten, sondern auch* mit *diesen zu spielen*[94].

Das Thema aus *Delaunay's Dilemma* besticht wie viele andere Arrangements aus der Frühzeit des Quartetts vor allem in der Exaktheit der rhythmischen Phrasierung. Der gleichmäßig durchlaufende Schlagzeugrhythmus, die Betonung von erster und dritter Zählzeit im Kontrabaß, die zum Teil der konstanten Baßrhythmik folgende, zum Teil antwortend oder unisono auf die Vibraphonlinie eingehende Klavierbegleitung unterstützen eine Melodie, die ihrerseits im Unterschied zwischen »on the beat«- und Off-Beat-Rhythmik eine Art arrangierten Dialog mit dem Begleitsatz eingeht. Das Nachahmen des letzten Sekundintervalls durch den Kontrabaß im Schlußtakt der A-Teile, ein komponierter Kontrabaß-Break in den Takten 3 und 4 des B-Teils und die kurze dreistimmige Imitation in den beiden Schlußtakten der Bridge – all diese Momente in gleichmäßigen Notenwerten gespielt – bilden einen Kontrast zur jazz-gerechten Intonation und Rhythmik im Rest der Themenexposition.

Entsprechend dem frühen Datum der Einspielung ist im Spiel beider Solisten – Milt Jackson wie John Lewis – deutlich die Bebop-Tradition zu hören, der diese entstammen. Insbesondere das Klaviersolo zeigt einen überaus aktiven Lewis, bei dem sich Einflüsse durch den Klavierstil Bud Powells nicht leugnen lassen. Die Rhythmik Milt Jacksons erinnert an seine frühen Aufnahmen mit dem Dizzy Gillespie Orchestra oder an die Einspielungen des Milt Jackson Quartetts/Quintetts von 1948. Chromatische Alterationen, die konstante Erweiterung der Grundharmonik im ausgeweiteten Akkordverständnis der vierziger Jahre, zum Teil Melodielinien, die einzig die obersten Akkordtöne einer komplexen Terzschichtung benutzen, machen Jacksons Solo – besonders

93 New York 1953, Prestige 7749. Der Titel ist eine Hommage an den französischen Jazzkritiker Charles Delaunay.

94 Herbert Hellhund, *Cool Jazz*, S. 222

den zweiten Chorus – zu einer Art Schulexempel für die harmonische Improvisationstechnik des Bebop.

* * *

Festival Sketch[95], das John Lewis 1958 für ein Festival in Cannes schrieb, zeigt ebenfalls einen traditionellen formalen Aufbau mit der Exposition eines Reprisenbarthemas, einer achttaktigen Überleitung, zwei Vibraphon- und zwei Klavierchorussen sowie einer komponierten Reprise des achttaktigen A-Teils mit angehängter kurzer Coda. Die Komposition mit kurzen Phrasen, vielen Pausen und – wie Gunther Schuller im Plattentext anmerkt – einer melodisch-harmonischen Reduktion auf *at times no more than implying the underlying harmonies*[96] verlangt geradezu das Arrangement mit zunehmendem Dialog der Melodieinstrumente in der Exposition. Eine Steigerung kontrapunktischer und imitatorischer Elemente im Verlauf von komponierter Exposition und Überleitung führt zu einer Art Duo-Chorus, in dem allerdings die Vibraphonstimme den improvisatorischen Hauptpart übernimmt, während John Lewis eine betont thematische Begleitung spielt. Auch in einzelnen Abschnitten des Klaviersolos wird in kurzer Begleitung durch das Vibraphon das kontrapunktische Moment im Arrangement bestärkt, so daß die ausgesprochen kurze Reprise mit Imitation zwischen Vibraphon und Klavier als Abschluß durchaus stringent und gelungen erscheint.

Zur üblichen Vermittlung zwischen Komposition und Improvisation also tritt in *Festival Sketch* das Moment kontrapunktischer Verflechtung der Melodiestimmen, das die Themenexposition wie die Solochorusse zumindest mitbestimmt. Eine solch subtile Verbindung der beiden Komplexe findet sich auch in anderen Arrangements von Lewis. Auf ein Beispiel, den Blues *Two Degrees East, Three Degrees West*, wurde bereits hingewiesen.

* * *

A Morning In Paris[97] basiert auf den Harmonien des von John Lewis komponierten Standards *Afternoon In Paris*[98]. In einer Steigerung innerhalb der komponierten Exposition folgen auf A1 (Klavier) und A2 (Imitation von Vibraphon und Klavier) die ruhigere Bridge und ein varianter dritter A-Teil in schnellen Notenwerten (Klavier und Vibraphon). In der erhöhten Dynamik des Expositionsschlusses beginnt das Vibraphonsolo auf einem Steigerungshöhepunkt und ist so aufs engste mit dem komponierten Themenarrangement verbunden. Anders als Milt Jackson dagegen muß John Lewis innerhalb seiner

95 Lenox, Mass. 1958, Atlantic LP 1299

96 Gunther Schuller, [Plattentext], Atlantic LP 1299

97 Lenox, Mass. 1956, Atlantic 1247

98 Die erste Aufnahme von *Afternoon In Paris* ist eine Einspielung des Jay Jay Johnson Quintetts mit John Lewis vom Oktober 1949 (New Jazz 820, wiederveröffentlicht auf Prestige PR 7839). Das Modern Jazz Quartet nahm den Lewis-Standard im Originalarrangement nie auf.

beiden Klavierchorusse eine Spannungskurve erst aufbauen. Die Zweiteilung der Gesamtrealisation, die sich allein aus dem Unterschied der personaltypischen Improvisationsmethoden der beiden Instrumentalisten ergibt, wird durch die unterschiedliche Behandlung der Solobeginne und die daraus resultierende Divergenz im jeweiligen Improvisationsverlauf noch betont.

In *Festival Sketch* wie in *A Morning In Paris* ist also trotz des konventionellen Formablaufs in Chorusreihung das Arrangement der komponierten Partien so angelegt, daß es hintergründig Einfluß auch auf die Improvisationsabschnitte hat. Dem Solisten steht zwar der Soloraum zur Ausfüllung im traditionellen Sinne offen, die erhöhte Dynamik, aus der heraus Milt Jackson sein Solo in *A Morning In Paris* beginnt, und die thematische Begleitung durch Lewis, die in *Festival Sketch* fast kontrapunktischen Charakter bekommt, legen die Improvisationsrichtung dennoch in einer wenn auch weiten Bandbreite fest. Es wird deutlich, daß Lewis auch in scheinbar ganz konventionellen Arrangements komponierte Teile nicht nur als thematischen Rahmen betrachtet, sondern sie zusammen mit dem »Unplanbaren«, mit der Improvisation zu einer Einheit verschmelzen will, ihnen also eine weit über die Rolle des Rahmengerüstes hinausgehende Funktion zuschreibt.

* * *

Die Lewis-Kompositionen *Odds Against Tomorrow*[99], *Winter Tale*[100] und *Valeria*[101] besitzen je zwei komponierte Themen. Das zweite Thema ist in allen drei Fällen als Sologrundlage auch für die Improvisation bestimmend. Der Formverlauf folgt somit einem einheitlichen Schema:

THEMA 1	THEMA 2	SOLOCHORUSSE	(THEMA 1)	SOLOCHORUSSE	THEMA 1
(komp.)	(komp.)	(Improv. über Harmonik und Formverlauf von Thema 1)	Kurzreprise: *Winter Tale*)	(Improv. über Harmonik und Formverlauf- von Thema 1)	(komp. Reprise, z.T. verkürzt)

Die Arbeit mit mehreren komponierten Themen innerhalb einer relativ kurzen Jazzrealisation dient bei John Lewis vor allem der Kontrastierung unterschiedlicher musikalischer Atmosphären. Eine Vermittlung zwischen den Themen ist durch melodische, harmonische oder rhythmische Verwandtschaften zumindest in Ansätzen vorhanden.

Der A-Teil des zweiten Themas aus *Odds Against Tomorrow* zum Beispiel ist eine leichte Variante der Takte 23 bis 30 des durchkomponierten Themas.

99 New York 1959, United Artists UAL 4063 (Thema 1). Thema 2 erstmals in Stockholm 1960, Atlantic SD 2-603

100 New York 1963, Atlantic LP 1420

101 New York 1964, Atlantic SD 1429

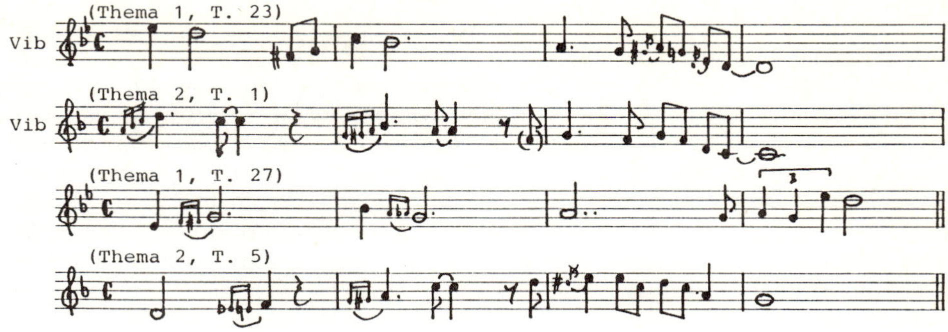

In *Valeria* klingt die Komposition des zweiten Themas wie improvisiert und verbindet so geschickt zwischen der langgestreckten Melodik des ersten Themas und den Solochorussen. Im Höreindruck wirkt Thema 2 fast wie eine Überleitung, der Themenstatus wird erst deutlich, identifiziert man es als Sologrundlage der Improvisationschorusse. Das erste Thema in *Winter Tale* ist Präludium zum zweiten, die Sologrundlage bestimmenden Thema. Zwischen beiden gibt es keine offensichtlichen melodischen, harmonischen oder rhythmischen Bezüge. Lediglich die Zielpunkte der jeweiligen Initiumsauftakte lassen eine intervallische Parallele erkennen.

Im dauernden Accelerando der beiden Solokomplexe dient die zwischen Vibraphon- und Klaviersolo geschobene Reprise des ersten Themas als dynamische Rücknahme und Ausgangspunkt für das folgende Solo.

Odds Against Tomorrow ist in diesen drei Beispielen der Sonderfall. Ursprünglich (1959) war das Stück durchkomponiert und bestand nur aus dem ersten Thema. Die Erweiterung um eine komponierte Reprisenbarform und darauf gründende Improvisationschorusse ist erstmals in einer Live-Aufnahme aus dem Jahre 1960 dokumentiert. Die Setzung zweier Themen bewirkt in keinem der vorhandenen Fälle eine scharfe Kontrastierung. Thema 2 in *Valeria* hat eher überleitenden Charakter, und Thema 1 in *Winter Tale* ist Vorbereitung auf das als Hauptsache wahrgenommene zweite Thema. Die Einheitlichkeit der relativ kurzen Kompositionen wird also durch die unterschiedlichen kompositorischen Strukturen nicht aufgebrochen.

*   *   *

In den drei Lewis-Kompositionen *Harlequin*, *Romance* und *Baseball* verhindert die Fragmentierung des Themas in der komponierten Exposition, daß dem Rahmenkomplex die volle Orientierungsfunktion zukommt, wie es in konventionellen Jazzarrangements üblich ist. Da zum Teil nur Exzerpte des kompletten Themas erklingen oder die Themenvorstellung in komplexere Arrangements eingebunden ist, werden erst im Nacheinander der komponierten Exposition und der Improvisationschorusse Melodik, Harmonik und Form der thematischen Grundlage offenbar.

Das Arrangement in *Harlequin*[102] (vgl. die Formskizze, S. 265 ff.) zeigt eine variante Themenexposition, in der einzig A1 originales Themenmaterial enthält. In A2 findet sich eine komponierte Reduktion der Themenmelodik und in der Bridge bricht die Paraphrasen-Improvisation Jacksons bereits den festen Themencharakter der Komposition auf. Der abschließende A3-Teil der Exposition wird im direkten Übergang in die Solochorusse gekappt. Dem folgenden Improvisationskomplex liegt das traditionelle zweiunddreißigtaktige Reprisenbarschema zugrunde. Eine komponierte Themenreprise zwischen Vibraphon- und Klaviersolo sowie am Ende des Arrangements umfaßt nur den melodisch klaren A1-Teil der Exposition. Die nicht-thematische Einleitung, eine der Einleitung entsprechende abschließende Coda sowie vermittelnde Interludien nach der Exposition und vor den Themenreprisen verschleiern den formalen Zusammenhang einer jazz-üblichen Reihungsform, verhindern aber nicht die sofortige Identifikation der thematischen Identität von Komposition und Improvisation.

Die komponierte Exposition von *Romance*[103] muß als eine Art »atmosphärische Exposition« verstanden werden. Die Paraphrasenumspielung der simplen Melodik allein schafft keinen deutlichen melodischen Themenblock. Metrum- und Tempowechsel grenzen Komposition und Improvisation klar voneinander ab. Die Rubato-Exposition im Dreiviertel-Takt bildet so einen scharfen Kontrast zum swingenden Vierviertel-Takt der Reprisenbarchorusse Jacksons. Vor allem die Parallele in der harmonischen Entwicklung beider Komplexe vermittelt zwischen der vierundsechzigtaktigen Exposition und den zweiunddreißigtaktigen Solochorussen. Wenn auch im Kompositionsblock Melodik, Harmonik, Rhythmik und – gedehnt – der formale Zusammenhang der Themengrundlage vorhanden sind, so wird er doch insbesondere in der Simplizität des melodischen Geschehens nicht als Orientierungsgerüst für die nachfolgenden Chorusse wahrgenommen.

In *Baseball*[104] präsentiert die komponierte Exposition einzig den gestauchten A-Teil einer Reprisenbarform (vgl. Takte 8-13), der in ein zum Teil imitatorisches Arrangement eingepaßt ist.

102 New York 1962, Atlantic SD 1390
103 New York 1972, Atlantic SD 1623
104 Hermosa Beach, California 1967, Atlantic SD 1486

Thematisch wirkt das eingängige *call-and-response*-Motiv des komponierten Abschnitts erst im Zusammenhang mit der paraphrasenhaften Vibraphonimprovisation Milt Jacksons und der thematischen Stoptime-Begleitung des Klaviers im ersten Solochorus. Die thematischen Antwortphrasen der Komposition (Takte 10, 13) erklingen als konstante Begleitung unter den A-Teilen der Improvisationschorusse und bestimmen so den melodischen Eindruck der Gesamtrealisation. Da die Bridge der Reprisenbarform einer Transposition des A-Teils entspricht, scheint insbesondere in den Klavierchorussen eine Reihungsform mit vier identischen Achttaktern zugrunde zu liegen, ja wird eine klare Chorusgliederung hier zu einer rein analytischen Feststellung. Entsprechend der Exposition bietet auch die komponierte Reprise kein vollständiges Thema, sondern erschöpft sich in einem überaus kurzen Themenfragment der Vibraphonstimme. Durch die thematische Melodik in der ersten Hälfte der sechzehntaktigen Baßimprovisation zuvor und durch die Unisonobegleitung von Vibraphon und Klavier während des ganzen Baßsolos allerdings wird im Zusammenhang eine befriedigende Reprisen- und Schlußwirkung erzielt.

Die Verschleierung der formalen Grundlage im komponierten Themenabschnitt sowie die Angleichung der A- und B-Teile und die daraus resultierende Vermeidung von Kontrasten in den Solochorussen heben die in der Analyse nachweisbare Reihungsform im Höreindruck auf. Zwar ist in *Baseball* die ursprüngliche Funktion von Rahmenthema (also: vollständige Exposition) und Solokomplex (also: Interpretation der Exposition) deutlich modifiziert. Eine gegenteilige Funktionszuweisung, wie sie in Einzelstücken aus *The Comedy* zu beobachten ist, wird aber durch die Verschleierung thematischer Grundlagen selbst in den Solochorussen verhindert. Der Chorus also erklärt in

Erinnerung an die Themenexposition Melodik, Harmonik, Rhythmik und formale Struktur der ursprünglichen Komposition. Spätestens im Klaviersolo jedoch wird dieser Deutlichkeit des Grundschemas wieder entgegengesteuert, so daß für den Hörer ein Orientierungshalt nur schwer zu finden ist.

In allen drei Kompositionen, *Harlequin*, *Romance* und *Baseball* ist der klare Bezug der Themenexposition zu den Solochorussen aufgebrochen. John Lewis versucht, durch Vermeidung einer festen und deutlichen Form in der Komposition die starren Strukturen zu überkommen, die dem Arrangeur in der jazzüblichen Reihungstechnik gegeben sind. Bei der Analyse der Einzelkompositionen aus *The Comedy* (vgl. S. 251 ff.) wird besonders stark das Gedankenmodell sichtbar, das hinter einer solchen Konzeption steckt: In der Veränderung der Beziehungen zwischen Komposition und Improvisation, in der Verfremdung ausgerechnet des komponierten Teils seiner Arrangements kann Lewis die üblichen Funktionen von Themen- und Solochorussen verändern. Die thematische Exposition ist zum Teil selbst eine Variation der zugrundeliegenden Komposition. Erst im Zusammenhang mit den formal traditionellen Solochorussen wird im Höreindruck die Gestalt des Originalthemas rekonstruiert, eines Originalthemas, das in der Realisation des Arrangements nie vollständig erklingt.

Das Aufbrechen klarer Funktionszuweisungen in Kompositions- und Improvisationsabschnitten erlaubt dem Arrangeur innerhalb der nach wie vor traditionellen Formensprache Vermittlungsmomente zwischen thematischen und solistischen Bereichen zu schaffen, indem er ihr Verständnis zueinander neu definiert. Die Aufgabe der Themenexposition, als Erklärungsrahmen für die Improvisationschorusse zu dienen, sowie die Aufgabe der Solokomplexe, eine Interpretation des zugrundeliegenden Themas zu liefern, werden modifiziert. Indem Komposition nun auch interpretierend sein kann und hierbei selbst die klare Form des Themas verlassen darf, und indem Improvisation zugleich komponierte Komplexe erklärt, werden einzelne Funktionsmomente der zuvor so deutlich abgegrenzten Bereiche ausgetauscht. Lewis ermöglicht so auf eine subtile Art und Weise eine Vermittlung zwischen Komposition und Improvisation, die weit über die Möglichkeiten des bis dahin üblichen Jazzarrangements hinausgeht.

* * *

In *Harlequin*, *Romance* und *Baseball*, aber auch in anderen Kompositionen beispielsweise aus *The Comedy* erweist sich die exponierende oder abschließende Formulierung eines komponierten Themas eher als Verschleierung denn als Klarstellung thematischer Grundlagen. Dennoch ist – auch wenn in Verkürzungen der Komposition nur wenige Thementakte übrig bleiben – die Verwandtschaft zwischen Thema und Improvisation immer deutlich zu hören.

Ein Beispiel, in dem auf eine melodische oder rhythmische Vermittlung zwischen komponiertem Thema und Improvisation völlig verzichtet wird, soll den Überblick über die Up-Tempo-Kompositionen von Lewis beenden. Das achttaktige Hauptthema aus *Travlin'*[105] benutzt einzig leitereigene Töne der natürlichen Moll-Skala über *c*, die in der Paraphrasierung durch das Vibraphon mit Durchgangsnoten gefüllt werden.

Eine ostinate Begleitung durch Klavier und Kontrabaß betont die harmonische Statik des Themas. In der Exposition wird der Achttakter in vier verschiedenen Tonarten, d.h. über vier verschiedenen Orgelpunkten aneinandergereiht: c-Moll, b-Moll, g-Moll und e-Moll. Das Begleitostinato unterlegt konstant die je zweiunddreißigtaktigen Solochorusse. Tonaler Ausgangspunkt für die Improvisation von Jackson und Lewis ist die natürliche Moll-Skala über *e*. Ein wiederum harmonisch statischer Duo-Chorus von Vibraphon und Klavier über c-Moll ermöglicht das Ende der Realisation mit einer zehntaktigen Reprise in der Ausgangstonart.

Thematisch in *Travlin'* ist vor allem die harmonische Grundlage der natürlichen Moll-Skala sowie die Statik der harmonischen Konzeption, die in der Präsenz der Ostinato-Begleitung das ganze Stück durchzieht. Das melodische Thema hat einzig rahmende Funktion. Die fallende Dreiklangsmelodik der Takte 1 bis 4 und die vollständige aufsteigende Moll-Skala der Takte 5 bis 8 sind als eine Art melodisch-rhythmische Verdeutlichung des thematischen harmonischen Grundes anzusehen. Die Sequenzierung des vollständigen Achttakters in der Exposition stellt einen Ersatz dar für das Fehlen melodischer, rhythmischer oder harmonischer Entwicklung in diesem sich an den »modalen« Spielduktus der Zeit anlehnenden Arrangement.

Lewis nämlich bezieht sich in der Konzeption von *Travlin'* auf die modale Improvisationspraxis, die vor allem Miles Davis und John Coltrane in den späten fünfziger und frühen sechziger Jahren in den Jazz einführten. Lewis selbst hatte in einzelnen seiner Kompositionen – z.B. im zweiten Satz von *Three Little Feelings* (vgl. S. 282 ff.) – längere harmonisch statische Abschnitte als Sologrundlagen verwandt. Er gab allerdings – im Gegensatz zu den Realisationen von Davis, Coltrane oder zum Beispiel Charles Mingus – nie die deutliche Dur-Moll-Zuordnung und die traditionelle Funktionsharmonik auf. In *Travlin'* – der einzigen originären Komposition für das Modern Jazz Quartet mit modalen Improvisationsabschnitten – benutzt er die natürliche Moll-Skala (äolisch). Der Bezug auf eine statische Harmonik kann also ohne weiteres im traditionellen Rahmen einer Improvisation über Moll-Themen bleiben.

105 New York 1971, Atlantic SD 1589

Tatsächlich lassen sich in Milt Jacksons Solo etliche melodische Bluesphrasen ausmachen. Das hauptsächliche »modale« Element im Vibraphon- wie im Klaviersolo scheint der durchgehende Orgelpunkt zu sein, der die statische Harmonik überall verdeutlicht und dem sich die Melodieerfindung der Solisten zum Teil unterwerfen muß.

Formanleihen aus europäischer Kunstmusik

Im Mittelpunkt der nachfolgenden Betrachtungen stehen Originalkompositionen von John Lewis, in denen er Fugenmodelle aus der Barockmusik in das Jazzidiom zu übertragen versucht. Unter die Rubrik der Formanleihen aus europäischer Kunstmusik allerdings sind auch zwei Kompositionen zu zählen, die Momente des barocken Concerto aufgreifen (*Pulcinella*, *Piazza Navona*). In *The Queen's Fancy* und dem Lewis-Arrangement des Standards *Softly As In A Morning Sunrise* schließlich wird Zitaten aus dem Werk europäischer Komponisten eine mehr oder weniger formal strukturierende Rolle zugeordnet, die am Schluß dieser Übersicht näher untersucht werden soll.

Die Fugenkompositionen, die John Lewis für das Modern Jazz Quartet schrieb, lösten in der Jazzkritik lebhafte Diskussionen über den Wert solcher konkreten Übernahmen aus europäischer Kunstmusik aus. Zwar hatten schon früher einzelne Autoren Ähnlichkeiten zwischen Jazz und barocker Musik postuliert[106], direkte Bezüge auf formale Modelle jedoch blieben im Jazz bis in die fünfziger Jahre relativ selten. Die bekannteste »Jazz-Fuge« bis dahin war *Bach Goes To Town*, das Alec Templeton 1938 für das Benny Goodman Orchestra komponierte und arrangierte[107]. Während solche »Jazz-Fugen« von vornherein *gimmick*-Charakter hatten, stellten die Arrangements, die in den fünfziger Jahren – von John Lewis und anderen – das barocke Fugenmodell als Aus-

106 Vgl. Hans-Peter Schmitz, *Baroque Music and Jazz*, in: *The Black Perspective in Music*, vii/1 (Frühjahr 1979), S. 75 ff. (Original in: *Die Stimme*, Heft 18 (1949), S. 497 ff.); Bernard Heuvelmans, *De la Bamboula au Be-Bop*, Paris 1951, S. 171 ff. (Kapitel *La Période Baroque du Be-Bop*). Während Schmitz auf grundlegende Ähnlichkeiten von Melodik, Rhythmik, Virtuosität, Improvisation und Verzierung in Barockmusik wie Jazz eingeht, verweist Heuvelmans vor allem auf die harmonische Entwicklung des Bebop, merkt Parallelen zur europäischen Moderne wie zum Neo-Klassizismus des frühen 20. Jahrhunderts an, bezieht sich aber auch auf die harmonische Entwicklung in der europäischen Musik zur Zeit Carl Phillip Emmanuel Bachs.

107 Ein Arrangement, das Mary Lou Williams 1947 über ihre eigene Komposition *Lonely Moments* für das Benny Goodman Orchestra schrieb, kulminierte in einem Fugato-Orchesterteil, der sich ohne Zweifel auf den Erfolg des früheren *Bach Goes To Town* zurückführen läßt. Eine ausführliche Behandlung konkreter Einflüsse europäischer Kunstmusik in den Jazz findet sich bei Robert L. Brown, *A Study of Influences from Euro-American Art Music on Certain Types of Jazz*, Phil. Diss (Columbia University), New York 1974.

gangspunkt nahmen, durchaus seriöse Experimente dar[108]. Den Ursprung solcher Versuche beschreibt Nat Hentoff:

> *A growing number of* [the] *younger interpreters want jazz to include more extended and varied forms, within which they can find more creative tension.*[109]

Unter anderem war die breitere musikalische Ausbildung vieler Musiker in den vierziger Jahren eine der Ursachen für das Streben nach Erweiterung der herkömmlichen Jazzform und für die Übernahme barocker und klassischer Formmodelle. Dies läßt sich gleich bei der frühesten Lewis-Komposition exemplifizieren, welche Imitation als Klischee barocker Satzbildung benutzt: *Vendome*, das 1952 zum erstenmal vom Modern Jazz Quartet eingespielt wurde, entstand während des Musikstudiums des Pianisten als Lösung der Aufgabe, eine Invention zu komponieren[110]. Das Interesse, das Lewis selbst an Bachscher Musik hatte, und der Erfolg, den die Platteneinspielung von *Vendome* bei Publikum und Kritik erntete, animierten den Komponisten, sich auch weiterhin praktisch mit dem Problem zu befassen, wie das Fugenmodell erfolgreich in einen Jazzkontext übertragen werden könnte. Sehr früh bereits machte Lewis auf die Schwierigkeiten aufmerksam, die das Spielen und Improvisieren innerhalb eines fugalen Kontextes den Musikern des Quartetts bereitete:

> *We need more work together before the tensions and struggling of working in fairly unfamiliar forms disappear. Eventually it will all come naturally, and improvising in a fugue form, for example, will be as familiar an experience as improvising on just chords is now.*[111]

Im Laufe der Jahre schrieb Lewis verschiedene Fugen für das Modern Jazz Quartet. Auf *Vendome* (1952) folgten *Concorde* (1955), *Versailles* (1956), *A Fugue For Music Inn* (1956), *Three Windows* (1957), *Fugato* (1962), *Sacha's Fugue* (1966, unveröffentlicht), *Little David's Fugue* (1966) und *Alexander's Fugue* (1966). Alle Beispiele aus den fünfziger Jahren waren fest im Konzertrepertoire des Quartetts verankert und sind in mehreren Studio- und Live-Aufnahmen dokumentiert. Die beiden zuletzt genannten Kompositionen, *Little David's Fugue* und *Alexander's Fugue* existieren nur als Einspielung des Quartetts mit den Swingle Singers, werden daher hier nur der Vollständigkeit halber erwähnt und in den nachfolgenden Analysen nicht berücksichtigt.

108 Eines der frühesten Beispiele für Jazzfugen in den fünfziger Jahren war David Van Kriedts *Fugue On Bop Themes* (Dave Brubeck Octet, 1950, Fantasy LP 3-3). Dave Brubeck legte in einem persönlichen Interview (geführt in Nizza, Frankreich, 9. Juli 1984) Wert auf die Feststellung, daß viele der Dinge, die das Modern Jazz Quartet angeblich in den Jazz einführte, von ihm und von Musikern um ihn früher gemacht worden seien. Unter anderem schloß er hierin auch formale Experimente mit Fugenmodellen ein.

109 Nat Hentoff, *The Modern Jazz Quartet*, in: *High Fidelity Magazine*, v/1 (März 1955), S. 36

110 Persönliches Interview mit John Lewis, Nizza, Frankreich, 13. Juli 1984

111 Zit. nach Nat Hentoff, *Counterpoint*, in: *Down Beat*, xi (13. Januar 1954), S. 6

Formskizzen von *Vendome*, *Concorde*, *A Fugue For Music Inn*, *Three Windows* und *Fugato* verdeutlichen im folgenden den formalen Aufbau, die kompositorische Ausarbeitung verschiedener Expositionen sowie die Eingliederung von Improvisationsteilen als Soloepisoden. Während die Solopartien in *Vendome* keine chorus-formale Grundlage bilden[112], sind die Improvisationsteile der späteren Fugen-Kompositionen in ein mehr oder weniger einheitliches Chorusschema eingepaßt. Die Reprisenbarform prägt durchgängig die solistischen Teile in *Versailles*, in zwei unterschiedlichen Ausformungen die *Fugue For Music Inn*, in Modifikationen mit verkürzten A-Teilen im Baßsolo *Three Windows* und schließlich Vibraphon- und verkürztes Klaviersolo in *Fugato*. Für *Concorde* läßt sich eine A B A B -Form als Grundlage des Klavier- sowie variant des abschließenden Vibraphonsolos konstatieren, während das Baßsolo über statischer Repetition eines gedehnten Harmoniependels zwischen B-Dur und Es-Dur und abschließender Modulation quasi als ruhendes Zentrum der Komposition dient.

John Lewis bezeichnet einzelne seiner Fugen-Kompositionen als *Inventionen*[113]. Dieser Terminus mag manchmal treffender sein als der der »Fuge«, doch tragen beide mit zu einer Begriffsverwirrung bei, die Kritiker nach ausgeformten barocken Modellen suchen ließen, welche sie in der Jazz-Komposition selbstverständlich nicht fanden[114]. Wenn einzelne Autoren ein Stück wie *Concorde* als *a full Parisian fugue which makes secondary use of the invention*[115] verstehen, so ist dies nur auf eine offensichtlich falsche Übernahme von Programmtexten zurückzuführen (vgl. den Auszug aus dem Tournee-Programm 1958/59, Anm. 113). Das Mißverständnis Wilfrid Mellers', der ansonsten ein starkes Einfühlungsvermögen für die Eigenarten des Jazz beweist, wiegt da schon schwerer. Mellers schreibt in einer Diskussion über *Versailles*:

112 Vielfach zitierte Anklänge an die Harmoniegrundlage des Standards *All The Things You Are* in Soloepisode I müssen eher als typische barocke Harmonieprogressionen angesehen werden, zumal da der Harmonieverlauf der Jerome-Kern-Ballade hier nicht genau verfolgt wird.

113 Vgl. Programmheft für eine Deutschland-Tournee 1958 oder 1959, o.O., o.J.: [*Vendome*]: *This composition illustrates the use of the invention, another counterpuntal formula using imitation but offering more in harmonic variety and having contrasting episodes which are improvised.* [*Concorde*]: *This composition* [...] *is our use of the full fugue. It is constructed like the invention using imitation of thematic material but in this case all three pitched instruments play equal roles in exposing and developing the principal musical idea.*

114 Der Terminus »Fuge«, der hier generell für die aufgelisteten Stücke von Lewis verwandt wird, ist insofern irreführend, als in den Jazzfugen des Modern Jazz Quartet wie auch in Beispielen anderer Musiker des Jazz die Regeln barocker Fugenkomposition selbstverständlich nur gerüsthaft eingehalten sind. In Anbetracht dessen, daß der Terminus *fugue* oder *jazz fugue* bei Musikern wie Kritikern gebräuchlich ist, scheint der Begriff als Sammelbezeichnung jedoch durchaus geeignet.

115 Jack Kenyon, *Modern Jazz Quartet Plays At Union*, in: *Schenectady Gazette* (23. März 1957)

John Lewis' jazz fugues, which are supposed to be influenced by Bach, have charm and a certain desiccated energy, though they are not fugues and are not jazz. Jazz polyphony implies tension between line and beat, Bachian polyphony involves tension between line and harmony (which includes beat, too). Lewis's Versailles has neither quality. As Bachian fugue, it lacks harmonic progression, and therefore a sense of growth from beginning to middle to end.[116]

Solches Verständnis von Jazzfugen ist nicht neu, sondern wurde bereits von Martin Williams sieben Jahre vor Mellers geklärt[117]. Williams zwar ist ebenfalls der Meinung, daß *Versailles* eher ein Mißerfolg unter den Jazzfugen von Lewis war, begründet sein Urteil allerdings mit dem Satz: *It reminds one of Bach and of the practice room.* Die Sprache barocker Musik muß, soll sie im Jazz erfolgreich angewandt werden, der Improvisationssprache der betreffenden Musiker so angeglichen sein, daß ein Bruch zwischen den beiden Bereichen möglichst gering gehalten bzw. höchstens als tektonisches Moment wahrgenommen wird.

Die Fuge ist, so betont Max Harrison[118], mehr Struktur als Form (*a texture, not a form*). *The jazz point of fugal pieces such as* Concorde *is the scope they allow for melodic independance, rhythmic continuity and harmonic tension.* Solche strukturellen Momente, schließt Harrison, stehen in der Tradition von Jazz wie Barockmusik und rechtfertigen daher die Übernahme konkreter Formmodelle.

Francis Davis versucht 1983 die Diskussion zu beenden, indem er feststellt: *I think we can at least say such pieces are fugues in the same general way »Lonely Woman« or »All Blues« is a blues.*[119] Tatsächlich muß es bei der Beurteilung von Kompositionen wie *Concorde*, *Versailles* oder *Three Windows* weniger darum gehen, inwieweit ein formales Vorbild erfüllt wird, das ja vom Komponisten gar nicht angestrebt war und dessen Verwirklichung im Rahmen des Jazz mit der Vorgabe von Improvisation geradezu unmöglich ist. Ein wichtiges Beurteilungskriterium dagegen ist die Feststellung einer Stringenz, welche in der Realisation, d.h. der Abfolge kompositorischer und improvisatorischer Teile, deutlich wird, ist also auch die Feststellung einer Folgerichtigkeit in der musikalischen Anlage, die Komposition und Improvisation verbindet. Das melodische Thema, eine rhythmisch eher dem Jazz als der barocken Musik zuzurechnende Diktion, die Einfassung der Improvisationschorusse oder Soloepisoden in passende Kompositionspartien, eine dynamische Abgeschlossenheit der Gesamtkomposition sowie die Benutzung verschiedener Tonarten-

116 Wilfrid Mellers, *Music In A New Found Land. Themes and Developments in the History of American Music*, New York 1967, S. 369

117 Martin Williams, *The Pleasure of Form*, in: *The Griffin*, ix/12 (Dezember 1960), S. 13 f.

118 Max Harrison *Modern Jazz Quartet: Concorde*, in: *Modern Jazz. 1945-1970. The Essential Records*, hg. von Max Harrison et al, London 1975, S. 49 f.

119 Francis Davis, *The Art of Fugue*, in: *Village Voice* (28. Juni 1983), S. 70; auch in: Francis Davis, *In The Moment. Jazz in the 1980s*, New York 1986, S. 230

stationen sind Bereiche, in denen der Komponist hier bereits im Vorplan zum Gelingen der Gesamtrealisation beitragen kann. Das Moment der Improvisation kommt scheinbar unkontrollierbar hinzu, ist aber – wie aus den zitierten Aussagen von Lewis deutlich wird – im kontinuierlichen Zusammenspiel einer personelle beständigen Gruppe nur ein Problem der wachsenden Vertrautheit mit dem zugrundeliegenden musikalischen Material.

Die verschiedenen kritischen Reaktionen auf die Fugenkompositionen von John Lewis verzeichnen, wie John Lewis selbst feststellt, eine kompositorische Entwicklung von *Vendome* zu *Three Windows*[120]:

> *Some of the music we've played,* Vendome *for instance, was very unnatural when we started playing. On the record it is not natural at all. Now it has become natural, but it has taken a long time.* Concorde *was better in that it had a more inherent rhythmic feeling of jazz, and even* Concorde *took time to find its correct rhythmic feeling, but now it's very good, sometimes.*[121]

Die Natürlichkeit, von der Lewis spricht oder die Assimilation ins Jazzidiom, die Martin Williams konstatiert[122], werden auch von anderen Autoren als Wertmaßstab für die Transposition der Fugenform in den Jazz herangezogen[123]. Eine Entwicklung hin zur Auflösung der Grenzen zwischen Komposition und Improvisation sowie zu einem natürlicheren Übergang vom Fugato in das teilweise thematisch unterlegte Sologeschehen läßt sich in den sechs im folgenden analysierten Kompositionen gut verfolgen.

120 Martin Williams, *The Inevitable Form in Modern Jazz*, in: *Jazz Journal*, xv/3 (März 1962), S. 19: *The MJQ's first fugue,* Vendome, *is quite academic and stiff, rather reflecting the apparent fussiness of giving it such a title. By* Concorde, *the written basis for contrapuntal improvising was only eight bars and the musical language war more assimilated into the jazz idiom. In* Versailles *and* Three Windows *we can hear what are really improvisational jazz-fugues, with no lingering echoes of the practice room.*

121 Zit. nach Francis Thorne, *An Afternoon with John Lewis*, in: *Jazz Review*, iii/3 (März/April 1960), S. 8 f.

122 Martin Williams, *The Inevitable Form in Modern Jazz*, S. 19, vgl. Anm. 114

123 Vgl. beispielsweise Burnett James, *Can't We Two Get Together*, in: *The Decca Book of Jazz*, hg. von Peter Gammond, London 1958, S. 232: *Both John Lewis and John Graas write contrapuntal jazz; but whereas Lewis' counterpoint has about it a sort of creative gusto which transcends form and technique, Graas' seems to have brought its good education with it, and thus sounds a little contrived, calculated and not quite true.*
Vgl. auch Joachim Ernst Berendt, *J.S. Bach und der Jazz*, in: *Jazz Echo* (August 1960), S. 40: *»Vendome« wurde der bekannteste Bach-Tribut des Modern Jazz Quartets, aber gewiß nicht der künstlerisch am meisten befriedigendste. Die Jazzmusiker und Jazzkritiker empfanden bald schon, daß man sich hier gar zu eng nicht nur in der Sprache, sondern auch in der Formenwelt Bachs bewege und daß darüberhinaus vieles, was nun einmal zum Jazz gehöre, zu kurz komme.*

Vendome

EXPOSITION I	»SOLOEPISODE I«	EXPOSITION II	»SOLOEPISODE II«
12 T.	16 T. (2x8)	6 T.	11 T.
Dreitaktiges Thema; komponierter Kon- Harmonie- trapunkt. Imitatorischer, um drei Takte verschobener Einsatz; vier Themenstatements, ab T. 6 variant	Vibraphon-Solo Achttaktige harmonische Grundlage, die ab T. 9 des Teils einen Halbton tiefer leicht variant wiederholt werden	Zweimaliges Themenstatement: 1. Pno (variant) 2. Vib (original)	Piano-Solo Fortlaufende progression; entspricht in Teilen der Soloharmonik für die spätere Lewis-Komposition »England's Carol«
Vib/Pno c-Moll	Vibraphon c-Moll (8 T.) f-Moll (8 T.)	Pno/Vib f-Moll	Piano f-Moll (Modulation)
KOMPOSITION	IMPROVISATION	KOMPOSITION	IMPROVISATION

EXPOSITION III	»SOLOEPISODE III«	STRETTA
21 T.	37 T.	13 T.
Zweimaliges Themenstatement in D-Dur; melodische Sequenz, harmonische Modulation; einmaliges Themenstatement (Vib) in e-Moll	Vibraphon-Solo Fortlaufende Harmonik, Rückmodulation nach c-Moll	Anderthalbtaktig verschobener imitatorischer Einsatz (Vib/Pno/Baß/Vib/Pno); Schlußkadenz mit Abschlußakkord C-Dur
Vib/Pno	Vibraphon	Vib/Pno/Baß
D-Dur/e-Moll	e-Moll/h-Moll/c-Moll	c-Moll (C-Dur)
KOMPOSITION	IMPROVISATION	KOMPOSITION

Das Thema von *Vendome*[124] (vgl. die ausführliche Analyse verschiedener Fassungen, S. 225 ff., sowie die Transkriptionen im Notenanhang) folgt in seiner ***straight*** gehaltenen Rhythmik, in der teilweisen Sequenzmelodik und in dem einfachen Dreiklangsbezug der Melodietöne zum zugrundeliegenden Harmoniegerüst einem üblichen Klischee barocker Melodiebildung. In den

124 Die analysierten Aufnahmen sind: New York 1952, Prestige 7749; New York 1953, Session SR 110; New York 1960, Atlantic LP 1325; Stockholm 1969, Atlantic SD-2603.

einander nicht entsprechenden Harmonieprogressionen der drei Soloepisoden sorgen Quintfallsequenzen, Akkordschlagakkompagnati des Klaviers (New York 1952 und New York 1953) und Oktavdurchgänge oder Tonwiederholungen in der Kontrabaßlinie für Anklänge an barocke Kompositionsmuster. Die Entwicklung, die in der Soloimprovisation der vier analysierten Versionen *Vendome* sowie in der Reaktion von Vibraphonisten und Pianisten aufeinander deutlich wird, läßt sich auch in den Reaktionen der improvisierenden Solisten auf den kompositorischen Rahmen nachzeichnen. Die rhythmische Uneinheitlichkeit zwischen komponierten und improvisierten Teilen, die Thomas Owens für die ursprüngliche Fassung konstatiert[125], wird in den späteren Versionen eingeebnet durch a. thematische Bezüge der Improvisationsstimme im direkten Anschluß an oder unmittelbar vor den komponierten Passagen (z.B. im Vibraphonsolo New York 1960, Takte 14 ff.; im Vibraphonsolo Stockholm 1960, Takte 26 ff.) und durch b. Kontrapunktik zwischen Solostimme und begleitenden Klavier-Riffs der ersten Soloepisoden. Das Problem der Vermittlung zwischen Kompositions- und Improvisationsabschnitten stellt sich vor allem im direkten Anschluß an die erste Themenexposition. Das Klaviersolo in der sparsamen Diktion von John Lewis ist auch in der frühen Fassung völlig in den Kompositionsrahmen integriert. Die beiden Soloepisoden des Vibraphons in der Version New York 1952 sind für sich gesehen wunderbare Beispiele für die Erfindungskraft des Improvisators Milt Jackson. Im Zusammenhang der Gesamtrealisation aber lassen sich in den beiden Frühfassungen gerade zu Beginn des ersten Improvisationsteils Brüche feststellen, die durch dynamisch sanftere Anschlüsse, durch melodisch-motivische Bezüge wie durch die kontramelodisch angelegte Riff-Begleitung des Klaviers in den beiden Versionen aus dem Jahre 1960 vermieden werden.

Concorde

Concorde wurde vom Modern Jazz Quartet in drei Studio-[126] und zwei Live-Einspielungen[127] aufgenommen. Martin Williams stellt in seiner Rezension der ursprünglichen Studioversion fest, *Concorde* sei eine wirkliche improvisatorische Jazzfuge: *As a matter of fact, the written basis of »Concorde« consisted of only eight measures of music; the rest was improvised.*[128] Thomas Owens,

125 Thomas Owens, *Improvisation Techniques of the Modern Jazz Quartet*, S. 80: *The composed parts are played stifly in straight eights, while the improvised sections are played in triplet eights, thus creating a discontinous impression in what is supposed to be a continous form.*

126 Hackensack, N.J. 1955, Prestige P7005; o.O., o.J., etwa Ende der fünfziger Jahre aufgenommen für eine Schallplattenbeilage zum PR-Heft *The Modern Jazz Quartet. A Book of Inventions*, Atlantic NE 581211-1A; New York 1963, Atlantic LP 1420

127 New York, 23. Januar 1955, Joker SM 3785; New York, 30. Januar 1955, Session SR 111

128 Martin Williams: *Jazz Masters In Transition*, New York 1970, S. 163.

EXPOSITION I	CHORUS I	ÜBERLEITUNG I	EXPOSITION II
31 T. (7+8+7+9)	32 T. (4x8)	4 T.	15 T. (7+8)
Siebentaktiges Thema und acht- bzw. neuntaktige Antwort; komponiertes Kontrasubjekt; Themenstatements jeweils in As-Dur; Antwort jeweils in A-Dur	Piano-Solo Form: ABAB'; A-Teile: thematische viertaktige Harmoniegrundlage über Tonika E-Dur (4 T.) und D-Dur (4 T.); B-Teil über Tonika C-Dur	Modulation	Thema in Es-Dur; Antwort in E-Dur
Baß: Thema Pno: Antwort Vib: Thema Baß: Antwort	Piano	Vibraphon/ Piano	Pno: Thema Vib: Antwort
As-Dur (A-Dur)	E-Dur/D-Dur/C-Dur	Modulation	Es-Dur (E-Dur)
KOMPOSITION	IMPROVISATION	KOMPOSITION	

CHORUS II	EXPOSITION III	CHORUS III	STRETTA
29 T. (12-17)	24 T. (7+8+9)	37 T. (8+8+11+10)	11 T.
Baß-Solo; Form: AA'; Harmoniegrundlage: Alternieren zwischen B-Dur und Es-Dur, zum Schluß Modulation; dialogisierende Begleitung (Vib/Pno)	Thema in b-Moll; Antwort in h-Moll; ständige Begleitung mit verwandten komkomponierten Kontrasubjekten (unter dem letzten Themenstatement in Imitation zwischen Vib + Pno)	Vibraphon-Solo; Form: ABAC A-Teile: thematische viertaktige Harmoniegrundlage über Tonika g-Moll (4 T.) und f-Moll (4 T.); B-Teile: Tonika b-Moll; C-Teil: Improvisation über Orgelpunkt Des-Dur	Imitativer Themeneinsatz im halbtaktigen Abstand; dabei: Baß in B-Dur, Pno in Es-Dur Vib in As-Dur
Baß	Vib: Thema Pno: Antwort Baß: Thema	Vibraphon	Baß/Pno/Vib
Es-Dur	b-Moll (h-Moll)	g-Moll/f-Moll/ b-Moll/Des-Dur	As-Dur (B-Dur/Es-Dur)
IMPROVISATION	KOMPOSITION	IMPROVISATION	KOMPOSITION

der für seine Kurzanalyse die Partitur zur Verfügung hatte, kann Aufschluß über die tatsächliche Kompositionslage geben:

In the score, Lewis gives each melodic instrument something definite to play at all times except during that instrument's solo. Thus, during the piano solo, the vibes and bass lines are completely notated.[129]

Tatsächlich ist die Ansicht Williams', außer acht komponierten Takten sei in *Concorde* alles improvisiert, unverständlich angesichts der deutlich arrangierten Partien beispielsweise in der viertaktigen Überleitung nach dem Klaviersolo oder in der Begleitung zum Kontrabaßsolo. Selbst wenn Williams keine weiteren Aufnahmen der Komposition zur Verfügung standen, hätte ihm im Vergleich beispielsweise der Einspielungen von *Concorde* und *Vendome* die viel stärkere kompositorische Durchformung im zeitlich späteren Stück auffallen müssen.

Eine Verschränkung zwischen Komposition und Improvisation findet in *Concorde* bereits in der melodisch-rhythmischen Anlage des Themas statt.

Der auftaktige Beginn zur dritten Zählzeit, die rhythmisch-synkopische Öffnung des eintaktigen Kopfmotivs, zwei Dreiviertel-Pausen je nach Ruf und Antwort der ersten vier Thementakte, die synkopischen Verschiebungen des komponierten Kontrasubjekts und die bereits in der Themenexposition jazz-gemäße rhythmische Diktion der festgelegten Melodik lassen selbst im Fugato der komponierten Exposition nicht den Eindruck einer Nachahmung barocker Musik aufkommen, sondern stellen gleich zu Beginn den Jazzcharakter heraus.

Dem chromatischen Moment der Komposition – der Comes entspricht in allen Expositionen einer Halbtontransposition des Dux nach oben – steht eine einfache Harmoniegrundlage der Improvisationschorusse gegenüber: In Klavier- und Vibraphonsolo wird die Harmonik des Themas in eine A B A B'-Form eingebunden, in welcher die B-Teile jeweils eine einfache lange Kadenz bilden. Das Baßsolo basiert auf dem bereits erwähnten statischen Pendel zwischen der Dominante B-Dur und der Tonika Es-Dur mit abschließender Modulation. Sowohl *Vendome* als auch *Concorde* enthalten modulierende Phasen in Kompositions- wie in Improvisationsabschnitten. In beiden Fällen ragt der mittlere Chorus – in *Vendome* das Klavier–, in *Concorde* das Baßsolo – als statisches Moment aus dem Gesamtkonzept heraus. Er bekommt in der stärkeren kompositorischen Formung durch fest arrangierte Begleitung in beiden Stücken, in *Vendome* zudem durch die beinahe komponiert wirkende Improvisationsmelodik des Klaviersolos, im Zusammenhang mit den umrahmenden Expositionen II und III den Charakter eines einheitlichen Mittelblocks.

129 Thomas Owens: *Improvisation Techniques of the Modern Jazz Quartet*, S. 84

Die Klaviersoli der drei Realisationen von *Concorde* aus dem Jahre 1955, aber auch Lewis' Solo von 1963 lassen im motivischen Bezug zur melodischen Themengestalt und in der Weiterführung der thematischen Improvisation tektonische und in Einzelheiten melodische Ähnlichkeiten des Chorusaufbaus erkennen. Das Baßsolo wird in der arrangierten Begleitung durch die Melodieinstrumente fest in das Kompositionskonzept eingebunden. Milt Jacksons Solo ist quasi der improvisatorische Höhepunkt der Realisationen, ihm steht folgerichtig der Schluß des Improvisationsabschnitts zu. In der Chorusabfolge läßt sich bereits im Vorplan eine Steigerung konstatieren, die dem Gesamtverlauf eine bündigere Form gibt als dies in *Vendome* der Fall war: 1. zum Teil thematisches Klaviersolo mit fest komponierter Begleitung durch Vibraphon und Baß, 2. Baßsolo mit dialogisierendem, ebenfalls – in den A-Teilen – komponiertem Akkompagnement durch Vibraphon und Klavier und 3. freieres Vibraphonsolo mit thematischer Riff-Begleitung durch das Klavier und abschließender Kadenzimprovisation über dem Orgelpunkt *Des*.

In der Position des Klaviersolos an erster Stelle ist ein wichtiges strukturbildendes Moment zu sehen. Lewis' Methode einer thematisch orientierten, relativ sparsamen Improvisation ist als Ausgangspunkt improvisatorischer Einschübe innerhalb der stark durchgeformten Komposition dem dynamischen Bogen des Gesamtarrangements angemessen. Der dynamischen Entwicklung der Solochorusse entspricht eine Entwicklung im Aufbau der komponierten Teile. Der ersten Exposition folgt eine kurze zweite Exposition, die zusammen mit dem Baßsolo und der hierunter arrangierten Begleitung durch die Melodieinstrumente einen zusammenhängenden Block bildet. Die ständige Begleitung mit nicht identischen, aber verwandten komponierten Kontrasubjekten führt zu einer kompositorisch stärkeren Durchformung der dritten Exposition. In der abschließenden Stretta wird im halbtaktigen Einsatz der Melodiestimmen das Thema auf drei Tonstufen ein letztes Mal exponiert: übereinander in B-Dur (Kontrabaß), in Es-Dur (Klavier) und in As-Dur (Vibraphon). Die Verklammerung der kompositorischen und improvisatorischen Entwicklung, die bereits im Arrangement angelegt ist, führt mit zum Erfolg der Gesamtrealisation.

Versailles

Versailles wurde vom Modern Jazz Quartet in einer einzigen offiziellen Fassung auf Schallplatte aufgenommen[130]. Ein Live-Mitschnitt vom Newport Jazz Festival 1956 erschien auf dem schwer zugänglichen Label VoA[131] und belegt den durchgängigen Improvisationscharakter des Stückes auch an Stellen engster motivischer Verflechtung. Eine dritte, leider unveröffentlichte Aufnahme von

130 Hackensack, N.J. 1956, Atlantic SD 1231. Eine Transkription der Komposition findet sich im Notenteil bei Thomas Owens: *Improvisation Techniques of the Modern Jazz Quartet*.

131 VoA J-110

EXPOSITION I	CHORUS I	ÜBERLTG. I	EXPOSITION II	CHORUS II
24 T. (6x4)	32 T. (4x8)	4 T.	16 T. (4x4)	32 T. (4x8)
viertaktiges Thema; improvisierter Kontrapunkt tonale Antwort	Piano-Solo; Form: AABA; thematisches Vib-Ostinato unter A; Duo-Improvisation (Vib/Pno) in B	Modulation	viermaliges Themenstatement	Baß-Solo; Form: AABA; ostinate Vib/Pno-Begltg. unter A; transponierte Harmoniegrundlage aus Chorus I
Vib: Thema Pno: Antwort Baß: Thema Vib: Antwort Pno: Thema Baß: Antwort	Piano (Vibraphon)	Vibraphon/ Piano	Vib: Thema Pno: Antwort Baß: Thema Vib: Antwort	Baß
C-Dur	C-Dur	Modulation	G-Dur	G-Dur
KOMPOSITION (Improvisation)	IMPROVISATION		KOMPOSITION (Improvisation)	IMPROVISATION

ÜBERLTG.II	EXPOSITION III	CHORUS III	ÜLTG.III	»ORGELPKT.«	STRETTA
4 T.	16 T. (4x4)	32 T. (4x8)	4 T.	8 T.	6 T.
Modulation	viermaliges Themenstatement	Vibraphon-Solo; Form: AABA thematisches Pno-Ostinato unter A; Kontramelodik unter B; transponierte Harmoniegrundlage aus Chorus I	Modulation	Vibraphon-Improvisation über achttaktigen dominantischen Orgelpunkt (G-Dur), mit Ziel auf abschließende Stretta	taktweise verschobener imitatorischer Einsatz (Pno/Vib/Baß) jeweils nur Statement der ersten Themenhälfte
Vibraphon/ Piano	Baß: Thema Vib: Antwort Pno: Thema Baß: Antwort	Vibraphon	Vibraphon/ Piano	Vibraphon	Piano/ Vib/Baß
Modulation	F-Dur	F-Dur	Modulation	(C-Dur)	C-Dur
IMPROVISATION	KOMPOS. (Improv.)	IMPROVISATION			KOMPOSITION

einem Konzert in Freiburg aus dem Jahre 1956 zeigt in einer »perfekten« Version nicht nur die Möglichkeiten, die in der Komposition stecken, sondern zugleich die Notwendigkeit der wachsenden Vertrautheit mit dem Material, auf die John Lewis hinwies. Die kritischen Reaktionen auf die Komposition – in der originalen Studioeinspielung – gehen weit auseinander. Die Urteile durch Wilfrid Mellers und Martin Williams, nach welchen das Stück keineswegs ein Meisterwerk von Lewis sei, wurden bereits zitiert. John Lewis selbst sieht *Versailles* als eine wichtige Station der Emanzipation vom Vorbild, also der klassischen Fuge, hin zu einer jazz-inhärenten Form:

> *Bei dem kleinen Stück »Versailles«, in dem auch eine »klassische« Form – die Fuge – als Vorbild benutzt wurde, bin ich nicht der Meinung, daß diese viel mit dem Vorbild zu tun hat, dessen bekannteste Beispiele von Bach stammen. Wir haben vielmehr begonnen, an einer neuen Spielauffassung zu arbeiten, die der Schöpferkraft des Improvisators freieren Raum gibt und trotzdem strengere Formen schafft als bisher.*[132]

Erst im Vergleich mit der überaus gelungenen Realisation der leider nicht veröffentlichten Freiburger Aufnahme zeigt sich vollends das Manko der publizierten Studioeinspielung. Der Hauptunterschied zwischen Hackensack und Freiburg läßt sich an vier Punkten exemplifizieren:

1. Das Tempo wird angezogen von ♩ = 220 (Hackensack) auf ♩ = 249 (Freiburg).
2. Das komponierte Thema geht in Freiburg sehr viel fließender in den improvisierten Kontrapunkt über. Dies zeigt sich insbesondere in Milt Jacksons Vibraphonparts der einzelnen Expositionen.
3. Chorus II (Baßsolo) ist deutlicher als Baß-Feature zu erkennen als in der Studioaufnahme, in der der Baß nur schwer zu hören ist. Die ostinaten Begleitphrasen von Vibraphon und Klavier treten mehr in den Hintergrund. Sie sind in den A-Teilen komponiert, in den B-Teilen improvisiert und wirken in der Live-Aufnahme viel freier, fast wie ein spontan erfundenes Akkompagnement.
4. Die Vibraphon-Improvisation im dritten Chorus, in der Überleitung und über dem auf die Stretta hinführenden Orgelpunkt ist in Freiburg deutlich virtuoser als in Hackensack. Während Jackson in der Studioaufnahme eine rhythmisch gleichmäßige Melodielinie spielt und sich auch dynamisch nur innerhalb einer engen Bandbreite bewegt, ist sein Solo in Freiburg personaltypische Improvisation mit intrikat ausgeformter Rhythmik, direkter Reaktion auf die Riff-Begleitung des Pianisten und einer harmonischen Konzeption, die vom reinen *running the changes* wegführt.

Der formale Aufriß von *Versailles* entspricht in der Aufeinanderfolge von Exposition und Chorussen sowie in der Instrumentalverteilung der einzelnen

132 Zit. nach Joachim Ernst Berendt, *Das große Jazzbuch*, Frankfurt/Main 1981, S. 421

Soloepisoden dem Aufbau von *Concorde*. In den Expositionen sind hier tatsächlich nur das viertaktige Thema und seine tonale Antwort festgeschrieben. Die einzelnen Fortspinnungen sowie Kontrapunkte von Vibraphon und Klavier sind improvisiert. Wie in *Concorde* werden alle drei Soloepisoden durch Ostinati in den A-Teilen begleitet. Anders als in *Concorde* entsprechen sich alle drei Solochorusse im komponierten Harmoniegerüst. Die Aufgabe der Modulation zu neuen Tonarten wird von jeweils viertaktigen Überleitungen übernommen, die zwischen den Improvisationschorussen und dem nächsten komponierten Teil stehen. In der Studioaufnahme fehlen Kontraste, die zu einem dynamisch interessanten Bogen innerhalb der Gesamtrealisation führen könnten. Das viertaktige Thema, das als Ostinato auch jeden Chorus begleitet, wirkt über lange Strecken zu eintönig, wenn nicht zumindest in den Soloteilen die Improvisationsstimme ein dynamisches Gegengewicht zum durchgängigen Ostinato bildet. Der relative Mißerfolg der Studioaufnahme ist auf das Fehlen eines komponierten und somit durchdachten Kontrasubjekts sowie auf die mangelnde Vertrautheit des Quartetts mit dem Stück zurückzuführen, die letztlich auch erklärt, daß eine interessante Kontramelodik in den Themenexpositionen nicht zustande kommt. Lewis plant deutlich einen dynamischen Verlauf, wie er bereits *Concorde* zugrundeliegt, d.h. eine langsame Entfernung von der thematischen Grundlage hin zur Kulmination des virtuosen Vibraphonsolos. Lewis plant aber auch eine völlige Verwischung der Grenzen zwischen Komposition und Improvisation. Der Verzicht auf einen komponierten Kontrapunkt in den Expositionen soll zu einem durchgängigen improvisatorischen Element führen, das somit Thema und Solopartien miteinander verbindet.

In einer gelungenen Realisation wie der Freiburger Aufnahme zeigt sich, daß dieser Grundgedanke für *Versailles* tatsächlich zu einem faszinierenden Ergebnis führen kann. Das Vorhandensein kompositorischer und improvisatorischer Elemente über die gesamte Dauer des Stückes hinweg – Komposition in den Expositionen wie den Begleitostinati der Chorusse und Improvisation in den Kontrapunkten wie den Solochorussen – bietet eine interessante Lösungsmöglichkeit für das Problem der Vermittlung zwischen beiden Bereichen. Mehr als in allen anderen Aufnahmen des Modern Jazz Quartet aber beweist *Versailles*, wie sehr der Erfolg solch einer Realisation von der augenblicklichen Situation während der Einspielung abhängig ist, d.h. von der Verfassung der individuellen Musiker wie von der allgemeinen Vertrautheit mit dem zugrundeliegenden Material.

A Fugue For Music Inn

A Fugue For Music Inn wurde vom Modern Jazz Quartet zusammen mit dem Klarinettisten Jimmy Giuffre Ende August 1956 aufgenommen[133] (vgl. die

133 Lenox, Mass. 1956, Atlantic 1247

EXPOSITION I	CHORUS I	EXPOSITION II	CHORUS II
14 T. (6x4)	32 T. (4x8)	8 T. (2x4)	32 T. (4x8)
viertaktiges Thema in tonaler Beantwortung; freier (improvi- sierter Kontra- punkt)	Form: AABA Kollektiv- improvisation aller Instrumente	einmaliges Statement von Thema und Antwort	Form: AABA Kollektiv- improvisation; andere harmo- nische Grundlage als Chorus I
Baß: Thema Cl: Antwort Vib: Thema Pno: Antwort Cl: Thema Vib: Antwort	Klarinette/ Vibraphon/ Piano/Baß/ Schlagzeug	Vib: Thema Cl: Antwort	Klarinette/ Vibraphon/ Piano/Baß/ Schlagzeug
c-Moll	c-Moll	g-Moll	g-Moll
KOMPOSITION (Improvisierter Kontrapunkt)	IMPROVISATION	KOMPOSITION (Improvisierter Kontrapunkt,Pno)	IMPROVISATION

EXPOSITION III	CHORUS III	INTERLUDIUM	CODA
16 T. (4x4)	32 T. (4x8)	8 T.	6 T.
zweimaliges Statement von Thema und Ant- wort, jeweils in Umkehrung der Original- melodik	Form: AABA Beginn aus der Originalthemen- melodik heraus; Vibraphonsolo, Harmoniegrund- lage wie Chorus I	Harmonische Bewegung im Quintenzirkel abwärts; am Ende Kadenz zum Schluß- thema	Themenstatement in Original (Vibraphon) und Umkehrung (Baß); eintaktig ver- setzt Original- thema in der Klarinette
Pno: Thema Cl: Antwort Baß: Thema Vib: Antwort	Vibraphon	Vibraphon (Klarinette/ Piano)	Klarinette/ Vibraphon/ Baß
c-Moll	c-Moll	(c-Moll)	c-Moll
KOMPOSITION (Improvisierter Kontrapunkt, Cl, Pno)	IMPROVISATION		KOMPOSITION

Transkription im Notenanhang). Giuffre selbst hatte in jenen Jahren mit seinen Gruppen formale Experimente durchgeführt und auch die Idee des improvisierten Kontrapunktes sowie der Kollektivimprovisation in seiner Musik verarbeitet.

Das Modern Jazz Quartet und das Jimmy Giuffre Trio sollten 1957 zwei weitere Kompositionen aufnehmen, in denen die Idee kontrapunktischer spontaner Improvisation fortgeführt wurde, *Da Capo* von Lewis und *Fine* von Giuffre.

Das melodische Thema der *Fugue For Music Inn* nimmt vier Takte ein. Hierin wie auch im formalen Aufbau des Arrangements überhaupt erinnert das Stück an den Grundplan von *Versailles*. Auch in *A Fugue For Music Inn* ist das kompositorische Element in den einzelnen Expositionen weitestgehend zurückgenommen, mit jeweils improvisiertem Kontrapunkt und somit fließendem Übergang in die Improvisationsteile. Eine Variante wie die Umkehrung der Originalmelodik in der dritten Exposition sowie in der Baßstimme der Coda wird im Zusammenhang der Gesamtrealisation kaum als melodische Änderung wahrgenommen. Der wichtigste Unterschied zu *Versailles*, *Concorde* und *Vendome* ist die sicher abgesprochene fast kollektive Improvisation in allen Chorussen. Diese scheint das adäquate Pendant zum Moment verschiedener gleichzeitiger Kontrapunkte in den Expositionen zu sein. Tatsächlich zerfließen die Grenzen zwischen den Expositionen und den anschließenden Chorussen in *A Fugue For Music Inn* stärker als es in den bisher analysierten Beispielen der Fall war.

Zwar stehen in Chorus I die Klarinette und im abschließenden Chorus das Vibraphon im Vordergrund, doch kommt es in der Begleitung neben dem bloßen Comping des Klaviers, einfachen Riffs des Vibraphons oder längeren Haltenoten der Klarinette immer wieder zu kurzen melodischen Reaktionen auf die hervortretende Stimme, so daß die gemeinsame Erfindung in diesen Solochorussen bestimmend ist. Der zweite Chorus ist wahrscheinlich als Klaviersolo gedacht[134], doch werden die reagierenden Begleitstimmen innerhalb der ohnedies luftigen Spielweise des Pianisten zu Ergänzungen der melodischen Erfindung John Lewis'. Im Verlauf des Chorus läßt sich feststellen, daß alle Ideen, die in der Kommunikation der drei Melodiestimmen weitergeführt werden, ursprünglich von einer Klavierphrase ausgehen. Der stete Wechsel im Hervortreten einzelner Instrumente, deutliche motivische Bezüge zwischen den improvisierten Stimmen, das Aufgreifen eines Melodiepartikels oder einer rhythmischen Floskel, das Zusammengehen und wieder Auseinandertreten zweier Einzelstimmen, all diese Momente musikalischer Verflechtung sind Ergebnisse des improvisatorischen Aufeinanderhörens. Klarinette, Vibraphon und Klavier spielen luftige, fragile Melodielinien, die jeweils die Stützung durch die Parallelerfindung der anderen Musiker benötigen und erst im Gesamt des Zusammenspiels einen befriedigenden Chorus ergeben.

Das Accelerando in der Überleitung zur Coda und das kurze, aber schnell gespielte Themenstatement zum Ende des Arrangements produzieren keinen wirklich befriedigenden Abschluß der Realisation. In *A Fugue For Music Inn* zeigt sich einmal mehr jenes Problem, das bereits in der Analyse von *Vendome*

134 Thomas Owens versteht diesen Chorus als Klaviersolo. Vgl. Thomas Owens, *Improvisation Techniques of the Modern Jazz Quartet*, S. 86.

angemerkt wurde: Wenn auch weitgehende Einzelmomente der Realisation im Höreindruck außerordentlich gelungene Resultate erzielen, so kann doch die Gesamtrealisation zu wünschen übrig lassen, wird die Tektonik des dynamischen Ablaufs im Arrangement nicht vollkommen berücksichtigt. Die Steigerung hin zum zweiten Chorus und das erneute Ansetzen zum virtuoseren Vibraphonsolo verlangen eine deutliche Rückführung zum thematischen Schluß, eine Forderung, die im Arrangement durch die Überleitung mit Quintfallsequenz und Kadenz zur kurzen thematischen Coda kaum eingelöst wird. In dem Aussetzen der Schlagzeugbegleitung unter dem letzten Interludium wirkt das Ende von *A Fugue For Music Inn* fast surreal. Wie sich im Vergleich verschiedener Fassungen von *Versailles* feststellen ließ, können solche Schwachstellen des Arrangements eventuell durch solistische Erfindungen ausgeglichen werden, durch ein »natürliches Formgefühl« quasi, das die Gerüstteile des Arrangements verbindet. Da die Komposition hier für eine singuläre Gelegenheit geschrieben wurde, ist sie nie ins Repertoire des Modern Jazz Quartet übernommen worden, gibt es also auch keine Vergleichsaufnahme. Die wunderbare Kollektivimprovisation von Klarinette, Vibraphon und Klavier erreicht in *A Fugue For Music Inn* eine außerordentliche Qualität, die durch das Manko formaler Geschlossenheit der Gesamtrealisation nicht geschmälert werden kann. Dennoch muß man sich gerade im Fall der Übernahme von Gerüstmodellen, welche dem Jazz ein formal strengeres Gesicht geben sollen, der Schwächen einer nicht befriedigend geschlossenen Realisation bewußt sein. In seiner nächsten Fugen-Komposition, *Three Windows*, hat John Lewis ohne Zweifel die Aufgabe einer Jazzfuge am gelungensten gelöst.

Three Windows

Three Windows wurde von John Lewis für den Film *»Sait-On Jamais«* geschrieben, am 23. August 1957 auf Schallplatte eingespielt[135] und ist die einzige seiner Fugen-Kompositionen, die das Modern Jazz Quartet in den achtziger Jahren wieder in sein Repertoire aufnahm. Mehr noch als die Originaleinspielung des Quartetts erregte ein Streicherarrangement Aufmerksamkeit, das Lewis für eine Schallplattenproduktion mit dem Stuttgarter Sinfonieorchester schrieb[136]. Auch der Wiederaufnahme ins Achtziger-Jahre-Repertoire des Modern Jazz Quartet ging ein Streicherarrangement für das Quartett und Kammerorchester voraus[137].

Von den Kritikern – auch denen eines in der Hauptsache »klassischen« Festivals wie der Musiktage in Donaueschingen – wurde die Komposition relativ einhellig als ein Höhepunkt der Beschäftigung mit fugalen Modellen im

135 New York 1957, Atlantic 1284. Eine Transkription dieser Realisation findet sich im Notenanhang bei Thomas Owens: *Improvisation Techniques of the Modern Jazz Quartet*.

136 Stuttgart 1958, RCA-Victor LPM 1742

137 New York 1987, Atlantic/WEA 254 833-1

EINLEITUNG	EXPOSITION I	CHORUS I	EXPOSITION II
4 T.	24 T. (6x4)	32 T. (4x8)	16 T. (4x4)
Gleichmäßiger Fingerzymbel-Rhythmus	*»The Golden Striker«* je 4 T. Thema 1 und je 2 x 4 T. Kontrasubjekte 1 und 2; Stimmeneinsatz nach je 4 T.; tonale Antwort; letzte Antwort (Baß) ohne Kontrasubjekt	Vibraphon-Solo Form: AABA; Harmoniegrundlage des A-Teils entspricht Thema 1 und Kontrasubjekt 1; Harmoniegrundlage des B-Teils: Quintenzirkelprogression	*»Cortege«* Thema 2 und Kontrasubjekt 3 in Baß + Pno; Thema 1 im Vib; Stimmeneinsatz nach je 4 T.; thematische Fortspinnungen
Schlagzeug	Vib: Thema 1 Pno: Antwort 1 Baß: Thema 1 Vib: Antwort 1 Pno: Thema 1 Baß: Antwort 1	Vibraphon	Baß: Thema 2 Vib: Antwort 1 Pno: Thema 1 Baß: Antwort 2
	c-Moll	=	f-Moll
	KOMPOSITION	IMPROVISATION	KOMPOSITION

CHORUS II	EXPOSITION III	CHORUS III	CODA
26 T. (6+6+68+6)	26 T. (10+ 4x4)	32 T. (4x8)	29 T. (16+13)
Baß-Solo Form AABA; Begleitung in den A-Teilen thematisch (Vib: Thema 2); in den B-Teilen freier (Riff)	*»The Rose Truc«* Thema 3 ohne Kontrasubjekt; dann übereinander: Thema 1, 2 und 3; augmentierte zehntaktige Vorstellung von Thema 3 (Pno); Übereinanderschichtung der drei Themen innerhalb des Taktes versetzt	Piano-Solo Form: AABA; Harmoniegrundlage entspricht Chorus I	Fugierter Einsatz der 3 Themen, jeweils vom Expositionsinstrument gespielt (1: Vib; 2: Baß; 3: Pno); viermaliger Themeneinsatz: f-Moll, ges-Moll, d-Moll, es-Moll; Abspaltung der Themenköpfe
Baß	Pno: Thema 1 Pno/Vib/Baß: Thema 1/2/3 übereinander	Piano	Baß: Thema 2 Vib: Thema 1 Pno: Thema 3
f-Moll	f-Moll (T. 1-10) c-Moll (T. 11-26)	c-Moll	f-Moll/ges-Moll/ d-Moll/es-Moll/ f-Moll/cis-Moll/ d-Moll/c-Moll (Schlußakk.: C-Dur)
IMPROVISATION	KOMPOSITION	IMPROVISATION	KOMPOSITION

Jazz betrachtet[138]. Wilfrid Mellers begründet den Erfolg von *Three Windows* mit zwei Argumenten:

> *The academic counterpoint comes off here, partly because it is simple and does not get in the way of the swing, partly because it has a dramatic purpose.*[139]

Die Struktur von *Three Windows* ist bedeutend komplexer als die der vorangehenden Fugen. Erstmalig verwendet Lewis drei verschiedene Themen, außerdem mehrere komponierte Kontrasubjekte. Die Themen sind aus den Hauptmotiven dreier Charakterkompositionen zu *»Sait-On Jamais«* abgeleitet: Thema 1 aus *The Golden Striker*, Thema 2 aus *Cortege* und Thema 3 aus *The Rose Truc*.

Der schichtweise Aufbau mit Vorstellung je eines neuen und Beibehaltung der bereits bekannten Themen in den drei Expositionen bedingt im Verlauf der kompositorischen Entwicklung eine Zunahme musikalischer Verflechtung. Der ungleichmäßige Beginn der übereinandergesetzten Themen sorgt für eine Verschiebung der Schwerpunkte innerhalb der Melodielinien der einzelnen Instrumente, so daß der komplexe Charakter der Übereinanderschichtung dreier thematischer Gebilde noch verstärkt wird. Die thematische Begleitung zum Vibraphon- wie zum Baßsolo stellt eine enge motivische Verbindung zu den umgebenden komponierten Expositionen her. Im thematischen Bezug durch Vibraphon- und Klavierakkompagnement unter dem Baßsolo wirkt die

138 Vgl. Max Harrison, *Looking Back at the Modern Jazz Quartet*, in: *The Art of Jazz*, hg. von Martin Williams, New York 1958 (Reprint New York 1981), S. 226: *Three Windows* [...] *must be one of the most formally elaborate pieces of jazz yet produced.* Vgl. auch Bernd Müllmann, *Zeitgenossen haben das Wort. Donaueschingen*, in: *musica*, 12 (1957), S. 723.

139 Wilfrid Mellers, *Music In A New Found Land*, S. 361

Zusammenfassung von Exposition II und Chorus II wie ein großer Mittelblock mit statischem Themenostinato über der Baßimprovisation. Die Verkürzung der A-Teile der zugrundeliegenden Reprisenbarform auf sechs Takte unterstützt einen solchen Eindruck, genauso wie die eher zurückhaltende, auf der Wiederholung von Motivfloskeln basierende Baßimprovisation.

Durch das Aussetzen der bis dahin durchgängigen Baß- und Schlagzeugbegleitung unter dem augmentierten Einsatz des dritten Themas (Beginn von Exposition III) wird eine dynamische Rücknahme erreicht, die mit der Übereinanderstellung aller drei im Takt verschobenen Themen ab Takt 11 dieser Exposition stark kontrastiert. Das zwischen die letzte Exposition und die Coda geschobene Klaviersolo über dieselbe Harmoniegrundlage wie Chorus I schließlich bereitet auf die abschließende kompositorische Steigerung der Coda vor, in der alle drei Themen – jeweils vom Instrument gespielt, das sie exponierte – übereinandergesetzt, sequenziert und durch Abspaltungen verkürzt werden, um so mit einer Augmentation der Themenköpfe das Arrangement zu beenden.

Es läßt sich in *Three Windows* eine zweiteilige Konzeption feststellen. Eine erste Steigerungsgruppe mit zwei thematischen Expositionen, eingeschlossenem Vibraphonsolo und abschließendem thematisch statischen Teil (Baßsolo) geht einer zweiten Steigerungsgruppe voran, in welcher wiederum zwei komponierte thematische Komplexe ein Instrumentalsolo (die Klavierimprovisation) einschließen. Jede dieser Steigerungsgruppen beinhaltet einen mehr oder weniger thematischen Vorspann – die rhythmische Einleitung vor Exposition I und das augmentierte dritte Thema zu Beginn von Exposition III – sowie eine Zunahme in der kompositorischen Satzverflechtung – Einführung eines zweiten Themas in Exposition II und fugierter Einsatz aller drei Themen in der Coda. Die Verbindung der beiden Steigerungsgruppen ist durch die das gesamte Arrangement durchziehenden thematischen Beziehungen gegeben. Eine fließende Überleitung vom Vibraphon- bzw. Klaviersolo zu den jeweils nachfolgenden Expositionen kommt durch den Expositionseinsatz zustande. Das erste Themenstatement nämlich wird jeweils vom Kontrabaß intoniert, während die zuvor improvisierende Instrumentalstimme ihren Improvisationsduktus fortsetzt, um dann mit in den thematischen Fugenaufbau einzustimmen. Diese Vermittlung zwischen Chorus und Exposition ist besonders gut in der veröffentlichten Konzertfassung Donaueschingen 1957[140] zu hören.

In dem Arrangement für Modern Jazz Quartet und Kammerorchester (1987), das in den achtziger Jahren auch als Transkription für Quartett allein benutzt wird, nimmt Lewis sowohl in der Struktur der verschiedenen Expositionen als auch im Aufbau der Improvisationschorusse Veränderungen vor. Komponierte Teile ragen sehr viel stärker in die Improvisationsstrukturen der Chorusse hinein. Die Reprisenbarform des ursprünglichen Arrangements wird durch komponierte (thematische) Passagen aufgebrochen, auch der letzte blockhafte Effekt

140 MPS 68.161; auch auf Ingo 12. In der Bridge des Klaviersolos beachte man eine Phrase, die dem Klaviersolo in *Fontessa* entlehnt ist.

so zumindest in der Quartett-Transkription vermieden. Das dritte Thema wird bereits in der Baßpassage der Exposition II vorgestellt. Exposition II und zweiter Chorus wachsen noch enger zusammen als dies bereits im Originalarrangement der Fall war. Lewis benutzt ein in der Aufnahme New York 1957 improvisiertes Baßzitat[141], um es quasi als viertes Thema in der zweiten Exposition durchzuführen. Insgesamt gesehen stellt die Fassung aus den achtziger Jahren höchstens eine Steigerung ins Komplexe des Arrangements dar, vermindert dabei aber die Durchsichtigkeit der Originalkomposition. Ein Pluspunkt der Version von 1957 nämlich war gerade, daß trotz des komplexen Aufbaus einer Tripelfuge mit eingeschobenen Chorusepisoden durch die Gliederung in zwei Steigerungsgruppen sowie durch die Benutzung auch der traditionellen Reprisenbarform eine Orientierung innerhalb des Aufbaus für den Hörer von vornherein gewährleistet war.

Das Auseinanderbrechen gerade der Improvisationsteile im Arrangement von 1987 führt auch zum Verlust eines Zusammenhaltes innerhalb der solistischen Erfindung, der für den Aufbau eines befriedigenden Solos unbedingt vonnöten ist. Sicher ist es in Einzelfällen möglich, in acht- oder sechzehntaktigen Solopassagen interessante improvisatorische Statements abzugeben. Doch wenn ein Chorus wie im Vibraphonsolo viermal von längeren Kompositionspartien unterbrochen, der Solist im Streicherarrangement auch in improvisierten Teilen durch stark hervortretende thematische Melodik begleitet wird, läßt sich außer klischee-haften Phrasen nur wenig wirklich interessante Improvisation bieten. Der Vorwurf der *pretentiousness*, der Lewis gerade wegen seiner Fugen-Kompositionen oft gemacht wurde, trifft weniger auf das in seinen Übergängen der Gesamtplanung »organisch« wirkende Originalarrangement von *Three Windows* zu als vielleicht eher auf die überarbeitete Version von 1987, insbesondere die publizierte Einspielung mit Kammerorchester.

Fugato

Wie *Three Windows* stammt auch *Fugato*[142] aus einem Kompositionszyklus, diesmal der Ballettmusik zu *»Original Sin«*. In der durchkomponierten Originalfassung wurde das Stück unter dem Titel *Expulsion From The Garden of Eden* als Finale der Ballettmusik aufgenommen[143]. Im Arrangement für das Modern Jazz Quartet übernimmt Lewis große Teile des komponierten Originals und fügt zwei Instrumentalchorusse ein, ein Vibraphonsolo in traditioneller Reprisenbarform und ein Klaviersolo, das auf einer varianten Verkürzung der Harmoniegrundlage von Chorus I basiert. Die A-Teile der Reprisenbarform entsprechen

141 Das Zitat ist das bekannte Thema aus dem *Schwanensee* von Peter Tschaikowski.

142 New York 1962, Atlantic 1382

143 New York 1961, Atlantic SD 1370

EXPOSITION I	CHORUS I	INTERLUDE I	EXPOSITION II
18 T.	32 T. (4x8)	8 T.	8 T.
je viertaktiges Thema, viertak- tiges Kontra- subjekt, Kontrapunkt, tonale Antwort; Thema + Kontra- sunjekt bilden die Harmonie- grundlage der Chorus-A-Teile	Vibraphon-Solo Form: AA'BA'........................ A: a-Moll A': d-Moll B: Improvisation über 2x4 T. Orgelpunkt: 4 T. *as*, 4 T. *a* A': d-Moll	 ..A (a-Moll)	Einmaliges Statement von Thema und tonaler Antwort im Klavier
Baß: Thema Pno: Antwort Vib: Thema Baß: Antwort	Vibraphon	Vibraphon (+ Piano)	Piano
a-Moll	a-Moll/d-Moll	a-Moll	a-Moll
KOMPOSITION	IMPROVISATION	KOMPOSITION	

INTERLUDE II	CHORUS II	STRETTA
18 T.	28 T. (8+8+12)	15 T. (8+7)
	Piano-Solo Form: AA'B A: a-Moll A': d-Moll B: Improvisation über Orgel- punkte 4 T.: *as* 4 T.: *a* 4 T.: *e* 4 T.: *E*	Einmaliges Statement von Thema und tona- ler Antwort im Unisono /Vib/Pno); Kadenz nach a-Moll; Schlußakkord: G-Dur
Piano (+ Vibraphon)	Piano	Vibraphon + Piano
F-Dur/G-Dur/ a-Moll	a-Moll/d-Moll	a-Moll (G-Dur)
KOMPOSITION	IMPROVISATION	KOMPOSITION

dabei dem harmonischen Ablauf von Thema und komponiertem Kontrasubjekt in der Exposition.

In der harmonischen Anlage von Chorus I und komponiertem Interludium I ist eine Art pyramidenhafter Aufbau feststellbar mit den achttaktigen Außenteilen in a-Moll, A2 und A3 in d-Moll und der Bridge über je viertaktigen Orgelpunkten auf *as* und a. Eine Verklammerung zwischen Komposition und Improvisation versucht der Arrangeur Lewis auch in der zweiten Hälfte der Komposition. Nach Exposition II schreibt er ein achtzehntaktiges, im Grobgerüst komponiertes, in Einzelheiten etwas freieres Interludium vor, das in der Hauptsache vom Klavier gespielt wird und aus dem heraus das Klaviersolo beginnt.

Insbesondere das Vibraphonsolo zeigt die typische virtuose Erfindungsgabe Milt Jacksons über zum Teil thematischer Klavierbegleitung und mit einer Steigerung hin zum Ende des Chorus. Hier markiert die rhythmisch variante Wiederholung einer aus dem Thema abgeleiteten Melodiefloskel deutlich den Höhepunkt der Vibraphonimprovisation.

Lewis' Solo dagegen ist nur an wenigen Stellen aus der komponierten Umgebung herausgehoben. Die motivische Durchformung seines extrem sparsamen Solos sowie die deutliche Absprache eines Arrangements ab der Bridge des Chorus, in der Lewis einzig Ton- oder Akkordwiederholungen mit nur kleinen melodischen Abweichungen über dem zugrundeliegenden Orgelpunkt spielt, lassen die gesamte zweite Hälfte der Realisation wie eine fast durchkomponierte Einheit erscheinen.

Die formale Einbettung des Vibraphonsolos in den Zusammenhang des Arrangements resultiert in einer gelungenen Verbindung zwischen Komposition und Improvisation, in welcher die Eigenheiten beider Bereiche nicht verwischt werden. In *Fugato* ist zudem ein Selbstbewußtsein nicht nur des Komponisten, sondern aller Musiker im Umgang mit Elementen der Jazzfuge zu spüren, im deutlichen Unterschied beispielsweise zur Einspielung von *Vendome*.

Das Gesamtarrangement *Fugato* allerdings scheint sich zu dem zielstrebigen, hervorragenden Vibraphonsolo im ersten Chorus und dem schweren kompositorischenBlock der zweiten Hälfte, aus dem sich das Klaviersolo kaum hervorhebt, »kontradynamisch« zu verhalten. *Fugato* war in erster Linie eine Arbeit für das Ballettprojekt *»Original Sin«*. Die Änderungen, die Lewis vornahm, um aus dem durchkomponierten Orchesterstück ein Jazz-Feature mit Fugenexpositionen und Improvisationschorussen zu machen, gehen augenscheinlich in der formalen Anlage nicht weit genug. Insbesondere angesichts von Fugen-Kompositionen wie *Concorde*, *Versailles* und *Three Windows*, in denen sowohl in der kompositorischen Anlage als auch in der Verteilung und Struktur der Improvisationsteile eine zielgerichtete Entwicklung festzustellen war, wird die eher kurzsichtige, mehr auf die direkte Umgebung als auf den Gesamtzusammenhang gerichtete Konzeption in *Fugato* zu einem weniger gelungenen Beispiel Lewisscher Fugenkomposition.

Piazza Navona und Pulcinella

Piazza Navona und *Pulcinella*, beides Teilkompositionen aus der Suite *The Comedy* bedienen sich eines anderen Moments barocker Musik als dem der Fuge. Hier werden deutliche Anklänge an das barocke Concerto hörbar. Ausführliche Analysen im Kapitel über die Suiten von John Lewis (vgl. S. 267 ff. und S. 270 ff.) verweisen auf den konzertierenden Charakter beider Kompositionen in ihren Originalversionen für Blechbläserensemble. Im Konzertrepertoire des Modern Jazz Quartet, in dem sie teilweise in Auszügen aus *The Comedy* gespielt wurden, ist die Konzert-Anlage weniger klar als in der ursprünglichen Fassung.

The Queen's Fancy

Eine vielzitierte Übernahme aus europäischer Konzertmusik liegt in *The Queen's Fancy*[144] vor. Die Komposition war aus Anlaß der Krönung Elisabeth II.

144 New York 1953, Prestige 7749

von England geschrieben worden. Lewis benutzt in der Einleitungs-»Fanfare« ein Zitat des englischen Renaissancekomponisten Giles Farnaby[145]. Herbert Hellhund[146] deutet auf die Übernahmen aus europäischer Konzertmusik hin, die in *The Queen's Fancy* von Lewis verwandt werden. Außer der Übernahme von Farnaby nennt Hellhund Variationen und motivische Entwicklung, Sequenzen, Ostinato- und Orgelpunktpassagen, die an *Verfahrensweisen insbesondere der Barockkomposition* erinnern. Es sind dies alles – Hellhund weist auch darauf hin – für das Modern Jazz Quartet insgesamt charakteristische Momente, die aber im Zusammenhang mit dem motivisch bestimmenden, in seiner fanfarenhaften Wirkung herausragenden Zitat in *The Queen's Fancy* stärker wahrgenommen werden als in anderen Kompositionen. Tatsächlich entspricht der formale Ablauf dem üblichen Formschema traditioneller Jazzarrangements: Auf die fünftaktige Einleitung folgt die Exposition des Reprisenbarthemas, dessen letzter A-Teil allerdings durch erneutes Statement des Farnaby-Zitats ersetzt wird. Die Solochorusse von Vibraphon und Klavier basieren auf der nunmehr kompletten Reprisenbarform. Ein sechzehntaktiges Interludium zwischen den beiden Soli ist mit einer Sequenz des jeweils viertaktigen Farnaby-Zitats gefüllt. Die verkürzte Reprise nach dem Klaviersolo besteht aus der Bridge des Themas sowie erneut dem Zitat, entspricht also der zweiten Hälfte der Exposition.

Im Plan des Arrangements ist durch verschiedene verbindende Momente eine Vermittlung zwischen improvisierten und komponierten Teilen angelegt. Die motivische Herleitung der Themenmelodik aus dem Farnaby-Zitat und die Benutzung der Verfahrensweise motivischer Variation innerhalb der Themenkomposition schließen Zitat und Thema eng aneinander. Deutlich wird dies unter anderem, wenn das Ersetzen von A3 des Themas durch die viertaktige Fanfare in der traditionellen Reprisenbarform zwar eine Zäsur, aber keinen musikalischen Bruch bewirkt. Die Vermittlung zwischen Thema und Solochorussen geschieht auf die ganz traditionelle Art der Chorusreihung. Das harmonische Moment von Bezügen über Medianten (Thementakte 1 und 2: C-Dur → es-Moll), Sekundrückungen (Thementakte 1 und 3: C-Dur → Des-Dur) und über mehrere Takte reichenden Quintfallsequenzen (Thementakte 4 bis 8; Beginn der Bridge) gibt der Harmonik in Thema und Chorusgrundlage ein unverwechselbares Gefüge, so daß der thematische Bezug in der Chorusreihung sofort erkennbar wird.

Anders als bei den Jazzfugen hat die Übernahme eines kurzen Zitats keinen wirklichen Einfluß auf Formbildung und Soloplan der Gesamtkonzeption, auch wenn dies Zitat so weitreichende motivische Auswirkungen auf die Themenkomposition hat wie in *The Queen's Fancy*. Anders als bei den Jazzfugen, in denen das Moment kontrapunktischer Verflechtung, das Moment auch zum Teil

145 Vgl. Martin Williams, *Jazz Masters In Transition*, S. 164.

146 Herbert Hellhund, *Cool Jazz*, S. 232. In Notenbeispielen verdeutlicht Hellhund unter anderem die motivischen Bezüge zwischen Zitat und Themenmelodik.

einer offenen Form direkt auf das Zusammenspiel in den Improvisationspassagen einwirkt, bleibt der Einfluß des Farnaby-Zitats in *The Queen's Fancy* in erster Linie auf die Komposition beschränkt, steht auch dort – in der Einbettung in die traditionelle Reprisenbarform – vor allem als »coleur exotique« bzw. »coleur européen«.

Softly As In A Morning Sunrise

Die bekannteste und wohl am kontroversesten diskutierte Verwendung eines Zitats aus europäischer Kunstmusik im Repertoire des Modern Jazz Quartet geschieht im Lewis-Arrangement zu *Softly As In A Morning Sunrise*, einem Jazz-Standard von Sigmund Romberg und Oscar Hammerstein II. Lewis setzt als Einleitung (und verkürzte Coda) den zweiten Kanon der Canones Diversi aus dem *»Musikalischen Opfer«* von Johann Sebastian Bach. Er arrangiert den zweistimmigen Kanon mit Continuo für Vibraphon, Klavier und Kontrabaß – mit rhythmisch entsprechender Begleitung des Schlagzeugbesens. Am Schluß des Bach-Zitats beginnt das Jazzquartett mit einer zum großen Teil durcharrangierten Exposition des Standardthemas. In der Originalaufnahme[147] folgt ein Improvisationsteil mit drei Vibraphon- und drei Klavierchorussen, bevor eine Themenreprise und eine Coda mit dem Kopf des Bach-Kanons die Realisation beschließen.

147 Hackensack, N.J. 1955, Prestige P-7005. Eine frühere Einspielung der Komposition vom Milt Jackson Quartet (New York 1952, Savoy 12046) bringt den Standard ohne das ausgefeilte Lewis-Arrangement mit Einleitung aus dem *»Musikalischen Opfer«*.

Daß Zitat und Thema so fließend ineinander übergehen, machen vor allem spezifische motivische Ähnlichkeiten zwischen Bachs Kanon und Rombergs Song-Komposition aus. Insbesondere der Quintsprung zu Beginn des Kanons sowie der Sextsprung in Takt 5 und 7 wirken wie eine Vorbereitung auf den Beginn des Romberg-Standards. In der arrangierten leichten Verzierung des zweiten Thementaktes (Vibraphon, Takt 10) greift Lewis eine motivische Figur aus dem Bachschen Kanon auf. Wiederholungen dieser Struktur im A-Teil des Arrangements sowie die Verwandtschaft der Bridge mit den A-Teilen machen die gesamte Exposition mit Einleitung zu einem beinahe einheitlichen Block. In aller Diversität von *straight*-Diktion in der Einleitung und swingender Exposition des Romberg-Themas ergibt sich in der Verschränkung von Melodiestimme (Vibraphon) und Riff-Begleitung (Klavier) ein kontrapunktischer Charakter, der den Kanon des Bach-Zitats auf andere Art und Weise weiterzuführen scheint.

Die vielfach vorgebrachte Kritik, die Einleitung aus dem *»Musikalischen Opfer«* würde zusammenhanglos an die vollständige Präsentation des Jazz-Standards angestückelt werden[148], übersieht solche Beziehungen zwischen der Introduktion und dem Themenarrangement, Beziehungen, welche sicher als ursächlich für Lewis' Konzept angesehen werden müssen.

Vor allem die außerordentlich gelungenen Improvisationen sowohl des Vibraphonisten als auch des Pianisten in der Aufnahme Hackensack 1955 machen diese Realisation zu einer der schönsten Einspielungen des Modern Jazz Quartet. Motivische Bezüge, Reaktionen zwischen Solisten und Begleitung, der zielgerichtete Improvisationsaufbau im Vibraphonsolo Milt Jacksons, das motivisch intrikat durchgeformte Spiel mit Tritonus- und Sekundzusammenklängen im Schluß des ersten und die Verschiebung rhythmischer Figuren im zweiten Klavierchorus sowie das Riff-Konzept, welches Lewis bereits in der Begleitung der Exposition einführt und im zweiten Klavierchorus zu einem der melodisch konstitutiven Momente macht, stellen den langen Improvisationsteil in den Vordergrund der Realisation.

148 Vgl. z.B. Martin Williams, *The Jazz Tradition*, S. 176: *The Quartet now plays the piece with a brief, Bach-derived introduction and conclusion that seems extrinsic and pointless, if not pretentious and arty.*

A1
Pno.:
A2
B
A3

Themenarrangement und Einleitung bzw. Coda sind in *Softly As In A Morning Sunrise* tatsächlich nur als Rahmen für die Improvisation zu sehen. Sie haben keinen direkten Einfluß auf die Formgebung oder den musikalischen Inhalt der Improvisationschorusse – abgesehen vielleicht vom kontrapunktischen Charakter der Riff-Begleitung unter Jacksons erstem Chorus. *Softly As In A Morning Sunrise* – wie auch z.B. *Ralph's New Blues* mit seiner imitativen Themenexposition – ist also allein vom Konzept her unter ganz anderen Voraussetzungen zu betrachten als die durchgeformten Jazzfugen von Lewis. Wenn in *Concorde* oder am extremsten in *Three Windows* traditionelle Jazz-Chorusformen in ein streng gefügtes Gerüst fugierter Expositionen und Überleitungen eingebaut werden, so soll damit – wie John Lewis selbst bezeugt – eine strengere Form für das Jazzstück als Ganzes geschaffen werden. Wenn – wie in *Softly As In A Morning Sunrise* oder *Ralph's New Blues* – Imitation (bzw. barocke Zitate) als Rahmung innerhalb des Arrangements dienen, so sind höchstens sekundäre Beziehungen zu den improvisierten Jazzsoli zu konstatieren und so ist – wie bei *The Queen's Fancy* – vor allem von einer »coleur européen« zu sprechen.

Third-Stream-Kompositionen

Die Grundidee des Third Stream, also die Vermittlung zwischen der Kompositionstradition europäischer Kunstmusik und der Improvisationstradition afro-amerikanischer Musik, ist in der Arbeit von John Lewis an vielen Stellen präsent. Selbst in traditionsbeladenen Stücken des Blues- und Balladen-Genre ist seine Auseinandersetzung mit den Möglichkeiten von Komposition und Improvisation zu spüren. Die bedeutendsten seiner umfangreicheren Third-Stream-Kompositionen – die Suiten *Fontessa*, *The Comedy*, *Three Little Feelings* und *A Day In Dubrovnik* – werden im Kapitel über Methoden der Vermittlung zwischen Komposition und Improvisation ausführlich abgehandelt. So soll in dieser Übersicht neben einer katalogartigen Vorstellung sämtlicher unter den Stilbegriff »Third Stream« zu subsumierenden Stücke für das Modern Jazz Quartet vor allem eine Analyse der Lewis-Komposition *Exposure* Probleme und Schwierigkeiten der Gattung klären helfen. In einer Zusammenfassung schließlich kann eine vorläufige Positionsbestimmung für den Komponisten John Lewis innerhalb der Third-Stream-Bewegung vorgenommen werden.

Die meisten Third-Stream-Kompositionen von Lewis wurden für größere Ensembles geschrieben. Nur in Einzelfällen ist das Modern Jazz Quartet bereits in die Planung der Komposition einbezogen oder ist gar die Komposition von vornherein für dies Ensemble konzipiert. Die oben genannten Suiten beispielsweise sind – außer *Fontessa* (1956) – für einen anderen Instrumentalzusammenhang als den des Modern Jazz Quartet komponiert worden: *The Comedy* (1960/62) war ursprünglich eine zusammenhängende Serie von Kurzkompositionen für ein Blechbläserensemble, *Three Little Feelings* (1956/67) war eine Komposition für die Jazz and Classical Music Society mit dem Solisten Miles Davis und *A Day In Dubrovnik* (1976/87) ein Werk für das Kammerorchester Solisti di Zagreb.

Sämtliche anderen unter die Rubrik »Third Stream« zu subsumierenden Kompositionen von Lewis, die auch ins Repertoire des Modern Jazz Quartet übernommen wurden, setzten ebenfalls in ihren Originalfassungen entweder ein erweitertes Ensemble um das Quartett voraus oder eine ganz andere Besetzung. *Da Capo* (1957) war als Pendant zu Jimmy Giuffres *Fine* eine Komposition für Modern Jazz Quartet und das Giuffre Trio. *Midsömmer* (1955) wurde ursprünglich für ein Konzert und eine Plattenaufnahme der Modern Jazz Society geschrieben. *Sketch (For Double Quartet)* (1959) ist eine Auftragskomposition für ein Konzert und eine Platteneinspielung von Modern Jazz Quartet und Beaux Arts String Quartet. *Exposure* (1960) wurde auf demselben Album wie *Sketch* veröffentlicht, einem Album, das den programmatischen Titel *»Third Stream Music«* trägt. *Silver* (1963) ist ursprünglich eine Komposition für ein Konzert des Orchestra USA im Hunter College, New York, und wurde 1964 vom Orchester auf Schallplatte eingespielt. *The Spiritual* (1964) wurde ebenfalls für das Orchestra USA geschrieben und 1965 aufgenommen. *In Memoriam* (1973) sowie *Jazz Ostinato* (1973) schließlich waren Kompositionen für Modern Jazz Quartet und Sinfonieorchester. Alle genannten Kompositionen außer *Da Capo*, *Sketch (For Double Quartet)* und *Jazz Ostinato* wurden in Transkriptionen ins Konzertrepertoire des Modern Jazz Quartet übernommen. Dies geschah meist mit nur geringen Abweichungen vom Originalarrangement und in der Regel bereits kurz nach der Veröffentlichung der ursprünglichen Fassung.

Verschiedene Third-Stream-Kompositionen anderer Komponisten nahmen ebenfalls eine Besetzung wie die des Modern Jazz Quartet als Ausgangspunkt. Gunther Schullers *Conversation (For Jazz Quartet and String Quartet)* (1959) war das Pendant zu Lewis' *Sketch*. Zu dem Plattenalbum *»The Modern Jazz Quartet and Orchestra«* (1960) steuerten Lewis (*England's Carol*), Schuller (*Concertino For Jazz Quartet And Orchestra*, vgl. S. 108), Werner Heider (*Divertimento*) und André Hodeir (*Around The Blues*, vgl. S. 107) Third-Stream-Kompositionen um das Quartett bei. Hodeirs *Ambiguité* (vgl. S. 108) wurde erst in den achtziger Jahren in einem Live-Mitschnitt von 1958 auf Schallplatte publiziert. Aufnahmen eines Konzertes in der New Yorker Carnegie Hall am 27. April 1966, in denen Third-Stream-Kompositionen wie Lewis' *Sketch*, *Sacha's Fugue* und *Little David's Fugue* in größeren Besetzungen mit Modern Jazz Quartet und Streichquartett bzw. Holzbläserensemble gespielt wurden, blieben dagegen bis heute unveröffentlicht. Im Katalog des Musikverlags MJQ Music, Inc., der vor allem Kompositionen verschiedener Komponisten des Third Stream publiziert, finden sich des weiteren folgende Titel, in denen die Modern-Jazz-Quartet-Besetzung eine herausragende Rolle spielt und die zum großen Teil mit dem Modern Jazz Quartet aufgeführt wurden:

– Michael Gibbs: *Six Improvisatory Sketches* (Modern-Jazz-Quartet-Besetzung);
– Jimmy Giuffre: *Threshold* (Modern-Jazz-Quartet-Besetzung mit Sinfonieorchester); *Suspensions* (Modern-Jazz-Quartet-Besetzung plus größere Combo mit Trompete, Posaune, Horn, Flöte, Alt- und Tenorsaxophon, Fagott und Gitarre);
– André Hodeir: *D. Or No (Etude For Six Instruments)* (Modern-Jazz-Quartet-Besetzung plus Klarinette und Gitarre);
– J.J. Johnson: *Rondeau For Quartet and Orchestra* (Modern-Jazz-Quartet-Besetzung mit Sinfonieorchester)
– Peter Phillips: *Concerto Grosso (For Jazz Quartet and Chamber Orchestra)*;
– Miljenko Prohaska: *Concertino For Jazz Quartet and Strings;*
– Gunther Schuller: *Variants* (Modern-Jazz-Quartet-Besetzung mit Sinfonieorchester, vgl. S. 181 f.);
– William O. Smith: *Interplay* (Modern-Jazz-Quartet Besetzung mit Sinfonieorchester); *Quadri* (Modern-Jazz-Quartet-Besetzung mit Sinfonieorchester);
– Francis Thorne: *Quartessence* (Modern-Jazz-Quartet-Besetzung mit Sinfonieorchester).

Exposure

<table>
<tr><td colspan="3">»EXPOSITION«</td><td colspan="3">»DURCHFÜHRUNG 1«</td></tr>
<tr><td>EINLTG.</td><td>BLUES 1</td><td>BLUES 2</td><td>BLUES 3</td><td>BLUES 4</td><td>BLUES 5</td></tr>
<tr><td>10 T. Einführung des Sekund- + Septimintervalls, das konstitutiv für Thema A ist</td><td>14 T. melodisches Thema A (vgl. Bsp.); Bluesgrundlage über C-Dur; um 2 T. verlängert</td><td>12 T. melodisches Thema B (vgl. Bsp.); Bluesgrundlage über C-Dur wie unter Thema A</td><td>12 T. Melodik + Harmonik wie Blues 2; andere Instrumentierung</td><td>12+1 T. Melodik = Krebs von Thema B über originaler Harmonik des Blues in C-Dur</td><td>12 T. Vibraphon-Solo über Bluesharmonik (Thema B)</td></tr>
<tr><td>Horn/ Flöte</td><td>Flöte/ Horn/ Fagott/ Ensemble</td><td>Vibraphon/ Harfe</td><td>Flöte/ Horn</td><td>Flöte/ Horn</td><td>Vibraphon</td></tr>
<tr><td>C-Dur</td><td>=</td><td>=</td><td>=</td><td>=</td><td>=</td></tr>
<tr><td colspan="5">KOMPOSITION</td><td>IMPROVISATION</td></tr>
</table>

»DURCHFÜHRUNG 1«				»DURCHFÜHRUNG 2«		
INTERLD.	BLUES 6	BLUES 7	BLUES 8&9	A'	C	A"
6 T.	12+4 T.	12 T.	2x12 T.	13 T.	5 T.	8 T.
eigentlich verkürzte 8-Takt-Periode mit Kleingliederung 2+2+2 T.	Piano-Solo über Bluesharmonik in F-Dur; am Ende: Improvisation über 4 T. Orgelpunkt F-Dur	Thema B: Original im Horn; Krebs in der Flöte (übereinander); beide verkürzt um T. 8 des (Originals) (in der Aufnahme, nicht in Partitur)	Vibraphon-Solo über Bluesharmonik (Thema B)	Kopf (T. 1-4) aus Thema A, motivische Varianten in imitativem Einsatz	quasi neuer Nachsatz zum Kopf von A (swingend)	Kopf aus Thema A (Flöte); rhythmisches Nachschlagen im Horn (swingend)
Flöte/ Horn	Piano	Flöte/ Horn	Vibraphon	Flöte (Hrn/Fgt)	Flöte	Flöte (Horn)
C-Dur	F-Dur	C-Dur	=	=	=	=
KOMPOSITION	IMPROVISATION	KOMPOSITION	IMPROVISATION	KOMPOSITION		

»DURCHFÜHRUNG 2«			»REPRISE«			(CODA)	
SOLO	A' C A"	INTERLUDE	BLUES 3'	BLUES 4'	BLUES 7'	CODA	
37 T.	13+5+8 T.	12 T.	12 T.	12 T.	12 T.	10 T. +	4 T.
Piano-Solo: improvisatorische Verarbeitung des Kopfmotivs aus A; Begleitung nur durch Schlagzeug	wie A' C A" vor dem Piano-Solo	Wiederholung zweier 2-Taktgruppen; Benutzung des thematischen Sekundintervalls (v.a. aus Thema A)	wie Blues 3	wie Blues 4	wie Blues 7	wie Einltg.	Bekräftigung des Schlußakkords
Piano	Flöte (Horn/ Fagott)	Flöte/Klar/ Vib/Harfe/ Piano	Flöte/ Horn	Flöte/ Horn	Flöte/ Horn	Horn/ Flöte	Ensemble
C-Dur	=	=	=	=	=	=	=
IMPROVISATION	KOMPOSITION						

Exposure von John Lewis war ursprünglich eine Filmmusik für eine Dokumentation der UNO über das weltweite Flüchtlingsproblem. 1960 von einem kleinen Kammerensemble um das Modern Jazz Quartet für die Schallplatte *»Third Stream Music«*[149] eingespielt, gelangte es in einer Transkription für Modern Jazz Quartet allein in späteren Jahren ins Konzertrepertoire des Ensembles[150].

Ein erster Komplex exponiert die beiden melodischen Themen A und B.

Thema A:

Thema B:

149 New York 1960, Atlantic LP 1345
150 Bristol, England 1967, Apple SAPCOR 4

Beide basieren auf identischen konventionellen zwölftaktigen Bluesmustern, wobei allerdings Thema A um zwei auf vierzehn Takte verlängert ist. In der Durchführung I werden insgesamt sieben Blues-Chorusse aneinandergereiht, welche teilweise komponierte Varianten der Originalmelodik aus Thema B, teilweise vollständige improvisierte Instrumentalsoli enthalten. Auch in der zweiten Durchführung ist der Mittelpunkt ein Instrumentalsolo, nämlich die unbegleitete Klavierimprovisation, in der Lewis den Kopf von Thema A in motivischer Improvisation verarbeitet. Zwei identische Rahmenteile innerhalb der zweiten Durchführung zeigen eine A' C A'' -Form, wobei sich A' und C melodisch und harmonisch wie Vorder- und Nachsatz eines Themas aufeinander beziehen.

Eine Reprise von Thema B rekapituliert Einzelchorusse der ersten Durchführung. Die zehntaktige Einleitung der Komposition wird in die Coda übernommen und beschließt mit einer Bekräftigung des Schlußakkords die Realisation.

Selbst bei einer gliedernden Zusammenfassung von Chorussen und formalen Kleingliedern, wie sie in der Formskizze vorgenommen ist, scheint die Komposition als Ganzes aus Einzelideen zusammengestückelt zu sein und bleibt somit scheinbar ohne innere musikalische Vermittlung. Allein im identischen harmonischen Grund wird die enge Verwandtschaft der beiden melodischen Themen deutlich. Beide Themen verbindet zudem die melodisch konstitutive Sekund- und Septimintervallik, die bereits in der Einleitung vorgestellt wurde. Im Verlauf der Komposition schließlich fällt die fast thematische Verwendung des Akkords C^{9+} auf, welcher in der Begleitung sowohl der Introduktion als auch der verschiedenen Varianten von Thema B erklingt. Weitere Beziehungen zwischen den komponierten Gliedern von Durchführung I werden durch melodische Wiederholungen in den einzelnen Blues-Chorussen, durch Verwendung des melodischen Krebses von Thema B sowie durch das Übereinandersetzen von Original- und Krebsmelodik dieses Themas hergestellt. Die motivische Arbeit mit dem Kopfmotiv aus Thema A sowohl in den komponierten als auch in den improvisierten Partien sind einheitsstiftendes Grundmerkmal der zweiten Durchführung.

Solche strukturbildenden Einzelmerkmale vermitteln zwar zwischen den Kleingliedern der Komposition, schaffen aber noch lange keine Entwicklung innerhalb des Gesamtverlaufs. Die beiden Themen sind sich in ihrer Grundstruktur zu ähnlich, als daß sie vom Hörer als verschiedene Charaktere wahrgenommen würden. Die Aneinanderreihung von komponierten und improvisierten Blues-Chorussen in der ersten Durchführung erscheint im Ergebnis belanglos, insbesondere, da das kompositorische Element deutlich überwiegt. Die sorgfältige motivische Improvisation des Klaviersolos in der zweiten Durchführung läßt dieses fast wie komponiert erscheinen, löst somit die Grenzen zwischen Komposition und Improvisation beinahe auf, dies aber zu Lasten des improvisatorischen Charakters.

Exposure muß zugute gehalten werden, daß es als Filmmusik konzipiert wurde. An keiner Stelle der Originaleinspielung kommt es zu einem wirklichen musikalischen Höhepunkt. Das dynamische Level bleibt über fast zehn Minuten auf eine nur enge Bandbreite beschränkt. Daß *Exposure* als einzige Lewis-Komposition außer *Sketch* in das programmatische *»Third Stream Music«*-Album aufgenommen wurde, scheint im nachhinein problematisch. *Exposure* ist in erster Linie Filmmusik. Zwar werden Momente aus komponierter Musik und Momente des Jazz miteinander verbunden, doch ist dieser Verband ein rein äußerer, der nicht durch eine innermusikalische Vermittlung gefestigt wird.

Die Verwendung des Bluesmodells in anderen Third-Stream-Kompositionen, insbesondere bei Schuller und Hodeir, neigt sich mehr den Eigenarten von Blues im Jazz zu als dies in *Exposure* der Fall ist. Die motivische Improvisation, die Lewis beispielsweise in *Sketch* oder auch in originären Blues- oder Standard-Kompositionen anwendet, ist in der Umgebung einer stärker jazz-gemäßen Diktion sehr viel effektiver als hier, wo sie in einen musikalisch ähnlich durchgeformten Satz eingepaßt wird. Der Vorwurf der *pretentiousness*, der Lewis in bezug auf viele seiner Kompositionen gemacht wurde, träfe mit Sicherheit auf *Exposure* zu, sieht man das Stück als individuelle Komposition, losgelöst vom funktionalen Zusammenhang der Filmmusik. Gerade die Verwendung von Klischees sowohl der Komposition als auch der Improvisation und das Nicht-Hinausgelangen über diese Klischees wollte der Third Stream vermeiden. Gunther Schuller sagt:

> *What Third Stream is not:*
>
> 1. *It is not jazz with strings.*
> 2. *It is not jazz played on »classical« instruments.*
> 3. *It is not classical music played by jazz players.*
> 4. *It is not inserting a bit of Ravel or Schoenberg between be-bop changes – nor the reverse.*
> 5. *It is not jazz in fugal form.*
> 6. *It is not a fugue performed by jazz players.*
> 7. *It is not designed to do away with jazz or classical music; it is just another option amongst many of today's creative musicians.*[151]

Der Third Stream also will eben nicht eine Verbindung nur äußerer Momente europäischer und afro-amerikanischer Traditionen, sondern er will eine Fusion innermusikalischer Elemente, eine Vermittlung zwischen Spiel- und Kompositionstechniken, einen selbstverständlichen Umgang mit beiden

151 Gunther Schuller, *Third Stream Redefined*, in: ders., *Musings*, S. 120

Traditionen. Von daher ist *Exposure* nach Schullers Definition eher ein Gegenbeispiel in dem Album *»Third Stream Music«*: Scheint die Komposition auch als Filmmusik ohne weiteres akzeptabel, so ist sie als Exempel für eine gelungene Vermittlung im Sinne des Third Stream ausgesprochen unbefriedigend.

In der negativen Definition, die Schuller im obigen Zitat benutzt, wird deutlich, daß für die Experimente des Third Stream die Kenntnis einer lebendigen Kompositions- wie Improvisationstradition vonnöten ist. Die besten Beispiele des Genres stammen – so ist in der Retrospektive festzustellen – aus der Zusammenarbeit versierter Komponisten und exzellenter Improvisatoren. Schullers eigene Kompositionen für das Orchestra USA, für das Modern Jazz Quartet und für Solisten wie Ornette Coleman oder Eric Dolphy sind als die hervorragendsten Exempel zu nennen. Lewis' Versuche in den fünfziger Jahren nutzen zum größten Teil nicht die zeitgenössische Kompositionssprache und führen daher deutlich zu einem Bruch zwischen den Qualitäten von Komposition und Improvisation. Schullers Third Stream ist heute als eine wichtige Entwicklungsstufe hin zum Free Jazz Ornette Colemans oder Cecil Taylors zu sehen. Das Zusammenführen verschiedener Traditionsstränge in der Musik und das damit verbundene zunehmende Selbstbewußtsein junger Musiker innerhalb der Bereiche europäischer komponierter und afro-amerikanischer improvisierter Musik sind einige der wichtigsten Grundbausteine des Avantgarde-Jazz der sechziger Jahre. Schuller brachte vor allem zwei bestehende zeitgenössische Musikidiome zusammen: die postserielle Musik und den jungen Free Jazz. Lewis stand demgegenüber stärker in der Jazztradition. Sein Beitrag zum Jazz und zum Third Stream war der Versuch einer innermusikalischen Vermittlung zwischen Komposition und Improvisation. Daß Komposition bei Lewis immer stärker von Klischees geprägt war als bei anderen Komponisten der Third-Stream-Bewegung, erklärt sich sicher auch daraus, daß er in erster Linie Jazzmusiker war, sich primär auch als Jazzmusiker verstand. Komposition war für ihn – auch wenn er europäische Kompositionsmuster und -techniken übernahm – Jazzkomposition und stand so in einem direkten Bezug zur Improvisation. Sein Problem war also weniger, Traditionsstränge zeitgenössischer europäischer und zeitgenössischer afro-amerikanischer Musik zusammenzubringen, als vielmehr, zwischen den ganz konkreten Bedingungen von Komposition und Improvisation zu vermitteln.

Seine Third-Stream-Arbeiten sind dabei nicht vom restlichen Oeuvre des Komponisten Lewis zu trennen. Wie die Übersicht über die Balladen, Blues, Up-Tempo-Kompositionen und die strukturell strengeren Jazzfugen zeigt, ist das Element der Vermittlung selbst im einfachsten formalen Kontext ein Schlüssel zur kompositorischen Arbeit von Lewis. Unkonventionelle Arrangements, die in all diesen Genres anzutreffen sind, entspringen nicht in erster Linie der Unzufriedenheit mit den im Jazz vorhandenen Formtraditionen als vielmehr dem bewußten Experimentieren mit Kompositionskonventionen und haben das Ziel, eine Vermittlung zwischen Komposition und Improvisation von beiden Seiten aus zu erreichen.

»Jazz und...«: Film-, Ballett- und Theatermusik im Repertoire des Modern Jazz Quartet

Neben den Experimenten des Third Stream, an deren Vermengung europäischer und afro-amerikanischer Traditionen das Modern Jazz Quartet einigen Anteil hatte, war der Komponist John Lewis auch an anderen Produktionen beteiligt, in denen dem Jazz auf bis dahin ungewöhnliche Weise neue Funktionen zugewiesen wurden. Seine Kompositionen für Filme, Ballettaufführungen und als *incidental music* für Theaterproduktionen zählen mit zu den interessantesten Beispielen jener Sonderform von Jazzverwendung, die von den fünfziger Jahren an mehr und mehr Interesse fand.

Die Verbindungen von Jazz und Film, Jazz und Tanz oder Jazz und Theater waren nicht wirklich neu. Zahlreiche Pianisten des frühen Jazz verdienten sich ihr Geld mit der Untermalung von Stummfilmen. Der Bezug zum Tanz ist in der Entstehung des Jazz aus Tanzformen und in seiner funktionellen Einbindung in die Tanzmusikindustrie der Vereinigten Staaten gegeben. Die Minstrel Show schließlich mit einer Abfolge gespielter Szenen und Musik im Idiom des schwarzen Amerikaners, mit der Einbeziehung auch populärer Tanzformen, hatte Einfluß auf das schwarz-amerikanische Musiktheater der zwanziger Jahre. Dies bot im vordergründigen Rahmen einer Musikrevue doch auch eine nachvollziehbare Handlung, ja beinhaltete in der Regel gar – für das schwarze Theater zuvor bzw. die Minstrel Show undenkbar – einen Liebes-Plot. Eine vierte Verbindung zwischen den Künsten, die in den fünfziger Jahren unter dem Schlagwort »Jazz and Poetry« bekannt wurde, hat das Modern Jazz Quartet nie zu eigenen Produktionen angeregt.

Im folgenden soll die Entwicklungstradition dargestellt werden, in der die Film-, Ballett- und Theatermusiken von John Lewis stehen. Lewis' Tätigkeit in diesen Bereichen belegt seine Offenheit gegenüber neuartigen Verwendungsmöglichkeiten des Jazz. Im Gegensatz zu anderen Musikern, die an ähnlichen Projekten beteiligt waren, hat Lewis sich in jedem Fall mit den Gegebenheiten der neuen funktionalen Bindung auseinandergesetzt und versucht, in der Komposition und im Arrangement seiner Musik sich den Bedingungen, die Film, Ballett und Theater an den Komponisten stellen, anzupassen.

Jazz und Film

Die Verbindung von Jazz und Film hat auf verschiedenen Ebenen eine lange Tradition. Bereits erwähnt wurde die Anstellung einzelner Jazzmusiker – meist Pianisten oder auch Organisten, vereinzelt kleine Gruppen oder Orchester –, die die Stummfilme der zwanziger Jahre »live« zu begleiten hatten. Die Beschränkung auf zu bestimmten Szenen passende Musikklischees, auf *cue sheets*, welche in einer Filmothek kartiert waren und dem Begleitmusiker zur freien Zusammenstellung zur Verfügung standen, betraf den Jazzmusiker nur bedingt. Dieser ließ sich häufig in individuellen Improvisationen durch die einzelnen Filmszenen inspirieren, spielte aber oft genug auch Musik, die in gar keinem Zusammenhang mehr zum begleiteten Film stand. In jedem Fall waren der Pianist, der Organist oder die kleine Band, die die Geräusche des Filmprojektors überdecken und die Konzentration des Publikums fördern sollten, zumeist auch verantwortlich für die Auswahl der begleitenden Musik. Nur in seltenen Fällen gab es vollständige Partituren, die den ganzen Film untermalten, die in Orchesterbesetzung allerdings einzig in großen, finanzkräftigen Kinos aufgeführt werden konnten.

Nachdem der erste Tonfilm mit Al Jolson *»The Jazz Singer«* benannt wurde, ohne allerdings tatsächlich Jazzmusik zu enthalten, entstanden gegen Ende der zwanziger Jahre viele *band shorts*. Dies waren kurze Filme, die in extra dafür konzipierten, Musikboxen vergleichbaren Geräten gezeigt wurden, aber genauso als Vorfilme in den Kinos vor allem der schwarzen Ghettos amerikanischer Großstädte dienten. Bekannteste Beispiele dieses Genres sind Bessie Smiths *»Saint Louis Blues«* von 1929 und Duke Ellingtons *»Black And Tan«* aus demselben Jahr. In der Tradition der *band shorts* stehen auch die Auftritte einzelner Jazzmusiker oder Jazzorchester in Musikfilmen der dreißiger Jahre. Ballroom- oder Revueszenen sind Anlaß für die Präsentation einer Band *on the scene*, beispielsweise des Duke Ellington Orchesters im Film *»Murder At The Vanities«* (1934).

Einen Schritt weiter ging eine Reihe von Filmen aus den vierziger Jahren, in denen die Handlung selbst mit dem Jazz oder der Jazzgeschichte zu tun hat und in denen Showauftritte oder gestellte Jam Sessions gezeigt werden. Erwähnenswert für dieses Genre sind die Filme *»Stormy Weather«* (1943) mit Lena Horne, Bill Robinson, Cab Calloway, Fats Waller und anderen; *»New Orleans«* (1947) mit Louis Armstrong, Billie Holiday, Woody Herman und einer All Star New Orleans Band sowie *»A Song Is Born«* mit Louis Armstrong und Benny Goodman.

In den fünfziger Jahren waren einzelne Spielfilme erfolgreich, die geschönte Biographien herausragender Jazzmusiker mit viel fiktiver Handlung durchsetzten. *»Red Nichols And His Five Pennies«* (1950), *»The Glenn Miller Story«* (1953) und *»The Benny Goodman Story«* (1955) können als exemplarisch genannt werden.

Zugleich wurde mit *»Jazz On A Summer's Day«*, einer Dokumentation über das Newport Jazz Festival, ein neues Genre begonnen: der Dokumentarfilm über Jazzmusiker und Jazzkonzerte. Mit der zunehmenden Verbreitung des Fernsehens schließlich entstanden in den sechziger und siebziger Jahren sowohl Konzertmitschnitte als auch spezielle TV-Shows, die von Jazzmusikern mitgestaltet wurden.

Der Vollständigkeit halber ist zum Schluß dieser Übersicht noch auf die Verbindung von Film und Konzert hinzuweisen, die in den dreißiger und den vierziger Jahren in den großen Filmtheatern amerikanischer Metropolen üblich war, in denen ein Feature-Film mit Darbietungen bekannter Swing-Bands wie denen von Count Basie, Duke Ellington, Benny Goodman oder anderen abwechselte.

* * *

Die Filmkomponisten Hollywoods hatten sich schon früh einzelner Jazzelemente bedient, mit denen sie ihre Filmmusiken durchsetzten. Zu einer Zeit, in der der Jazz noch die populäre Musik war, erschien eine solche Verbindung nur als folgerichtig. In den fünfziger Jahren ist die Benutzung von Jazzklischees bereits so vervollkommnet, daß insbesondere in Filmkomödien die seichte Saxophonmelodie oder der jazz-begleitete Titelsong Standardbestandteile der Filmkomposition sind. Seit der Mitte dieses Jahrzehnts nun wandten sich die Jazzmusiker selbst den Möglichkeiten der Filmkomposition zu. Animiert wurden sie nicht von Hollywood, dessen organisierte Musikabteilungen nur in den seltensten Fällen Konkurrenz von außen an die Kompositionsaufträge heranließ und das zudem schwarze Künstler in ein nach wie vor funktionierendes Segregationssystem preßte. Die ersten Aufträge für Filmmusik von Jazzmusikern oder -komponisten kamen aus Frankreich. Während Hollywood in den fünfziger Jahren noch immer die mächtige Filmindustrie darstellte, die auf Geld und Einfluß basierte und in der Schwarzen selbst Nebenrollen – sei es als Schauspieler oder in der Produktion – nur in seltensten Fällen zugestanden wurden, war das französische Kino seit seinen Anfängen immer auch ein intellektuelles Versuchsfeld gewesen, ein Kunstmedium, das sich nur vereinzelt der Showeffekte Hollywoods bediente. Regisseure der Nouvelle Vague wie Louis Malle und Roger Vadim schufen in den fünfziger Jahren eine neue Art von Kino, ein Kino, das in beiden Traditionen – in der Hollywoods und in der Frankreichs – wurzelte, ein Kino, das zudem neue Effekte, neue Erzählmethoden und neue Musik benutzte. Auch die Verwendung von Jazzmusik als Begleitung zu Dokumentarfilmen hat ihren Ursprung scheinbar in Frankreich. Dort schrieb André Hodeir 1949 die Musik zu *»Autour d'une récif«, einen Unterwasserfilm über tropische Fische von Jacques-Ives Cousteau*[152]. Das Interesse der Jazzkomponisten am Film entspricht dem europäischer Komponisten in den zwanziger Jahren, die im Film ein neues Medium sahen, das auch ihnen Fortentwicklungsmöglichkeiten bot. Die Jazzmusiker wurden sich nun außerdem bewußt, daß sie in den bis dahin kaum durchläßigen Zirkel der Filmmusiker eindringen konnten.

Die bekanntesten Beispiele für eine Jazzuntermalung zu Spielfilmen bis 1960 sind Roger Vadims *»Sait-On Jamais«* (1957) mit der Musik von John Lewis, gespielt vom Modern Jazz Quartet; Louis Malles *»Ascenseur pour l'Echaffaut«* (1957) mit Musik von Miles Davis; John Cassavettes *»Shadows«* (1957) mit Musik von Charles Mingus, Edouard Molinaros *»Des Femmes Disparaissents«* (1958) mit Musik von Art Blakey und Benny Golson; Otto Premingers *»Anatomy*

152 Vgl. Alfons M. Dauer, *Jazz und Film*, in: *Jazzforschung*, 12 (1980), S. 53

Of A Murder« (1958) mit Musik von Duke Ellington; Robert Wises *»Odds Against Tomorrow«* (1959) mit Musik von John Lewis; und Roger Vadims *»Les Liaisons Dangereuses«* (1960) mit Musik von Art Blakeys Jazz Messengers[153].

Die Filmpresse reagierte auf die Benutzung des neuen, ungewöhnlichen Begleitinstruments Jazz mit gemischter Kritik. Während die Improvisationen von Miles Davis zu *»Ascenseur pour l'Echaffaut«* allgemein großen Beifall fanden, urteilten doch etliche Kritiker negativ über eine Musik, die – wie sie meinten – das Interesse des Kinogängers von der Filmhandlung ablenken würde, diese also nicht unterstütze. Sie erkannten die funktionelle Rolle von Filmmusik und zweifelten, ob eine so auf Individualität und vordergründigen Ausdruck konzentrierte Musik wie der Jazz die Begleitfunktion im Kino erfüllen könne. Für die Jazzkritiker dagegen entsprach Jazz als Filmmusik oft nicht dem, was sie in Kenntnis des Konzert- und Schallplatten-Oeuvres von den ausführenden Musikern erwarteten. In der improvisatorischen Interpretation einzelner Filmszenen zählt nicht so sehr der stringente Soloverlauf oder die ausgewogene Gesamtdisposition der Komposition als vielmehr die gelungene Übertragung der im Film dargestellten Atmosphäre auf die Musik. Miles Davis läßt sich in *»Ascenseur pour l'Echaffaut«* zur spontanen Reaktion auf die Filmhandlung ein und schafft so einen Soundtrack, der höchst interessant und gelungen ist, die Konventionen sowohl traditioneller Filmkomposition als auch typischer Jazzrealisationen allerdings eher negiert.

Anders als Davis gingen andere Jazzkomponisten – allen voran John Lewis – reflexiver vor und orientierten sich darin nicht zuletzt an der nun schon bald dreißigjährigen Tradition von Filmmusik, die in den Studios Hollywoods zu beträchtlicher Perfektion geführt hatte. Lewis schrieb die Musik zu drei Spiel- sowie zu zwei Dokumentarfilmen[154]. Im Gegensatz zu anderen Jazzmusikern, die sich ebenfalls im Bereich der Filmmusik zu etablieren versuchten, transkribierte Lewis die Partituren, die er für seine Kinoarbeit komponierte, in Konzertfassungen, die über mehr oder weniger lange Zeit im Repertoire des

153 Zum Jazz in der Filmmusik vgl. R.B. Shaw, *Anatomy of Film Jazz*, in: *Just Jazz 4*, hg. von Sinclair Traill und Gerald Lascelles, London 1960, S. 43 ff.; Martin Williams, *Alliances of Jazz*, in: *Down Beat Yearbook of Music 1962*, Chicago 1962, S. 27 ff.; Martin Williams, *Jazz at the Movies*, in: *Film Music. From Violins to Video*, hg. von James Limbacher, Metuchen, N.J. 1974, S. 42 ff.; Alfons M. Dauer, *Jazz und Film*; David Meeker, *Jazz in the Movies*, London 1981; Helmut Weihsmann, *Jazz und Film*, in: Ausstellungskatalog *»That's Jazz«*, Darmstadt 1988, S. 589 ff.

154 Die Musik zu einem unveröffentlichten Spielfilm (*»Kemek«*, um 1970) wird im folgenden nicht berücksichtigt, da kein Vergleich zwischen Originalkomposition und Transkripten für das Modern Jazz Quartet möglich ist. Zwei Kompositionen aus der Filmmusik gingen in den siebziger Jahren in das Repertoire des Modern Jazz Quartet ein: der Blues *Dancing* und *Plastic Dreams*. Die Verwendung von elektrischem Klavier (*Dancing*) und Harpsichord (*Plastic Dreams*) sowie viele melodische Klischees, die besonders Lewis in Soli und Begleitung benutzt, erinnern an die Beatmusik der sechziger Jahre und damit auch an klischeedurchsetzte Filmmusiken derselben Zeit – hingewiesen sei vor allem auf zahlreiche »Agentenfilme« aus englischer Produktion.

Modern Jazz Quartet verblieben. *Odds Against Tomorrow*, *The Golden Striker*, *One Never Knows*, *The Jasmin Tree* oder *Three Windows* sind noch in den achtziger Jahren im üblichen Programm des Ensembles zu finden.

Lewis ist sich der Problematik einer funktionalen Einbindung seiner Kompositionen in den Filmkontext bewußt. Er sagt:

> *Jazz eignet sich meiner Ansicht nach ausgezeichnet als Hintergrunds-Musik für Filmstoffe, weil er so verschiedenartige Ausdrucksformen umfaßt, mit denen sich menschliche Gefühle sehr nuancenreich wiedergeben lassen. Wenn man das notwendige Fingerspitzengefühl für völlige Übereinstimmung zwischen Bild und Musik mitbringt, kann es nicht passieren, daß die Musik das visuelle Geschehen überdeckt oder umgekehrt die Musik in den filmischen Ausdrucksmitteln ertrinkt. Insofern ist diese Art Hintergrunds-Musik künstlerisch durchaus zu verantworten.*[155]

Das Problem, eine angemessene Balance zwischen Filmstory und Begleitkomposition zu finden, stellt sich ohnedies jedem Filmkomponisten, ganz besonders aber demjenigen, der zur Verwirklichung seiner Arbeit auf die Einbeziehung improvisierender Musiker angewiesen ist. Deren Selbstverständnis nämlich animiert sie eher zu einer vordergründigen Interpretation als zur hintergründigen Ausdeutung einer Begleitkomposition. Der Zuschnitt auf den Film muß daher – soll die Musik als Filmmusik erfolgreich sein – bereits im Arrangement geleistet sein. Gelingt eine unveränderte Übernahme von Filmmusik ins Konzertrepertoire eines Jazzmusikers, überzeugt also die Realisation von Komposition und Sologrundlage als Einzelwerk, so deutet sich hierin zumeist ein Mißverhältnis zwischen Musik und Film an. Einzig *source music*, d.h. Musik, die in der Story selbst begründet ist – in Live-Konzerten beispielsweise oder aus Radio und Musikbox – kann Form und Manier eines konventionellen Jazzarrangements wahren. Die Umarbeitungen, die John Lewis an Einzelkompositionen seiner Filmmusiken vornahm, um sie ins Programm des Modern Jazz Quartet zu transferieren, machen die ganz konkrete Bindung der Ursprungskomposition ans Medium Film deutlich.

* * *

Seine ersten Erfahrungen mit Filmmusik sammelte John Lewis in seiner Arbeit für *»Sait-On Jamais«* (englischer Titel: *»No Sun In Venice«*). Der von Raoul Levy produzierte Film des französischen Regisseurs Roger Vadim erzählt die Geschichte dreier junger Leute, die im Venedig der fünfziger Jahre in Abhängigkeit von einem älteren Mann leben. Tragische Verwicklungen führen im Verlauf der Story zum Tode zweier der Protagonisten[156].

155 Zit. nach Hans Christian Nörregaard, *Und ich hörte sie sagen...*, in: *Jazz Podium*, x/5 (Mai 1961), S. 131

156 Zur Beschreibung des Inhalts vgl. Max Harrison, *Sait-On Jamais and Some Other Films*, in: *Jazz Monthly*, iv/6 (August 1958), S. 25, 31. Die Hauptrollen in *»Sait-On Jamais«* werden von Francoise Anoul, Christian Marquand, Robert Hossein und O.E. Hasse gespielt.

Vadim wurde auf Lewis aufmerksam, als er eine Modern-Jazz-Quartet-Einspielung von *Django* hörte. Ein Freund stellte den Kontakt zu Lewis her, der sich zur selben Zeit in Paris aufhielt. Vadim schickte dem Pianisten das Filmskript nach New York nach und gab ihm die Zeitangaben für die Filmsequenzen. Die von Lewis komponierte und vom Modern Jazz Quartet aufgenommene Musik wurde in der Endfassung von einem Toningenieur ediert, so daß im Film selbst verkürzte Fassungen der Originalkompositionen zu hören sind[157].

Gary Kramer zitiert in seinem Plattentext zur Modern-Jazz-Quartet-Einspielung Lewis mit zwei Aussagen zur Filmmusik, die zugleich das Problem deutlich machen, das sich dem Filmkomponisten stellt:

> *Jazz is often thought to be limited in expression. It is used for »incidental music« or when a situation in a drama or film calls for jazz, but rarely in a more universal way apart from an explicit jazz context. Here it has to be able to run the whole gamut of emotions and carry the story from beginning to end.* [...]
>
> *This is my Venice and that isn't the same perhaps as what Raoul Levy is trying to show in the movie. I know Venice's history, the music it has produced, I love its* Commedia dell'arte *and in my* Fontessa *gave it musical expression. In seeing a colorful funeral procession on the Grand Canal, however, I can't help but think of funerals in New Orleans, which are happy as well as sad, and that double image in my mind undoubtedly is reflected in my music.*[158]

Die sechs Kompositionen des Soundtrack gingen allesamt in das Konzertrepertoire des Modern Jazz Quartet ein. Die einzelnen Themen sind personen- bzw. situationsgebunden. *The Golden Striker* ist das Thema Michels, *Cortege* das Thema des Baron von Bergen, *The Rose Truc* Sforzis Thema und *One Never Knows* das Thema der Sophie. In *Three Windows* werden die drei erstgenannten Themen in einer Tripelfuge aneinandergereiht bzw. übereinandergesetzt. Das letzte Stück, *Venice*, hat keinen direkten dramatischen Bezug zur Handlung. Es entspricht der Tradition von *source music* im Film und untermalt so eine Nachtclub-Szene.

Lewis selbst spricht davon, daß er zur personenspezifischen Charakterisierung einzelner Themen durch die Leitmotivtechnik inspiriert wurde[159], die in der Filmmusik eine durchaus lange Tradition hat. Max Harrison weist zu Recht auf die selbstverständlichen Unterschiede hin, die zwischen der Leitmotiv-

157 Vgl. einen Artikel über die Entstehung der Filmmusik von N.N., *»Sait-On Jamais«*, in: *Jazz Magazine*, iii/28 (Juli 1957), S. 33 ff.

158 Zit nach Gary Kramer, *»The Modern Jazz Quartet Plays No Sun In Venice«* [Plattentext], Atlantic 1284

159 *I wanted to use this old-fashioned technique,* leitmotiv. Zit. nach einem Interview, das John Lewis während eines TV-Auftritts des Modern Jazz Quartet beim National Educational Television 1964 in San Francisco dem Journalisten Ralph Gleason gab (unveröffentlicht).

technik in beispielsweise Opern von Richard Wagner und einer leitmotivischen Begleitung in Filmmusiken – insbesonere in *»Sait-On Jamais«* – bestehen:

> *Needless to say, the whole thing is on a lighter plane and far less closely organized than in Wagner. There is no trace of a system of key relationships that form the ground-plan of his operas and the use of these* leitmotivs *is not always followed through.*[160]

* * *

Im Jahre 1959 drehte der Regisseur Robert Wise den Kriminalfilm *»Odds Against Tomorrow«*. Die Hauptrollen spielen Harry Belafonte, Shelley Winters und Robert Ryan. Der Plot des Films verbindet Elemente einer Verbrecherstory mit gesellschaftskritischer Problematik, nämlich den Auswirkungen des amerikanischen Rassismus.

> Der Expolizist Dave Burke (Ed Bagley) will eine kleine Bank in New York ausrauben. Er tut sich mit zwei Komplizen zusammen, Earl Slater (Robert Ryan) und Johnny Ingram (Harry Belafonte). Ingram, ein Neger und ehemaliger Nachtclubsänger, wird gebraucht, um den Einlaß in die Bank zu organisieren. Schon in der Planung des Raubs kommt es zu Spannungen zwischen dem mit Vorurteilen belasteten Slater und Ingram. In der Ausführung des Raubs bringt der Schwarze – als Bote eines nahegelegenen Coffee Shops verkleidet – Kaffee zur Hintertür der Bank. Die beiden Komplizen stürmen nach. Der Überfall gelingt wie geplant, jedoch weigert sich Slater, Ingram zur Flucht den Wagenschlüssel zu geben, wie es vorher abgesprochen war, obwohl Ingram der einzige ist, der die Bank unverdächtig verlassen könnte. In einem Schußwechsel mit der Polizei begeht Burke Selbstmord, Ingram und Slater verbrennen, als Gastanks, zu denen sie geflüchtet sind, durch Kugeln getroffen explodieren. Im Tod sind beide nicht mehr zu unterscheiden, sind sie zur selben Farbe verbrannt.[161]

Die Partitur für *»Odds Against Tomorrow«* entstand unter anderen Voraussetzungen als die zu *»Sait-On Jamais«*. In enger Zusammenarbeit zwischen Regisseur Wise und John Lewis bekam der Komponist vollen Einblick in die Regieplanung wie auch in die Änderungen während des Drehablaufs[162]. Lewis

160 Max Harrison, *Sait-On Jamais and Some Other Films*, S. 25

161 Es scheint völlig unverständlich, wie Frank Tirro den Film als *science fiction movie* [...], *an anti-war, anti-bomb desaster film* verstehen konnte. Vgl. Frank Tirro, *Jazz. A History*, London 1979, S. 333.

162 Lewis selbst beklagt sich über die Änderungen während des Drehverlaufs und die Schwierigkeiten, die sich ihm als Komponisten dadurch boten. Trotzdem war er mit dem Endergebnis, auch mit der Produktionssituation deutlich zufriedener als mit der Filmmusik zu *»Sait-On Jamais«*. Vgl. das Lewis-Interview von Francis Thorne, *An Afternoon with John Lewis*, in: *Jazz Review*, iii/3 (März/ April 1960), S. 9: *Actually I had ideas right at the beginning, but these have changed about ten times, because the conception of the movie has changed a number of times. The first time I actually saw the film, I was not too*

arbeitete nach *cues*, also in der üblichen Manier des Filmkomponisten mit vorgegebenen (*pre-timed*) Zeiten. Die Musik ist für ein dreiundzwanzigköpfiges Orchester geschrieben – Blechbläser und Rhythmusgruppe –, dem unter anderem Milt Jackson, Percy Heath und Connie Kay angehörten. Im originalen Soundtrack ist in Einzelstücken Platz für Improvisationen, die sich jedoch nur wenig von der Grundlage der Komposition entfernen, um so die Aufmerksamkeit nicht vom Film abzulenken. Auch die Kompositionen selbst jedoch sind weit mehr als in *»Sait-On Jamais«* auf die Filmhandlung bezogen und nur bedingt eigenständig. Eine Veröffentlichung der originalen Soundtrack-Einspielung[163] wird zu einem eher unbefriedigenden Hörerlebnis, da die Musik ohne den Film vielfach unmotiviert erscheint. Im Film untermalt und unterstreicht sie, in der Schallplattenaufnahme sind scheinbare Schwächen hörbar, die tatsächlich keine sind, da formale, rhythmische, harmonische oder klangfarbliche »Unzulänglichkeiten« im Zusammenhang mit dem Film als kompositorisches Eingehen auf konkrete Handlungssituationen zu verstehen sind.

Parallel zum Soundtrack-Album spielte das Modern Jazz Quartet eine Auskopplung einzelner Kompositionen der Originalpartitur ein[164]. Den Arrangements wurde hierbei die geschlossene Form einer Jazzkomposition gegeben. Im Gegensatz zum Soundtrack ist die Quartett-Einspielung auch in den ausgedehnten Improvisationspartien deutlich dem Jazz verpflichtet. Sechs Fragmente der Filmpartitur sind ausgekoppelt und zu vollständigen Jazzarrangements umgeformt: *Skating In Central Park*, *No Happiness For Slater*, *A Social Call*, *Cue No. 9*, *A Cold Wind Is Blowing* und *Odds Against Tomorrow*.

* * *

Der dritte Soundtrack, den John Lewis zu einem kompletten Spielfilm anfertigte, ist *»A Milanese Story«*. Eriprando Visconti kam im Winter 1961 auf den Komponisten zu, um ihn um die Erlaubnis zu bitten, *Cortege* in seinem neuesten Film verwenden zu dürfen. Da dies Stück bereits als Filmmusik in *»Sait-On Jamais«* benutzt war, beauftragte Visconti Lewis kurz darauf, eine neue Partitur für das ganze Filmprojekt zu schreiben. Lewis erinnert sich an die Kompositionsarbeit:

> *I wrote it right there in Milan in six days and we spent a week recording it. I just stayed in the hotel room and worked all day and all night. The film hadn't been made yet, but* [Visconti] *had a script, and he told me what he wanted. We had long discussions and I would play the music for him on the piano. He told me there were five different types of things they wanted to use music for in the picture: four themes or ideas and a*

happy about it. The next time it had been changed completely, and I felt that I did not want to finish the job, but I had promised... and then, as it progressed it got better and better and I became enthusiastic about it.

163 United Artists UAL 4061

164 New York 1959, United Artists UAL 4063

recapitulation. I had to keep in mind the fact that they wanted music that would be soft as the story was hard; it's about two young people, but it is not a pleasant story.[165]

Die Musik für den Film, dessen Hauptrollen von Enrico Thibault und Danielle Gaubert gespielt werden, benutzt eine kleine Jazzbesetzung mit Streichquartett. Im Soundtrack[166] spielen neben John Lewis der Flötist und Tenorsaxophonist Bobby Jaspar, der Gitarrist René Thomas, die Bassisten Giovanni Tommaso und Jozsef Paradi, der Schlagzeuger Buster Smith und das Quartetto di Milano. John Lewis komponierte vier Stücke für den Film: *In A Crowd*[167], *Valeria*, *Winter Tale* und *Monday In Milan*. In einem *Finale* werden die ersten drei dieser Kompositionen übereinander zusammengefaßt. Dies geschieht allerdings nicht wie in *Three Windows* aus *»Sait-On Jamais«* durch die Einarbeitung verschiedener Themengestalten in eine Tripelfuge. In *Finale* werden stattdessen die originalen Themengestalten hintereinander abgehandelt. Die sechste auf dem Soundtrack-Album enthaltene Komposition *Danielle In The Lion's Den* ist nichts weiter als eine improvisierte Jam Session über *Winter Tale*. Die originalen Kompositionen dieser Filmmusik sind allesamt ins Konzertrepertoire des Modern Jazz Quartet übernommen und dort über lange Zeit beibehalten worden.

Die Kompositionsvoraussetzungen für *»A Milanese Story«* waren wiederum andere als in *»Odds Against Tomorrow«*. Lewis hatte sich hier nicht nach vorgegebenen Zeiteinheiten zu richten, sondern schrieb vollständige, abgerundete Kompositionen, ohne daß er die genaue Szenenfolge kannte, die begleitet werden sollte. Die Einzelstücke also wurden als fertige, in sich geschlossene Kompositionen geplant, in denen Improvisationsblöcke nach Jazzmanier in einen Themenrahmen eingepaßt sind. Eine Umarbeitung der Filmmusik, wie Lewis sie besonders stark in *»Odds Against Tomorrow«* vornehmen mußte, um aus der direkt auf eine szenische Handlung zugeschnittenen Begleitmusik konzertfähige Einzelkompositionen filtern zu können, war in den Stücken aus *»A Milanese Story«* nicht nötig.

* * *

In den Einzelkompositionen für *»Sait-On Jamais«*, *»Odds Against Tomorrow«* und *»A Milanese Story«* lassen sich musikalische Besonderheiten in Arrangement und Komposition konstatieren, die auf die spezifische funktionelle Bindung an den Film zurückzuführen sind. Die Ausnahme bilden Kompositionen, die als *source music* im Film verwendet werden, das sind Stücke wie *Venice* (*»Sait-On Jamais«*), *Skating In Central Park* und *Cue No. 9* (*»Odds*

165 Zit. nach Ralph J. Gleason, *»A Milanese Story«* [Plattentext zur Soundtrack-Aufnahme]

166 Turin, Italien 1962, Atlantic 1388

167 Martin Williams leitet das Hauptmotiv aus *In A Crowd* aus einer traditionellen Jazzphrase her, die er bereits in vielen Jazzkompositionen der zwanziger Jahre nachweist. Vgl. Martin Williams, *Jazz Heritage*, New York 1985, S. 241.

Against Tomorrow«). ***Skating In Central Park*** (vgl. die ausführliche Analyse, S. 198 ff.) erklingt im Film über die Lautsprecher einer Eislaufbahn im New Yorker Central Park. *Cue No. 9* ist zu hören, wenn im Film die Musikbox in einer Bar angestellt wird. *Venice* schließlich begleitet eine Nachtclubszene und ist so ebenfalls quasi in der Handlung selbst begründet. *Source music* ist im Film zumeist nur in Ausschnitten zu hören, wird außerdem in der Regel mit Gesprächsfetzen und Geräuschen überlegt. Die Musik erfüllt Drehbuch-Forderungen wie »Barmusik«, »Musikbox-Titel«, »typische Eisstadion-Musik«, etc. Sie ist für die fiktive Filmhandlung real und übernimmt keinerlei weitere Kommentarfunktion.

Sowohl *Venice* als auch *Cue No. 9* benutzen ein konventionelles Jazzarrangement mit Einleitung, Exposition eines zweiunddreißigtaktigen Reprisenbarthemas, Solochorus bzw. Solochorussen und einer kompletten bzw. verkürzten Themenreprise. Insbesondere *Venice* gehört in der Ausgewogenheit der Gesamtkomposition, welche durch die Begleitung des Basses in halben Notenwerten, die mit melodischen Paraphrasen durchzogene Improvisation Milt Jacksons und das luftige Klaviersolo des Pianisten unterstützt wird, zu einem der gelungensten Beispiele lyrischer Balladenkomposition bei John Lewis. Es ist erstaunlich, daß sich das Stück nur bis zum Ende der fünfziger Jahre im Repertoire des Modern Jazz Quartet befand und in keiner Vergleichsaufnahme des Ensembles vorliegt[168].

Spezifisch für die Filmmusik von John Lewis ist der Verzicht auf allzu große improvisatorische Freiräume. Am extremsten zeigt sich ein solcher Verzicht in der Partitur zum Film *»Odds Against Tomorrow«*. Insbesondere das Titelstück ist vollkommen durchkomponiert – auch in der Transkription für eine Modern-Jazz-Quartet-Einspielung[169]. In *The Golden Striker* aus *»Sait-On Jamais«* sind die Improvisationsteile für Vibraphon und Klavier nur jeweils acht Takte lang. Daß in den vier Solokomplexen sowie in einer sechzehntaktigen Duo-Improvisation dennoch ein äußerst befriedigendes Ergebnis zustandekommt, ist nicht zuletzt auf die harmonische Grundlage der Achttakt-Einheiten zurückzuführen:

‖ Ab/ Am^{5-} /	Eb/ Eb^7 /	Ab/ Am^{5-} /	Eb / Eb^7 /
Ab/ Am^{5-} /	Eb/ C^7 /	F^7/ Bb^7 /	Eb^7 / / / ‖

Das angedeutete Wiederholungsmuster des harmonischen Arrangements bewirkt *call-and-response*-hafte Repetitions- und Antwortphrasen in den Soli und macht so quasi den Blues zum tektonischen Moment der Solokomplexe.

168 Lewis nahm die Komposition unter dem Titel *Love Me* in Triobesetzung ein weiteres Mal im Jahr 1959 auf (Atlantic LP 1313).

169 New York 1959, United Artists UAL 4063

Vib:
Pno:
Vib:
Pno:
C-Dur-Variante:
Vib:
Chorus I:
Vib:
Chorus II:
Pno:
Chorus III:
Vib:
Chorus IV:
Pno:

Trotz des scheinbar simplen Bluesmodells, das die Improvisationsteile in *The Golden Striker* bestimmt, läßt sich in dieser Komposition eine extreme kompositorische Verflechtung der Solopartien mit dem Arrangement der Themenkomposition feststellen. Die Choruskonzeption basiert auf Elementen aus drei thematischen Expositionen. Der achttaktige harmonische Sologrund entspricht dem A-Teil des Reprisenbarthemas aus Exposition 1, die swingende Schlagzeugbegleitung mit Besen auf der Ride Cymbal sowie Akzenten der Snare Drum und der großen Standtrommel entstammt der swingenden Themenvariante aus Exposition 2. Der viertaktige komponierte Einschub zwischen den einzelnen Soloeinheiten schließlich entspricht der C-Dur-Themenvariante, die in Exposition 3 vorgestellt wurde.

In *One Never Knows* sind kompositorische Elemente durch ostinate Begleitfiguren unter den einzelnen Soloabschnitten auf weiten Strecken der Realisation präsent.

Die zu starke Entfernung von der thematischen Komposition in den Improvisationsabschnitten wird auch dann verhindert, wenn – wie in *One Never Knows* – bereits das Arrangement eine paraphrasenhafte und somit nah am komponierten Thema bleibende Improvisation vorschreibt[170].

Ähnlich entfernt sich die motivische Improvisation, die John Lewis in *The Rose Truc* für sein Solo benutzt, nur wenig von der Themenmotivik und läßt so das kompositorische Moment an jeder Stelle präsent bleiben. In *The Rose Truc* auch ist das subtile Arrangement der Solokomplexe zu betrachten, in dem durch Wechsel in der Begleittechnik wie in der Improvisationsmethodik bereits im Vorplan der dynamische Verlauf der Instrumentalsoli beeinflußt wird. Die ersten beiden Vibraphonchorusse werden von einem thematischen Baß-Akkompagnement und durchgängigen Beckenakzenten unterstützt. In den Chorussen III und IV setzt John Lewis mit thematischer Begleitung ein, Percy

170 Ein alternativer *take* von *One Never Knows* auf dem französischen Label Atlantic/Versailles 90 M 199 zeigt weitgehende Übereinstimmungen in der Ausfüllung der Improvisationsabschnitte und bestätigt somit die Wirksamkeit einer solchen Arrangementfestschreibung.

Heath wechselt zur Walking-Bass-Technik über. In den beiden letzten Vibraphonchorussen (V und VI) dann ist ein jazz-übliches Akkompagnement mit Kontramelodik bzw. Begleit-Riffs im Klavier zu hören. Auch im Solo des Pianisten läßt sich eine ähnliche dynamische Steigerung feststellen. Seine beiden ersten Chorusse beginnen jeweils mit einem das Thema zitierenden Klavier-Break, der nur von der Standtrommel Connie Kays begleitet wird. Die restlichen acht Takte der konventionellen Blues-Grundlage sind mit Improvisation und jazz-üblichem Akkompagnement (Walking Bass, Becken) gefüllt. Im dritten Klavierchorus, der durchgängig auf jazz-typische Art begleitet wird, benutzt Lewis sehr dezidiert das Moment motivischer Improvisation. In den letzten beiden Chorussen schließlich geht er zu einer etwas freieren Paraphrasen-Improvisation über. Ähnliche Absprachen im Wechsel von Begleitduktus und Improvisationsmethodik finden sich auch in anderen Arrangements von Lewis, selten allerdings in einer solch klaren Disposition wie in *The Rose Truc*. Gerade als »Zügel« für Improvisationspartien innerhalb einer Filmmusik scheint diese Methode einer subtilen Arrangementfestschreibung besonders geeignet zu sein.

Eine Kontrastierung verschiedener Varianten desselben Themas findet sich außer in *The Golden Striker* (s.o.) vor allem in *Cortege*. Im Gesamtplan des Arrangements wird das konstitutive Themeninitium dieser Komposition in drei Charakterisierungen verarbeitet: 1. In der Exposition ist die Diktion würdig und ruhig.

2. Im komponierten Interludium zwischen erster Themenreprise und Klaviersolo findet sich eine spielerisch tänzelnde Themenvariante, die zudem durch swingende Schlagzeugbegleitung unterstützt wird.

3. Im motivisch durchgeprägten Solo des Pianisten schließlich erscheint die Themenmelodik in einer reflexiven Version mit Klischees aus der Barockmusik wie Oktavdurchgängen und typischen Sequenzmodellen.

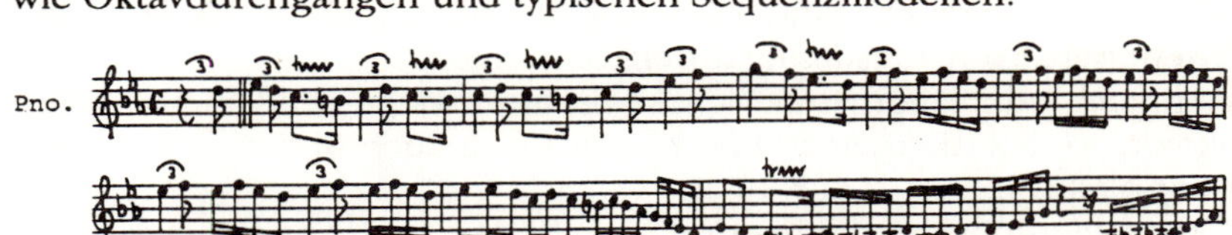

Solche kontrastierenden Präsentationen verschiedener Themenvarianten sind ohne Zweifel vom Komponisten intendiert und beziehen sich in *Cortege* konkret auf die Tradition von *funeral music* in New Orleans (vgl. das Lewis-Zitat auf S. 160).

Als extremes Beispiel kompositorischer Durchformung schließlich muß auf die Tripelfuge *Three Windows* aus *»Sait-On Jamais«* hingewiesen werden. Die drei Fugenthemen sind aus Charakterthemen der Filmmusik abgeleitet: Thema 1 entspricht *The Golden Striker*, Thema 2 entspricht *Cortege* und Thema 3 entspricht *The Rose Truc*. Neben der komplexen Fugenform, die mit Formskizze und Notenbeispielen auf S. 135 ff. vorgestellt wurde, ist auch hier die Rolle der Begleitung im Arrangement hervorzuheben. Wechsel in der Begleittechnik unterstreichen die Kompositionsstruktur und weisen auf Umschwünge im formalen Ablauf hin. Insbesondere sind zu nennen: der High-Hat-Einsatz am Ende der ersten Exposition, die Verstärkung der Lautstärke im Schlagzeug sowie die Two-beat-Akzentuierung in der Baßbegleitung zum Ende des Vibraphonchorus, das Aussetzen der High Hat zu Beginn der zweiten Exposition, die Änderung der High-Hat-Begleitung während des Baßsolos, das Aussetzen der Begleitung vor der dritten Exposition, das Two-beat-Akkompagnement im Klaviersolo oder die Off-Beat-Akzentuierung Connie Kays vor der Coda.

Zusammenfassend lassen sich in der Musik, die John Lewis zu Spielfilmen komponierte, die folgenden Charakteristika herausstellen, die zwar nicht singulär im komponierten Oeuvre von Lewis dastehen, hier aber in besonderem Maße die funktionale Rolle der Musik als Begleitung des Films unterstützen helfen:

1. Improvisatorische Freiräume sind in der Regel nur kurz; im Extrem sind einzelne Szenenmusiken vollständig durchkomponiert.
2. Paraphrasenhafte oder motivische Improvisation wiegt in der originalen Filmmusik vor, so daß die thematische Komposition auch in den Solopartien stark präsent bleibt.
3. Längere Improvisationsabschnitte sind durch Arrangementabsprachen in ihrem dynamischen Verlauf und in der improvisatorischen Interpretation teilweise bereits vorgeprägt. Ostinato-Akkompagnements, arrangierte

Augmentationen, Verkürzungen und andere Veränderungen der thematischen Grundlage sowie die Arrangementvorschreibung von Begleit- und Improvisationsduktus lassen die Idee des Komponisten auch in den Improvisationspartien deutlich durchscheinen.

4. Kommentierungen der begleiteten Filmszenen werden außer durch filmmusiktypische Kompositionstechniken auch durch variante Charakterisierungen thematischer Komplexe sowohl in Kompositions- als auch in Improvisationsabschnitten erreicht.
5. Die filmmusiktypische Anwendung leitmotiv-ähnlicher Techniken erlaubt die musikalische Kommentierung einzelner Filmszenen und kulminiert in *Three Windows* in einer Tripelfuge aus drei charakterisierenden Themen der Filmmusik.

* * *

Die Umarbeitungen der Einzelkompositionen aus *»Odds Against Tomorrow«* machen besonders stark die spezifische Bindung der Musik an den begleiteten Film deutlich. John Lewis selbst beschreibt die Unterschiede in den drei Spielfilmen:

> *Pour le premier film* [*»Sait-On Jamais«*], j'ai écrit sur une matiere. Pour le second film [*»Odds Against Tomorrow«*], j'ai collaboré avec un homme. Pour le troisième [*»A Milanese Story«*], j'ai travaillé dans l'abstrait.[171]

Die Kompositionssituation läßt sich technisch noch genauer beschreiben: In *»Sait-On Jamais«* schreibt Lewis nach dem Skript, hat zwar Zeitangaben für die Filmsequenzen, aber keine genauen *cues* für die Begleitmusik. In *»Odds Against Tomorrow«* ist ihm die Dauer der einzelnen Musiksequenzen auf die Sekunde genau vorgeschrieben. In *»A Milanese Story«* bekommt er den Auftrag zu vier Kompositionen und einer diese verarbeitenden Rekapitulation. Für den Komponisten heißt dies: Für *»Sait-On Jamais«* wie für *»A Milanese Story«* kann er vollständige, in sich geschlossene Kompositionen schreiben, sich in der Abwechslung von komponierten und improvisierten Passagen an die Tradition des Jazzarrangements halten. Eine Übernahme solcher Filmmusik ins Jazzrepertoire ist ohne Schwierigkeiten möglich und bedarf nur geringer Umarbeitung. In einem Film wie *»Odds Against Tomorrow«*, in dem der Komponist nicht nur exakte Zeitvorgaben hat, sondern sich in der szenengenauen Begleitung auf dramatische Unterstützung konkret gezeigter Handlung beziehen muß, fehlt der Einzelkomposition zumeist eine Geschlossenheit, die der untermalten progressiven Handlung nicht angemessen wäre. John Lewis filterte nun aus der funktional gebundenen Orchesterpartitur dieses Soundtrack geschlossene Konzertarrangements, die sich ohne Schwierigkeiten ins Repertoire des Modern Jazz Quartet einpassen ließen.

171 Zit. nach Jean-Louis Ginibre und Jean Wagner, *Entretien. John-le-laconique*, in: *Jazz Magazine*, 107 (Juni 1964), S. 42

Die Umarbeitung der Titelkomposition *Odds Against Tomorrow* gestaltete sich dabei relativ simpel. In der Quartett-Fassung von 1959 verkürzt Lewis das Orchesterarrangement um die ersten 25 Takte, verlängert zugleich die Coda um einen deutlich kadenzierenden Schluß. Original- wie Quartett-Fassung sind vollständig durchkomponiert. In dem Konzertarrangement, das vom Ensemble seit 1960 benutzt wird, kommt der kompletten Realisation von 1959 nurmehr die Rolle einer langen thematischen Einleitung zu. Die einzelnen Themenabschnitte werden in einer neuen Exposition in ein zweiunddreißigtaktiges Reprisenbarschema gebracht, das zugleich die Grundlage der folgenden Solochorusse ist. Die abschließende komponierte Reprise kombiniert A1 und A2 der Reprisenbarform mit einem Coda-Abschnitt, der Einzelteile des ursprünglichen Arrangements zusammenfügt, namentlich die ersten vierzehn Takte der Realisation sowie die Coda-Takte 6 bis 10 der Quartettfassung von 1959.

Soundtrack des Films

4 T.	8 T.	13 T.	12 T.	10 T.	8 T.	10 T.	10 T.	2 T.
Einltg. Ostinato	A verfremdet	A rhythmischer, verlängert	B	Interludium I, Thematik aus A	A	Interludium II; Aufbau wie Int. I; andere Thematik	Fortführung Kopfmotiv aus A	Coda (unvollständig)
Harfe	Vibraphon	Vibraphon	Horn	Horn	Flöte	Orchester	Vibraphon	Vibraphon
d-Moll	=	=	B-Dur/ d-Moll	g-Moll	=	=	=	=
KOMPOSITION								

Modern-Jazz-Quartet-Version

EXPOSITION I					
12 T.	10 T.	8 T.	10 T.	10 T.	10 T.
B	Interludium I	A	Interludium II	Fortführung	Coda (vollständig)
Vibraphon	=	=	=	=	=
B-Dur/ d-Moll	g-Moll	=	=	=	g-Moll/ d-Moll
KOMPOSITION					

EXPOSITION II			
32 T.	n x 32 T.	16 T.	20 T.
AABA-Thema (A aus Exposition I)	Solo-Chorusse	Reprise I: A1 + A2 des Reprisenbarthemas	Reprise II: T. 1-14 aus Exposition I; T. 6-10 der Coda
Vibraphon	(Solo)	Vibraphon	=
f-Moll	=	=	B-Dur/d-Moll
KOMPOSITION	IMPROVISATION	KOMPOSITION	

Das Originalthema von *No Happiness For Slater* basiert auf dem sechzehntaktigen Bluesmodell. In dem Neben- und Übereinander von Klein- und Großterz ist der zugrundeliegenden Akkordik die blues-typische Dualität zwischen Dur- und Mollqualitäten einkomponiert. Sekundmelodik und Sekundzusammenklänge sowie der überaus geringe Ambitus des Gesamtthemas geben der Komposition ihren Charakter. Im Soundtrack zu *»Odds Against Tomorrow«* folgt nach einer in den Gegenklängen der Blechbläser diffus erscheinenden Exposition eine vier Chorusse umfassende Duo-Improvisation von Gitarre (Jim Hall) und Klavier (Bill Evans). Im Arrangement für das Modern Jazz Quartet sind Thema- und Solokomplexe deutlicher voneinander abgegrenzt, hat auch das Thema eine sehr viel klarere kompositorische Struktur. Während beispielsweise die Reprise der Originalfassung aus der Improvisation von Gitarre und Klavier heraus und über deren letzten Chorus hinweg beginnt, umschließt in der Quartettversion ein vollständiger thematischer Rahmen die Solochorusse.

Auch *A Social Call* wird im Arrangement für das Modern Jazz Quartet in das übliche Rahmengerüst des Jazz eingepaßt. In der Film- wie in der Quartettfassung ist *A Social Call* ein Feature für den Pianisten. Wenn in der Exposition der Orchesterpartitur das Sekundmotiv aus *No Happiness For Slater* anklingt, so ist dies ein deutlicher »leitmotivischer« Hinweis auf den Protagonisten: Die Komposition untermalt eine *seduction scene*[172] zwischen Slater und Helen, einer Nachbarin. Die Quartett-Transkription erhält die bei Lewis häufige Pyramidenform: die Einleitung, die einer Abspaltung des Hauptthemas entspricht, wird als Coda der Reprise angehängt; die vom Klavier gespielte Exposition des Reprisenbarthemas mit Augmentation einzelner rhythmischer Werte entspricht einer Themenreprise – z. T. vom unbegleiteten Klavier realisiert –, in der thematische Einzelheiten kontraktiert werden; als Mittelteil fungiert das sich über zwei Chorusse erstreckende Klaviersolo, das das Reprisenbarthema in formal, harmonisch und rhythmisch korrektem Ablauf interpretiert. Die Verfremdung von Themenexposition und Reprise in der Quartettfassung wird somit durch die themengetreuen Chorusse quasi aufgehoben. In der Einbindung der Improvisationspartien in den üblichen Thema-Chorus-Thema-

172 Gunther Schuller, *»Odds Against Tomorrow«* [Plattentext], United Artists UAL 4063

Ablauf des Jazzarrangements mit verfremdeter Themenexposition und -reprise kommt den Chorussen eine Erläuterungsfunktion zu, wie sie bereits in vielen Kompositionen von Lewis konstatiert wurde: Durch sie erst erklärt sich dem Hörer die korrekte formale und harmonische Gestalt des zugrundeliegenden Themas, die in der Verfremdung der komponierten Teile nicht deutlich wird.

In der Umarbeitung seiner Filmpartituren in Konzert-Transkripte für das Modern Jazz Quartet lassen sich somit folgende Momente zusammenfassen:

1. Die Improvisationsteile bekommen im Jazzarrangement ein sehr viel größeres Gewicht.
2. Die improvisatorische Erfindung in den Soli gehorcht den Regeln der Jazzimprovisation und wird nur im üblichen Maße durch die thematische Grundlage der Chorusharmonien an den komponierten Rahmen gebunden.
3. Die Abgrenzung zwischen komponierten Themenpassagen und Improvisationsteilen ist in der Transkription klarer als in der Orchesterpartitur.
4. Im Original diffus erscheinende Übergänge oder einzig durch die Atmosphäre der begleiteten Filmszene bedingte Klangeffekte weichen im Quartett-Transkript einem in sich geschlossenen Arrangement, in dem Thema und Improvisationspartien vor allem nach dem Prinzip der Chorusreihung aufeinander bezogen sind.
5. Eventuelle leitmotivische Kommentare der Filmmusik können in der Konzert-Transkription fortfallen, wenn sie für die musikalische Kohärenz der Einzelkompositionen nicht konstruktiv sind. Im Quartett-Arrangement kann Lewis sich somit darauf konzentrieren, ein in sich geschlossenes Konzertstück zu liefern, dem durch die Umarbeitung der Charakter rein funktionaler Musik genommen ist.

* * *

Außer den Musiken zu drei veröffentlichten Spielfilmen schrieb Lewis die Partituren zu zwei Dokumentarfilmen: *»Exposure«* für Holzbläser und Streicherensemble (1960)[173], eine Musik zu einem Film der Vereinten Nationen über das weltweite Flüchtlingsproblem, sowie die Musik zu *»De l'eau et de l'espoir«* (*Of Water and Hope*) (Ende sechziger Jahre), einem Dokumentarfilm der United States Information Agency (USIA) über die Bevölkerung der marokkanischen Wüste. Die vollständige Musik zu *»Exposure«* sowie zwei Stücke, die der Begleitpartitur zu *»De l'eau et de l'espoir«* entnommen sind, wurden in das Repertoire des Modern Jazz Quartet übernommen[174]. In beiden Dokumentarfilmen hatte

173 New York 1960, Atlantic SD 1345

174 Quartettfassung von *Exposure* sowie von *The Blue Necklace* und *The Jasmin Tree* aus *»De l'eau et de l'espoir«*: Bristol 1967, Apple SAPCOR 4. Die beiden letztgenannten Stücke spielte das Quartett unter anderem in einem Konzert im Weißen Haus anläßlich des Schah-Besuchs am 21. Oktober 1969. Stanley Dance berichtet, daß der Schah *expressed to John Lewis his special appreciation of »The Blue Necklace« and »The Jasmin Tree,« in each of which he had rightly discerned eastern motifs and devices.* Vgl. Stanley Dance, *Jazz at the White House*, in: *Saturday Review*, xli (15. November 1969), S. 75, 101.

Lewis keine Handlung zu untermalen, sondern mußte eine musikalische Begleitung erfinden, die vor allem atmosphärisch dem filmisch Dokumentierten entspricht. Der Film hat so auch hier Einfluß auf formale und inhaltliche Momente der Komposition. Deutlich wird dies besonders in den beiden Einzelkompositionen aus *»De l'eau et de l'espoir«*, *The Blue Necklace* und *The Jasmin Tree*. Beide benutzen Klischees aus arabischer Musik, die direkt auf die Thematik des begleiteten Films zurückzuführen sind. Perkussionsinstrumentarium mit handgespielter Tom-Drum, Triangel, Fingerzymbel, Schellenbaum und Tambourin, ostinate Schlagzeugbegleitung während weiter Strecken der Realisation, eine rhythmische Orgelpunktbegleitung des Kontrabasses, die Verschiebung des Melodierhythmus gegen das zugrundeliegende Metrum, die Repetition charakteristischer Intervalle oder der melodisch begrenzte Ambitus sorgen trotz der jazz-typischen Formgrundlage – Zwölftakte-Blues in *The Blue Necklace* und Reprisenbarform in *The Jasmin Tree* – für ein exotisches Flair der Komposition. Insbesondere in *The Blue Necklace* schränkt dabei die arabisch anmutende Melodik und Rhythmik die Freiheit der Solisten so ein, daß diese kaum zu jazztypischer Improvisation gelangen. Als Begleitung des Dokumentarfilms scheinen beide Kompositionen durchaus gelungen zu sein, lenken sie doch mit Sicherheit nur wenig vom filmisch Dokumentierten ab. Die Zurücknahme personaltypischer Elemente führt in Konzertrealisationen dieser Stücke jedoch leicht zu einer deutlichen Diskrepanz zwischen den Kompositionselementen und der traditionellen Jazzimprovisation.

Jazz und Ballett

Die Beziehungen zwischen Jazz und Tanz sind sehr eng[175]. Die Einbindung des frühen Jazz in die amerikanische Unterhaltungsindustrie ist ein weiteres Bindeglied zwischen der Musik und dem Gesellschaftstanz. Die großen Ballhäuser und die kleineren Tanzrestaurants, Taxi Dance Halls und Cabarets waren bis in die fünfziger Jahre Arbeitgeber für viele Jazzmusiker und -orchester. Die Musik hatte hier immer eine doppelte Aufgabe zu erfüllen: 1. Sie diente – funktional – als Tanzmusik, d.h. sie präsentierte Originals oder die augenblicklichen Tagesschlager in tanzbaren Arrangements; 2. sie mußte innerhalb des Jazz produktiv bleiben, also in musikalisch interessanten Arrangements und Improvisationen die Jazzentwicklung vorantreiben. Beide Aufgaben waren den Musikern in der Regel bewußt, und viele der älteren unter ihnen trauerten in späteren Jahren der Inspiration nach, die sie durch die Tänzer erhalten hätten[176].

175 Marshall und Jean Stearns stellen die Geschichte des *american vernacular dance* in dem grundlegenden Buch *Jazz Dance* (New York 1968) ausführlich dar. Vgl. auch Helmut Günther, *Jazz Dance. Geschichte – Theorie – Praxis*, Berlin 1980.

176 Äußerungen von Jazzmusikern über die Beziehungen ihrer Musik zum Tanz sind häufig. Ein paar Beispiele mögen die Quintessenz all dieser Äußerungen belegen. Panama

Bis in die vierziger Jahre blieb der Tanz für Viele innerhalb der Ghettos amerikanischer Großstädte wichtiges Ausdrucksmittel. Die Musik verkam dabei allerdings keineswegs zur reinen Funktionsmusik. Tanz und Musik waren im afro-amerikanischen Verständnis eine Einheit, das eine ohne das andere nicht vollkommen. Erst die Intellektualisierung des Jazz führte in den vierziger Jahren zur Trennung der beiden Bereiche[177]. Und diejenigen, die in den späten fünfziger und frühen sechziger Jahren zu Jazz tanzten, taten dies jedenfalls kaum zur aktuellen, sich entwickelnden Musik, sondern zu den »seichteren« und populäreren Stilarten des soul-beeinflußten Jazz oder zur Modemusik des Jazz-Samba.

Der Erfolg großer öffentlicher Konzerte Ende der dreißiger, Anfang der vierziger Jahre brachte eine Betonung vor allem der musikalischen Komponente des Jazz mit sich. Jazz wurde mehr und mehr Konzert-, d.h. Hör-Musik und verlor – im Bebop dann ganz offensichtlich – seine primäre Rolle als Tanzmusik.

Neben dem Gesellschaftstanz, den Jazzbands und -orchester seit den zwanziger Jahren zu begleiten hatten, gab es eine andere Form von Tanz, die immer mit dem Jazz in Verbindung stand. Die Shows und Revuen, die sowohl von Theatern als auch von großen privaten Clubs organisiert wurden, engagierten Komiker, Jazzmusiker und Tänzer. Die Broadway-Show der zwanziger Jahre war ohne Chorus Line nicht denkbar[178]. Tanzvirtuosen wie Earl »Snake Hips« Tucker, Fredi Washington, Bill »Bojangles« Robinson und die Nicholas Brothers waren Top-Attraktionen der großen Nachtclub-Produktionen amerikanischer Metropolen[179]. In den unzähligen virtuosen Tanzschritten dieser

Francis, zit. nach Stanley Dance, *The World of Swing*, New York 1974 (Reprint New York 1979), S. 283: *A primary thing that a lot of people in this business haven't paid attention to is that colored people dance to rhythm. A white drummer can start playing time and people will get out there and dance. But white people dance to melody. If they don't have melody, they can't dance. So a lot of record producers don't even think about the rhythm. If the melody's there, the rhythm can go to hell.* Duke Ellington, *Music Is My Mistress*, Garden City, N.Y. 1973 (Reprint New York ^{4}1985), S. 100: *Some musicians are dancers, and Chick* [Webb] *was. You can dance with a lot of things besides your feet. Billy Strayhorn was another dancer – in his mind. He was a dance-writer. Chick Webb was a dance-drummer who painted pictures of dances with his drums. Way back, at the Cotton Club, we were always tayloring orchestrations to fit the dancers. If you listen to the figures of some of Strayhorns pieces, like »U.M.M.G.,« those are dances – tap dances maybe – and you can't mistake what they essentially are. The reason why Chick Webb had such control was because he was always in communication with the dancers and felt it the way they did. And that is probably the biggest reason why he could cut all the other bands that went in there.*

177 Thelonious Monks vielzitierte Tänzeleien ums Klavier sind als Relikte des Verbundes von Tanz und Musik im Jazz zu sehen.

178 Vgl. Robert Kimball und William Bolcom, *Reminiscing With Sissle and Blake*, New York 1973, ein Standardwerk über die schwarze Broadway-Show der zwanziger Jahre.

179 Vgl. beispielhaft die Programme des New Yorker Cotton Club, dargestellt in James Haskins, *The Cotton Club*, London 1977

Showtänzer lebte die Tradition der Minstrel Show fort, in der Cakewalks und Cakewalk-Parodien zum notwendigen Programm gehörten.

In den fünfziger Jahren – die schwarze Broadway-Revue und die großen Tanzpaläste existierten nicht mehr – bekannten sich einzelne Jazzmusiker auf andere Art und Weise zu den tänzerischen Wurzeln ihrer Musik. Duke Ellington schrieb 1956 seine Suite *A Drum Is A Woman* für Sänger und Tänzer, eine Auftragsarbeit zur Aufführung in der TV-Show *»US Steel Hour«*. In dieser Komposition stellt Ellington die Perkussion sowie den mehr oder weniger sophistizierten Tanz als Traditionsträger schwarz-amerikanischer Musik dar[180]. Im selben Jahr komponierte Bill Russo für die Festival Ballet Co. das Ballett *The World of Alcina*[181]. Nach dem Erfolg der *West Side Story* Leonard Bernsteins mit einer Choreographie von Jerome Robbins produzierte Robbins nach der Musik von Robert Prince das Ballett *New York Export: Opus Jazz* (1961), das in den Vereinigten Staaten und in Europa aufgeführt wurde. 1960 arbeitete der Schlagzeuger Max Roach auf der Gegenveranstaltung zum Newport Jazz Festival mit den Ruth Walton Dancers zusammen. Charles Mingus war an einem ähnlichen Projekt beteiligt, das Anfang der sechziger Jahre für das Kanadische Fernsehen produziert wurde[182]. In Paris und London wurden in den frühen sechziger Jahren Ballette zur Musik Stan Kentons aufgeführt, und im Deutschen und Belgischen Fernsehen choreographierte Maurice Béjart Duke Ellingtons *Such Sweet Thunder* für sein Ballet Théatre de Paris. Martin Williams[183] nennt eine Revue von Mort Sahl, *The Next President*, in der Anneliese Widman zu der Musik einer Jimmy Giuffre Gruppe tanzt. Als ein letztes Beispiel aus jenen Jahren soll Dave Brubecks *Points On Jazz* genannt werden, eine Auftragskomposition für das American Ballet Theatre, die von diesem in der Saison 1960/61 aufgeführt wurde[184].

Die angeführten Beispiele reichen in der choreographischen Technik von Solopassagen zu ausgearbeiteten Ballett-Choreographien, von tänzerischer Improvisation zu choreographisch genauer Festschreibung des Ballett-Ablaufs. Die Arbeiten von Max Roach und John Lewis vor allem benutzen Improvisation nicht nur in der musikalischen Verwirklichung, sondern ebenso in der tänzerischen Gestaltung der Aufführung. Einen solch improvisatorischen Charakter

180 Mercer Ellington und Stanley Dance, *Duke Ellington in Person. An Intimate Memoir*, Boston 1978 (Reprint New York 1979), S. 113: *A kind of allegory on the history of jazz* [*A Drum Is A Woman*] *uses singers, dancers, and the band, and gave* [Ellington] *the opportunity to put into visual practice some of the ideas he would have liked to use in a Broadway show.* Die Suite wurde auf Schallplatte veröffentlicht (Columbia JCL 951).

181 Atlantic LP 1241

182 Musik von Mingus wurde außerdem für ein TV-Ballett über *»Frankie and Johnny«* verwandt, das die Tänzerin Melissa Hayden und den Sänger Jimmy Rushing herausstellte.

183 Martin Williams, *The Strange Alliances of Jazz*, in: ders.: *Jazz Masters In Transition*, New York 1972 (Reprint New York 1982), S. 64

184 Schallplatteneinspielung: *»Gold and Fizdale Play Dave Brubeck*'s Ballet Point On Jazz«, Columbia CS 8478

hatten auch Ballettprojekte einzelner Jazzmusiker, die in den sechziger, siebziger oder achtziger Jahren Tanz-Elemente in ihre Konzerte einbrachten bzw. an »multi media«-Spektakeln auch Tänzer beteiligten.

Der mit reichlicher Mystik sich umgebende Sun Ra schloß seinem Clan devoter Musiker Ende der sechziger Jahre Sänger und Tänzer an, die sich in farbenprächtiger Kleidung und mit vielerlei Requisiten dem Erscheinungsbild des Sun Ra Arkestra anpaßten. Sun Ras Tänzer improvisierten zumeist; einzelne Auftritte sind mit deutlichen, doch lockeren, quasi Head Arrangements in der Choreographie versehen. Die Tänzer werden mit den Instrumentalsolisten gleichgestellt, sie sind visuelle Improvisatoren, die zu dem Gesamteindruck einer Art »totaler Musik« beitragen sollen.

Auf ähnliche Art und Weise verwendet Cecil Taylor in den achtziger Jahren Tänzer, die Einflüsse sowohl aus dem klassischen Ballett als auch aus afroamerikanischer Tanz-Tradition einbringen. Aufführungen des Cecil Taylor Units mit vier Tänzern im Jahre 1983 erinnern in der Struktur stark an die Produktion von *The Comedy* für das Modern Jazz Quartet und vier Tänzer in Paris 1960. Noch 1986 inkorporiert Taylor in seine Konzerte improvisierende Solotänzer, setzt sich mit der Tradition auseinander, ja tanzt selbst – auf eine Art, die vordergründig an die legendären Tänzeleien Thelonious Monks erinnert, die aber auch tiefer greifende Beziehungen zwischen Körperbewegung, Tanz und dem Personalstil Cecil Taylors implizieren[185].

In experimentellen Veranstaltungen einzelner Künstler aus der sogenannten »loft scene« New Yorks der siebziger Jahre schließlich entstanden Multi-Media-Projekte wie *»Ralph Ellison's Long Tongue«* mit dem Julius Hemphill Quartet, dem Dichter Curtis Lyle, dem Schauspieler Malinka Robert Elliott und der Tänzerin Joanne Robinson[186].

Als früheste Realisierungen eines auf diese Art improvisierende Musik und improvisierenden Tanz verbindenden Balletts sind verschiedene Produktionen zur Musik des Modern Jazz Quartet zu nennen.

* * *

John Lewis hat Musiken für drei Ballett-Produktionen geschrieben: *Fontessa*[187] (1956) und *The Comedy*[188] (1960) in Modern-Jazz-Quartet-Besetzung sowie *Original Sin*[189] (1961) für Sinfonieorchester. Im Zusammenhang mit dem Modern Jazz Quartet muß zudem Gunther Schullers *Variants For Jazz Quartet*

185 Nat Hentoff weist in seinem Buch *Jazz Is* (New York 1984, S. 229) auf den Zusammenhang zwischen Taylors Klavierspiel und seiner Faszination durch den Tanz hin. Er zitiert Taylor: *I try to imitate on piano the leaps in space a dancer makes*, und er betont den Einfluß vor allem schwarzer Tänzer auf den Pianisten.

186 Aufgeführt beispielsweise am 2. Januar 1981 in The Kitchen, New York City

187 New York 1956, Atlantic SD 1231

188 New York 1960/62, Atlantic SD 1390

189 New York 1961, Atlantic SD 1370

and Orchestra (1960) erwähnt werden, das nicht auf Schallplatte eingespielt wurde[190].

Einzig *Original Sin* ist unter den erwähnten Kompositionen eine originäre Ballettmusik. *Fontessa* und die Einzelkompositionen aus *The Comedy* entstanden als Konzertstücke für das Modern Jazz Quartet bzw. für größere Besetzungen und erfuhren erst später choreographische Realisationen durch vom Quartett begleitete Tänzer (vgl. die Analysen, S. 245 ff. und S. 251 ff.).

Als im Jahr 1958 nach einem Vortrag Marshall Stearns die Lee Becker Jazz Dancers zusammen mit dem Modern Jazz Quartet in Lenox, Massachussetts, auftraten, wurden dabei Teile der späteren Suite *The Comedy* aufgeführt. Eine Präsentation Stearns auf dem Newport Jazz Festival am 3. Juli 1959, die vier Tänzer zur Musik des Modern Jazz Quartet (vom Band) ein *semi-improvised jazz ballet*[191] vorführen ließ, basierte ebenfalls auf der *commedia dell'arte*, die *Fontessa* wie *The Comedy* als ideelles Muster zugrundeliegt. Die ausgesuchte Musik war diesmal *Fontessa*. Stearns' Präsentationen waren nicht die ersten Experimente des Quartetts mit Ballett. 1958 produzierte Joachim-Ernst Berendt für den deutschen Südwestfunk eine TV-Aufnahme, in der eine erweiterte Fassung von *Fontessa* als *klassisches Ballett* aufgeführt wurde[192]. Stanley Dance stellt schon 1957 in einer Schallplattenrezension zu *Fontessa* fest:

> *This »suite« might come alive as an accompaniment to ballet dancers in the too-familiar costumes depicted on the sleeve.*[193]

Tatsächlich eignet sich die klangmalerische Atmosphäre der Komposition bestens zur Aufführung durch Ballett-Tänzer. Die Abwechslung verschiedener musikalischer Charaktere, eine Abstufung in der Formabhängigkeit der Einzelkompositionen sowie der Wechsel von fixen, swingenden zu frei, im Rubato gespielten Passagen verlangen geradezu eine choreographische Ausgestaltung.

190 Joachim-Ernst Berendt und William Claxton zeigen in ihrem Buch *Jazz Life. Auf den Spuren des Jazz* (Offenburg 1961, S. 209) ein Photo, das das Modern Jazz Quartet in einem Ballett-Studio am New Yorker Broadway zeigt, vor dem Wechsel des Schlagzeugers, vor Februar 1955 also. Berendt weist im Text darauf hin, daß *John Lewis' Interesse am modernen Ballettanz, das inzwischen so reichhaltig Früchte getragen hat, gerade erst begann* (S. 199).

191 George Hoefer und Gene Lees, *Newport: The Biggest Ever!*, in: *Down Beat*, xvi (6. August 1959), S. 14. Einen Tag zuvor war das Modern Jazz Quartet selbst auf dem Festival aufgetreten und hatte Teile der späteren Suite *The Comedy* aufgeführt, zumindest *Harlequin* und *La Cantatrice*.

192 Vgl. Pressenotiz in: *Jazz Echo* (Februar 1958), S. 1: *Der Südwestfunk macht weitere FERNSEHFILM-AUFNAHMEN mit dem Modern Jazz Quartet von John Lewis' Suite FONTESSA. Das Werk soll als klassisches Ballett im deutschen Fernsehen gebracht werden, wobei die Commedia Dell'Arte der Suite einer Choreographie zugrundeliegen wird.* Die Premiere dieser Ballettfassung war am 10. November 1958, vgl. die Werbebroschüre *The Modern Jazz Quartet*, o.O., o.J. [1959], einzusehen im *clipping file* der Institute of Jazz Studies an der Rutgers University, Newark, New Jersey.

193 Stanley Dance: *The Modern Bach-Words Quartet*, in: *Jazz Journal*, x/2 (Februar 1957), S. 13

Im Februar 1959 gab es Pressenotizen, nach denen eine festere Produktion Lewis' mit Tänzern geplant war[194]. Diese Pläne bezogen sich auf das Engagement des Modern Jazz Quartet mit vier Tänzern, deren Show unter dem Titel *»The Comedy. A Jazz Entertainment«* am 22. April 1960 im Pariser Alhambra Théatre Premiere hatte[195]. Die Produktion umfaßte nicht nur die Teile der Suite *The Comedy* – getanzt von Louis Johnson, Lelia Goldoni, Cristyne Lawson und Kevin Carlisle nach einer freien Choreographie von Johnson[196], sondern außerdem ein Solokonzert des Modern Jazz Quartet sowie improvisiertes Zusammenwirken von Musikern und Tänzern in normalen Repertoirestücken des Ensembles. Eine Rezension gibt den Ablauf der einen vollen Konzertabend füllenden Realisation wieder:

> *The program runs two hours. It is divided into three parts. During an opening 40-minute segment, the stage is set to show the four musicians on an elevated platform, in direct contrast to the movements and characterizations of the dancers. This segment depicts a day in the life of the four Commedia dell'Arte characters. The dancers improvise on the plot line as the muscians improvise on a basic musical framework.*
>
> *As an entr'acte, the MJQ plays a short concert, normally comprising Ray Browns* Pyramid, *Milt Jackson's* The Cylinder, *the pop tune* I Should Care *and one of the themes from the score Lewis wrote for the film* Odds Against Tomorrow.
>
> *Then the program continues with a series of improvisations in solo and ensemble, including both the MJQ and the dance group.* La Ronde *features Heath,* A Social Call *Lewis,* How High The Moon *Jackson, and four more numbers ensemble.*[197]

Ein Zitat von Lewis aus demselben Artikel präzisiert die Tanzfaktur:

> *»It is not a ballet but a sort of modern dance. Like the music of the quartet, each performance will change and develop from the one before.« The work, he said, rejoins »the music of jazz with one of its most compelling influences, the dance, which in the past took the form of the quadrille, the Charleston, and the Big Apple.«*[198]

194 Vgl. Pressenitz: *Modern Jazz Ballett kommt*, in: *Jazz Podium*, viii/2 (Februar 1959), S. 31: *John Lewis hat sich entschlossen, seinem Modern Jazz Quartet eine Gruppe von Tänzern anzuschließen, die seiner Musik nach Art eines Balletts noch einen optischen Effekt gibt. Eine Choreographie wird den Tänzen zwar zugrundeliegen, doch sollen die Tänzer auch im einzelnen Gelegenheit haben wie Jazzmusiker stellenweise frei zu improvisieren.*

195 Dem Premierenpublikum gehörten unter anderem Marlene Dietrich, Juliette Greco, Micheline Presle und Jean Marais an.

196 Vgl. die Pressemitteilung der Monte Kay Agentur vom 11. April und vom 2. Mai 1960, einzusehen im *clipping file* des Institute of Jazz Studies, Rutgers University, Newark, N.J.

197 N.N., *A »Precious« Asset For John Lewis*, in: *Down Beat*, xxvii (7. Juli 1960), S. 9

198 ibid.

Lewis' Bezugnahme auf die dem Jazz eigene Tradition des Tanzes ist ein Postulat, das so auch von den meisten anderen Jazzmusikern, die ähnliche Projekte verwirklichten, aufgestellt wurde. Wie der Rückgriff allerdings in der Musik des Modern Jazz Quartet auf Improvisationsmethoden, die bereits in früheren Jazzstilen verwandt wurden, stellte auch der kunstvolle Bezug auf Tanztraditionen nicht die Übernahme primitiver, funktioneller oder kommerzieller Tanzformen dar, sondern eine Aneignung im Rahmen ästhetischer Selbstbewußtwerdung, im Rahmen des neuen Bewußtseins schwarz-amerikanischer Tradition. John Lewis sagt pointiert:

Jazz began as music that people danced to. We are not going out on a limb. We are just putting the music back to where it belongs.[199]

Diese Aussage, die viel kritisches Echo fand[200], ist im selben Maße als ästhetisches Programm zu verstehen wie Lewis' anderswo zitierte Aussagen zur Übernahme traditioneller europäischer Formmodelle. Bewußtsein von Tradition gehört mit zum Selbstverständnis des neuen intellektuellen Schwarzen. Daß dem akademisch ausgebildeten Musiker und Komponisten afro-amerikanische wie europäische Traditionen gleich wichtig sind, ist ein Zeichen des neuen sozialen Status und des neuen Selbstverständnisses, welches er in der Gesellschaft gefunden hat. Die künstlerische Aufarbeitung aller Arten von Tradition, der Lewis sich verschrieben hat, ist nie die bloße Nachahmung gewesen. Wie Ellington, Mingus, aber auch wie Sun Ra oder Cecil Taylor, ist für Lewis die Tradition Nährboden für Neues. Die Beziehung auf Tanz-Tradition, wie er sie in *The Comedy* auf verschiedenen Ebenen vornimmt, ist legitim, unabhängig davon, daß auf anderer Ebene diese Tradition ganz verschiedene Entwicklungen erfahren hat.

Die Einzelkompositionen aus der Suite *The Comedy* wurden teilweise als unabhängige Stücke für ein Brass Ensemble bzw. für Soloplatten des Pianisten geschrieben[201]. In der Realisierung, in der es ein Gleichgewicht zwischen den vier Musikern und den vier Tänzern geben sollte[202], wurde den Tänzern die Rolle gleichsam visueller Instrumentalisten zugeordnet, die an der Kollektivrealisation der Aufführung teilhaben sollten – ähnlich wie bei Cecil Taylor in den achtziger Jahren.

Don Henahan bemerkt in einer Rezension zu John Lewis' Album *The Golden Striker*:

199 ibid.

200 Beispielsweise bei Samuel B. Charters und Leonard Kunstadt, *Jazz. A History of the New York Scene*, Garden City, N.Y. 1962 (Reprint New York 1981), S. 340: [Lewis] *would probably be surprised to find that all over New York there are still people who dance to jazz and who never have noticed that the music has left the place »...where it belongs.«*

201 Vgl. die Entstehungsgeschichte zu *The Comedy*, S. 251 f.

202 Vgl. Joachim-Ernst Berendt und William Claxton, *Jazz Life*, S. 248

Some of the pieces were used earlier this year in Lewis ballet The Comedy, *which Paris reportedly cheered. That makes sense, since the wildest sort of ecclecticism always has been part of ballet's music tradition.*[203]

Außer der Ballett-Tradition aber steht diese Aufführung dezidiert auch in der Tradition der Revue-Spektakel New Yorks in den zwanziger und dreißiger Jahren. Der Jazz bleibt seinen Wurzeln in der Unterhaltungsmusik verhaftet, und genauso wird der moderne Ballett-Tanz die Tradition des Show-Balletts nicht los. Beide Ursprünge lassen sich weder in Lewis' Ballettproduktionen noch in den neueren Kooperationen von Musikern wie Cecil Taylor oder Sun Ra mit Tänzern verleugnen.

* * *

Eine weitere Ballettproduktion mit Musik von John Lewis fand ihre Realisation ein knappes Jahr nach der Premiere von *The Comedy*. Für das San Francisco Ballet schrieb Lewis *Original Sin*. Das Libretto für dies Ballett stammte von Kenneth Rexroth, die Choreographie übernahm Lew Christensen. *Original Sin* hat eine festgeschriebene Choreographie zu vollständig auskomponierter Musik. Die Uraufführung mit siebzehn Tänzern fand am 10. März 1961 im Alcazar Theatre, San Francisco, statt. Lewis hat sicher nicht ohne Grund die Geschichte der Welterschaffung als Thema des Balletts gewählt. Wenn er sich in seinen *commedia-dell'arte*-Kompositionen auf eine Theatergattung in der Tradition der Improvisation bezieht, so ist der Bezug dieses Stückes sehr viel greifbarer: Es ist dieselbe Thematik, die Darius Milhaud 1923 in seiner Komposition *La Creation du Monde* – ebenfalls ein Ballett – verwandte, welche allgemein als erfolgreichstes Beispiel der Zuneigung eines europäischen Komponisten zum Jazz innerhalb der »Jazzmode« der zwanziger Jahre anerkannt wird.

Die durchkomponierte Partitur zu *Original Sin* enthält sechs Sätze: I *Creation of the World & Creation of Animals*; II. *Recognition* of Animals; III. *Birth of Eve*; IV. *Adam & Eve Pas de Deux*; V. *Teaching & Temptation*; VI. *Expulsion from the Garden of Eden*. Der zweite Satz – *Recognition of Animals* – ist ein Variationssatz mit Exposition, fünf Variationen und Finale. Die dritte Variation wird von John Lewis in ein Arrangement für das Modern Jazz Quartet übertragen und unter dem Titel *Lamb, Leopard* am 2. Februar 1962 auf Schallplatte eingespielt[204]. Als *If I Were Eve* bleibt die Komposition für einige Zeit im Repertoire des Ensembles und wird von Lewis zudem im Juli 1962 mit dem dänischen Geiger Svend Asmussen aufgenommen[205]. Das Finale aus *Recognition of Animals* fand als *Animal Dance*[206] seinen Weg ins Quartett-Repertoire, und der sechste Satz (*Expulsion from the Garden of Eden*) bildete

203 Don Henahan, *Spotlight Review*, in: *Down Beat*, xxvii (8. Dezember 1960), S. 37
204 New York 1962, Atlantic LP 1381
205 Stockholm 1962, Atlantic LP 1392
206 New York 1962, Atlantic LP 1381

als *Fugato*[207] einen Bestandteil des Konzertprogramms der frühen sechziger Jahre.

* * *

Eine Kurzanalyse von Gunther Schullers *Variants For Jazz Quartet and Orchestra*[208] (1960) soll die Übersicht über Ballettmusiken, an denen das Modern Jazz Quartet beteiligt war, beenden. *Variants* wurde im Auftrag der New York City Ballet Company geschrieben und im Januar 1961 von dieser nach einer Choreographie von George Balanchine im City Center, New York, uraufgeführt. Das Modern Jazz Quartet, das an der Aufführung im City Center teilhatte, spielte direkt auf der Bühne.

Schuller äußerte seine Faszination durch Ballett-Realisationen zu neuer Musik bereits in einem Vortrag vor der Convention of the American Symphony Orchestra League im Juni 1959, in dem er feststellt:

> *There is even a highly successful ballet playing in New York right now, a ballet by Martha Graham and George Balanchine set to the music of Webern, which was until now considered the most undanceable music ever written.*[209]

Kritiken zufolge scheint Balanchine nur wenig auf die Besonderheiten der Musik von Schuller, d.h. auf die Benutzung eines Jazz Quartetts und musikalischer Jazz-Elemente, eingegangen zu sein. Barry Ulanov, der einerseits die Komposition als gelungenes Beispiel der Einbeziehung von »Jazzformen« in einen symphonischen Zusammenhang lobt[210], kritisiert die Choreographie Balanchines:

> *His jazz piece works out a geometry of groups as ingeniously as anything he has done with music by Bach or Webern or Stravinsky, with barely a nod in the direction of the bodily motions usually associated with jazz, hip or pelvic or any other kind.*[211]

Entgegen den Third-Stream-Kompositionen Schullers enthält *Variants* keine Improvisationsfreiräume für die Jazzbesetzung. Das Stück – ein achtzehnminütiger Variationskomplex mit Thema, fünf Variationen und Finale – ist durchkomponiert und weist auch in jenen Sätzen, in denen

207 New York 1962, Atlantic LP 1381, vgl. S. 139 ff.

208 Die Partitur der Komposition erschien bei MJQ Music, New York 1964 (Score MJQ 35).

209 Gunther Schuller, *Address delivered to the Convention of the American Symphony Orchestra League, Phoenix, Arizona, June 11, 1959*, in: *We Start With Music*, hg von Broadway Music, Inc. (BMI), New York o.J.

210 Barry Ulanov, *The Two Worlds of American Art. The Private & The Popular*, New York 1965, S. 76: *One can make use of jazz forms in a symphonic setting,* [...] *as Gunther Schuller showed in his ballet score built around the Modern Jazz Quartet.* Ulanov meint selbstverständlich die Benutzung von Jazzelementen, die in *Variants* geleistet wird. Jazz-Formen im Sinne des Terminus erscheinen an keiner Stelle der Komposition.

211 ibid., S. 318

vor allem die Jazzsolisten hervortreten, deutlich die Handschrift des Komponisten Schuller auf.

In der Exposition eines melodisch-rhythmischen Vorrats spielt nur das Orchester. *Variant I* stellt das Klavier in einer vor allem durch Rhythmik und einzelne Zusammenklänge blueshaften Weise vor. Schullers Anweisungen *bluesish* oder *with double time feeling* sind nötig, um die melodisch eher jazz-fremden Einzelteile der Variation in einen jazz-gemäßen Ausdruck zu übertragen. *Variant II* beginnt im Duo von Kontrabaß und Schlagzeug. Nach fünfzehn Takten setzen die Streicher zur Begleitung ein, nach weiteren zehn Takten folgen Posaune, Baß-Klarinette und Klarinette. Im Laufe der Variation füllt sich die Orchesterinstrumentierung so nach und nach von unten nach oben auf, bis die orchestrale Begleitung in Takt 37 mit den Piccoloflöten plötzlich abbricht und in einer Wiederholung des Begleitprinzips eine erneute Satzsteigerung zum Ende der Variation führt. Die ganze Variation II wird wie durch einen roten Faden vom Walking Bass des Jazz-Bassisten durchzogen, dabei die meiste Zeit von einem »ad lib«-Jazz-Rhythmus des Schlagzeugers begleitet. *Variant III* ist ein Feature für den Vibraphonisten in zum Teil jazz-gemäßer Diktion, zum Teil typisch Schullerscher Kompositionssprache. Das Akkompagnement durch das Schlagzeug – *ad lib time* – verleiht auch dieser Variation einen durchgehenden Jazzcharakter. *Variant IV* ist eine ausgeschriebene Schlagzeugvariation, begleitet von einem in Instrumentierung und Satzdichte reduzierten Orchester und einzelnen, ebenfalls festgeschriebenen Klaviereinwürfen. Das Schlagzeugsolo wechselt von Partien jazz-gemäßer Ternärrhythmik zu anderen, *straight* ausgeschriebenen Drum-Parts. *Variant V* schließlich stellt das Jazz Quartett im Zusammenhang vor. Die Orchesterbegleitung, die in Takt 7 der Variation einsetzt, ist nur spärlich. Das Finale verarbeitet in seiner ersten Hälfte die melodischen Hauptmotive der Solovariationen in der Abfolge Klavier (*Variant I*), Vibraphon (*Variant III*), Schlagzeug (*Variant IV*) und Kontrabaß (*Variant II*). Im Rest des Finales wird auch auf weitere Motivik dieser ersten vier Variationen sowie der *Variant V* zurückgegriffen. Der Schlußsatz vereinigt somit Elemente der Einzelsätze und der Themenexposition, indem er sie aneinanderschließt bzw. übereinandersetzt.

Eine Realisation der Schuller-Komposition als Ballett läßt sich leicht vorstellen, da die allein schon durch die Instrumentation verursachten Unterschiede zwischen den einzelnen Variationen durch Solotänzer hervorragend darstellbar sind. Die Jazz-Elemente einzelner Sätze, die trotz Durchkomposition in *Variants* enthalten sind, ließen sicher – wie von Ulanov als nicht vorhanden angemahnt – eine choreographische Realisierung erwarten, die auch auf amerikanische Tanz-Traditionen zurückgreift.

Anders als in den Kompositionen, die Lewis für Ballettaufführungen schrieb, ist die Rubrizierung von *Variants* unter die Überschrift »Jazz und Ballett« eher fragwürdig. Das Element der Improvisatison fällt – wie erwähnt – in der

Schuller-Komposition fort, und die benutzten Jazz-Elemente sind letztendlich reine Jazz-Klischees, die den ausführenden Musikern vorgeschrieben werden.

* * *

Es gab immer eine Divergenz zwischen Ballett und »jazz dance«. Das klassische Ballett unterschied sich grundsätzlich von afro-amerikanischen Tanz-Traditionen, die in den USA sophistiziert wurden. Die großen Stars in beiden Bereichen sorgten für Annäherungen in Tanz- und Choreographie-Techniken. Das klassische Ballett Amerikas jedoch blieb bis in die fünfziger Jahre Domäne weißer Tänzer und Choreographen. Im Rahmen des Erstarkens eines schwarzen Bewußtseins in den späten fünfziger und den sechziger Jahren befürworteten die Wortführer einer afro-amerikanischen Kultur ein imaginäres Ideal schwarzer Kunst, das Auswirkungen auf sämtliche Bereiche des künstlerischen Ausdrucks hatte, also auch auf den sophistizierten schwarz-amerikanischen Tanz.

> *Art in our sense must be understood as the accomplishment of creating, the operation of creating.* [...] *The imperishability of creation is not in what is created, is not in the art product, is not in the* thing *as it exists as an object, but in the procedure of its becoming what it is.*[212]

Die Produktivität in der Kreation, wie sie ähnlich auch von Jazz-Avantgardisten der sechziger Jahre gefordert wurde, wird von den wortführenden Ästhetikern der schwarzen Bewegung jener Jahre auf jede Art einer rassen-bewußten (*race-conscious*) Kunst ausgedehnt. In seinem Gedicht *The Dance* stellt LeRoi Jones den Tanz als eine individuelle Ausdrucksmöglichkeit des produzierenden Künstlers dar, die in schwarzer Tradition begründet ist:

The Dance.

(held up for me by
an older man. He told me how. Showed
me. Not steps, but the fix
of muscle. A position
for myself: to move.
[...]

That there
was some bright elegance
the sad meat of the body
made. Some gesture, that
if we became, for one blank moment,
would turn us
into creatures of rhythm.

212 Jimmy Stewart, *Introduction to Black Aesthetics in Music*, in: *The Black Aesthetic*, hg. von Addison Gayle, Garden City, N.Y. 1971, S. 84

[...]
The tight of thought. The space
of actual movement. [...]

I am given
to lying, love, call you out
now, given to feeling things

I alone create
And let me once create
myself. And let you, whoever
sits now breathing on my words
create a self of your own. One
that will love me[213]

Das Verständnis des Tanzes in der afro-amerikanischen Ästhetik jener Jahre also befürwortet den kreativen individuellen Ausdruck und unterliegt einem ausgesprochenen Traditionsbewußtsein. Improvisierte Freiräume, wie sie in Gerüstchoreographien Louis Johnsons zu John Lewis' *The Comedy* gelassen werden, sind immerhin eine Möglichkeit der Verbindung zwischen klassischer Ballett-Tradition und der neuen schwarzen Ästhetik. Dieser Weg wird in den Realisationen von Sun Ra, Cecil Taylor und anderen fortgesetzt, wenn den Tänzern wie den Instrumentalisten noch mehr improvisatorische Freiräume zugestanden werden und die individuellen musikalischen wie tänzerischen Aussagen zum Gesamtbild des künstlerischen Ganzen beitragen.

Wohlgemerkt: Die Konzeption von *The Comedy* ist nicht eine Reaktion auf theoretische Auseinandersetzungen über eine schwarze Ästhetik. Auch in der Geschichte afro-amerikanischer Kunst folgt die ästhetische Diskussion in der Regel der künstlerischen Kreation. Wie sich in der Musik des Modern Jazz Quartet Anzeichen einer Änderung ästhetischer Normen im Jazz nachweisen lassen, so ist auch das Ballett *The Comedy* vor allem der Ausdruck eines immananten neuen Selbstbewußtseins und damit einer neuen Ästhetik des schwarzen Amerikaners. Bei allen Unterschieden, die zwischen Realisationen wie *The Comedy* und Tanz-Projekten einzelner Free-Jazz-Musiker festgestellt werden müssen, ist ihre Anordnung auf <u>einem</u> Entwicklungsstrang zu konstatieren. Das Selbstverständnis, mit dem Tänzer in späteren Jahren auch im Jazz kreativ eingesetzt werden, ist so erst im Wissen um die Entwicklung verständlich, in der – nicht zuletzt durch Produktionen wie *The Comedy* – die afro-amerikanische Showbusiness-Tradition mit der vordergründigen Seriosität europäischer Ballett-Geschichte gepaart wird.

213 LeRoi Jones, *The Dead Lecturer. Poems*, New York 1964, S. 71 f.

Jazz und Theater

Während die Jazzmusik auf die Entwicklung des amerikanischen Musicals, auf Revuen und Show-Spektakel einen überaus präsenten Einfluß hatte, wurde sie als *incidental music* für Schauspielaufführungen erst in den sechziger Jahren genutzt. Vereinzelte Beispiele aus dieser Zeit sind:

- Jack Gelbergs *»The Connection«*, in dessen New Yorker Aufführung vom Living Theatre eine Combo mit Jackie McLean und Freddie Redd auf der Bühne improvisierte. In einer weiteren Aufführung des Stücks in Hollywood war der Tenorsaxophonist Dexter Gordon Mitglied der Bühnencombo.
- James Thurbers *»A Thurber Carnival«*, an dessen Aufführung am Broadway die Don Elliott Band beteiligt war.
- Tennessee Williams' *»A Streetcar Named Desire«*, in welchem in einer Broadway-Inszenierung der sechziger Jahre Johnny Mehegan die *incidental music* lieferte.

William Inges Drama *»Natural Affection«* lief 1962 *on the road* in verschiedenen Städten der Vereinigten Staaten. Die Uraufführung fand am 6. Februar 1962 im Sombrero Playhouse in Phoenix, Arizona, statt. Für ein letztes *tryout* im National Theatre, Washington, D.C. (16. bis 26. Januar 1963) und die Broadway-Inszenierung, deren Premiere im Booth Theatre am 31. Januar 1963 stattfand, schrieb John Lewis Inzidenzmusik. Zwei Stücke aus der Theatermusik fanden ihren Weg ins Konzertrepertoire des Modern Jazz Quartet. *Natural Affection* und *Donnie's Theme* wurden erstmalig vom Orchestra USA am 27. Februar 1963 auf Schallplatte eingespielt[214] und ca. zwei Monate später auch vom Modern Jazz Quartet aufgenommen[215]. Es ist unklar, an welchen Stellen des Inge-Dramas die dokumentierten Kompositionen von Lewis eingesetzt wurden; es ist ebenso unklar, in welcher Besetzung bzw. in welchem Arrangement die Stücke im Theater erklangen. *»Natural Affection«* erwies sich als ein kommerzieller Flop. Einzig eine Kritik im *clipping file* der Billy Rose Theatre Collection an der New York Public Library (Lincoln Center) erwähnt die Musik von John Lewis:

> *John Lewis' hot-cool jazz score makes the action tingle (although the music is intrinsically an emotional con game better left to film sound tracks).*[216]

Es ist infolge der unbefriedigenden Dokumentation über die Verwendung der Musik in *»Natural Affection«* müßig, über die Angemessenheit von Musik und Drama zu diskutieren. Während das lyrische *Natural Affection*, in dessen Thema Mode-Klischees wie der gängige Bossa-Nova-Rhythmus der Zeit eingearbeitet sind, noch für einige Zeit im Konzertrepertoire des Quartetts

214 New York 1963, Colpix CP 448
215 New York 1963, Atlantic LP 1414
216 N.N., *Oedipus Hex*, in: *Time* (8. Februar 1963).

blieben, wurde das etwas »eckigere«, rhythmisch intrikate *Donnie's Theme* nur für kurze Zeit vom Ensemble gespielt[217].

Lewis' Bühnenmusik zu *»Natural Affection«* steht zwar in einer Tradition von Theatermusik, die bis in die sechziger Jahre vor allem von experimentellen Theatergruppen benutzt wurde, ist aber nicht als ein direkter Vorläufer beispielsweise einer Produktion wie des bereits erwähnten *»Ralph Ellison's Long Tongue«* (1981) zu sehen, das eher der Happening-Bewegung der sechziger und siebziger Jahre verpflichtet ist.

217 Außer in *»Natural Affection«* hatte sich Lewis nicht mit weiteren Theatermusiken befaßt. Er selbst berichtet in einem persönlichen Interview (Nizza, Frankreich, 13. Juli 1984) von einem Musical, an dem er während seiner Studienzeit an der University of New Mexico mitarbeitete. Die Kompositionen sind jedoch nirgends dokumentiert, der Komponist blickt eher lächelnd auf solche frühen Versuche zurück. Im selben Interview bejaht Lewis die Frage, ob es ihn reizen würde, auch auf dem Gebiet der Oper zu arbeiten – einem Gebiet, auf dem sein Freund und Kollege Gunther Schuller 1966 in *»The Visitation«* versuchte, Jazz- und Operntradition zusammenzubringen. Zeitmangel – und vielleicht auch das Fehlen einer angemessenen dramatischen Vorlage – verhinderten eine nähere Beschäftigung Lewis' mit solch einem Projekt. Wie die Arbeit an den Filmmusiken, an *Original Sin*, an *Natural Affection*, wie seine Aufnahmen verschiedener J.S. Bach-Kompositionen oder die musikalische Leitung des American Jazz Orchestra in den achtziger Jahren läßt sich Lewis zudem gern von konkreten Aufträgen zur Arbeit an großen Projekten animieren.

Improvisation

Improvisationspraktiken Im Jazz

Zum Verständnis von Improvisationstechniken bedarf es einer analytischen Aufschlüsselung der einzelnen im Jazz üblichen Improvisationspraktiken. In diesem Kapitel sollen so exemplarisch die beim Modern Jazz Quartet vorgefundene Soloimprovisation klassifiziert sowie ihre Voraussetzungen, technischen Mittel und Verflechtungen untereinander analytisch definiert werden.

Vorweg werden die gängigen Improvisationsmethoden des Jazz vorgestellt, die in den fünfziger Jahren Verwendung fanden. Eine Auflistung analytischer Methoden verweist auf die Arbeitsmittel, die dem Musikwissenschaftler bei der Analyse improvisierter Musik zur Verfügung stehen. Eine Diskussion der Einordnung der Improvisation in ein ästhetisches Wertesystem des Jazz kann schon im vornherein die Beurteilungskriterien erläutern, die auch an die folgenden Beispielanalysen angelegt werden. In einem Exkurs soll schließlich die Abgrenzung zu scheinbar verwandten europäischen Spiel- bzw. Kompositionsmethoden vorgenommen werden.

* * *

Barry Kernfeld unterscheidet grob fünf verschiedene Improvisationspraktiken[1]:

1. In der Paraphrasen-Improvisation bestimmt die prä-existente Melodie (eines Standards, einer Eigenkomposition, eines eingeschliffenen Solos) erkennbar Tonhöhenauswahl, Rhythmus und Form der Improvisation.
2. In der Chorusphrasen-Improvisation[2] richtet sich die Melodiebildung vor allem nach dem harmonisch vorgegebenen Grundgerüst sowie nach dem harmonischen Rhythmus.
3. In der motivischen Improvisation[3] ist eine wiederkehrende intervallische oder rhythmische Floskel partielle Grundlage der Improvisation.
4. Kernfelds *formulaic improvisation* entspricht Ekkehard Josts Terminus *Klischee* in der Jazzimprovisation[4] und ist die melodische Reaktion auf einen

1 Barry D. Kernfeld, *Adderley, Coltrane, and Davis at the Twilight of Bebop: The Search for Melodic Coherence (1958-59)*, Phil.Diss., Cornell University 1981 (maschr.), S. 17. Eine Umformulierung einzelner Thesen aus dieser Arbeit findet sich bei Barry Kernfeld, *Two Coltranes*, in: *Annual Review of Jazz Studies*, ii (1983), S. 12.

2 Beide Termini, *paraphrase-* wie *chorus phrase improvisation*, übernimmt Kernfeld von André Hodeir, *Jazz. Its Evolution and Essence*, New York 1956, S. 144.

3 Vgl. hierzu Gunther Schuller, *Sonny Rollins and Thematic Improvisation*, in: *Jazz Panorama*, hg. von Martin Williams, New York [2]1967, S. 239 ff. Dem auch von Schuller benutzten Terminus der *motivic improvisation* ist gegenüber der Bezeichnung *thematic improvisation* zur Vermeidung terminologischer Mißverständnisse der Vorzug zu geben.

4 Ekkehard Jost, *Spontaneität und Klischee in der Jazzimprovisation, dargestellt an John Coltranes »Giant Steps«*, in: *Kongreßbericht Berlin 1974*, S. 157 ff.

speziellen harmonischen oder strukturellen Kontext in der Improvisationsgrundlage.

5. Die letzte Kategorie Kernfelds schließlich, modale Improvisation, nimmt Bezug auf die Praxis einzelner Solisten der späten fünfziger und der sechziger Jahre, vor allem aus dem Kreis um Miles Davis und John Coltrane[5]. In ihr wird die Tonhöhenauswahl durch zugrundeliegende modale Skalen bestimmt, die allerdings ihrerseits einem funktionsharmonischen Aufbau untergeordnet sein können[6].

Selbstverständlich müssen die einzelnen Spielpraktiken je nach Zeit und Stil näher definiert werden. Die Paraphrasen-Improvisation des New-Orleans-Stil[7] hat einen völlig anderen Stellenwert als die Paraphrasen-Improvisation, die im Mainstream Jazz späterer Jahre über Balladenthemen gespielt wurde und dort auch als Kontrast zur üblichen Chorusphrasen-Improvisation diente. Ähnlich ändert sich das Prinzip der *formulaic improvisation* mit der Addition neuer Techniken, neuer und komplexerer harmonischer Auffassungen im Verlaufe der Jazzentwicklung. Wo zu Beginn vor allem originäre Formeln standen, kommt es mit der Bewußtwerdung von Jazzgeschichte zu zitathaft zurückweisenden Formeln mit Bezug auf individualspezifische wie jazzhistorische Erfahrungen. Die Chorusphrasen-Improvisation ist unter anderem durch die Intellektualisierung – durch das Entstehen zum Beispiel bewußter motivischer Improvisation – in der Fortentwicklung des Jazz modifiziert, Die von der Jazzhistoriographie allgemein als Kollektivimprovisation bezeichnete Variantenheterophonie früher Stile hat im modernen Jazz eine Parallele in der bewußt kontrapunktisch gespielten Musik der fünfziger Jahre gefunden, in der immer wieder Duo- oder Trio-Improvisationen zu kollektiver Erfindung führten.

Mit Ausnahme der modalen Spielweise sind die hier unterschiedenen Improvisationspraktiken keineswegs für sich existierende Stilmittel, für die vom

[5] Zur modalen Spielweise im Jazz vgl. Ekkehard Jost, *Free Jazz. Stilkritische Untersuchungen zum Jazz der 60er Jahre*, Mainz 1975, S. 22 f.; Franz Kerschbaumer, *Miles Davis. Stilkritische Untersuchungen zur musikalischen Entwicklung seines Personalstils*, Graz 1978, S. 81 f.

[6] Barry Kernfeld stellt in seiner oben zitierten Dissertation (S. 179) fest, daß das Konzept des modalen Spiels im Jazz dem Analytiker zur Erklärung improvisatorischer Ergebnisse nur wenig hilfreich ist, da diese Spielweise, obschon sie von den fünf aufgeführten Praktiken als einzige ein Musikerkonzept ist – doch nie konsequent verwirklicht wurde. Der Erfolg der modalen Technik bei Davis beispielsweise hängt deutlich mit der Verquickung modaler Grundsätze und traditioneller Improvisationsmethoden zusammen.

[7] Vgl. Rudi Blesh, *Shining Trumpets*, New York 1958 (Reprint New York 1976), S. 163 ff.; Alfons M. Dauer, *Der Jazz*. Seine Ursprünge und seine Entwicklung, Kassel [3]1977, S. 70 f.; Carl Gregor Herzog zu Mecklenburg, *Stilformen des Jazz 1*, Wien 1973, S. 80 ff.; Leroy Ostransky, *Understanding Jazz*, Englewood Cliffs, N.J. 1977, S. 58 ff. Sowohl Mecklenburg als auch Ostransky betonen eher den Terminus der Variation als den der Paraphrase. Angesichts der Besetzung des Variationsbegriffs in der Musikgeschichte, angesichts auch der Gegenüberstellung zu anderen »variativen« Improvisationsmethoden ist sicher die Bezeichnung Paraphrase in diesem Zusammenhang treffender. Vgl. eine Diskussion zur Parallelsetzung von Improvisation und Variation im Verlauf dieses Kapitels, S. 191 f.

betreffenden Musiker eine bewußte Entscheidung getroffen werden muß. Sie stehen als angewandte Techniken vielmehr in der Tradition der Jazzentwicklung und werden vom Musiker im Sinne üblicher, seinen speziellen Stilpräferenzen eigener Praktiken benutzt.

Modale Improvisation findet sich in der Musik des Modern Jazz Quartet nicht (zur einzigen Ausnahme vgl. S. 282 ff.). Formeln für sich prägen oft mit den Personalstil eines Jazzsolisten. Eine rein auf verweisende oder eingeübte Formeln begründete Improvisation ist im Jazz eher verpönt und findet sich beim Modern Jazz Quartet höchstens in Einzelfällen, in denen die Spielsituation oder die momentane Verfassung des Solisten eine virtuose und erfindungsreiche Improvisation nicht zuläßt.

Als Beispiele für Paraphrasen-Improvisation, für Chorusphrasen-Improvisation und für motivische Improvisation dienen drei Einspielungen des Modern Jazz Quartet – *Autumn In New York*, *Skating In Central Par*k und *Sketch* –, in denen konzentriert die behandelte Improvisationspraxis angewandt wird. Da die Benennung von Spieltechniken im Jazz vor allem eine analytische Feststellung ist, während in der Praxis oft verschiedene Techniken im selben Solo benutzt werden, müssen auch die folgenden Analysen auf Verflechtungen und Überschneidungen hinweisen. Die Trennung der Bereiche aber erlaubt eine klare Definition des jeweiligen Untersuchungsgegenstandes, wie sie analytisch bislang kaum geleistet wurde.

Kernfelds Kategorien sind besonders unter dem Aspekt dieser Studie – der Darstellung des Verhältnisses zwischen Komposition und Improvisation – als dankbare Untergliederung anzusehen, da 1. in jeder der einzelnen Improvisationspraktiken ein besonderes Verhältnis zur Komposition bzw. zur Improvisationsgrundlage vorhanden ist und da 2. Milt Jackson und John Lewis einzelne Techniken – bewußt oder unbewußt – bevorzugen. Die motivische Improvisation von Lewis ist dabei eine ganz bewußte Entscheidung des Pianisten. Soli, die ein motivisch durchstrukturiertes Konzept aufweisen, sind – wie in der Beispielanalyse von *Sketch (For Double Quartet)* zu belegen ist – durchaus in einen konventionellen Chorusablauf gesetzt, in welchem eine stringente Entwicklung von Formteil zu Formteil auch außerhalb der motivischen Arbeit erreicht wird. Jacksons Chorusphrasen-Improvisation ihrerseits verwendet sehr wohl bewußte Motive und nähert sich an einzelnen Stellen paraphrasenhaft dem komponierten Thema an. Die Paraphrasen-Improvisation schließlich, hier ebenfalls am Beispiel Jacksons dargestellt, betrifft oft nur die Themenexposition und die Reprise einer Realisation oder aber läßt innerhalb langsamer Balladen Freiraum zu freierer, vom melodischen Thema losgelöster Improvisation.

Die Kategorien Kernfelds also liefern keineswegs eine allgemeingültige Einteilung von Spielmethoden, sondern bieten der Analyse höchstens die Möglichkeit, isoliert einzelne Momente des Gesamtresultats einer Improvisation terminologisch zu erfassen, um so Besonderheiten herauszustellen.

* * *

Lawrence Gushee[8] nennt vier Analysemethoden, die, jeweils abhängig vom Einzelfall, ein relativ vollständiges Erfassen einer Jazzimprovisation ermöglichen:

1. In der motivischen Analyse führt die Demonstration motivischer Zusammenhänge, Entwicklungen und Spannungsstrukturen zum Aufzeigen eines folgerichtigen Aufbaus der Improvisation.
2. In der *formulaic analysis* wird durch die Erstellung eines Lexikons der Phrasenschatz sowie durch die Herleitung einer Art »Grammatik« für diesen Phrasenschatz der Stil eines Solisten anhand der ihm eigenen, formulistisch hier genau differenzierten musikalischen Sprache definiert.
3. Die semantische Analyse untersucht vor allem die Transformation fundamentaler Strukturen in den spezifischen Ausdruck des betreffenden Solisten, um den bewußten Umsetzungsvorgang, den Formungsprozeß einer Improvisation aus der thematischen Vorlage heraus darzustellen.
4. In der semiotischen Analyse werden Stilmerkmale, persönliche Stilentwicklungen, Änderungen im Improvisationsusus, etc., aber auch der konkrete musikalische Soloinhalt durch das semiotische oder sozio-politische Umfeld der entsprechenden Gesamtkultur definiert.

Wie Gushee in seiner Analyse verschiedener Realisationen der Komposition *Shoeshine Boy* durch Lester Young schlüssig zeigt, kann die Anwendung dieser vier analytischen Methoden auch bei nur einem exemplarischen Stück zu umfassenden Aussagen über Personalstil und Improvisationspraxis führen. Elemente aller vier Analysekonzepte werden in den Beispielen dieses Kapitels Eingang in die Darstellung der Improvisation beim Modern Jazz Quartet finden.

*   *   *

Wertkriterien jedweder Improvisation im Jazz sind »logischer« Ablauf, Kontinuität und Kohärenz[9]. In Musikerkreisen werden diese beiden Elemente mit *to tell a story* umschrieben. Diesen Vergleich zur oralen Tradition des Geschichtenerzählens konkretisiert Billy Taylor als *the ability* [...] *to control the melodic, rhythmic, and harmonic elements of his or her style so well that the spontaneous musical statements which he merged clearly communicated that* [musician's] *mood and ideas*[10]. Auch Milt Jackson benutzt das Kriterium »musikalische Logik« als Maßstab ästhetischer Qualität: *I was always taught that to create music and make it a true art form, you must have logic and it must make sense.*[11] Musikalische Logik in diesem Sinne impliziert ein formales

[8] Lawrence Gushee, *Lester Young's »Shoeshine Boy«*, in: *Kongreßbericht Berkeley 1977*, S. 151 ff.

[9] Vgl. André Hodeir, *Jazz. Its Evolution and Essence*, S. 168; Billy Taylor, *Jazz Piano. A Jazz History*, Dubuque, Iowa 1982/83, S. 23: *The most characteristic improvisation in every style of jazz are both logical and coherent.*

[10] Billy Taylor, *Jazz Piano. A Jazz History*, S. 11

[11] Milt Jackson, *Milt Jackson Believes in Musical Sense and Logic*, in: *Crescendo*, iv/6 (Januar 1966), S. 3

Bewußtsein des improvisierenden Solisten, ein Bewußtsein, dem Frank Tirro eine Zielgerichtetheit zuschreibt, *that distinguishes beginnings, middles, and ends*[12].

Kontinuität, musikalische »Logik« und das daraus resultierende dynamische Formbewußtsein also können als Wertkriterien jedweder Improvisationsmethode herangezogen werden. In der Paraphrasen-Improvisation ist ein Großteil des musikalischen Ablaufs – und zwar auch der solistischen Erfindung – in der zugrundeliegenden Komposition vorgegeben. In der Chorusphrasen-Improvisation sowie in jeder *variation libre*[13] des Jazz wird der stringente Ablauf durch eine melodisch, rhythmisch und zum Teil auch harmonisch besonders intrikate Erfindungsgabe des Solisten sichergestellt. Die Chorusphrasen-Improvisation ist hierbei Variation in dem Sinne, in dem die freie Melodieerfindung über dem Grund des dem Thema eigenen Zeitmaßes und seiner *changes*, seines Harmoniegerüstes stattfindet. Die Aufgabe des Jazzsolisten ist *the task of constructing an unusually clever solution, of creating an unusually beautiful result, of accomplishing an unusually difficult feat, or of completing a process in such a manner that it expands the very framework of the original task*[14].

Wenn bei der Erklärung von Improvisationsmethoden in der Literatur oft von einer Art *Variation* gesprochen wird, so ist dieser Erklärungsversuch tatsächlich nur als Vergleich, nicht als Gleichsetzung gerechtfertigt. Die Herleitung afro-amerikanischer Jazzimprovisation auch aus der europäischen Variationspraxis muß historisch mit großer Vorsicht behandelt werden. Allenfalls die variierende Refraintechnik des populären amerikanischen *song* bereits im 19. Jahrhundert ließe sich direkt auf europäische Praktiken beziehen. Ihr Einfluß auf den Jazz jedoch ist geringer als der Einfluß der Variationsreihenform im Blues. Diese wiederum entstammt größtenteils einer bereits in Westafrika nachzuweisenden Musizierpraxis[15]. Die Beschreibung einzelner Improvisatisonsarten durch Termini aus europäischer Variationstechnik, wie sie von vielen Autoren vorgenommen wird, birgt Gefahren in sich. So wird von Leroy Ostransky[16] das Kapitel über Improvisation mit einer Darstellung der Improvisations- und Variationsmethoden in europäischer Musikgeschichte begonnen. Diese Parallelsetzung führt jedoch zu einem verzerrten Bild, da die

12 Frank Tirro, *Constructive Elements in Jazz Improvisation*, in: *JAMS*, xxvii (1974), S. 286

13 Vgl. André Hodeir, *Jazz. Its Evolution and Essence*, S. 144: *free variation*, im Original *variation libre*

14 Frank Tirro, *Constructive Elements in Jazz Improvisation*, S. 288

15 Vgl. Alfons M. Dauer, *Der Jazz*, S. 23 f. sowie S. 56. Dauer betont die Existenz der typischen Reihungstechnik afro-amerikanischer Musik bereits in Westafrika. Als afrikanische Vorformen gelten hierbei 1. die ostinate Wiederholung einer Melodie oder eines Melodieteiles, 2. die Variation bzw. die variierende Wiederholung einer gegebenen Melodie mittels Paraphrase und 3. die freie, fortwährende Improvisation.

16 Leroy Ostransky, *Understanding Jazz*, S. 47 ff.

Dominanz ursprünglich afrikanischer Musiziermethoden in der Jazzimprovisation nicht deutlich wird. Barry Kernfelds[17] Vergleiche zum Beispiel der Paraphrasen-Improvisation mit der *ornamental variation* des 18. und 19. Jahrhunderts oder der Chorusphrase mit der *harmonic variation* sind nur in dem Zusammenhang sinnvoll, in dem Kernfeld sie auch benutzt, nämlich als Teil einer Definition für die Jazzanalyse wichtiger Termini. Selbstverständlich sind die Methoden der Verzierung in der Jazzparaphrase völlig andere als die der ornamentalen Variation der 18. und 19. Jahrhunderts. Weiterhin ist insbesondere die Chorusphrasen-Improvisation nur in peripheren Merkmalen der Variation in der europäischen Musikgeschichte vergleichbar. André Hodeir schließlich betont: *The chorus phrase does not have an exact equivalent in European music. It behaves and looks like a variation, but it does not arise directly from any melodic theme.* [...] *It exploits no given figure. It includes no repeats. The only things it sticks to are the basic construction and the harmonic foundation from which it springs.*[18] Die Beschreibung einer relativen Freiheit in der Chorusphrasen-Improvisation ist der Idealfall, dem keineswegs jedes Einzelbeispiel folgt. Hodeirs Verständnis der europäischen Variationstechnik ist zudem offenbar ausgesprochen formal. Dennoch ist seine deutliche Abgrenzung zwischen Variation und Chorusphrase wichtig, um dem immer wieder auftretenden Mißverständnis einer Sinnverwandtschaft zwischen Jazzimprovisation und europäischer Variation gegenzusteuern.

17 Barry D. Kernfeld, *Adderley, Coltrane, and Davis at the Twilight of Bebop*, S. 17; auch in Barry D. Kernfeld, *Two Coltranes*, S. 8

18 André Hodeir, *Jazz. Its Evolution and Essence*, S. 157

Improvisation beim Modern Jazz Quartet

Paraphrasen-Improvisation

Milt Jackson benutzt Paraphrasen-Improvisation vor allem zur Exposition von Balladenthemen[19]. In den meisten Fällen schließt sich an die Themenparaphrase eine Soloimprovisation an, in welcher der Solist sich weiter als in der Paraphrase von der thematischen Grundlage entfernt. In den verschiedenen vom Modern Jazz Quartet aufgenommenen Medleys begegnen Beispiele, die vollständig als Paraphrasen des vorgegebenen Themas ausgeführt sind. Aber auch relativ langsame Balladen vor allem aus den Anfangsjahren des Ensembles – d.h. aus einer Zeit, in der das Limit von drei bis vier Minuten noch eine übliche Konzession an die Zeitbeschränkung der 78 UpM-Schallplatten war – werden zum Teil in reiner Paraphrasentechnik realisiert.

Der Jazz-Standard *Autumn In New York* ist ein solches Beispiel für die Paraphrasen-Improvisation, wie sie von Milt Jackson über Balladenthemen gespielt wird[20]. Die Komposition Vernon Dukes wurde 1934 für die Broadway-Show *»Thumbs Up«* geschrieben und besonders von Musikern des Cool Jazz der fünfziger Jahre als Standard-Thema benutzt. Vom Modern Jazz Quartet liegen zwei Aufnahmen der Duke-Komposition vor, eine offizielle Studioeinspielung vom 25. Juni 1953[21] sowie ein Live-Mitschnitt aus dem Jazzclub Birdland in New York vom 6. Februar 1955[22]. In beiden Fällen ist die Ballade ein *feature* für den Vibraphonisten Milt Jackson. Im Live-Mitschnitt 1955 schließt sich an den einmaligen Durchgang des Balladenthemas ein Klaviersolo an, dessen Chorusgrundlage allerdings nicht *Autumn In New York* ist, sondern ein nicht näher identifiziertes Thema in Reprisenbarform.

Der Chorus der Originalkomposition hat die Form A B A' c/a2" (32 Takte). Formteil c benutzt hierbei melodisch-rhythmisches Material aus Teil B, so daß die Form als eine Modifizierung der konventionellen Song-Form A B A B aufge-

19 Beispiele für Paraphrasen-Improvisation finden sich außer in den Themenexpositionen vieler vom Quartett gespielten Balladen beispielsweise in: *Autumn Breeze* (Detroit 1948), *What's New* (New York 1942, zwei Takes), *Lillie* (New York 1952; New York 1953), *Gershwin Medley (Soon/For Me, For You, For Evermore/Love Walked In/Our Love Is Here To Stay)* (Hackensack, N.J. 1955), *Angel Eyes* (Hackensack, N.J. 1956), *Medley (They Say It's Wonderful/How Deep Is The Ocean/Ghost Of A Chance/My Old Flame/Body And Soul)* (New York 1957), *Medley (Stardust/I Can't Get Started/Lover Man)* (New York 1958). In vielen dieser Stücke schließt sich an den vollständigen Durchgang der Themenexposition eine Wiederholung der zweiten Hälfte an, die zumeist mit freierer Improvisation beginnt und dann in einer Themenparaphrase endet.

20 Eine Transkription der Vibraphonstimme befindet sich im Notenanhang.

21 New York 1953, Prestige 7749

22 New York 1955, Session Disc 112

faßt werden muß[23]. Das Arrangement des Modern Jazz Quartet von 1953 wird aus der Formskizze deutlich.

EINLEITUNG	THEMENEXPOSITION	INTERLUDIUM	THEMENREPRISE
3 T.	32 T. (4x8)	9 T. (4+5)	13 T.
Kombination pentatonischer Skalenausschnitte über *b* und *f'* (»exotischer« Charakter)	A: 8 T. B: 8 T. A': 8 T. c: 4 T. a2": 4 T. Paraphrasierte Themenmelodik; freiere Antwortphrasen	4 T.: »striking clock sequence« (As-Dur/Des-Dur); 5 T. »vamp«-hafter Sequenzvorspann zur Reprise (Motivverwandtschaft zum Kopf der Komposition)	a1 (4 T.) wie T. 1-4 der Exposition ohne Antwortphrase; dann: arrangierte kadenzartige Fortführung aus dem Themeninitium heraus mit überraschendem Schluß in Des-Dur
Vibraphon	Vibraphon f-Moll	Vibraphon/Piano As-Dur/Des-Dur/ d-Moll	Vibraphon f-Moll/Des-Dur
KOMPOSITION (Arrangement)	IMPROVISATION (Paraphrasen)	KOMPOSITION (Arrangement)	

Die Vibraphonexposition des Themas wechselt zwischen paraphrasierter Themenmelodik und improvisierten Antwortphrasen.

23 Eine modifizierte A B A B -Form des Typs A B A' c/a2" findet sich auch in anderen Beispielen des amerikanischen *popular song*. *Autumn In New York* ist – vielleicht zusammen mit Richard Rodgers' *Thou Swell* (1927) – das wohl schönste Exempel dieser Formmodifikation. Außerdem zu nennen sind Jerome Kerns *Make Believe* (1927), *In The Heart Of The Dark* (1939), *You Were Never Lovelier* (1942); Irving Berlins *How Deep Is The Ocean* (1932); George Gershwins *Do Do Do* (1926); Richard Rodgers' *With A Song In My Heart* (1929), *That's Love* (1934), *It's Gotta Be Love* (1936), *Spring Is Here* (1938); sowie Vincent Youmans' *Nothing Could Be Sweeter* (1927).

Die Originalkomposition weist bereits an den Stellen, in die Milt Jackson seine Antwortphrasen einpaßt, freie Passagen auf, nämlich die konventionellen Pausen bei Periodenschluß oder -halbschluß. Die Abwechslung fragender und antwortender Partien in der Quartett-Realisation verweist auf die schwarzamerikanischer Musik eigene Tradition des *call-and-response*-Prinzips. Zur Tradition der Jazzimprovisation gehört es, daß solch ein Ruf- und Antwortschema – der strengen Form enthoben, der es im Blues eingegliedert ist – in der Improvisation auch Stücke durchdringt, die ursprünglich nicht diesem Prinzip verpflichtet sind. Gerade die Balladenimprovisation fordert in der Verbindung einer meist langsamen Grundmelodik und einer in der Jazzentwicklung immer stärker werden Solo-Virtuosität zur Ausfüllung balladeneigener

Pausen auf. Üblicherweise werden dabei die Melodielinien und Einzelphrasen einer meist periodischen Melodiegliederung originalgetreu wiedergegeben. Improvisierte Antworten, welche die Pausen zwischen den Melodiephrasen füllen, bedingen in der Regel einen neuen Phrasenansatz. So wird im Idealfall die solistische Ausfüllung zwischen den Originalphrasen zum Kommentar über die paraphrasierten Melodieteile, ganz im Sinne der Kommentarfunktion des *response*-Teils eines Ruf- und Antwortschemas im Blues.

In der Synopse von Originalmelodie und Melodieparaphrase des Vibraphons ist deutlich zu sehen, daß Milt Jackson tatsächlich nur wenige Zwischentöne hinzufügt und das Modell der Komposition kaum verändert. Bis auf wenige Ausnahmen sind sämtliche Melodietöne im Solospiel wiederaufzufinden. Am ehesten noch lassen sich Abweichungen bei längeren Haltetönen der Originalmelodie feststellen, die von Jackson zum Teil harmonisch aufgefüllt werden. Selbst die rhythmischen Veränderungen halten sich in Grenzen, sie bezeichnen höchstens eine jazz-gemäße Lesart der Originalkomposition.

Folgende melodischen Verzierungen und Änderungen sind zu konstatieren:

1. *Grace notes*, d.h. einfache Vorschläge sowie – zumeist Dreiklangsintervalle ausfüllende – Schleifvorschläge;
2. Durchgangsnoten zum Ausfüllen größerer Intervalle (z.B. in Takt 10);
3. harmonische Füllung, harmonische Stützung der Melodie (z.B. in Takt 13/III und IV: Betonung der c-Moll-Grundlage unter dem Melodieton *g'*);
4. Auslassen einzelner Melodietöne, bedingt durch rhythmische Umgestaltung der Melodielinie (z.B. Takt 13, erste Hälfte);
5. Tonsubstitution (z.B. in Takt 9/I);
6. Veränderungen infolge varianter Themeninterpretation (z.B. in Takt 30, in dem Jackson eine Takt 22 der Komposition entsprechende Fortsetzung des Themenkopfes spielt anstatt der Variante im Original der *sheet music*).

Läßt man diese aufgelisteten melodischen Verzierungen außer acht, so ergibt sich das Bild einer nur rhythmisch leicht veränderten typischen Jazz-Lesart der Komposition.

* * *

Die improvisatorische Ausfüllung der syntaktischen Pausen innerhalb sowie am Ende der Perioden in *Autumn In New York* ist – wie erwähnt – eine Reminiszenz an das traditionelle Ruf- und Antwortschema, wie es im Blues seine herausragendste Ausprägung erfahren hat. Dort soll *bei der Beantwortung* [...] *der Spannungszustand am Ende des Rufmotivs abgebaut*[24] werden, zugleich stellt die Antwortphrase einen Kommentar über das im Ruf Vorgestellte dar. Alfons Dauer spricht von melodischer Entspannung, Kommentar und Fortspinnung der melodischen Beantwortung im Blues[25]. Melodische Entspannung, d.h.

[24] Carl Gregor Herzog zu Mecklenburg und Waldemar Scheck, *Die Theorie des Blues im modernen Jazz*, Baden-Baden 1971, S. 61

[25] Alfons M. Dauer, *Jazz. Die magische Musik*, Bremen 1961, S. 300

melodisch-rhythmischer Ausgleich, läßt sich in der Modern-Jazz-Quartet-Interpretation von *Autumn In New York* in den der klaren Formulierung des Originalthemas entgegengesetzten schnellen, zum Teil chromatischen, in den Schwerpunkten oft rein dreiklangsmelodischen Läufen der Antwortphrasen konstatieren. Fortspinnung findet sich beispielsweise in Jacksons Ausfüllung des Halbschlusses Takt 11 auf 12, in welchem das Phrasenende mit kleinem Terzintervall auch im Schwerpunkt und im erneuten Ansatz des Vibraphonlaufs die erste Hälfte der Antwortphrase bestimmt. Kommentierend sind die Antwortphrasen aber vor allem auch harmonisch, indem sie in aller Deutlichkeit im modulierenden Ablauf der Ballade den Weg weisen.

Antwort 1 (Takt 4 mit Auftakt):

In der ersten Antwortphrase betont Jackson die dominantische Öffnung des Halbschlusses, wenn er über dem zugrunde-liegenden $Fmaj^7$ als Schwerpunkt die Quint *c* hervorhebt, also bereits auf den erneuten Beginn des Initialmotivs in F-Dur hinzielt. In der Komposition selbst wird die Offenheit dieses Halbschlusses durch ein Phrasenende auf der Terz der Grundtonart markiert. Jackson geht in seiner zwar harmonisch das zugrundeliegende Harmonieschema ausfüllenden Antwortphrase einen Schritt weiter, wenn er durch die Schwerpunktzuordnung des Tons *c* innerhalb des Tonikabereichs die dominantische Öffnung zum Neubeginn akzentuiert.

Antwort 2 (Takt 8 mit Auftakt):

In der zweiten Antwortphrase spielt Jackson in den Schwerpunkttönen einzig die harmonische Grundlage aus, wobei $D^{7(9-)}$ als Dominante des nachfolgenden g-Moll fungiert.

Antwort 3 (Takte 11 und 12):

Die erste Hälfte der dritten Antwortphrase beginnt – wie bereits angedeutet – mit einem Echo des abschließenden Terzintervalls der vorhergehenden Melodiephrase. Auch hier (Takt 12) betont Jackson die Offenheit des Halbschlusses, indem er über der Originalharmonik $Abmaj^7$ eher die Dominante $Eb^{7/9}$ spielt.

Die restlichen Antwortphrasen der rahmenden Themenparaphrase zeigen vor allem Merkmale rein harmonischer Ausfüllung in den Takten 15/16, 23/24 sowie die deutliche Bekräftigung des Moll-Schlusses am Chorusende (Takte 31/32). In den Takten 19/20 (A2) findet sich trotz rhythmischer Unterschiede eine Entsprechung der diastematischen Schwerpunkte zu den Takten 3/4.

Ein längeres Füllsel in Takt 26 (Oktavdurchgang *c' – c*) dient als Auftakt zur nächsten Melodiephrase, ist also eher zu den oben aufgeführten Verzierungen zu rechnen und somit nicht als Antwortphrase zu verstehen.

Wenn auch die Antworten als melodische Einheiten für sich stehen, d.h. deutlich Anfang und Ende aufweisen, so sind sie gerade durch harmonische Öffnungen, harmonische Vorwegnahmen oder echoartige Reminiszenzen an direkt Vorhergegangenes doch eng an die Umgebung der Melodieparaphrase gebunden. Sie sind nicht für sich Zeichen improvisatorischer Virtuosität. Erst im Zusammenhang mit dem relativ originalgetreuen Spiel des Themas wird ihr Reiz für den Gesamtchorus deutlich. Die ausschließliche Paraphrasen-Improvisation ist im Jazz der fünfziger Jahre nicht mehr möglich. Im klassischen Jazz, in dem die Paraphrase in der Melodiestimme eine übliche Improvisationstechnik darstellte, wurden als Ausbruchsmomente der in Umspielungen durchscheinenden Melodie immer wieder vereinzelte Breaks eingebaut. Diese dienten nicht nur dem solistischen *show off*, sondern hatten in ihrer Position am Ende eines thematischen Abschnitts Kommentar- und Überleitungsfunktion. Auf ähnliche Art und Weise benutzt Milt Jackson – und dies ist die übliche Praxis in den Balladenimprovisationen des modernen Jazz – die im Thema enthaltenen melodischen Pausen der Komposition. Ohne einen solchen Vergleich mit Praktiken des klassischen Jazz zu weit ziehen zu wollen, soll dennoch auf die stilistische Parallele zum – wenn auch anders strukturierten – Break hingewiesen werden. Der Break nämlich wird als stilistisches Mittel vom Modern Jazz Quartet ebenfalls eingesetzt, und zwischen den Breaks Milt Jacksons und seinen improvisatorischen Ausfüllungen melodischer Pausen lassen sich deutliche Gemeinsamkeiten feststellen.

Chorusphrasen-Improvisation

Die von Hodeir so genannte Chorusphrasen-Improvisation basiert auf der harmonisch vorgegebenen Grundlage der Komposition. Das Thema ist also in erster Linie in der durchscheinenden Harmonik präsent, die Melodieerfindung über der harmonischen Grundlage aber ist frei. Da die verwendeten Termini zur Beschreibung von Improvisationstechniken vor allem analytische Begriffe sind, muß man davon ausgehen, daß in der Praxis nur selten eine klare Trennung zwischen verschiedenen Improvisationstechniken zu konstatieren ist. Mischformen können in der Analyse definiert, d.h. die vorherrschende Improvisationssprache und die Benutzung anderer Techniken exakt beschrieben werden. Vielfach finden sich beispielsweise in der Chorusphrasen-Improvisation paraphrasierende Anlehnungen an die thematische Melodik. Solche Annäherungen an die Ursprungskomposition sind insbesondere zu Beginn und Schluß eines Solos üblich, d.h. in der direkten Umgebung der thematischen Rahmenteile. Sie lassen sich aber auch an harmonisch komplexen und so sehr individuellen Stellen der Themengrundlage nachweisen. Themenparaphrasen im Rahmen der Chorusphrasen-Improvisation dienen in einzelnen Fällen der Rückbesinnung auf die thematische Grundlage, wenn während eines Solos technische oder stilistische Unsicherheiten auftreten; sie werden ferner oft bewußt als Gliederungselement in den Soloablauf eingesetzt. Auch formelhafte Patterns lassen sich in der Chorusphrasen-Improvisation feststellen. In einer gelungenen Improvisation sind solche Patterns nicht automatisch ablaufende Reaktionen auf die zugrundeliegende harmonische Entwicklung, sondern sie werden vom virtuosen erfahrenen Solisten sinnvoll in den Solo- und Melodieablauf eingepaßt. Motivisch bewußte Arbeit schließlich kann in der Chorusphrasen-Improvisation vorkommen, motivische Improvisation selbst ist in der Regel in ein Chorusphrasen-Schema eingepaßt.

Voraussetzung der Chorusphrasen-Improvisation ist das vorgegebene Harmonieschema. Die Harmonik der zugrundeliegenden Komposition wird allerdings spätestens seit dem Bebop von den Ausführenden modifiziert: Akkorde werden in Terzschichtung erweitert, oft wird der obere Teil einer solchen Terzschichtung losgelöst und als Substitut für den eigentlich vorgegebenen Akkordgrundklang benutzt. Substitutakkorde dienen außerdem als Durchgangsakkorde, besonders dann, wenn die originäre harmonische Grundstruktur großzügig angelegt, das harmonische Tempo also relativ langsam ist. Dieses Procedere von Akkorderweiterung und Akkordsubstitution im harmonischen Bereich findet sich nicht nur bei der Interpretation von Standards, sondern ebenso bei der Realisation originaler Themen. Die Erweiterung oder Substitution erwächst zum Teil aus vorherigen Absprachen der beteiligten Musiker, zum Teil entspringt sie der individuellen Auffassung der einzelnen Solisten oder Begleiter. Das Maß der Benutzung solcher harmonischen Modifikationen macht dem Hörer die zeitstilistische Einordnung des betreffenden Musikers deutlich, denn die individuelle Selektion harmonisch bedingter Akkord- und Melodiefolgen bestimmt maßgeblich den Personalstil einzelner Solisten.

Die von André Hodeir[26] behauptete strukturelle Freiheit der Chorusphrase von der Vorgabe existiert nur im Extremfall. Vielfach wird sich der Solist – wie auch im nachstehend analysierten Solo über *Skating In Central Park* – zumindest an das strukturelle Muster der zugrundeliegenden Komposition halten, also auch in der dynamischen Konsequenz eines festen Formschemas. Die melodische Freiheit, die Hodeir gleichfalls postuliert[27], führt zu einer Tonauswahl, die von Leonard Feather[28] in folgende drei Kriterien eingeteilt wird: 1. Noten, *that are decided upon completely impromptu*; 2. Noten, die einer »natürlichen Sequenz« folgen (d.h. einem Arpeggio, einem skalaren Lauf oder

26 André Hodeir, *Jazz. Its Evolution and Essence*, S. 114

27 ibid.

28 Leonard Feather, *The Book of Jazz*, London 1961 (Jazz Book Club), S. 214

ähnlichem); 3. Noten, die »automatisch« gespielt werden, weil sie »in den Fingern liegen« oder aber zu einem personaltypischen Klischee gehören. Diese von Feather auf die Tonauswahl einzelner Noten beschränkte Einteilung kann auf die Bildung melodischer Linien durch Einzelphrasen ausgedehnt werden, welche in der Regel ähnlichen Auswahlkriterien unterliegen.

* * *

Die Komposition *Skating In Central Park* wurde von John Lewis 1959 als Teil der Filmmusik *»Odds Against Tomorrow«* geschrieben (vgl. S. 161 ff.). Von Kritikern hochgelobt als einer der erfolgreichsten Versuche, ein Walzermodell in den Jazz zu integrieren[29], ist *Skating In Central Park* auch ein Beispiel für Experimente der fünfziger Jahre mit im Jazz unüblichen Metren. Wenn auch John Lewis in seinem Kompositionsschaffen nie an den extremen Versuchen mit ungeraden Zeitmaßen teilgenommen hat, wie sie durchaus vergleichbare Komponisten wie Dave Brubeck oder Don Ellis Ende der fünfziger und Anfang der sechziger Jahre unternahmen, so erleichtert die Grundhaltung der Zeit mit ihrer Toleranz gegenüber solchen unkonventionellen Mustern die Idee einer Originalkomposition im Dreivierteltakt doch erheblich.

Der musikalische Charakter eines Stückes, das für eine Filmpartitur komponiert wird, ist selbstverständlich von den Umständen, d.h. von der zu begleitenden Szene im betreffenden Film abhängig. Lewis selbst erzählt, wie er lange mit dem Produzenten und Regisseur Robert Wise zusammengesessen hat, um über den speziellen Charakter der musikalischen Untermalung zu diskutieren[30].

Die Übernahme der Filmkomposition in das Konzertrepertoire des Modern Jazz Quartet verändert den Charakter des Stückes. In der Originalfassung[31] findet sich im auskomponierten Teil ein durchscheinender, umkomplizierter Satz mit einer relativ unüblichen Instrumentierung (Vibraphon, Celli, Flöte und Horn). Die Komposition wird geradeheraus und wenig swingend gespielt und ist deutlich auf das Zusammenwirken musikalischer und visueller Elemente ausgerichtet. Diese Originalversion beinhaltet im zweiten Chorus ein Vibraphonsolo, das in ausgesprochener Paraphrasen-Improvisation die Teile A1, A2 und B des vierundsechzigtaktigen Reprisenbarthemas umfaßt. A3 wird abschließend von den Celli gespielt und von ornamentalen Umspielungen des Vibraphons begleitet. Die Bindung des Vibraphonsolos an das Thema ist im Arrangement der Filmmusik nur verständlich, soll doch die Musik nicht die un-

29 Gunther Schuller, *Music From Odds Against Tomorrow* [Plattentext], United Artists UAL 4063

30 Vgl. Francis Thorne, *An Afternoon with John Lewis*, in: *Jazz Review*, iii/3 (März/April 1960), S. 9; Jean-Louis Ginibre und Jean Wagner, *John Lewis Entretien: John-le-laconique*, in: *Jazz Magazine*, 107 (Juni 1964), S. 42; Alexander Rado und Francois Postif, *John Lewis à coeur ouvert*, in: *Jazz Hot*, xxxv/249 (April 1969), S. 31

31 New York 1959, United Artists UAL 4061

termalten Filmszenen überdecken. Eine Improvisationsweise, die das Hörerlebnis stärker auf das musikalische Geschehen lenken könnte, scheint John Lewis in diesem Fall nicht für angemessen gehalten zu haben. In dem Augenblick, in dem die Komposition allerdings nicht mehr in den funktionalen Rahmen des Films eingebunden ist, sondern als unabhängiges Repertoirestück Ausgangspunkt für solistische Improvisation wird, ist auch die Anforderung an den Solisten eine andere als in der Filmpartitur, Milt Jacksons Solo in Aufnahmen und Konzerten des Modern Jazz Quartet wird länger – es umfaßt in der Regel zwei vollständige Chorusse, Jackson entfernt sich außerdem von der reinen Themenparaphrase. In den ersten Jahren war *Skating In Central Park* vor allem ein Feature der Virtuosität des Vibraphonisten. Die Soloarbeit wurde später, am Ende der sechziger und zu Anfang der siebziger Jahre – soweit sich die Komposition noch im Repertoire des Quartetts befand –, zwischen Vibraphon und Klavier aufgeteilt.

Die gelungenste Realisation von *Skating In Central Park* liegt in einer Live-Aufnahme aus Stockholm vom April 1960 vor[32]. Zur Darstellung der Chorusphrasen-Improvisation sollen im folgenden einige typische Merkmale vor allem in dieser Realisation aufgezeigt und die Frage geklärt werden, mit welchen spezifischen Mitteln Milt Jackson in seinem Solo einen stringenten und spannungsreichen Ablauf erzielt. Eine vollständige Transkription sowie eine Synopse der Solochorusse Milt Jacksons und der originalen Themenkomposition befindet sich im Notenanhang.

* * *

Jacksons Solo beginnt nach einem vollständigen Durchgang des recht unverziert exponierten Themas. Das Thema selbst ist ein vierundsechzigtaktiger Komplex in der typischen Walzerform A A B A (je 16 Takte). Sowohl A- als auch B-Teil gliedern sich in zwei Achttaktperioden. Die erste Hälfte von A stagniert hierbei harmonisch auf dem Wechsel von Tonika- und Dominantklängen. Die zweite Hälfte von A wird von einer harmonischen Quintfallreihung beherrscht, während die Bridge sich durch die viermalige Sequenz einer repetierenden Melodiefloskel auszeichnet.

Die Chorusphrase ist Teil der individuellen Improvisationssprache eines Solisten[33]. Eine Art »Grammatik« für die Improvisationssprache Milt Jacksons läßt sich in *Skating In Central Park* in den folgenden Bereichen erstellen:

1. Das individuelle Formempfinden des Solisten bedingt die Abwechslung unterschiedlicher Spielmethoden, die individuelle Phraseneinteilung sowie die Einfügung solcher Momente a. in den Chorus und b. in das Solo.
2. Durch motivische Bezüge kann der Solist einen Sinnzusammenhang zwischen verschiedenen Teilen seiner Improvisation herstellen. Melodische

[32] Atlantic SD 2-603

[33] André Hodeir, *Jazz. Its Evolution and Essence*, S. 144

und rhythmische Motive – zu unterscheiden von individualstilistischen Formeln – können zur Vereinheitlichung einzelner Solopartien führen, welche wiederum Konsequenzen für die Konzeption des kompletten Solos hat.

3. Die rhythmische Konzeption des Solisten verhält sich parallel oder konträr zu rhythmischen Mustern in der Begleitung. Auch im Soloinstrument selbst aber kann es zum Aufstellen eines imaginären Grundmetrums und zum bewußten Einhalten bzw. zum bewußten Abweichen von ebendiesem kommen.
4. Der Solist reagiert auf die vorgegebene Harmonik des Chorusschemas, wobei individuelle Interpretationen und Erweiterungen, aber auch die Substitution einzelner Themenharmonien üblich sind. Die harmonische Auffassung des Solisten ist von grundlegender Bedeutung für Tonauswahl und somit Melodiebildung in seiner Improvisation.
5. Im Verlauf des Solos können Formeln auftreten, und zwar sowohl individualspezifische melodische, harmonische oder rhythmische Formeln als auch stil-, individual- oder jazzgeschichtlich bedingte Formeln.
6. Das Zusammenspiel und die Reaktion der verschiedenen an einer Realisation beteiligten Instrumente beeinflußen ebenso entscheidend das Gelingen einer Improvisation.

1. Choruskonzeption (Zäsuren, Themenparaphrasen, Abwechslung in der Improvisationsrhythmik)

Die einzelnen Chorusse werden von Milt Jackson im Solospiel als Einheit benutzt, d.h. jeder Chorus hat seinen prononcierten Anfang und einen recht deutlichen, durch Paraphrasen-Improvisation herausgehobenen Schluß. Das Ende des zweiten Chorus erhält hierbei eine stärkere Auszierung als die vergleichbare Stelle im ersten Chorus. Die Schlußwirkung also wird modifiziert und zugleich die verkürzte Reprise (bestehend aus der zweiten Hälfte des Themenchorus) mit paraphrasierter Bridge und ***straight*** ausgeführtem A3-Teil vorbereitet. Das Ende von IIA2 (Takte 165/166) benutzt eine IA3 vergleichbare Schlußfloskel, so daß vor der Bridge des zweiten Chorus eine deutliche Zäsur gesetzt wird.

Die einzelnen Zäsuren in Jacksons Chorusgliederung weisen klare Gewichtungen auf. Hauptgewicht hat – wie erwähnt – das vorgegebene Chorusschema. Der stärkste Abschluß also – mit Ausharren auf der Tonika – ist auch im Solo das Chorusende. An zweiter Stelle steht die Zäsur zwischen A2 und Bridge der Einzelchorusse. Auch hier erfolgt eine Betonung der Tonikagrundlage in der Solostimme durch eine typische Schlußfloskel (5-4-3-1), wie Jackson sie ähnlich am Chorusende benutzt. Leicht schwächere Zäsurwirkung hat der Einschnitt zwischen Bridge und A3 der Chorusse. A3 wirkt wie ein Schlußkommentar zum vorher Geschehenen. Dies wird besonders im zweiten Chorus deutlich, in dem Jackson an den Anfang von A3 eine blues-hafte Shout-

Floskel stellt. Die Zäsur zwischen A1 und A2 überspielt der Vibraphonist in beiden Chorussen mit einer fast durchgehenden Sechzehntellinie. Das Solo folgt demnach bei der Gewichtung der Zäsuren zwischen den Einzelteilen ganz der Vorgabe durch die Komposition selbst. Auch in dieser nämlich steht der Ganzschluß vor der Mittenzäsur, und der Einschnitt vor der Reprise in A3 ist gewichtiger als die Zäsur zwischen A1 und A2. Die Art und Weise, in der Jackson in sein Solo das unterschiedliche Gewicht dieser Einzelzäsuren einbezieht – also durch Paraphrasen-Improvisation, eine bestimmte Schlußfloskel (5-4-3-1), das Shout-hafte Anheben der dem Einschnitt folgenden Melodieimprovisation und das Überspielen der Zäsur durch längere Läufe – macht das Bewußtsein eines auch in der Improvisation darzustellenden bündigen Ablaufs des vorkomponierten Chorus deutlich. Die in der Komposition außerdem enthaltenen Binnenzäsuren zur Mitte jedes einzelnen Chorusteils werden von Jackson in der Regel durch Läufe überspielt.

Die paraphrasierte Bridge der Themenreprise ist in die Synopse des Notenanhangs – als Chorus III – einbezogen, um die stufenweise Annäherung an das Originalthema deutlich zu machen. Der abschließende A3-Teil wird von Jackson – der Exposition des Themas entsprechend – kompositionsgetreu gespielt, mit einer kurzen Solokadenz zum Abschluß der Aufnahme.

Themenparaphrasen sind auch an Stellen des Vibraphonsolos auffindbar, an denen sie keine klar gliedernde Funktion haben. Besonders interessant ist beispielsweise die Solostimme der Takte 89 bis 93 (IA2). Der Rekurs auf Themenmelodik – so umspielt und rhythmisch intrikat er an dieser Stelle auch geschieht – ist hier zum Teil durch die rhythmische Unsicherheit zu erklären, die Jackson am Ende von IA1 (Takt 86) zeigt und die deutlich in den ersten Takten von IA2 zu einer Betonungsverschiebung, zu Unebenheiten in der rhythmischen Konzeption des Solisten führen. Der Rückgriff auf paraphrasierte Themenmelodik, besonders auch die Betonung themenmelodischer Schwerpunkte an dieser Stelle können daher als Hilfsmittel interpretiert werden, mit denen der Solist sein Konzept innerhalb der Improvisation wiederfindet[34]. Der melodische Gang ist dabei keineswegs nur als eine Ausweichlösung zu verstehen. Er ist für sich und an dieser Stelle vollkommen passend und stellt keinen Bruch im Ganzen der Improvisation dar. In der Fähigkeit, nach Unsicherheiten den Fortgang einer Improvisation als folgerichtigen Ablauf wiederaufzunehmen und sich in der eigenen Improvisation nicht beirren zu lassen, zeigt sich auch die Virtuosität Jacksons. Eine paraphrasierte Melodik wie hier mag genauso in einer Realisation auftreten, in der sie keine Reaktion auf vorherige hörbare Unsicherheiten ist. Sie mag dem Solisten einfach als Betonung bestimmter melodischer Momente dienen, als Ausgangspunkt für eine nachfolgende virtuose Verarbeitung der Themengrundlage.

[34] Die Takte 92 und 93 finden zudem eine melodische Entsprechung in den Takten 124 bis 126, scheinen also eine übliche Floskel Jacksons vor der Binnenzäsur der A-Teile zu sein, eine eingespielte Konvention, auf die sich der Vibraphonist an dieser Stelle zurückziehen kann.

Eine weitere formale Gliederung des Solos ergibt sich aus der rhythmischen Abwechslung in der Vibraphonstimme. Wie allgemein in der Musik des Bebop und danach liegt der Improvisation ein imaginäres schnelles Metrum (Sechzehntel) zugrunde, an dem die einzelnen Improvisationsphrasen zu messen sind. Ein gliederndes Moment rhythmischer Wechsel entsteht durch die Abfolge rhythmisch schwerfälligerer, d.h. langsamer Partien mit schnelleren, zum Teil das imaginäre Sechzehntelmetrum nachvollziehenden Passagen. Letztere dienen Jackson sowohl als Überleitung zwischen einzelnen prononcierten Melodieeinheiten wie auch ganz konkret als Kontrast zu langsameren und rhythmisch stärker pointierten Stellen. Die Kontrastierung rhythmischer Abschnitte wiederum unterstützt die formale Gliederung der Improvisation.

2. Motivische Bezüge (melodisch-diastematische Motive, Patterns, rhythmische Motive)

In Milt Jacksons Solo über *Skating In Central Park* spielt motivische Improvisation eine eher geringe Rolle. Einzig in den Anfangstakten kommt einem melodischen Motiv in diesem Sinne eine besondere Bedeutung zu. Jackson schafft einen sinnvollen und vor allem fließenden Übergang vom Themenchorus in die Improvisation, indem er sein Solo mit einem Themenabstrakt beginnt. Er faßt die Themenmelodie der ersten drei Thementakte (mit Auftakt) zu einem nur diastematisch das Thema nachahmenden Kurzmotiv (Takt 71) zusammen, dem in den Takten 72 und 73 variante Wiederholungen folgen. Ein diesem Beginn entsprechender Ansatz in Takt 75 (mit Auftakt) führt dann in den schnelleren viertaktigen Nachsatz. Der Bezug des Kurzmotivs zum Thema ist in den Anfangstakten relativ deutlich. Mit der rhythmischen Verschiebung des Motivkerns in Takt 75 sowie mit der Einpassung ins harmonische Schema, das die Sechzehntelfiguration mit dem Grundton *g''* beginnt und ihn umspielt, wird dem Kurzmotiv eine doppelte Funktion zugeordnet: Es dient – in diesen Anfangstakten – als einleitende Themenreminiszenz, wird dann in eine Standardformel umgedeutet, die im Verlauf des Solos immer wieder anzutreffen ist.

Üblicher als melodisch-diastematische Motive sind in Jacksons Solospiel rhythmische Motive und Patterns, die kurze Abschnitte bestimmen, aber diastematisch jeweils anders ausgefüllt sind. Das gleichmäßige Pattern, das Jackson beispielsweise in den Takten 94/95 spielt, wird von ihm in den nächsten beiden Takten leicht variant wiederholt. Auch Takt 99 beginnt mit demselben Pattern-Schema, löst sich dann allerdings in fließende Sechzehntelbewegung auf.

In Takt 179 findet sich dieselbe Sechzehntelfigur, die in IA1 aus dem Themenabstrakt abgeleitet wurde, als ein melodisch-rhythmisches Pattern, das deutlich bereits auf den Höhepunkt des Beginns von IIA3 hinzielt. Ähnlich pattern-haft ist dies Motiv in den Takten 187 ff., in denen aus der Repetition der Umspielfloskel heraus eine melodische Linie entwickelt wird, in der das einmal gesetzte Pattern in seinem rhythmischen Charakter und zum Teil auch ganz original als melodisches Motiv noch bis zum Schluß des Chorus nachhallt.[35]

Weniger Pattern als vielmehr rhythmisches Motiv ist eine Formel, die sich in der zweiten Hälfte von IB findet. Hierbei folgt der jeweilige Grundton des basierenden Akkords in fließender Bewegung oder als Schwer- und Zielpunkt hinter teils akkordfremdem Ton an zweiter Stelle im jeweiligen Taktmaß der Achtel- bzw. Sechzehntelmelodik (vgl. die Takte 111/I, 112/I, 113/I, 114/I und II, 115/1, [117/I, 118/I]). Dieses Prinzip bewirkt eine Schwerpunktverlagerung innerhalb des Metrums der Solostimme und damit einen Kontrast zur Begleitrhythmik. Eine diastematische Einschränkung dieses rhythmischen Motivs steht als folgerichtiger Abschluß der Bridge in den Takten 117 resp. 118, in denen es in der Tonrepetition (Takt 117), aber auch in der einfachen Verzögerung (Takt 118) nachklingt. Als Erinnerung an die immerhin über die zweite Hälfte der Bridge sich erstreckende Motivik erscheint eine entsprechende Schwerpunktverlagerung noch in der ersten Phrase von IA3 (Takt 121).

Motivische Bezüge – dies muß abschließend angemerkt werden – wirken in Jacksons Solospiel meist zitathaft, sind nicht in dem Maße motivische Arbeit, wie es in der motivischen Improvisation beispielsweise von John Lewis der Fall ist.

3. Rhythmische Konzeption (Anschlagtechnik, Unterbrechungen der Improvisationsrhythmik)

Die Grundgeschwindigkeit der Improvisation im Bebop ist im allgemeinen ein Achtel-, in langsamen Stücken ein Sechzehntelmetrum. Milt Jackson hält sich zumeist an dieses ideelle Grundmetrum. Dies wird in *Skating In Central Park* an den Stellen besonders deutlich, an denen Jackson Sechzehntelläufe spielt, und zwar a. im Kontrast zu rhythmisch pointierteren Melodielinien in langsamerem Tempo und b. in der Unterbrechung einzelner schneller Abschnitte durch in der Transkription als Sechzehnteltriolen notierte rhythmische Antriebsmomente. Auch gleichmäßige Sechzehntelläufe erhalten bei Jackson eine Rhythmisierung durch nicht notierte, leichte, fast unmerksame

[35] Die Benutzung rhythmischer Patterns bei Jackson ist sicher auch instrumentaltypisch bedingt. Das Vibraphon als Perkussionsinstrument steht in einer Tradition melodischen Schlagwerks, die bis nach Afrika zurückreicht. Und so ist auch die *pattern formation* eine afrikanische Tradition zur dynamischen Steigerung, wie sie vor allem von melodischen Perkussionisten benutzt wurde. Vgl. hierzu Alfons M. Dauer: *Der Jazz. Seine Ursprünge und seine Entwicklung*, S. 23.

Betonungen im Anschlag. Solche Akzente sind spieltechnisch bedingt und sind von bewußten Betonungsakzenten zu unterscheiden, wie Jackson sie ebenfalls vielfach verwendet.

Sechzehntelketten in Jacksons Soli sind meist nur kurz, entsprechend ist auch eine in Triolenrhythmik notierte Melodik in der Regel auf nur wenige Takte beschränkt. Diese wird dann aber oft durch akzentuierte Ruhepunkte oder schnellere bzw. langsamere Rhythmik unterbrochen, nämlich durch Akzelerationen oder Retardationen konträrer Metrik – d.h. im Falle binärer Rhythmik ternäre Unterbrechungen und im Falle ternärer Rhythmik binäre Unterbrechungen. Beide Arten wirken auf die Improvisationsmelodik vorwärtstreibend.

> Thomas Owens stellt fest: *Straight eigths notes* – Owens meint hiermit binäres Spiel – *occur most frequently in improvised passages, while triplets are more predominant in prearranged passages.*[36] Diese Beobachtung läßt sich aus der Tendenz des Bebop oder Post-Bebop erklären, in relativ regelmäßigen Achtel- oder Sechzehntelmetren zu improvisieren, während vorarrangierte Passagen durch Umwandlung des gleichmäßigen Metrums in Triolen der Form ♩♪ (3) oder ♩𝄾♩ (3) eine freiere Akzentuierung erfahren und damit einen stärker swingenden Charakter bekommen. Es ist diese Art der Triolen, auf die sich Owens auch in seinem Beispiel (*Versailles*, erster Chorus) bezieht. Die von ihm verglichenen metrischen Einheiten stehen daher in völlig verschiedener Funktion, der statistische Vergleich (*more frequently*) genügt hier nicht, denn auch in Improvisationsabschnitten benutzt Jackson oft genug einen ternären Rhythmus als imaginäres Grundmetrum.

4. Harmonische Konzeption (Akkorderweiterungen, Akkordsubstitutionen)

Die seit dem Bebop übliche Erweiterung der in der Komposition vorgegebenen Harmonik wird von Jackson in seinem Solo – und dies ist symptomatisch für seinen Stil im allgemeinen – so gut wie überall ausgenutzt. Besonders deutlich erscheint der Effekt einer solchen Ausweitung des Tonpotentials für die Tonhöhenauswahl der Soloimprovisation dort, wo die Rhythmusgruppe sich mit einer zurückhaltenden, die Originalharmonik betonenden Begleitung begnügt. An vielen Stellen verwendet Jackson erweiterte Akkorde ganz direkt, indem er sie arpeggiert spielt (beispielsweise in IB, Takt 103: Fm^{11} sowie Takt 106: Bb^{79-}). Solche Beschränkungen auf akkordeigene Töne werden von Jackson unter anderem gern als Kontrast zu umgebenden schnelleren Läufen, vor allem zu skalaren Linien gesetzt.

36 Thomas Owens, *Improvisation Techniques of the Modern Jazz Quartet*, M.A. Thesis, University of California, Los Angeles 1965 (maschr.), S. 34

Im Solo über *Skating In Central Park* sind keine nennenswerten Substitutionen originaler Themenharmonik feststellbar. Trotz eines zum Teil relativ langsamen harmonischen Tempos – insbesondere in der ersten Hälfte der A-Teile – bezieht sich Jackson in der Improvisation in der Regel auf den kompositorisch vorgegebenen Klangraum des ursprünglichen Harmonieschemas. Auch die Erweiterung der Harmonik im oben beschriebenen Sinne lehnt sich immer wieder eng an das harmonische Grundmodell an. In der Methode der Terzschichtung kommt es nur an einer Stelle zur Substitution der grundlegenden Harmonik durch Loslösung des oberen Teils eines terzgeschichteten Grundakkords. Die Rede ist von der f-Moll-Skala des Vibraphons in Takt 94, begleitet mit f-Moll-Akkordik im Klavier über der Originalharmonik C^7 mit verminderter Quint im Baß. Die Musiker verselbständigen hier den oberen Teil einer Terzschichtung über C-Dur (C^{13-}), so daß der originale C^7-Akkord gar nicht mehr erklingt, da selbst die Baßstimme alteriert ist. Der harmonische Ablauf entspricht sich an dieser Stelle im ersten und zweiten Chorus (also Takt 94 und Takt 158), und so kann von einer eingespielten Konvention die Rede sein.

Die enge Anlehnung des Vibraphonsolos an die Themenharmonik ist vor allem durch die nah am Original bleibende harmonische Begleitung von Klavier und Kontrabaß vorgegeben. Percy Heath verläßt in seinem Baß-Part kaum die vorkomponierte Struktur, sondern grundiert die Soli entsprechend der Themenexposition. Lewis begnügt sich – außer in der zweiten Hälfte des ersten A-Teils sowohl im ersten als auch im zweiten Chorus – mit rein rhythmischen Akkordakzenten, welche die Harmoniestruktur des Chorus genau verfolgen.

5. Formeln (konventionelle Formeln, technische Formeln, konnotative Formeln)

Bei der Benutzung von Formeln sind vor allem drei verschiedene Arten der Formelbildung zu unterscheiden: a. die Formel als Konvention, b. die technische Formel und c. die konnotative Formel.

a. Es finden sich in Milt Jacksons Solo über *Skating In Central Park* einzelne Melodiefloskeln, die scheinbar einer aus der tagtäglichen Realisation heraus entstandenen Konvention entsprechen. Beispielsweise ist der Beginn des Solos aus einer Art Themenabstrakt heraus solch eine Formel, die Jackson auch in der Live-Aufnahme New York 1974[37] und sogar noch im Konzertrepertoire 1986 benutzt – in dem das Stück allerdings selten begegnet.

Die Verwendung der f-Moll-Skala als Hinführung zum F-Dur des zweiten Teils von IA2 und IIA2 (Takte 94 bzw. 158) scheint – wie bereits angedeutet – ebenfalls einer eingespielten Konvention an dieser Stelle zu entsprechen. Ein weiteres Indiz hierfür ist die f-Moll-Begleitung des Klaviers im ersten Chorus[38].

[37] Atlantic SD 2-909

[38] Im zweiten Chorus schweigt die Klavierbegleitung in diesem Takt.

b. Als technische Formel soll die formelhafte Benutzung eines Klischees gelten, einer melodischen Figur, die dem Musiker gleichsam »in der Hand liegt«. Auslöser solcher Klischees können bestimmte harmonische Bedingungen oder ein sehr schnelles Improvisationstempo sein. Auch mangelnde Inspiration des Augenblicks kann zum Anlaß zum Rückgriff auf Klischees werden[39]. Die Formel unterscheidet sich terminologisch vom Motiv, indem sie sich in der Regel nicht verselbständigt, sondern – oft unbemerkt – ein Baustein zur melodischen Gestaltung bleibt.

Eine typische technische Formel ist beispielsweise die Sechzehntelfiguration, die Jackson in Takt 76 scheinbar aus dem von ihm eingeführten Themenabstrakt gewinnt:

Sie ist dort ebenso motivisch zu verstehen wie auch in IIA3, in dem sie als rhythmisches Pattern Verwendung findet. In Jacksons Improvisationen erscheint sie oft als typische technische Umspielfloskel zumeist des Akkordgrundtons oder aber dominanter Töne des entsprechenden Akkorddreiklangs. Die Sechzehntelfigur bildet eine Reminiszenz an den motivischen Beginn des ersten Chorus, wenn in Takt 139 – wie an nämlicher Stelle in Takt 75 – aus derselben Umspielfloskel heraus der Sechzehntellauf der folgenden vier Takte gebildet wird. Weder melodisch/motivisch noch als rhythmisches Pattern, sondern als rein technische Formel im Sinne des Jostschen Klischee-Begriffs[40] setzt Jackson die Floskel außer an den erwähnten Stellen zum Beispiel in den Takten 100, 113 und 159 ein. In – zum Teil chromatischen – Varianten ist sie auch an anderen Stellen vorhanden und wird von Jackson als Teil seiner Improvisationssprache in Soli immer wieder verwandt.

Thomas Owens beschreibt diese melodische Figur als *an inverted mordent followed by a descend of a second, third, or fourth*[41]. Owens weist auf die Allgegenwart dieser Formel in Charlie Parkers Improvisationssprache hin, oft als Teil komplexer Motive. Seine Feststellung kann auf die Improvisationssprache Milt Jacksons übertragen werden, doch trifft sie sicher auch auf viele andere dem Bebop verbundene Solisten zu.

c. Besonders häufig in Jacksons Soli sind konnotative Formeln. Sie unterscheiden sich von den technischen Formeln durch einen melodischen Gehalt, ein Verweisen in diesem speziellen Fall auf Jazzgeschichte.

39 Zum Klischee in der Improvisation vgl. Ekkehard Jost: *Spontaneität und Klischee in der Jazzimprovisation*

40 ibid.

41 Thomas Owens, *Charlie Parker. Techniques of Improvisation*, Phil.Diss., University of California, Los Angeles 1974 (maschr.), S. 18

Es sind hier vor allem zwei Bluesfloskeln im Verlauf des zweiten Chorus zu erwähnen. Jackson beginnt diesen in Takt 135 mit einer viertaktigen typischen Bluesphrase: Melodieaufstieg unter Ausnutzung von Blue Notes mit konstanter Rückkehr zum Grundton. Diese Takte sind in sich die Verwirklichung einer Ruf-Antwortmelodik in der Improvisation. Der aufsteigende Ruf der beiden Takte 135 und 136 nutzt die Blue Notes der Terz und des Tritonus, er zeigt einen sprachähnlichen Duktus in der konstanten Rückkehr zum Grundton *c''* sowie dem spannungsreichen Ausharren auf der Quart *c'''* (über C-Dur-Grund) und setzt die Betonung der Spitzentöne dem Metrum entgegen. Das Antwortmotiv dagegen ist dem Metrum angeglichen. Die zuvor als Blue Notes angespielten Töne sind eindeutig fixiert, und *c''* ist nun nicht mehr Ausgangs-, sondern deutlicher Zielton. Es liegt eine gewisse Symmetrie in diesen vier Takten, und das öffnende sowie das schließende Moment der beiden Phrasenhälften werden – wie beschrieben – durch klar fixierbare rhythmische, harmonische und melodische Elemente verstärkt.

Eine weitere Bluesfloskel findet sich als Höhepunkt des zweiten Chorus zu Beginn des A3-Teils. Auf die Steigerungswirkung des Sechzehntel-Pattern in Takt 179 wurde bereits hingewiesen. Ein weiteres Steigerungsmerkmal ist die Verwendung der Septim *f* als immerhin über fünf Viertel ausgehaltener Abschlußton der Bridge im Vibraphon. Die ersten vier Takte von A3 nun entsprechen einer typischen Shout-Floskel. Ihre fast vokale Diktion ist im Höreindruck sehr deutlich. Sie beginnt mit Anspiel und Aushalten des Spitzentons (*c'''*), fällt melodisch konstant zum *c''* ab und benutzt dabei einen pentatonischen Tonraum ohne die im Blues üblichen Blue Notes der Terz und der Septim.

Besonders dieser letzte Punkt, verbunden mit der extrem vokalen Rhythmik, die eine Art »Zweisilbler« zu Beginn eines jeden Taktes betont, sorgt für die diesen Takten eigene Höhepunktwirkung. Daß im folgenden melodischen Geschehen das bereits erwähnte Sechzehntel-Pattern so dominant ist, ergibt sich als logische Fortführung des Shout-Höhepunktes. Diesen Takten kommt die Aufgabe der Antwortphrase zu – mit Spannungsabbau und geschickter Rückführung in die Themenparaphrase der letzten acht Takte des Chorus.

6. Zusammenspiel (Begleitung, Dialog)

John Lewis' Klavierbegleitung zum Vibraphonsolo in *Skating In Central Park* ist sehr sparsam. Sie beschränkt sich zum Großteil auf rhythmische Akkordakzente, welche die harmonische Grundierung des Solos zumeist ganz im Sinne des komponierten Harmonieschemas bilden. Nur an einer Stelle löst sich seine Klavierstimme aus der reinen Begleitfunktion, sie tritt melodisch mehr in den Vordergrund und wird gleichsam zur eigentlichen Solostimme (IIA1, Takte 143 bis 159). Schon im ersten Chorus provozierte die entsprechende Stelle (dort die Takte 79/80) eine durch prononcierte Akkordrepetitionen leicht herausgehobene Klavierbegleitung. Im zweiten Chorus nun beginnt Lewis in Takt 143 ebenfalls mit Akkordrepetitionen, entwickelt allerdings aus der Begleitung heraus eine eigenständige Melodik, die für kurze Zeit Jacksons Solostimme geradezu übertönt. In den Takten 143 bis 146 verdichtet sich Lewis' Akkordspiel zu einer rhythmisch-melodisch varianten Themenparaphrase. Milt Jacksons anfängliches Ausspielen reiner Harmonik endet in einem Nachschlagen desselben Themenabschnitts in Diminution und rhythmischem Gleichmaß (Takt 146).

In den folgenden vier Takten 147 bis 150 geht Jackson in leichtem Nachschlagen der Rhythmik deutlich auf den Klavierpart ein. Seine Stimme ist in beiden Fällen somit nicht so unabhängig und frei improvisatorisch wie im reinen Solospiel zuvor und hernach. Partiell klingt die Vibraphonmelodik eher wie ein Umspielen der Klavierstimme. Lewis' arpeggierte Linie in den Takten 147 bis 150 wird zum eigentlichen Träger des melodischen Geschehens.

Den Anfang von IIA2 bildet ein entferntes Echo der Anfangstakte des Solos (Takte 151 bis 154 vgl. Takte 71 bis 74). Es entsprechen sich die Melodierichtung des Vibraphons sowie die umspielten Repetitionen des Zielpunktes *c''*. Die viertaktige Anfangsphrase des Vibraphons in den Takten 151 bis 154 hat außerdem eine entfernte Ähnlichkeit mit der Shout-Phrase, die IIA3 eröffnete. Diese Ähnlichkeit ergibt sich aus der vokalen Qualität nach dem Initiumstakt, d.h. den Tonrepetitionen, die in der Analyse von IIA3 mit dem Charakter eines sprachlichen »Zweisilblers« verglichen wurden. Vor allem aber ist an dieser Stelle in IIA2 das Ineinandergreifen von Solostimme des Vibraphons und Begleitstimme des Klaviers interessant.

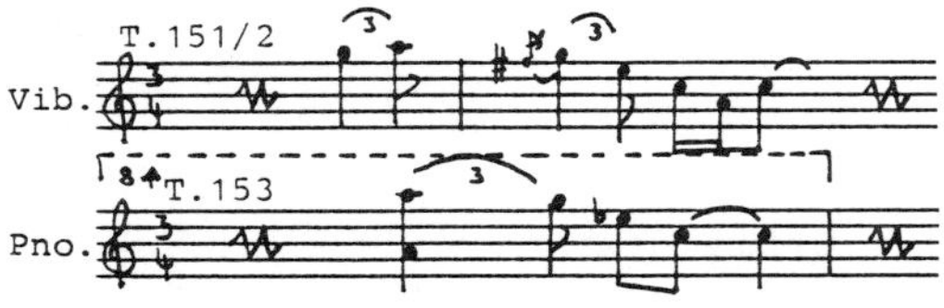

Der Klavieraufstieg, der sich der Technik aneinandergereihter Doppelschläge um die Harmonietöne bedient, zielt in Takt 153 auf ein viernotiges Motiv, das im Takt zuvor (Takt 151/152) auch der Spitzenpunkt der Vibraphonmelodik war. Demgegenüber wirkt die in Takt 155 sich anschließende Sechzehntelphrase des Vibraphons wie eine Art Fortführung der schnelleren Klaviermelodik in den Takten zuvor. Während also die Vibraphonmelodik in der ersten Hälfte von IIA1 eher ornamentale Funktion für die herausgehobene Klavierstimme hat, scheint in den ersten Takten von IIA2 – obwohl das Klavier hier auch in der Dynamik wieder in den Hintergrund tritt – ein deutlicher Dialog zwischen beiden Stimmen durch. Solch eine Art des Dialogs – hier nur kurz und wenig weitreichend – hat in anderen Stücken im Repertoire des Modern Jazz Quartet weit größeres Gewicht. In *Skating In Central Park* wirkt die dialogisierende Stelle – zusammen mit dem Heraustreten der Klavierstimme aus dem ansonsten in der Realisation üblichen Begleitduktus und dem hieraus resultierenden Effekt der aufeinander bezogenen Duoimprovisation von Vibraphon und Piano – vor allem als Kontrast und dient damit der Spannungssteigerung im Zusammenhang der Gesamtrealisation.

Vergleich der verschiedenen Einspielungen von *Skating In Central Park*

Im Vergleich der einzelnen Aufnahmen von *Skating In Central Park*[42] läßt sich die Verfestigung einzelner tektonischer Momente konstatieren. In der ersten Aufnahme durch das Modern Jazz Quartet (New York 1959) findet sich der – wenn auch melodisch verschiedene – blueshafte Beginn des zweiten Vibraphonchorus, außerdem eine ähnlich pattern-hafte Vorbereitung von IIA3 unter Benutzung derselben Umspielfloskel wie in Takt 179 der Stockholmer Fassung. In der Aufnahme New York 1974 spielt Milt Jackson nur einen Solochorus, der zweite ist ein Feature für den Pianisten John Lewis. Wie bereits erwähnt, ähnelt Jacksons Anfangsphrase 1974 melodisch der analysierten Fassung von 1960. Aber auch die repetierte Umspielfloskel am Ende der Bridge (entsprechend Stockholm, Takt 179) führt 1974 zu einer blueshaften Shout-Phrase zu Beginn von A3. In einer unveröffentlichten Live-Aufnahme aus dem Jahr 1986 gibt es erstaunliche Entsprechungen des gesamten A1-Teils zu IA1 der Stockholmer Fassung von 1960. Außer solchen Parallelen im tektonischen Aufbau sind die um Jahre auseinanderliegenden Aufnahmen verschieden. Dennoch läßt sich eine deutliche Solokonzeption in Jacksons Improvisation feststellen, eine Art ideeller dynamischer Aufbau mit Höhepunkt zu Beginn von A3 des jeweils letzten Solochorus.

[42] New York 1959, United Artists UAL 4063; Stockholm 1960, Atlantic SD 2-603; New York 1974, Atlantic SD 2-909

Die Benutzung einer in der Folge vieler Aufführungen festeren Konzeption hat Frank Tirro generalisiert: *The jazz improviser reuses and reworks material from previous performances and* [...] *musical ideas evolve through the passage of time and during subsequent performances.*[43] Tirro spricht weiter von memorierten *sketches*[44]. Er führt die Rolle des Gedächtnisses für die Improvisation aus: *Memory recalls, consciously or subconsciously, musical events, patterns, and sound combinations that have become a part of the improviser's musical self.*[45] Jede einzelne Improvisation nämlich habe *a history of similar, related performances*[46].

Max Harrison[47] betont ebenfalls eine festgelegte Idealkonzeption bestimmter Soli bei Jazzsolisten – er nennt Art Tatum und Louis Armstrong –, die dem Spiel im täglichen Repertoire entspringe und vom Solisten als befriedigende Lösung beibehalten werde. Seine Beispiele gehen dabei viel weiter als das Exempel Milt Jackson: Er nennt Soli, die – mit nur Abweichungen im Detail – fast komplett fest konzipiert sind. Harrison schließt hieraus auf einen quasi kompositorischen Charakter des beibehaltenen Solos, einen Charakter, der Soli höchster Qualität oft eine *perfect form in miniature* verleihe. Bei Jackson nun ist das Beibehaltene nicht das komplette Solo, nicht einmal ein größter Teil des Solos, sondern höchstens ein tektonisches Idealmuster des dynamischen Improvisationsablaufs. Dieser Ablauf hat sich augenscheinlich 1960 bereits verfestigt, und Jackson hält an ihm bis 1974 (1986) als Ideal einer Realisation von *Skating In Central Park* fest.

Die Studioversion 1959 ist an vielen Stellen noch unfreier im Umgang mit dem vorgegebenen Harmoniegerüst. Durchscheinende Melodik und Harmonik sind noch zu sehr an das Thema gebunden, um eine befriedigende, im Ablauf stringente Realisation zu ergeben. Sicher hängt die Qualität der Live-Aufnahme immer auch von der augenblicklichen Konstitution, kurz von vielen außermusikalischen Gegebenheiten ab, die – unbewußt – auf die Improvisation des Solisten einwirken. Daß also im subjektiven Urteil die Version Stockholm 1960 als die befriedigenste bezeichnet werden muß, hat seinen Grund in der Geschlossenheit, die dieser Version mehr als den anderen eigen ist[48]. Jedes der für die Improvisation wichtigen Momente ist folgerichtig in den Ablauf des

43 Frank Tirro, *Constructive Elements* in Jazz Improvisation, S. 286

44 ibid., S. 287

45 ibid.

46 ibid., S. 296

47 Max Harrison, *The Problem of Form*, in: *Jazz Monthly*, iii/2 (April 1957), S. 28

48 Es ist sehr wohl möglich, ja sogar wahrscheinlich, daß Jackson im Laufe seiner Karriere ähnlich gelungene »Lösungen« für die Realisation dieser Komposition gefunden hat, vielleicht Lösungen, die im Vergleich noch spannender, »logischer« ausfielen als die vorhandenen Aufnahmen. Nur das phonotechnisch festgehaltene Material aber kann zur Hörpartitur, zum Gegenstand exakter Analyse werden. Und in *Skating In Central Park* zeigt sich auf jeden Fall das Arbeitsmaterial, das dem Solisten zur Verfügung steht, um sein Solo – ob »vergänglich« in alltäglichen Konzertrealisationen oder dokumentiert durch die Schallaufzeichnung – von Mal zu Mal neu zu erschaffen.

Gesamtgeschehens eingepaßt. Es wird – um die Metapher des »Geschichtenerzählens« zu wiederholen – zu einem Satzbaustein, der zum spannungsreichen Fortlauf der »Story« beiträgt.

Motivische Improvisation

Die Entwicklung zu thematischer bzw. motivischer Improvisation im Jazz der fünfziger Jahre wird von Gunther Schuller beschrieben:

> *There is now a tendency among a number of jazz musicians to bring thematic (or motivic) and structural unity into improvisation. Some do this by combining composition and improvisation, for instance the Modern Jazz Quartet and the Giuffre Three; others, like Sonny Rollins, prefer to work solely by means of extemporization.*[49]

Um einer terminologischen Verwirrung vorzubeugen, muß gleich auf die doppelte Bedeutung des Themen-Begriffs im Jazz hingewiesen werden. Das Thema im Jazz ist Thema nicht im Sinne eines europäischen Musikverständnisses als bestimmbare größere Phrase, von der das musikalische Geschehen seinen Ausgang nimmt, sondern es bezeichnet die kompositorische Vorlage, die Grundlage für die Improvisation ist, also beispielsweise den zweiunddreißigtaktigen Song oder den zwölftaktigen Blues. Thema ist die Gesamtform der Vorlage, thematisch sind auf Einzelmomente des Themas bezogene Improvisationspartikel. Demgegenüber entspricht der Terminus *thematic* bei Schuller dem europäischen Themaverständnis. Besser ist es also, hier von einer motivischen anstatt von einer thematischen Improvisation zu sprechen. Thematisch sind a. das »Thema« als Chorusgrundlage und b. ein Einzelmotiv als Ausgangspunkt melodischer Entwicklung.

In der europäischen Musikgeschichte seit der zweiten Hälfte des 18. Jahrhunderts und in der Musikauffassung spätestens seit Riemann wird das Motiv als grundlegender Baustein der Komposition verstanden, als Bau-, d.h. als Strukturelement. Das Motiv in der Improvisation hat zwar ebenfalls strukturierenden Charakter, ist aber nicht in erster Linie Ausprägung eines der Improvisation zugrundeliegenden Themas, sondern verweist vielmehr auf den musikalischen Personalstil sowie auf ein starkes Strukturbewußtsein des betreffenden Solisten. Schuller macht in seinem Essay über Sonny Rollins deutlich, daß von motivischer Improvisation nur dann gesprochen werden kann, wenn ein bestimmter Grad intellektuellen Bewußtseins vorhanden ist. Er stellt diesem den wohl themen-bewußten Musiker gegenüber, der in der Realisation dann aber nicht über bloße Repetition oder Sequenzenspiel hinausgelangt[50]. John Lewis' Begleitung zu Milt Jacksons Solo über *Django* (1954)[51] ist ein Exempel, wie

[49] Gunther Schuller, *Sonny Rollins and Thematic Improvisation*, S. 241

[50] ibid., S. 248

[51] New York 1954, Prestige 7749

motivisches Bewußtsein nicht nur in der Soloimprovisation, sondern in der Begleitung als strukturierendes Moment dienen kann. Andere Beispiele gerade dieses Phänomens beim Modern Jazz Quartet sind in vielen Stücken zu zeigen. Motivische Begleitung nämlich gehört mit zur Charakteristik des Personalstils von John Lewis. Motivische Improvisation im Solospiel des Pianisten findet sich – neben einer Vielzahl von personaltypischen Formeln – besonders in Studioaufnahmen des Quartetts. Als im Anschluß eingehender analysiertes Beispiel sei gleich auf das Klaviersolo in *Sketch (For Double Quartet)* hingewiesen, das John Lewis mit einem fallenden Terzmotiv beginnt, welches für das gesamte Solo als »Bauelement« konstitutiv ist. Im Vergleich der Fassungen von *Vendome* ist zu sehen, wie die motivische Improvisation des Pianisten nicht nur seine eigenen Soli beherrscht oder wie durch eine motivische Begleitung Vibraphonsoli eine »zweite« Struktur außerhalb der Jackson eigenen Phrasenstruktur erhalten, sondern wie im verschiedenen Improvisationsansatz von Pianisten und Vibraphonisten motivische und »formulaic« Improvisation einander beeinflußen und auseinander hervorgehen – nämlich: in der Übernahme originärer Lewisscher Motivik als Formeln ins Vibraphonspiel (vgl. S. 230 ff.). Es läßt sich gerade in solchen Stücken der Zusammenhang aller vier traditionellen Improvisationsmethoden erkennen.

Das Postulat einer Bewußtheit in der improvisatorischen Herleitung und Verarbeitung motivischen Materials setzt die intellektuelle Auseinandersetzung des betreffenden Solisten mit dem Prozeß der Formbildung in der Improvisation voraus. Wer Wert darauf legt, in seinem Solo motivische Schwerpunkte zum Grundbaustein melodischer Entwicklung zu machen, der ist sich über die Konsequenz im klaren, daß das so geschaffene solistische Ergebnis in der Verbindung disparater Stellen durch motivische Verwandtschaft das im Jazz übliche Formmodell des vorgegebenen Themas noch überschreitet. Es gibt hier eine zweite thematische Dimension, die vor allem motivisch-melodisch begründet ist. Motivische Improvisation wurde in der Jazzgeschichte vor allem von Solisten genutzt, die auch sonst in ihrer Musik versuchten, formale Grenzen zu erweitern und so dem Jazz neue Wege zu eröffnen. In diesem Sinne besteht zwischen den formalen Versuchen mit barocken oder klassischen Formen und der Benutzung motivischer Improvisation nur ein gradueller Unterschied. Erstere betreffen vor allem die Komposition und das Arrangement, sie wirken also von außen auf die Formgestaltung des Solos ein. Letztere dagegen hat Auswirkungen auf das musikalische Material des improvisierten Solos selbst, stellt hierbei allerdings keineswegs eine Einschränkung der individuellen improvisatorischen Freiheit dar, da sie vom Solisten nach eigenem Gutdünken eingesetzt wird.

Die formalen Experimente vieler Musiker in den fünfziger Jahren bezogen sich vor allem auf die Komposition. Die improvisatorische Formung wurde allenfalls in thematisch äußerlichen Vorgaben der Grundstruktur betroffen, über welche improvisiert werden sollte. Dagegen ist die motivische Improvisation als vom Solisten selbst sich auferlegter »Plan« ein die Formung direkt beeinflußendes Moment, ja ist Grundlage und Idee der Formung. Der Unterschied zu anderen Improvisationsmethoden besteht im Grad des Bewußtseins solcher Formung durch den Solisten. Im teilweise »bedächtigen« Klavierspiel von John Lewis meint man oft den Denkprozeß über das Gespielte und zu Spielende mitzuhören. Solch ein Grad motivischer Bewußtheit geht im Einzelfall sicher noch weiter als beispielsweise bei Sonny Rollins, bei dem das motivische Moment vor allem als Ausgangspunkt dient, als Besinnungspunkt, der andere, improvisatorisch freiere Passagen zusammenhält.

* * *

Eines der prägnantesten Beispiele für improvisatorische Formung durch motivische Improvisation ist das Klaviersolo in *Sketch (For Double Quartet)*, welches vom Modern Jazz Quartet und dem Beaux Arts String Quartet in New York am 23. September 1959 eingespielt wurde[52] (vgl. die Transkription im Notenanhang[53]). Der motivischen Bewußtheit der Improvisation wegen muß man dies Solo eng in Verbindung mit dem exponierten Thema sehen, welches dem Pianisten das motivische Improvisationsmaterial an die Hand gibt. In der folgenden Analyse soll zu Beginn die kompositorische Verarbeitung des auch für die Klavierimprovisation konstitutiven Initialmotivs in der Themenexposition dargestellt werden. Die motivische Bewußtheit im drei Chorusse umfassenden Klaviersolo läßt eine Entwicklung von Formteil zu Formteil und damit eine motivisch begründbare Solokonzeption erkennen. Das thematische Bewußtsein des Pianisten unterwirft hierbei Chorusphrasen und paraphrasierende Elemente einer motivisch entwickelnden Improvisationstechnik. Abschließend lassen sich personalstilistische Merkmale im Klavierspiel von Lewis aus der von ihm oft angewandten motivischen Improvisationstechnik heraus erklären.

In der Themenexposition von *Sketch (For Double Quartet)* wird in unterschiedlicher Instrumentierung das auch die Improvisationschorusse bestimmende Reprisenbarthema vorgestellt. Die scheinbare Abtrennung von A1 als eine Introduktion, in der die Kontrabaß- und Schlagzeugbegleitung aus A3 der Themenexposition vorweggenommen wird, entspricht einer Abtrennung der A1-Teile von Chorus I und Chorus IV, also den jeweils ersten Chorussen der beiden Instrumentalsoli. Leichte Unterschiede in den Harmonieprogressionen von Themenexposition und Solochorussen, aber auch die in der Komposition auf vier Takte gestauchte Bridge lassen die Exposition gleichsam wie eine verschleierte Variante eines in den Solochorussen durchscheinenden melodisch-harmonischen Themas erscheinen.

52 Atlantic LP 1345

53 Die komponierten Teile der Transkription basieren auf der veröffentlichten Partitur (New York 1960, MJQ Music, Score 1), sind allerdings – der Aufnahme entsprechend – modifiziert.

EINLTG.	EXPOSITION	ÜBERLEITUNG	CHORUS I	CHORUS II	CHORUS III
8 T.	20 T. (8+4+8)	6 T.	24 T. (3x8)	32 T. (4x8)	32 T. (4x8)
A1 .... thematische Baß- und Schlagzeug-Intro. vgl. A3 der Exposition	A2-B-A3 A2: Streich-quartett B: Streich-quartett (Stauchung auf 4 T.) A3: Jazz-quartett	A1 .... thematische Streicher-melodik + Beginn des Piano-Solos (Überlappen mit Schluß-takt der Exposition	A2-B-A3 Piano-Solo: motivische Improvisa-tion; Be-gleitung durch Rhythmus-gruppe	A1-A2-B-A3 (Piano-Solo): motivische Improvisa-tion; Begleitung durch Rhythmus-gruppe	A1-A2-B-A3 (Piano-Solo) A1: Pno + Rhythmus A2: Pno + Streicher-akzente B: Pno + Streicher A3: Streich-quartett
Baß/ Schlagzeug	Streichquartett	Piano (Streicher)	Piano	Piano	Piano (Streicher)
a-Moll	=	=	=	=	=
KOMPOSITION		KOMPOSI-TION (Impro-visation)	IMPROVISATION		IMPROVISA-TION (Kom-position)

ÜBERLTG.	CHORUS IV	CHORUS V	CHORUS VI	ÜBERLTG.	VERKÜRZTE REPRISE
8 T.	24 T. (3x8)	32 T. (4x8)	32 T. (4x8)	21 T.	10 T.
A1 .... thematische Vibraphon-melodik, liegende Streicher-begleitung; am Ende: zweitaktiger Vibraphon-Break	A2-B-A3 Vibraphon-Solo: Begleitung durch Rhythmus-gruppe	A1-A2-B-A3 Vibraphon-Solo: Begleitung durch Rhythmus-gruppe	A1-A1'-A1"-B' Vibraphon-Solo plus Streicher-begleitung	thematische Varianten im Streich-quartett (Verarbeitung des Initial-motivs)	A-Teil und Kadenz des Vibraphons
Vibraphon (Streicher)	Vibraphon	Vibraphon	Vibraphon (Streicher)	Streich-quartett	Jazzquartett (liegende Streicher)
a-Moll	=	=	a-Moll/b-Moll/ h-Moll/a-Moll	a-Moll	=
KOMPOSI-TION (Impro-visation)	IMPROVISATION		IMPROVISA-SATION (Komposition)	KOMPOSITION	

In der Exposition des Streichquartetts (A2, Takte 9 ff.) wird ein rhythmisch prononciertes Dreiton-Motiv vorgestellt, das in Varianten den A-Teil des Themas sowie die Klavierimprovisation von John Lewis bestimmt. In den Teilen A2 und B der Exposition unternimmt Lewis keinen prätentiösen Versuch, für das Streichquartett jazz-gemäße Phrasen zu schreiben. Die Vortragsangabe *violently*, aber auch das Unisonospiel aller vier Instrumente unterstreichen die *straight*-Diktion dieser Takte, die im starken Kontrast zur Exposition des Jazzquartetts ab Takt 21 (A3) steht. Solch eine Trennung von klassischem und Jazzensemble führte Martin Williams[54] zur Folgerung, die Komposition stehe fast außerhalb der Idee des Third Stream. Die starke Trennung beider Quartette ist es wohl auch, die bei Williams den Eindruck eines *Haydn pastiche* hervorruft[55]. Die Verschmelzung von Streichquartett und Jazzensemble, die beispielsweise Gunther Schuller in seiner Pendant-Komposition zu Lewis' *Sketch*, *Conversation For Double Quartet*, anstrebt, lag scheinbar nicht in der Absicht von Lewis, der in dieser Frühphase seiner Third-Stream-Experimente mit allem Respekt an das »ehrwürdige« Instrumentarium des Streichquartetts heranging.
Der abschließende A3-Teil der Themenexposition durch das Jazzquartett (Takte 21 ff.) präsentiert neue, vor allem rhythmische Varianten des zentralen Dreiton-Motivs. Die stärker swingende rhythmische Diktion wirkt hierbei wie eine atmosphärische Überleitung zum sich anschließenden Klaviersolo. Das abschließende Anspielen des Dreiton-Motivs in der originalen Rhythmik in Takt 28/IV macht noch einmal den Unterschied zwischen den Expositionsteilen von Streich- und Jazzquartett deutlich. Der Kontrabaß- und Schlagzeugbegleitung, die in A3 die ersten acht Takte der Komposition wiederholt, kommt eine die Exposition einrahmende Funktion zu.

An die Exposition schließt sich eine sechstaktige Überleitung mit thematischer Streichermelodik an, die in der Partitur zudem als Beginn des Klaviersolos deutlich wird. In der Analyse der Partitur wird klar, daß diese Überleitung in Wahrheit A1 des ersten Klavierchorus darstellt: Zu den Takten 29 bis 34 (entsprechend den Takten 3 bis 8 des A1-Teils), die mit der Spielanweisung *twice as fast* versehen sind, ist – überlappend – der letzte Expositionstakt zu zählen, der zwei Takten im neuen Tempo und somit den Takten 1 und 2 des

54 Martin Williams, *Problems in the 3rd Stream*, in: *Jazz Journal*, xix/4 (April 1966), S. 9

55 Bei der Uraufführung von *Sketch* in der New Yorker Town Hall (25. September 1959) spielte das Beaux Arts String Quartet in seiner vorweggehenden Solohälfte des Programms Josef Haydns Streichquartett op. 74, Nr. 1.
Williams' Lob der *unpretentiousness* in Lewis' Komposition wird durch die Bezeichnung *pastiche* geradezu ins Gegenteil verkehrt. Das *pastiche* nämlich in seiner Halbkonsequenz des oberflächlichen Nebeneinanders deutet eine Unnötigkeit des Streichquartetts an, wie sie Williams sicher nicht empfindet, auf die allerdings z.B. John S. Wilson in seiner Kritik zur Uraufführung des Werks anspielt, wenn er feststellt: *For all practical purposes,* [*Sketch*] *might almost have been written for the Modern Jazz Quartet alone, for Mr. Lewis used the Beaux Arts strings as little more than occasional accents.* Vgl. John S. Wilson, *Fusion of Styles. Beaux Arts String Quartet and Modern Jazz Quartet on Same Bill at Town Hall*, in: *New York Times* (26. September 1959).

Varianten des Initialmotivs:

Klaviersolos entspricht. In der Schallplattenrealisation überläßt John Lewis das melodische Hauptgewicht der ersten acht Takte seines Solos dem Streichquartett, um mit der tatsächlichen Improvisation erst in IA2 (Takt 35) zu beginnen.

Das Klaviersolo wird von einem durchgehenden Schlagzeugakkompagnement begleitet. Die Baßstimme benutzt in den A-Teilen teils über mehrere Takte liegende Haltenoten, teils akkordgrundierende Fortschreitungen in halben Notenwerten mit vereinzelten antreibenden Akzelerationen. In der Bridge geht

Percy Heath dann zu einer durch die Partitur vorgeschriebenen Walking-Bass-Begleitung über. Die Klavierstimme der Chorusse I bis III läßt sich an fast jeder Stelle auf das thematische Initialmotiv, die bereits vorgestellte Dreiton-Phrase zurückführen. Das Notenbeispiel zeigt die verschiedenen rhythmischen Varianten, die das Motiv im Klaviersolo erfährt. Auch in den Schwerpunkttönen längerer Phrasen (z.B. Takte 71/72) ist ein deutlicher Bezug zum Initialmotiv zu erkennen.

In der Bridge des ersten Chorus spielt Lewis eine Riff-Phrase (Takte 43/44 bzw. 45/46), die – leicht verändert – auch die Bridge des zweiten Chorus (ab Takt 75) bestimmt. Der leicht hingespielt erscheinende Riff beinhaltet das konstitutive Dreiton-Motiv und bindet so die Bridge in den melodischen Fortgang der Improvisation ein. In der Abgeschlossenheit der zweitaktigen Riff-Phrase, in der deutlichen Nutzung von Blue Notes, in der Unterstützung auch des Blues-Charakters dieser Phrase durch die Walking-Bass-Begleitung Percy Heaths kontrastiert die Bridge der Einzelchorusse zu den umgebenden A-Teilen. In dem gemeinsamen Bezug aber auf das konstitutive Dreiton-Motiv, in der Umkehrung beispielsweise auch des Schlusses von IB in den Anfangstakten von IIA1 (Takte 49/50 vgl. Takte 59/60) wird eine solche Kontrastierung wieder relativiert.

John Lewis nutzt das repetitive Moment, das er bereits in den Riff-Floskeln der B-Teile einführte, in den Takten 83 ff. als bewußtes Steigerungsmittel. Nicht nur die Repetition, sondern auch das Durchlaufen der Achtelrhythmik über dem ruhigen Puls des Basses in halben Notenwerten tragen zum Steigerungscharakter dieser Takte bei. Die Synkopierungen zum Ende von IIA3 (Takte 88 ff.) werden durch die *straight* gespielte Viertelnotenlinie von IIIA1 (Takte 91 ff.) quasi aufgehoben. Über dem Einsatz von Streicherakzenten in IIIA2 dann beginnt Lewis mit einer Art »Zusammenfassung« der technischen Mittel, die er zuvor verwandte. Motivische Improvisation, das repetitive Moment sowohl von Achtelketten als auch ganz konkret des Riff, Blues-Tonalität qua Blue Notes oder das Gegeneinanderstellen von Off-Beat-Akzenten und *straight* gespielter Melodik führen hier zu einer Taktfolge, die ohne Zweifel den – vorausgeplanten – Höhepunkt des Klaviersolos darstellen.

Die Durchorganisation eines Solos in motivischer Improvisation ist von der beispielsweise in der Chorusphrasen-Improvisation zu unterscheiden. Im grundlegenden Bezug zum thematischen Harmoniegerüst wird die Chorusphrasen-Improvisation in erster Linie von Augenblick zu Augenblick entwickelt. In der motivischen Improvisation bei John Lewis ist der Phrasenzusammenhang das substantielle Element der Improvisation. Der folgerichtige und spannungsreiche Verlauf des Solos ist Resultat einer bewußten Vorentscheidung des Improvisators. Im Gegensatz zur Chorusphrasen-Improvisation wird ein thematischer Bezug primär durch motivische Verwandtschaften hergestellt und erst dann durch das Harmoniegerüst der Chorusgrundlage gestützt. In einzelnen freieren Improvisationspartien – wie beispielsweise in den Soloepisoden von *Vendome*, die nicht auf einer Chorusgrundlage basieren – tritt für den Hörer das zugrundeliegende Harmonieschema, das auch dort die Soli leitet, so in den Hintergrund, daß die motivisch-melodische Verarbeitung thematischen Materials scheinbar den einzigen Bezug zu den umgebenden komponierten Teilen bildet.

Der Unterschied zwischen motivischer und Chorusphrasen-Improvisation wird in der Aufeinanderfolge der Soli von John Lewis und Milt Jackson in *Sketch (For Double Quartet)* besonders deutlich. Das Dreiton-Motiv, das in seiner Intervallik ja eine schwer zu vermeidende melodische Floskel darstellt, ist für die längeren, vor allem melodisch geformten Improvisationsphrasen Jacksons nicht mehr grundlegend. Eine extrem motivische Improvisation, wie Lewis sie in dieser Realisation vorführt, ist sicher von verschiedenen, auch außermusikalischen Vorgaben abhängig. Im Vergleich der unterschiedlichen Realisationen der Komposition *Vendome* sind solche außermusikalischen Faktoren identifizierbar. Ein für die Realisation von *Vendome* wie von *Sketch* sicher entscheidender Faktor ist die hohe Konzentrationsmöglichkeit in der Studioarbeit. Außer einem dem Verfasser leider nicht zugänglichen (TV-Mitschnitt einer Konzertfassung von *Sketch* existiert keine Vergleichsaufnahme, anhand derer sich verfolgen ließe, wie motivisch durchgeformt John Lewis sein Solo außerhalb der Konzentrationsmöglichkeiten im Studio realisierte.

Bei aller motivischen Bewußtheit im Klaviersolo über *Sketch (For Double Quartet* ist auch die Chorusgrundlage der Reprisenbarform ein die Struktur des solistischen Resultats bestimmendes Moment. Die Improvisation des Pianisten läßt eine von Achttaktperiode zu Achttaktperiode deutlich verfolgbare Entwicklung erkennen, in der jede Achttakteinheit sich auf vorhergehende Ergebnisse der Improvisation bezieht.

Das nachstehende Notenbeispiel verfolgt die Realisation der A-Teile des Klaviersolos. In der Synopse ist deutlich die Entwicklung in der dynamischen Steigerung wie auch in der motivischen Verarbeitung zu erkennen. IA2 ist eine rhythmische Variante des vom Streichquartett gespielten IIA1[56]. Die Phrasen sind kurz, sie bestehen nur aus den Tönen des Dreiton-Motivs. IA3 wiederum ist eine rein rhythmische Variante von IA2, wobei die dritte und vierte Kurzphrase (in IA2 die Takte 39 bis 42) hier in den Takten 56 und 57 zusammengefaßt sind. Die Einzelphrasen werden durch harmonisch bedingte Zwischentöne in eine durchlaufende Melodielinie eingepaßt, so daß beispielsweise die Wiederholung des Dreiton-Motivs in den Takten 53/54 durch die auftaktige Wirkung des *e'* in Takt 52 wie eine eigene, in ihren Schwerpunkten andere melodische Linie wirkt. In IIA1 greift Lewis zu Beginn auf die Bridge des ersten Chorus zurück. Diese endete dort mit einer chromatisch absteigenden rhythmisierten Linie, die hier in schwerpunktmäßig umgekehrter Rhythmik den zweiten Chorus beginnt. Dieselbe chromatische Linie, rhythmisch nun wieder dem Original der ersten Bridge entsprechend, benutzt Lewis auch in den ersten beiden Takten von IIA2.

[56] Es sei erklärend erwähnt, daß natürlich A1 mit seinem weiterführenden dominantischen Ende sich harmonisch vom tonikalen Schluß der A2- und A3-Teile unterscheidet.

Synopse der A-Teile im Klaviersolo:

Die Kurzphrasen, die so IIA1 als auch IIA2 ab dem jeweils dritten Takt füllen, beziehen sich in ihrer Kürze wie in der Bevorzugung des Terzintervalls auf das Grundmotiv. Auch diastematisch sind in der Synopse Parallelen im Melodieverlauf festzustellen, die im Bezug auf den harmonischen Grund und in der Beschränkung auf möglichst kurze Phraseneinheiten vielleicht gerade zu erwarten sind.

Die Zusammenziehung der letzten vier Takte des harmonischen Verlaufs von A1 auf zwei Takte (die Takte 5 und 6 in A2) führt in den Takten 71 und 72 zu einer sinngemäß dem Schluß von IIA1 (Takte 65/66) entlehnten Floskel. Nach der Bridge isoliert Lewis in IIA3 das originale Grundmotiv, um es in permanenter Repetition in eine Riff-artige Phrase einzubauen. In IIIA1 erfolgt eine weitere Isolierung, diesmal des dem Grundmotiv inhärenten Leitmotivcharakters. Das Herausragen dieser Takte wird allerdings eher durch den Verzicht auf rhythmische Abweichungen vom Grundmetrum, durch das plötzliche »on the beat«-Spiel der ersten dreieinhalb Takte bewirkt. Im letzten A-Teil des Solos (IIIA2), der bereits wieder vom Streichquartett begleitet wird, übernimmt Lewis ein Moment der Bridge, nämlich das des Riff. Die Takte 99 zu 100 und 101 zu 102 sind einander respondierende Riff-Floskeln. In den Takten 103/104 erfolgt eine Reduktion der melodischen Entwicklung auf Tonrepetitionen, in denen die Riff-Floskel selbst – in der dem Riff eigenen Dynamik – fortklingt.

Im Klaviersolo läßt sich letztlich eine Neugruppierung der einzelnen Achttaktperioden feststellen. Lewis bevorzugt statt einer deutlichen Choruskonzeption einen periodenweise fortschreitenden Aufbau. Er benutzt die B-Teile, die durch die swingende Walking-Bass- und Schlagzeug-Begleitung bereits herausgehoben sind, als Trennstellen gedachter Gruppierungen der dazwischenliegenden A-Teile. Nicht von ungefähr scheint die Bridge des ersten Chorus Beginn der eigentlichen Improvisation zu sein, und nicht von ungefähr ist die Bridge des dritten Chorus zugleich Ende des Klaviersolos, da IIIA3 allein vom Streichquartett gespielt wird.

Es läßt sich so eine Sologliederung in drei Entwicklungsabschnitte konstatieren:

1. In IA1 und IA2 werden die Perioden des Themas relativ original über der harmonischen Grundlage vorgestellt, die die A-Teile des Solos bestimmt – in der Exposition war das Thema anders harmonisiert gewesen. Hierbei findet sich eine Wiederholung des Expositionsaufbaus, in dem ebenfalls unterschiedliche Fassungen von Streichquartett (*straight*) und Klavier (swingend) aufeinander folgten.
2. In IA3, IIA1 und IIA2 entfernt sich Lewis langsam aber deutlich vom melodischen Thema und zwar auf eine Art und Weise, die graduell nachvollziehbar ist. Die Bridge des ersten Chorus hat auf IIA1 und IIA2 Einfluß, indem in den ersten beiden Takten dieser A-Teile der Schluß von IB in Umkehrung zitiert wird.
3. In IIA3, IIIA1 und IIIA2 wird das konstitutive Dreiton-Motiv isoliert und zugleich in eine riff-artige, das Motiv repetierende Floskel eingepaßt. Daneben findet eine weitere Isolierung der das Dreiton-Motiv charakterisierenden Leittönigkeit statt (IIIA1), auf die in IIIA2 kurze, respondierende Riff-Phrasen folgen, die somit wieder einen deutlichen Einfluß der B-Teile zeigen.

* * *

Das motivische Bewußtsein wie im Klaviersolo über *Sketch (For Double Quartet)* ist durch Aussagen des Solisten John Lewis selbst und ihm verbundener Musiker belegt. Nat Hentoff zitiert in einem seiner frühen Artikel Gunther Schuller:

> [John Lewis] *writes, and the Modern Jazz Quartet plays, on the principles that the initial, germinal idea should predominate and be developed throughout the whole work.*[57]

Auch Lewis selbst belegt das bewußte Einschlagen neuer Wege, neuer Improvisationsmethoden. Im Zusammenhang mit Aussagen über die bei ihm oft

57 Nat Hentoff, *The Modern Jazz Quartet*, in: *High Fidelity Magazine*, v/1 (März 1955), S. 38. Schullers Aussage verweist auf die Idee der motivischen Improvisation bzw. ganz direkt auch Arnold Schönbergs Terminus der entwickelnden Variation. Nun ist Schullers Sicht der Lewisschen Improvisationsweise angesichts Schullers eigener Beeinflussung durch dodekaphone Kompositionstechniken einleuchtend, die ihm Aug' und Ohr für solch eine bewußte, intellektuelle Art des Umgehens mit Motivik öffneten.

»strengere« Form spricht Lewis 1957 davon, *der kreative Musiker* könne sich *doch darüber freier entfalten, weil sich ihm neue Wege der Improvisation auftun*[58]. Lewis erläutert diese neuen Wege, wenn er 1958 eine Tendenz im Jazz der Zeit feststellt, *to move away from the emphasis on harmony and to develop greater interest in the use of melodic material*[59]. In einem Interview aus dem Jahre 1960[60] erwähnt Lewis direkt die Verwendung motivischen oder melodischen Materials (*motivic and melodic development*) in der Improvisation als Alternative zur herkömmlichen, vor allem auf den Chord Changes basierenden Chorusphrasen-Improvisation. Francis Davis schließlich zitiert 23 Jahre später den Lehrer John Lewis, der bei einem Workshop in Philadelphia seine Schüler anweist: *You have to put yourself at the service of the melody. Your solos should expand the melody or contract it.*[61]

Expansion und *contraction*, Ausweitung und Verkürzung der Melodie: dies bezeichnet genau die Improvisationsmethode, die Lewis in ausgewählten Stücken anwendet[62]. Wenn er also 1958 die stärkere Benutzung melodischen Materials als eine Art Rückkehr zu früheren Typen der Jazzvariation bezeichnet[63], d.h. zur Paraphrasen-Improvisation, so ist die eigene Einschränkung (*but in a different way*) unbedingt zu berücksichtigen. Die Parallele zwischen Paraphrasen-Improvisation und motivischer Improvisation liegt höchstens in der Konzentration auf melodische Elemente. Motivische Improvisation aber kann auf ganz andere Art und Weise als die Paraphrase melodische Zellen zum Baustein ganzer Abschnitte machen, während in der älteren Improvisationstechnik die konstante Parallele zur komponierten Vorlage ein Spiel mit Einzelphrasen kaum zuläßt. John Lewis evoziert in einem solchen Vergleich sicher ganz bewußt den semantischen Zusammenhang zwischen Variation in den Grenzen der äußeren Form und motivischer Variation oder gar 1960 – *motivic and melodic development* – entwickelnder Variation als Bezeichnung innerer Form oder Formung.

* * *

Die motivische Bewußtheit, die im konzentrierten, Motive entwickelnden Spiel des Pianisten John Lewis deutlich wird, trägt sicher mit zur gewissen »Steifheit« bei, die seinen Klavierstil prägt. Burnett James[64] konstatiert die *stiffness*, die

58 Zit. nach Dieter Zimmerle, *Gebändigter Hot Jazz im MJQ*, in: *Jazz Podium*, vi/12 (Dezember 1957), S. 7

59 John Lewis, *The Jazz Musician's View*, in: *The World of Music. Information Bulletin of the International Music Council (UNESCO)*, 4 (Mai 1958), S. 3

60 Francis Thorne, *An Afternoon with John Lewis*, in: *Jazz Review*, iii/3 (März/April 1960)., S. 9

61 Zit. nach Francis Davis, *The Art of Fugue*, in: *Village Voice*, 28. Juni 1983, S. 80; auch in: Francis Davis, *In The Moment*, New York 1986, S. 234

62 Das Stück, zu dem Lewis in Philadelphia diesen Kommentar abgab, war seine eigene Komposition *Afternoon In Paris*.

63 John Lewis, *The Jazz Musician's View*, S. 3

64 Burnett James, *An Appraisal of the Recorded Works of Ten Modern Jazzmen*, London 1960, S. 66

eine *personal expression* im Spiel des Pianisten darstelle. Seine improvisierten Melodien seien *reminiscent of theme statements*[65]. Die vollständigen Soli seien *noteworthy for their organization than for any emotional appeal*[66]. Alle drei Feststellungen hängen zusammen. Die *stiffness*, welche letzten Endes Resultat einer geradezu körperlichen Anspannung in der Konzentration auf das im Augenblick improvisiert Erarbeitete ist, verleiht den durchdachten melodischen Linien einen quasi kompositorischen Charakter. Das in der Durchorganisation (*organization*) der *emotional appeal* allerdings nicht zu kurz kommt, wird an dem analysierten Klaviersolo über *Sketch (For Double Quartet)* beispielhaft klar. Trotz aller akademischen Durchbildung ist hier das konventionelle Moment eines folgerichtig konzipierten Jazzsolos durchaus vorhanden.

Eine ebenfalls gern in der Kritik benutzte Charakterisierung des Klavierstils von John Lewis bemüht den Vergleich zur »Sparsamkeit« Count Basies. In einer Konzertkritik aus dem Jahre 1967 stellt Alastair Lawrie die stilistische Verwandtschaft der beiden Pianisten treffend dar:

> [Lewis'] *piano style is economic – not quite so lean as that of Count Basie, perhaps, but he is not given to squandering notes. He is a composer as he plays – choosing each note with care, polishing it as if it were a diamond before releasing it.*[67]

Lewis' Klavierstil – darin sind die Kritiker seiner »Steifheit« ganz im Recht – ist sicher nicht so sehr eine Ökonomie des Gefühls, wie sie bei herausragenden Musikern wie Basie, Ben Webster oder Lester Young zu konstatieren ist, sondern eher eine Ökonomie des Verstands, die einem europäischen Ideal des Denkens über Musik und des intellektuellen Komponierens entspricht. Bei Lewis aber betrifft dieser intellektuelle Prozeß eben nicht nur die schriftliche Komposition, sondern genauso die *instant composition* der Improvisation. Der bewußte Umgang mit Motivik, aber auch das bewußte Schaffen von Stimmung, der bewußte Emotionsausdruck, müssen so als eine Parallele zu europäischen ästhetischen Idealen gesehen werden, als Vorstufe zur intellektuellen afroamerikanischen Avandgarde der sechziger Jahre[68]

65 ibid., S. 70

66 ibid., S. 79

67 Alastair Lawrie, *Modern Jazz Quartet stays, plays together*, in: *Toronto Globe*, 11. Oktober 1967

68 Vgl. T.E. Martin, *Currents in Jazz History*, in: *Jazz Monthly*, viii/10 (Dezember 1962), S. 5 f. Martin spricht von der Annäherung an europäische ästhetische Ideale in Ellingtons *mood*-Kompositionen. In der Ellington-Nachfolge insbesondere der fünfziger und sechziger Jahre lassen sich ähnliche Feststellungen vor allem in bezug auf John Lewis machen.

Vendome: Vergleichende Analyse verschiedener Fassungen. Zur Entwicklung im Improvisationsstil

Das Modern Jazz Quartet ist die am längsten bestehende Combo des Jazz. Die einzige Besetzungsänderung fand 1955 statt, als Connie Kay den Schlagzeuger Kenny Clarke ersetzte. Im Repertoire des Ensembles gibt es einzelne Nummern, die – als »Publikumshits« – seit den Anfängen des Quartetts fast in jedem Konzert gespielt wurden. Standards wie *Django* und *Bags' Groove* zum Beispiel bilden seit Jahrzehnten das übliche Zugaberepertoire der Gruppe. Es ist nicht auszurechnen, wie oft die Musiker diese beiden Stücke in ihrem Leben gespielt haben. Dennoch bieten sie – erstaunlicherweise – in der Regel jedesmal neue und frische Improvisationen. Die Kreativität ist ausgesprochen hoch, und noch heute lohnt sich die Erfahrung, dieselbe Programmfolge an aufeinanderfolgenden Tagen zu hören und sich dabei der Erfindungsgabe bewußt zu werden, die jedes Solo von vorhergehenden Realisationen unterscheidet. Es wurde bereits angedeutet, wie äußere Faktoren Einfluß auf das Gelingen einer Improvisation haben können. Die augenblickliche Verfassung der einzelnen Musiker, die Spielsituation (Studio oder Konzert), die Reaktion eines Publikums oder die Vertrautheit mit dem musikalischen Material sind als hauptsächlichste Einflüsse zu nennen.

Zum Abschluß des Kapitels über Improvisationsmethoden in der Musik des Modern Jazz Quartet soll ein Vergleich verschiedener Fassungen der Lewis-Komposition *Vendome* äußere Einwirkungen auf die individuelle Realisation sowie die Entwicklung im Improvisationsstil der Musiker verdeutlichen. Die Analyse beschränkt sich nach einer Erläuterung der kompositorischen Form und der Improvisationsgrundlage auf einen Vergleich der ersten Soloepisode (vgl. die Formskizze, S. 120). Neben der Phrasenkonzeption Milt Jacksons ist vor allem die motivische Begleitung, die John Lewis in einzelnen Versionen dem Vibraphonsolo entgegensetzt, von Interesse. Das Akkompagnement des Pianisten führt 1960 zu einem intensiven Dialog zwischen Solo- und Begleitstimme, in welchem verschiedene der vorgestellten Improvisationspraktiken zu konstatieren sind.

Vendome wurde vom John Lewis während seines Studiums an der Manhattan School of Music geschrieben. Es war seine Lösung der Pflichtaufgabe, eine Invention zu komponieren[69]. Vom Modern Jazz Quartet existieren fünf Aufnahmen des Stückes: die Studioeinspielung New York 1952[70], ein Live-Mitschnitt aus dem New Yorker Jazzclub Birdland von 1953[71], eine Studioauf-

69 Persönliches Interview mit John Lewis, Nizza, Frankreich, 13. Juli 1984

70 Prestige 7749

71 Session Disc 110

nahme New York 1960[72], ein Live-Mitschnitt von einer Skandinavien-Tournee aus demselben Jahr (Stockholm 1960)[73] sowie eine Einspielung vom Modern Jazz Quartet und den Swingle Singers (Paris 1966)[74]. Walter Bruyninckx verzeichnet in seiner Diskographie[75] außerdem einen unveröffentlichten Konzertmitschnitt aus Zürich vom November 1956.Der folgenden Vergleichsanalyse liegen die vier veröffentlichten Quartettfassungen zugrunde.

* * *

Das Arrangement aller vier Realisationen ist gleich (vgl. die Synopse der Transkriptionen im Notenanhang). Die vollständig auskomponierten Teile in *Vendome* umfassen drei Expositionen sowie eine abschließende Stretta (vgl. die Formskizze, S. 120). Kurze Analysen der einzelnen Expositionen können ihre unterschiedliche Einbindung in das Arrangement verdeutlichen.

Exposition I (Takte 1-12): Das in c-Moll vorgestellte viertaktige Thema beherrscht sämtliche komponierten Teile. Die rhythmische Gleichmäßigkeit, die melodische Simplizität sowie die dem Thema inhärente Sequenzierung eines einfachen Terzmotivs verweisen den Hörer klischeehaft auf Barockmusik. Auch die nach drei Takten einsetzende reale Antwort des Klaviers sowie komponierte Kontrapunkte in Vibraphon und Klavier haben für sich keinerlei Jazzcharakter. Erst das Akkompagnement durch den pizzicato gespielten Baß und einen typischen Jazzrhythmus mit Besen auf Snare-Drums sowie – selbstverständlich – die Instrumentierung (mit Vibraphon) klären den Jazzkontext der Exposition. Die Funktion der ersten zwölf Takte besteht somit in der Vorstellung des komponierten Themas, in der Vorstellung einer »barocken« Atmosphäre (Imitation, Melodik, Rhythmik) und in der – auch harmonischen – Öffnung zum ersten Soloteil hin, der nicht – wie in Standard-Kompositionen üblich – chorusartige Variation des Themas ist.

Exposition II (Takte 29-35): In dem komponierten Einschub zwischen Soloepisode I des Vibraphons und Soloepisode II des KLaviers erscheint das Thema in leicht varianter Form in f-Moll. Die komponierte Klavierfortspinnung ist bewegter als in der ersten Exposition, und auch die durchlaufende Viertelbewegung des Basses bettet den Einschub dichter in die Umgebung der Soli ein. Die Funktion von Exposition II ist gewissermaßen die einer thematischen Rückführung als neuer Ausgangspunkt für das folgende Klaviersolo.

Exposition III (Takte 47-67): Der mit 21 Takten längste Kompositionsteil stellt einen gewichtigen Gegenpart zu den vorhergehenden Soloepisoden und vor allem zum folgenden 37 Takte umfassenden Vibraphonsolo dar. Exposition

72 Atlantic SD 1325

73 Atlantic SD 2-603

74 Philips BL 7776

75 Walter Bruyninckx, *60 Years of Recorded Jazz*, Mechelen o.J. [1978-82], S. 574

III selbst wird durch den thematischen Rahmen der Takte 47 bis 52 und 64 bis 67 umschlossen. Dazwischen liegt eine Sequenzpartie, welche Themenmotivik verarbeitet. Sie beginnt mit einer Reduzierung des rhythmischen Themenelements ♩ ♫ auf reine Tonrepetition (Takt 51 entspricht Takt 1). Eine Takt 2 des Themas entsprechende rhythmisch gleichmäßigere Vierachtelfigur füllt ab Takt 52 im Dialog zwischen Vibraphon und Klavier die nächsten acht Takte, wobei diese beiden Stimmen in Krebs und Umkehrung miteinander korrespondieren. Auch die Takte 60 bis 63 bedienen sich einer rhythmischen Motivik, die im deutlichen Zusammenhang mit dem Thema der Komposition steht. Exposition III entspricht den in der Analyse der »Fugenkompositionen« von John Lewis festgestellten kompositorischen Mittelblöcken anderer Jazzfugen. So wie die ersten beiden Expositionen in *Vendome* – auch tonartlich – direkt auf die folgenden Soloepisoden bezogen waren, stellt auch Exposition III ein kompositorisches Pendant zur folgenden Soloepisode III, dem langen Vibraphonsolo dar.

Stretta (Takte 105-117): Der Charakter der Stretta wird bestimmt durch den engeren Themeneinsatz in anderthalbtaktigem Abstand, durch den jeweiligen Themenbeginn in der Grundtonart c-Moll und auch durch die erstmalige Beteiligung der Baßstimme an der thematischen Imitation. Ähnlich dem Schluß von Exposition III (Takte 66/67) ergibt sich aus dem zweiten Klaviereinsatz der Stretta eine Abspaltung der akkordbrechenden Vierachtelfigur, die kadenzierend in aufsteigende Dreiachtelbrechungen eingeht. Das abschließende Themenstatement (Takte 116 f. mit Auftakt) besteht nur noch aus der rhythmisch beruhigten ersten Themenhälfte, die im Dreiachtelauftakt und der Dreihalben-Bewegung identifizierbar ist (Takte 116/117 entsprechen einer Simplifizierung der Takte 1 und 2/I).

Das Arrangement aller vier Modern-Jazz-Quartet-Versionen ist gleich. Es entsprechen sich so die Länge der einzelnen Improvisationsabschnitte. Das Arrangementgerüst sowie die »fließenden« harmonischen Vorgaben für die Soloteile zwingen zur strengen Einhaltung der Form. Im Gegensatz zu Standard-Kompositionen oder Blues, im Gegensatz auch zu den anderen Fugen-Kompositionen von John Lewis basieren die Improvisationsabschnitte in *Vendome* nicht auf Chorusvorgaben. John Lewis selbst beschreibt die Auswirkungen fließender Harmonik: *There is no possibility to repeat, it leads to some place 'cause it doesn't have repeats.*[76] Lewis verzichtet nicht nur im einzelnen Solo auf Wiederholungsstrukturen, er legt auch jeder der drei Soloepisoden verschiedene Harmoniefortschreitungen zugrunde. Stellt so in anderen Fugen-Kompositionen das Chorusschema beispielsweise einer Reprisenbarform ein beruhigendes Moment dar, so ist die Charakterisierung als »progressiv« oder »beruhigend« in *Vendome* eher umgekehrt: Im Rückgriff auf das kurze melodische Thema erscheinen die komponierten Teile als Ruhepunkte zwischen den

76 Persönliches Interview mit John Lewis, Nizza, Frankreich, 13. Juli 1984

fließenden, progressiven Harmoniefortschreitungen der improvisierten Soloepisoden.

Zur Darstellung von Änderungen im Improvisationsverhalten sei hier vor allem der erste Improvisationsteil, Soloepisode I herausgegriffen. Soloepisode II (Klaviersolo) und Soloepisode III (Vibraphonsolo) behalten in der Entwicklung der Jahre ihre Faktur als begleitete Instrumentalsoli bei. Der erste Improvisationsabschnitt dagegen ist in den frühen Fassungen (1952/53) ein klares Vibraphonsolo mit akkordisch akkompagnierendem Klavier, ändert diesen Charakter aber in den Fassungen aus dem Jahre 1960, wenn das Klavier aus der reinen Begleitrolle heraustritt, dem Soloinstrument zum Teil eine kontrapunktische Melodik entgegensetzt, zum Teil aber auch mit der Vibraphonstimme so verwebt, daß der Soloeindruck ganz aufgehoben wird.

Die zugrundeliegende harmonische Struktur von Soloepisode I basiert auf einem Achttakteschema, das ab Takt 21 – eine Sekunde nach unten versetzt – wiederholt wird. Die ersten fünf Takte des Achttakters bilden eine harmonische Sequenz im Quintenzirkel abwärts – eine von Lewis bevorzugte Grundlage für Improvisationspartien –, um dann kadenzierend zur Moll-Dominante g-Moll (Takt 20) bzw. zur Tonika C-Dur (Takte 27/28) zurückzuführen, welch letztere zugleich als Dominante zum neuen Themeneinsatz in f-Moll fungiert. Betrachtet man in der Transkriptions-Synopse der vier Quartettfassungen von *Vendome* die Phraseneinheiten der ersten Soloepisode, d.h. die Einheiten jeweils eines durchlaufenden musikalischen Gedankens, so ist zu erkennen, daß die Einschnitte zwischen den Phrasen, die Anfänge eines neuen oder neu einsetzenden musikalischen Gedankens in den verschiedenen Fassungen keineswegs identisch sind. Obwohl gerade ein kurzes, dazu noch in einen streng komponierten Rahmen eingefügtes Solo leichter zur Einschleifung eines ursprünglich improvisatorischen Verlaufs verführt – und sei es nur in der Phrasenaufteilung – als dies bei einem langen, der Imagination scheinbar mehr Freiheit lassenden Solo der Fall ist, läßt sich in Jacksons Improvisation über die Jahre keine feste Solokonzeption konstatieren. Ein Vergleich der vier Fassungen kann Unterschiede wie Parallelen in der Solokonzeption der Realisationen deutlich machen.

New York 1952:

In beiden Studioaufnahmen (New York 1952 und New York 1960) beginnt Milt Jackson sein Solo aus dem Dreiachtel-Auftakt des Themas heraus. In den ersten Takten des Solos New York 1952 löst sich Jackson schrittweise vom thematischen Gleichmaß. Einzelne Vierachtel-Phrasen inmitten der Soloepisode (beispielsweise in den Takten 20 f.) werden durch Akzente auf schwacher Taktzeit dem thematischen rhythmischen Gleichmaß enthoben, zu welchem Jackson erst zwei Takte vor dem erneuten Themeneinsatz zurückkehrt (Takt 27).

Das Solo 1952 ist wohlgeordnet und relativ symmetrisch aufgebaut. Die Phraseneinteilung und die Parallelen in der Akzentsetzung von Vibraphon und

Klavier implizieren einen Soloverlauf, der sich in der Entwicklung mehrerer Takes ergeben zu haben scheint[77]. Kontraste zwischen Improvisation und Komposition in *Vendome* werden einerseits durch die beschriebenen Unterschiede in der rhythmischen Konzeption erreicht, zum anderen durch die Abwechslung von »on the beat«- und Off-Beat-Akzenten in der Begleitung wie in der Solostimme, durch eine von der Improvisationsgrundlage relativ unabhängige Phrasengliederung und nicht zuletzt durch die jazztypische Verwendung von Blue Notes, sowohl im Nebeneinander von Moll- und Durvarianten (Takt 14: gebrochenes F-Dur im Vibraphon; Takt 15: f-Moll in der Vibraphonstimme über zugrundeliegendem F-Dur) als auch in der Supraposition von Vibraphon und Klavier (z.B. in Takt 20: Über dem g-Moll des Klaviers spielt Jackson die Blue Note *b'* (gegen *b* im Klavier) und die Flatted Fifth *des''* (gegen *d'* im Klavier).

New York 1953:

Der Live-Mitschnitt New York 1953 entspricht dem Charakter der Studioaufnahme aus dem Jahr zuvor. Unterschiede lassen sich vor allem in der stärkeren rhythmischen Uneinheitlichkeit der Klavierbegleitung sowie in Unsicherheiten des Solisten Milt Jackson konstatieren, der sich eng an die Harmonievorgaben hält und nur wenig melodische Erfindungsgabe zeigt.

New York 1960:

Ein erster auffälliger Unterschied der beiden Fassungen aus dem Jahr 1960 ist die völlig andere Klavierbegleitung. Lewis spielt statt eines reinen Akkordakkompagnements eine kontrapunktische Melodielinie, die sich – teils eigenständig, teils in Riff-artigen Linien – der Solostimme entgegensetzt.

Das Verständnis der ersten Soloepisode und der Studioaufnahme New York 1960 entschlüsselt sich vor allem aus dem Klavierpart, der extrem durchdacht ist und sich durch Motivverbindungen und -herleitungen auszeichnet. Das Dreitonmotiv im Klavier (Takt 13), das hier konstitutiv wird, stammt aus dem Thema selbst: es entspricht der Umspielung in Takt 1/IV (*f'' – d'' – es''*). Im Klavierpart der Soloepisode I folgen variante Statements, bis in den Takten 16/17 ein kurzer Riff aus dem Motiv abgeleitet wird, welcher – sequenziert und in Umkehrungen den Klavierpart bis Takt 19 bestimmt. Auch die Klavierbegleitung

[77] Vgl. Nat Hentoff, *The Modern Jazz Quartet*, S. 101. Hentoff berichtet von einer späteren Aufnahmesitzung, in welcher [e]*ach number to be taped was preceded by a performance of the number that usually preceded it in the course of a normal nightclub set*. Hierdurch sollte eine entspanntere Realisation ermöglicht werden als beim Abspulen mehrerer Takes derselben Komposition. 1952 und 1953, so erinnert sich Hentoff, dauerten die Studiositzungen relativ lange, da Lewis auf etlichen Takes bestand, um am Ende den perfektesten auszusuchen.

der nächsten acht Takte wird durch das thematische Dreitonmotiv bestimmt – in Varianten, Verkürzungen und der bereits angeführten Riff-Gestalt.

Wenn auch die Synopse der beiden Achttakter keine exakte Übereinstimmung der Begleitkonzeption zeigt, so ist doch in der motivischen Entwicklung beider Perioden eine deutliche und bewußte Entsprechung zu erkennen. Eine solche motivisch bewußte Konzeption ist hier – das sei wiederholt – nicht das Ergebnis eines kompositorischen Arrangementvorgangs, sondern das Resultat der Studioarbeit, in der sich in mehreren Takes die endgültige Fassung entwickelt.

Milt Jackson kann sich dem durchdachten und exakt motivischen Spiel des Pianisten während seines Solos nicht entziehen. Er beginnt in der Fassung New York 1960 – entsprechend New York 1952 – aus der thematischen Auftaktfloskel heraus, grenzt sich aber in der sofortigen Akzeleration rhythmisch schnell vom Themenkomplex der Exposition ab. Gleich im zweiten Takt der Soloepisode jedoch zeigen sich im rhythmischen Gleichmaß und im Dreiachtel-

Auftakt Parallelen zur Themenkomposition. Die scheinbaren Bezüge auf das Dreitonmotiv in den Takten 14 und 15 ergeben sich aus der thematischen Bindung der Vibraphonstimme an dieser Stelle und sind keine direkte Reaktion auf die Klavierbegleitung. Ist die Klaviermelodik in der zweiten Achttaktperiode zum einen eng mit dem Dreitonmotiv aus Takt 1 bzw. Takt 13 verbunden und zum anderen in sich durch Sequenzierungen und Umkehrungen der Tonfolge gebildet, so hält sich Milt Jackson hier einmal eng an das harmonisch vorgegebene Gerüst, übernimmt andererseits aber deutlich Melodielinien des Klaviers (Takt 21/III bis Takt 22/III entspricht der Klavierbegleitung Takt 21/I bis Takt 22/I). Solche melodischen Parallelen zwischen Klavier- und Vibraphonstimme entspringen in dieser Aufnahme der starken Konzentration der Musiker aufeinander, welche durch die Studiosituation begünstigt wird.

Stockholm 1960:

Die Aufteilung der Soloepisode I in zwei Achttaktperioden ist in der Live-Fassung Stockholm 1960 am deutlichsten durch die klare Zäsur vor Takt 21 mit zwei neu ansetzenden melodischen Linien in Vibraphon und Klavier. Der Vergleich mit der Studioeinspielung New York 1960 läßt eine Vorkonzeption der Soloepisode deutlich werden, die vor allem vom Klavier ausgeht. Die Riff-Phrasen, die in New York in enger Verbindung zum thematischen Dreitonmotiv entstanden, dienen – teils parallel, teils leicht verschoben – auch in Stockholm als Begleitung der Vibraphonstimme. Der kontrapunktische Dialog zwischen Vibraphon und Klavier ist in Stockholm 1960 noch intensiver. Die rhythmischen Einzelphrasen in den ersten vier Takten der Klavierbegleitung sind enger gesetzt und verdichten sich so zu einer Melodielinie. Eine Konsequenz hieraus ist, daß die motivische Anbindung des Akkompagnements an die Themenmelodik nicht mehr so deutlich ist wie in New York.

Milt Jackson hält sich zu Beginn der Soloepisode in strikter Gegenbewegung zur Klavierstimme. Wies sein Solo gleich in den ersten Takten der Fassung New York 1960 eine melodiöse und sangliche Faktur auf, verlor in den Takten 17 bis 20 dann aber an melodischem Gehalt, so erscheint die Vibraphonstimme in den ersten Takten der Stockholmer Aufnahme durch den Lagenwechsel und die starke Kontrapunktik des Klaviers nicht in dem Maße sanglich wie in New York, während dagegen die Takte 17 ff. melodisches Eigengewicht gewinnen und nicht mehr ein reines Füllsel sind wie in der früheren Studioeinspielung.

Im zweiten Achttakter gleicht sich Lewis in Stockholm dem ruhigeren Duktus Jacksons an. Ein schönes Beispiel für die Verflechtung der beiden Melodiestimmen bieten die Takte 24 bis 28. In den Takten 24 bis 26 liegt das Hauptmerkmal der Melodie im Vibraphon, während es in den letzten beiden Takten eher von der augmentierten Riff-Figur des Klaviers übernommen wird. Gerade an solchen Stellen zeigt sich eine gegenseitige Befruchtung mit Ideen, die den Reiz der Musik des Modern Jazz Quartet mit ausmacht. Dies ist – trotz zu konstatierender melodischer Konventionen – eine Live-Aufnahme, in der nicht verschiedene Takes zu einem erarbeiteten Ergebnis führen. Der Dialog, der in diesen Takten zustande kommt, ist nicht abgesprochen, sondern spontan. Er wird erst in dem jahrelangen Zusammenspiel der Musiker ermöglicht.

In der Betrachtung einzelner Stellen, die zum Teil wie arrangiert wirken, läßt sich dieses Zusammenspiel näher demonstrieren. Wenn in Takt 14/IV die beiden Stimmen aus der Gegenbewegung heraus für einen Taktschlag ins Unisono treten, so geschieht dies letztlich aus der harmonischen Notwendigkeit heraus – man vergleiche das parallele Taktende in der Vibraphonstimme New York 1960. Ein anderer Fall liegt in Takt 16 vor. Die Tonfolge *h' – b' – as'* ergibt sich bei Lewis durch die Auflösung des Grundakkords in Skalenfragmente (*f'' – des'' – c'' – h' – b'*); die folgende Triole (*b' – a' – as'*) ist Auftakt zum Riff-Motiv des nächsten Taktes, welches ja entsprechend in der Studioaufnahme New York 1960 an dieser Stelle auftauchte. Auch Milt Jackson folgt der klaren Harmonievorgabe des zugrundeliegenden Bm^{79}. Zugleich aber trifft er sich mit Lewis an einer Stelle, die bereits Konvention ist, an der er scheinbar den bekannten Begleit-Riff erwartet.

Bewußte Imitation oder ein bewußtes Zusammengehen können auch in diesen Takten analytisch schwer bewiesen werden. Eine solche Feststellung ist auch keineswegs das Ziel einer analytischen Arbeit über improvisierte Musik. Rein aus der harmonischen Situation heraus aber erklären sich diese Momente genauso wenig. John Lewis spricht von einer Art »E.S.P.«[78], d.h. von einem kontrapunktischen Aufeinandereingespieltsein, das solche Bezugssituationen in der Musik des Modern Jazz Quartet selbst in Live-Situationen und in schnellen Tempi erlaubt.

Zusammenfassung:

Von Entwicklungen im Zusammenspiel der Mitglieder des Modern Jazz Quartet abgesehen zeigt der Personalstil der Einzelmusiker nur bedingt Veränderungen. Wie bei vielen Jazzmusikern findet sich auch bei Jackson, Lewis, Heath und Kay im Verlauf ihrer Karriere eine größere Souveränität im Umgang mit bekanntem Material wie mit neuen Stücken. Die Aktivitäten außerhalb des Modern Jazz Quartet sowohl vor der zwischenzeitlichen Auflösung als auch nach 1974 führten dazu, daß die Einzelmusiker in unterschiedlichen Stilen zuhause und äußeren Einflüssen gegenüber relativ offen waren. Milt Jackson, auf dessen Wurzeln in schwarzer geistlicher Musik bereits mehrfach verwiesen wurde, brachte schon in den sechziger Jahren seine Erfahrungen im Bereich des Soul und Funk auch mit in die Musik des Modern Jazz Quartet ein. Nach den Third-Stream-Experimenten der sechziger und der frühen siebziger Jahre führte die vertiefte Beschäftigung mit Barockmusik beim Pianisten John Lewis dazu, daß

[78] Persönliches Interview mit John Lewis, Nizza, Frankreich, 13. Juli 1984

sein Solospiel zu Beginn der achtziger Jahre zum Teil verstärkt Klischees aus europäischer Musik mit Jazzimprovisation verband. Lewis hatte sich seit etwa 1975 zudem auf das unbegleitete Klavierspiel konzentriert und weist im wiedervereinten Modern Jazz Quartet einen pianistischeren Einschlag auf als zuvor. Die Mitgliedschaft Percy Heaths in der Heath Brothers Band, in welcher er solistisch stärker hervortrat als im Modern Jazz Quartet – und zwar sowohl auf dem Kontrabaß als auch auf dem *baby bass*, einer Art Cello – führte letztlich dazu, daß Heath im Quartett der achtziger Jahre mehr Soloraum zugestanden wurde. Connie Kays Instrumentarium schließlich schränkte sich bereits Anfang der siebziger Jahre auf das übliche Schlagzeugset ein, welches einzig durch einen selbstkonzipierten Schellenbaum und die obligate Triangel ergänzt wurde. Kay behält bis heute seinen Platz als »dienendes« Ensemblemitglied, als perfekter Begleiter im Modern Jazz Quartet und ist auch in Soli einer der wohl dezentesten Schlagzeuger des Jazz.

Die Entwicklungsphase im Zusammenspiel des Modern Jazz Quartet, die im Vergleich verschiedener Realisationen von *Vendome* deutlich wird, war um 1960 abgeschlossen. In diesem Zeitraum bauten die einzelnen Musiker eine Vertrautheit mit den Ensemblepartnern wie auch mit den Kompositionen und dem musikalischen Gruppenstil des Quartetts auf, die für die Karriere sowohl der vier Instrumentalisten als auch des Quartetts als Ganzem von entscheidender Bedeutung war.

Vermittlung zwischen Komposition und Improvisation in den Suiten des Modern Jazz Quartet

Die Darstellung von Kompositionsmethoden und Improvisationspraktiken beim Modern Jazz Quartet in den vorangehenden Kapiteln betonte die Annäherung beider Bereiche, d.h. die Durchformung der Improvisationsgrundlagen durch Form- und Arrangementstrukturen, die Forderung nach einer paraphrasierenden und so die strenge Komposition aufbrechenden Realisation des schriftlich Fixierten und die motivische Improvisation als eine mit kompositorischen Mitteln arbeitende Improvisationspraxis. Es wurde immer wieder auf die Vermittlung hingewiesen, die John Lewis sowohl in Überleitungen an Schnittstellen von Komposition und Improvisation als auch in der Vorkonzeption der Sologrundlage selbst ins Arrangement einzubringen versuchte. In formal und kompositorisch komplexeren Stücken – wie beispielsweise den Fugenkompositionen oder den Suiten von John Lewis – wurde das Moment der Vermittlung für den Komponisten zum essentiellen Hauptproblem des Arrangements. Kritiker haben dies Phänomen der Vermittlung in den Arrangements von John Lewis immer wieder mit dem Terminus »Integration« umschrieben. Komposition wie Improvisation sollten bei diesem Integrationsprozeß weitgehend ihre Eigenständigkeit und Charakteristik behalten. Sie sollten auf der anderen Seite im Werkganzen nicht wie zwei fremde, zusammenhanglose Blöcke sich gegenüberstehen. Die Vermittlung zwischen Komposition und Improvisation geschieht so in den Third-Stream-Werken von John Lewis – zu denen letztlich auch die Fugen und die Suiten zu zählen sind – außer durch die motivisch-thematische Improvisation des Pianisten selbst durch das Vorarrangement, in dem Lewis die Möglichkeit hat, auch die improvisatorisch freieren Soli der anderen Ensemblemitglieder im Rahmen seiner Vorstellung zu lenken.

Im Third Stream der sechziger Jahre wurde – vor allem durch Gunther Schuller – mit Kombinationen zeitgenössischer Kompositionstechniken (z.B. der postseriellen Musik) und der aktuellen Improvisationssprache (z.B. des Free Jazz) experimentiert. Das Gelingen solcher Experimente hing in der Regel davon ab, inwieweit der Komponist im Soloteil seiner Arbeit dem Jazzmusiker eine Improvisationsgrundlage zur Verfügung zu stellen vermochte, die dieser in der Tradition und im Sinne des Jazz ausfüllen konnte, hing zweitens von der Fähigkeit des Jazzmusikers ab, die Atmosphäre der Komposition auch in seiner individuellen Improvisation einzufangen und so zu einem »sinnvollen« Gesamtergebnis beizutragen. John Lewis benutzte in seinen Third-Stream-Werken für das Modern Jazz Quartet keine zeitgenössischen Kompositionstechniken. In den Fugen und in einzelnen der Suiten verarbeitete er Klischees und Topoi aus der europäischen Barockmusik. Einzelne Orchesterkompositionen aus den späten sechziger Jahren sind deutlich einer Beschäftigung mit europäischer Musik der Klassik und der Romantik verpflichtet (vgl. beispielsweise die Komposition *In Memoriam*, 1972). In scheinbar moderneren Kompositionen und Arrangements aber verarbeitet Lewis weniger Ideen, die aus der Beschäftigung mit der europäischen komponierten Musik des 20. Jahrhunderts entspringen als vielmehr Ideen, die eine Reflexion über die Jazzkomposition von den zwanziger bis in die fünfziger oder sechziger Jahre hinein erkennen lassen. Unterscheidet sich Lewis so grundlegend von anderen Third-Stream-Komponisten, so läßt sich dennoch in seiner Arbeit insbesondere für das Modern Jazz Quartet die Entwicklung eines Vermittlungskonzeptes verfolgen, das als beispielhaft für den Third Stream zu betrachten ist, auch wenn viele andere – und bekannte – Ergebnisse dieser Musikrichtung in weniger gelungenen Realisationen die Verwirklichung einer solchen Vermittlung zwischen Komposition und Improvisation vermissen lassen.

Wurde auch in den vorangehenden Kapiteln immer wieder auf die Vermittlungsbemühungen des Komponisten Lewis hingewiesen, so sollen nach der Darstellung von Kompositionspraktiken und Improvisationsmethoden beim Modern Jazz Quartet nun Möglichkeiten zur Integration der beiden Bereiche anhand vergleichbarer Beispiele aus den fünfziger, sechziger und siebziger (bzw. achtziger) Jahren vorgestellt werden. Als Gegenstand der Analyse wurden dabei die »Jazzsuiten« gewählt, die im Oeuvre des Modern Jazz Quartet zu den am stärksten dem Third Stream verpflichteten Realisationen geführt haben.

Einer Übersicht über suitenhafte Kompositionen in der Jazzgeschichte folgt in diesem Kapitel der Versuch, die hauptsächlichen Einflüsse und Ideen zu nennen, die für die Suitenkompositionen von John Lewis von Bedeutung sind. Die Arbeit von Lewis, seine formalen Experimente sowie die Versuche zur Vermittlung zwischen Komposition und Improvisation sollen dann in den Kontext der Jazzkomposition in den vierziger und fünfziger Jahren eingeordnet werden. Aufgaben und Möglichkeiten solch einer Vermittlung werden in einer Übersicht zusammengefaßt, die insbesondere auf das Oeuvre des Modern Jazz Quartet Rücksicht nimmt. Der analytische Teil des Kapitels behandelt die Lewis-Suiten *Fontessa*, *The Comedy*, *Three Little Feelings* und *A Day In Dubrovnik*. An die ausführliche Analyse schließt sich eine Zusammenfassung an, die versucht, die verschiedenen Lösungsmöglichkeiten in den Kontext der personalstilistischen Entwicklung des Komponisten John Lewis einzuordnen und im Vergleich der Schallplatteneinspielungen eine Wertung über die Einzelwerke im Hinblick auf das Gelingen der Vermittlung zwischen Komposition und Improvisation vorzunehmen.

Die »Jazz-Suite«

Der Terminus »Suite« war spätestens in der abendländischen Musik des 20. Jahrhunderts zu einem Sammelbegriff geworden, der neben der barocken Suite Ballett, Schauspiel- und Tanzsuiten, aber auch ganz allgemein die Aneinanderreihung verschiedenster Sätze umschrieb. Einzelne Sätze oder gar ganze Suiten wurden von europäischen Komponisten bis in die vierziger Jahre dem Jazz oder dem, was in der europäischen Musikszene dafür gehalten wurde, gewidmet[1].

Der Terminus »Jazz-Suite« kann eigentlich erst für einzelne Kompositionen der dreißiger Jahre Verwendung finden. Der Begriff soll hier für Werke stehen, in denen mehrere komponiert voneinander abgesetzte Einzelthemen (bzw. Einzelsätze) und – mehr oder weniger themenabhängige – Improvisation verarbeitet werden. In der Jazzgeschichte sind weitere Merkmale für die Bezeichnung »Suite« feststellbar. Wie auch in der abendländischen Tradition der Suite hat die Jazz-Suite oft Bezug auf außermusikalische »Programme«: Jazz-Suiten sind Tanzsuiten[2], Ballettsuiten[3], Schauspielsuiten[4], Filmmusiken[5] oder die Aneinanderreihung programmatischer Ideen[6]. Während Duke Ellingtons *Sacred Concerts*, die Konzert- und Sonatenversuche einiger Westcoast-Musiker der fünfziger und sechziger Jahre keinen Suitencharakter haben, sind bekannte Einspielungen wie die Kooperationen von Miles Davis und Gil Evans zu *Porgy and Bess* (1959)[7], Ralph Burns' *Summer Sequence* (1946)[8] oder die »weltlichen« ausgedehnten Kompositionen Ellingtons in all ihrer Verschiedenheit unter den Begriff »Jazz-Suite« zu subsumieren.

In Beispielen aus den zwanziger Jahren spielt die Improvisation entweder überhaupt keine Rolle oder aber höchstens in der Realisation des sich an seine eigene Komposition nicht gebunden fühlenden Pianisten – so in George Gershwins suitenhaften Kompositionen, in James P. Johnsons *Yamekraw* (1927)[9], in der Kombination mehrerer Negro-Spirituals zu einer medleyhaften und doch über das reine Medley hinausgehenden Realisation Eubie Blakes, *Negro Spirituals* (1921)[10]. Auch die verschiedenen größeren Werke, die Ferde

1 Vgl. das Werkverzeichnis ausgewählter »Jazzkompositionen« der zwanziger Jahre bei Heinrich W. Schwab, *Zur Rezeption des Jazz in der komponierten Musik*, in: *Dansk Aarbok for Musikforskning*, x (1979), S. 167 ff.

2 Z.B. Duke Ellington: *Liberian Suite* (1947), Columbia CL 848

3 Z.B. John Lewis, *Original Sin* (1961), Atlantic SD 1370

4 Z.B. Duke Ellington, *Such Sweet Thunder* (1957), Columbia CL 1033

5 Z.B. John Lewis, *Odds Against Tomorrow* (1959), United Artists UAL 4061; Modern Jazz Quartet-Fassung: United Artists UAL 4063

6 Z.B. Thomas »Fats« Waller, *London Suite* (1939), World Records SHB 29; Freddie Redd, *San Francisco Suite* (1957), Riverside 12-250

7 Columbia CS 8085

8 Woody Herman, Columbia CL 6026

9 Aufgenommen vom Komponisten (1944), Folkways FJ 2842

10 Biograph BLP 1012 Q

für Paul Whiteman schrieb[11], beinhalten Improvisation nur in geringem Maße, ganz abgesehen davon, daß es fragwürdig scheint, viele dieser Whiteman-Einspielungen überhaupt zum Jazz zu zählen.

Die frühesten Beispiele einer Jazz-Suite im Sinne der Bezeichnung bilden somit Duke Ellingtons *Creole Rhapsody* (1931)[12], sein *Reminiscing In Tempo* (1935)[13] sowie die Menge der folgenden Suiten Ellingtons, beginnend mit *Black, Brown and Beige* (1943)[14]. Ein Grund dafür, daß Ellingtons Idee der ausgedehnten Suitenkomposition nicht schon in frühen Jahren von anderen Jazzkomponisten aufgenommen wurde, ist in der Parallelentwicklung des Jazz mit der Aufnahmetechnik der Schallplattenindustrie zu sehen. Ellington hatte gleich bei seinem ersten Versuch (1931) Schwierigkeiten, die Schallplattenfirmen, bei denen er unter Vertrag stand, von dem Unternehmen zu überzeugen, das immerhin über das Drei-Minuten-Limit der Standardplatte hinausging[15]. Ellington war ein Spezialfall auch insofern, als er durch sein langjähriges Engagement in New Yorker Cotton Club die Möglichkeit hatte, unabhängig von der Schallplattenproduktion neue Methoden der Komposition auszuprobieren. Er entwickelte vergleichsweise frühzeitig das Verlangen, größere Kompositionen nicht nur für den durch die Schallplatte abgedeckten Markt zu schreiben und aufzuführen, sondern für ein bestimmtes Publikum, ja direkt für spezielle Konzerte. Seine Suiten aus den vierziger Jahren schrieb er so konkret für die Präsentation innerhalb seiner alljährlich stattfindenden Konzerte in der New Yorker Carnegie Hall. Kommerzielle Verwertungen der Kompositionen durch Schallplattenaufnahmen fanden hierbei immer erst später, teilweise – abgesehen von den Live-Mitschnitten der Konzerte selbst – überhaupt nicht statt.

Das Verlangen nach Auskomposition eines größeren formalen Rahmens innerhalb des traditionellen Jazz-Kontextes ging einher mit dem zunehmenden Ansehen des Jazz, seiner steigenden Anerkennung als *concert music*. Die erste ausgedehnte Komposition Ellingtons war auf den Vorschlag seines damaligen Impressarios Irving Mills hin geschrieben worden[16]. Die dann regelmäßige Serie von Suiten hing – wie erwähnt – zumeist mit speziellen Konzerten zusammen und fand keinen regulären Platz im alltäglichen Arbeitsrepertoire der Tanzveranstaltungen.

Nach 1940 gab es für Ellingtons längere Werke verschiedene Motive, von denen die Unzufriedenheit mit den Beschränkungen üblicher Jazzformen nur

11 Unter anderem *Mississippi Suite* (1925), *Metropolis* (1928), *Grand Canyon Suite* (1932)

12 RCA 741 068

13 CBS 88 137

14 Prestige 34004. Vgl. Wolfram Knauer, *»Simulated Improvisation« in Duke Ellington's »Black, Brown and Beige«*, in: The Black Perspective in Music, xviii (1990)

15 Vgl. Duke Ellington, *Music Is My Mistress*, Garden City, N.Y. 1973, S. 82

16 *Creole Rhapsody* (1931); eine weitere längere Komposition, *The Blue Belles of Harlem* (1939), schrieb Ellington im Auftrag Paul Whitemans für ein Whiteman-Konzert in New York; *Reminiscing In Tempo* (1935) dagegen komponierte er aus eigenem Antrieb als Andenken an seine gerade verstorbene Mutter.

eines war. Für einen kreativen Musiker wie Ellington, der auf allen Gebieten Eigenes schuf – sei es in der ganz speziellen Harmonik, seiner individuellen Instrumentierung oder dem vollkommenen Beherrschen rhythmischer Traditionen – konnte auch komponierte Form – in dem Gegensatz von Komplexität und Einfachheit, den Ellington in allen Bereichen seines Schaffens formulierte – für den individuellen Ausdruck benutzt werden. Es war auf jeden Fall der Komponist Ellington, den die Ausweitung der Jazzsprache auch auf diesem Gebiet reizte. Seine Suiten waren zugleich immer musikalische Experimente. Als solche hatten sie nie den kommerziellen Hintergrund, der den übrigen Realisationen des »Swing-Orchesters« automatisch eigen war. Spätestens nach dem finanziellen Fiasko seiner Show *»Jump For Joy«* (1941) war Ellington sich der Schwierigkeit des kommerziellen Erfolgs dieser anspruchsvollen, »intellektuellen« Musik bewußt[17].

Daß Ellington im Laufe seiner musikalischen Entwicklung auch die Musik impressionistischer Komponisten wie Debussy, Ravel oder Delius kennenlernte, ist überliefert[18] und hatte, wenn auch keinen direkten, so doch den indirekten Einfluß ästhetischer Vorstellungen auf sein Kompositionsschaffen, insbesondere auch auf die Suitenkompositionen.

Ellingtons Oeuvre und ganz speziell sein Suitenschaffen sind für die kompositorischen Vorstellungen von John Lewis von Bedeutung. Dessen Bewunderung für Ellingtons Musik ist dokumentiert:

> *When those Duke Ellington records came out in the early 1940s, I wasn't interested in anything else.*[19]

Das Ellington-Orchester der späten dreißiger und frühen vierziger Jahre war musikalisch und Ellington selbst in dieser Zeit kompositorisch auf einem Höhepunkt, der die Begeisterung des jungen Lewis ohne weiteres verständlich macht. Was Lewis ebenso miterlebte, war die Einbeziehung von Kompositionen ins Ellington-Repertoire – auch ins Konzert-Repertoire –, die den formalen Rahmen dessen sprengten, was allseits im Jazz üblich war. Denn auch in den kürzeren Meisterwerken schienen die Experimente des Komponisten durch, welche außer der Form vor allem Harmonik und Klangfarbe seines Orchesters betrafen. Nicht zuletzt schließlich regte der enorme Status, den Ellington innerhalb der schwarzen und weißen amerikanischen Gesellschaft errungen hatte, das Selbstvertrauen des jungen Lewis an.

[17] Vgl. Duke Ellington, *Music Is My Mistress*, S. 176

[18] Vgl. Stanley Dance, *The World of Duke Ellington*, New York 1970, S. 38; Don George, *The Real Duke Ellington*, London 1981, S. 195; Raymond Horricks, *Die Orchestersuiten*, in: Peter Gammond (Hg.), *Duke Ellington. Sein Leben – seine Musik*, München 1961, S. 178

[19] John Lewis, *Foreword*, in: Leonard Feather, *The Encyclopedia of Jazz in the 60s*, New York 1966, S. 13. Außerdem äußerte sich Lewis in mehreren persönlichen Gesprächen in den achtziger Jahren ähnlich zu seiner Bewunderung des Ellington-Orchesters der Jahre um 1939/40.

Vous me demandez si Duke été ma première influence? Non, mais il a certainement eu une grande influence sur moi, je veux dire que j'ai pris un plaisir immense à l'écouter.[20]

[John Lewis] *said that what had most influenced the boy in New Mexico had been the fact that Ellington had achieved a role that was more than that of an entertainer, the pigeonhole for most jazz musicians of that period. Ellington was accepted as a creative musical talent.*

»Ellington had great stature in 1937 and 1938,« Lewis emphasized, »and it made every Negro proud. Take me, for example, I am an American Negro. I'm proud of it, and I want to enhance the dignity of that position.«[21]

Ein Ziel Ellingtons war der Ausbruch aus der Eingrenzung durch den üblichen zweiunddreißigtaktigen Reprisenbar- oder den üblichen zwölftaktigen Blues-Chorus und aus der Beherrschung dieser Chorusformen über die ganze Komposition. Dies Ziel einer Öffnung der strengen Form verfolgte Ellington bereits in den dreißiger und vierziger Jahren, doch es wird von John Lewis noch 1959 als Programm für die Zukunft des Jazz angesehen:

As to some of the things we do today and the things within the future, I think the goal for us was to find some ways to escape the 32 bars or escape 12 bars [...].[22]

Die Idee ausgedehnter Komposition bei Ellington muß somit gerade bei der Betrachtung des kompositorischen Schaffens von Lewis mit berücksichtigt werden. Der Ausgangspunkt ist bei beiden derselbe, nämlich der Versuch einer formalen Ausweitung im Rahmen der traditionellen Jazzsprache. Anders als die Konsequenz einzelner Musiker der sechziger Jahre, die sich vom Free Jazz der Aleatorik zuwandten, sieht Lewis Entwicklungs- und Vermittlungsmöglichkeiten in der Art und Weise der Zusammenfügung von Komposition und Improvisation. Die verschiedenen Lösungsmöglichkeiten, die er anstrebt, sind: 1. rein formale Übernahmen aus der – für ihn – auf diesem Gebiet vollkommeneren europäischen Kunstmusik, 2. relativ eigene Formkonzeptionen in der direkten Komposition sowie in den Improvisationsgrundlagen und 3. eine improvisatorisch zu erreichende Formbildung vor allem durch motivische Improvisation. Diese Lösungsmöglichkeiten sind nicht in jedem Fall voneinander abgrenzbare Experimente, ja in einzelnen Stücken kumulativ vorhanden.

[20] Alexander Rado und Francois Postif, *John Lewis à coeur ouvert*, in: *Jazz Hot*, xxxv/249 (April 1969), S. 30

[21] Ed Sachs, *John Lewis. Man and Musician*, in: *Down Beat*, xxvi/3 (5. Februar 1959), S. 19

[22] John Lewis, *Time Future*, in: *Esquire*, li/1 (Januar 1959), S. 112

Notwendigkeit und Aufgaben einer Vermittlung zwischen Komposition und Improvisation

Entwicklung der Jazzkomposition in den vierziger und fünfziger Jahren

Viele der formalen Experimente der vierziger und fünfziger Jahre wirkten deshalb so unausgeglichen, weil die Konzentration des Arrangeurs auf die komponierten Blöcke zur Vernachlässigung der Improvisationsplanung führte. Der Jazzkomponist kann, bewegt er sich weiterhin im Jazzbereich, immer nur Komponist und Arrangeur in einem sein. Das Ergebnis, das sich in der Realisation aus Komposition und Improvisation zusammensetzt, liegt nur bedingt in seiner Hand. In jener Frühphase formaler Experimente wurde von den bestens ausgebildeten Arrangeuren der Kompositionsblock im stärksten Maße verfeinert, zugleich aber behielten die Solopartien oft relativ einfache und traditionelle Verlaufsformen bei, standen in ihrer Machart im konkreten Gegensatz zur festgeschriebenen Umgebung. Die üblichste Methode zur Angleichung der beiden Bereiche in dieser Zeit war die arrangierte Solobegleitung, die durch ihre harmonische oder rhythmisch komplexe Konzeption eine Verbindung zur Komposition herstellen sollte.

Einzig das Werk Duke Ellingtons ragte aus solchen Versuchen heraus. Die personalkonstante Besetzung seines Orchesters, die eigenwillige Setzweise und der ausgeprägte Individualstil der Orchestermitglieder, welcher selbst in arrangierten Partien seiner Stücke hörbar war, stellten für sich bereits die Vermittlung zwischen Komposition und Improvisation in Ellingtons Werken sicher.

Der Drang nach ausführlicher Formung des komponierten Materials hatte bei den verschiedenen Strömungen ganz unterschiedliche Gründe. Ellington war die Ausnahme: Bei ihm war Experimentierfreudigkeit ein musikalisches Grundkonzept. Die Gründe der Musiker und Komponisten in den vierziger und fünfziger Jahren waren demgegenüber andere. Die Third-Stream-Bewegung Schullers, Lewis' und anderer ging aus vom doppelten Interesse des Komponisten an europäischer Musikgeschichte und an Jazzgeschichte sowie vom Versuch einer Vermittlung der beiden Traditionen durch eine Vermittlung ihrer wichtigsten Eigenschaften. Viele Exponenten des Third Stream gehörten zu einer Spezies, die der Komponist und Klarinettist William O. (»Bill«) Smith als *sort of a Suisse person* bezeichnete, *who knows how to speak German and French equally well*[23]. Ihr Interesse an Integration war vielfach auch der akademische Versuch, in der Vermittlung beide Stränge gegenüber neuen Ideen zu

[23] Persönliches Interview, Nizza, Frankreich, 8. Juli 1984

öffnen. Mehr als den Westcoast-Experimenten lag dem Third Stream ein intellektuelles Programm zugrunde, das ja auch in der expliziten ästhetischen Auseinandersetzung einzelner seiner Vertreter – an vorderster Front Gunther Schuller – in Vorträgen, Aufsätzen etc. manifest wurde.

Bei den Westcoast-Musikern, die sich formalen Experimenten zuwandten, sind als Gründe vor allem zwei Faktoren zu berücksichtigen. Da ist zum einen die besonders qualifizierte Ausbildung, die an den Hochschulen der Westküste geboten wurde[24]. Die Menge intellektueller Wortführer im Kalifornien der dreißiger und vierziger Jahre beeinflußte auch die Studenten, die sich später dem Beruf des Jazzmusikers zuwandten. Der zweite wichtige Faktor ist die Berufssituation, in der sich viele der Musiker um Los Angeles befanden. Sie arbeiteten zumeist in den Filmstudios Hollywoods, als Instrumentalisten oder als Arrangeure/Komponisten. Der Tenorsaxophonist Bill Perkins, selbst seit Mitte der fünfziger Jahre in den Studios tätig, beschreibt diesen Einfluß so:

> *The composer that might have gone lucky, in those days at least, with a song or a jazz reputation, they gave a movie score. If they stayed in the movie business any length of time, they realized that they had to expand beyond writing theme and variation of jazz or something like that. And then they went to classical features.* [...] *I think that's what caused the people out on the West Coast, they realized they couldn'd relie on just the song form for writing movies.*[25]

John Lewis' Methode vereint einzelne Errungenschaften Ellingtons mit den ästhetischen Idealen des Third Stream. Mit Ellington hat er den Vorteil gemeinsam, für das Quartett als ein ihm bekanntes, im Vorausplan abschätzbares Ensemble zu schreiben und so die Integration zwischen Komposition und Improvisation besser vollziehen zu können. Anders als der Komponist oder Arrangeur, der sich über die Improvisationsteile seiner Werke auch deshalb weniger Gedanken macht, weil er weiß, daß sie von einem Solisten ausgefüllt werden, dessen Realisationen er nicht vorwegdenken kann, ist in der langjährigen Zusammenarbeit von John Lewis mit den einzelnen Mitgliedern des Modern Jazz Quartet eine Situation entstanden, die der Ellingtons gleicht. Lewis kann sich in der Vorausplanung gewiß sein, welcher Effekt auch in den nur gerüsthaft geplanten Solopassagen zustandekommt. Eine Art *E.S.P.* (*extra-*

[24] Besonders in Kalifornien sammelten sich die Emigranten aus dem Hitler-Deutschland, die im Westen der USA geradezu eine eigene »Kolonie« bildeten. Aber auch Lehrer wie Darius Milhaud, bei dem unter anderem Dave Brubeck und William O. Smith für kurze Zeit Unterricht erhielten, oder der Chicagoer Wesley LaViolette blieben nicht ohne Einfluß auf das Selbstverständnis in Kalifornien lebender Musiker.

[25] Persönliches Interview, Nizza Frankreich, 19. Juli 1985; vgl. auch Robert R. Faulkner, *Hollywood Studio Musicians*, Chicago 1971, S. 85: *Several of the jazz-oriented players have begun to gradually shift their aspirations in the music industry to a different, and from their perspective, more creative terrain. They are now studying serial composition as well as the techniques and language of film scoring; eventually they hope to make it as composers.*

sensory perception), wie es Lewis zwischen den Quartett-Mitgliedern konstatiert[26], erlaubt ihm eine sichere Konzeption der Gesamtkomposition. Lewis' Gründe dafür, daß er die Ausweitung der traditionellen Jazzform für notwendig erachtete, sind bereits angedeutet worden und werden in den Einzelanalysen der Suiten-Kompositionen noch näher erläutert. Sein Erfolg mit den »Programmen«, die er zu verwirklichen suchte, gründet zum Teil auf der Vertrautheit innerhalb des Quartetts, auf dieser personell so einmaligen Situation, die nur Ellington vergleichbar ist.

Vermittlung zwischen Komposition und Improvisation. Aufgaben und Möglichkeiten

Die Aufgaben eines Vorplans komponierter und zu improvisierender Passagen bei John Lewis ist die der auch ästhetischen Vermittlung zwischen den beiden Traditionen komponierter und improvisierter Musik. Die innermusikalischen und ästhetischen Forderungen jedes Bereichs müssen für sich, aber auch im Zusammenhang zur Einheit und Geschlossenheit des Ganzen führen. Die Tradition des Jazz verlangt innerhalb bestimmter Grenzen eine Freiheit, die dem Solisten die Möglichkeit gibt, in seiner eigenen improvisatorischen Sprache *logic and coherence*[27] herzustellen. Die Tradition des Jazz verlangt also auch, daß der Solist innerhalb seines Solos eine Entwicklung formulieren kann, die für das Herstellen musikalischer »Logik« unerläßlich ist. Durch blockhaftes Aneinanderreihen von komponierten und improvisierten Passagen kann es zu einem Bruch kommen, der dem Entwicklungsverlauf der Gesamtrealisation entgegensteht. Im Usus der Jazztradition ist die Formulierung des komponierten Themas in denselben Chorusgrenzen der Soli ein Mittel, einen solchen Bruch zu überspielen. Die Chorusreihung, in die sich das komponierte Thema eingliedert, stellt das Verbindungsmoment dar. Bei einer komplizierteren Faktur der Kompositionsabschnitte müssen sowohl der Ort der Solopartien als auch Ein-, Aus- oder Überleitungen so überdacht sein, daß ein Bruch entweder nicht zustandekommt oder aber in den Entwicklungsablauf der Gesamtkonzeption tektonisch mit einbezogen wird. Das bekannteste Beispiel für den letzteren Fall, die Einbeziehung des Bruchs zwischen Komposition und Improvisation in den Gesamtaufbau, begegnet seit den zwanziger Jahren in Form des Break. Es ist kein Wunder, daß der Break gerade in der Musik des Modern Jazz Quartet oft benutzt wird, ist doch der Kontrast der beiden Bereiche hier besonders stark.

[26] Persönliches Interview, Nizza, Frankreich, 13. Juli 1984

[27] Vgl. die Darstellung der ästhetischen Forderungen an Improvisation im Kapitel über Improvisationsmethoden, S. 190 ff.

Aber auch ohne Break kann die abrupte Umschaltung von Komposition zu Improvisation tektonisch genutzt werden, nämlich als Spannungslösung besonders an Stellen starker kompositorischer Verdichtung. John Lewis hat einen solchen Kontrast oft ganz extrem formuliert, indem er komponierten Passagen eine wenig jazz-gemäße Faktur gab und ihnen einen ausgesprochenen Jazzduktus oder stark traditionell vorbelastete Formen wie die des Blues oder die Reprisenbarform als Improvisationsmuster gegenüberstellte.

In der folgenden Abbildung sind Möglichkeiten für die Faktur von Komposition und die Vermittlung im Vorplan der Improvisation aufgeführt, die sich in der Musik des Modern Jazz Quartet finden. Die Beschreibung ist dabei so allgemein wie möglich gehalten, um besonders viele Stücke erfassen zu können.

KOMPOSITION UND SOLOPLAN	KONSEQUENZ: VERMITTUNG IN DER IMPROVISATION
Paraphrasierte Themenvorgabe, rhythmische, auch diastematische Freiheit in der Realisation	Unterschied im Duktus der komponierten Themen- und improvisierten Solopassagen ist gering (Beispiele: typische Balladenimprovisationen, z.B. *Autumn In New York*, *Round Midnight*)
Traditionelles Themenarrangement, in dem die Chorusgrundlage deutlich exponiert wird	Vermittlung durch Chorusreihung (Beispiele: fast alle Standard- und Bluesrealisationen)
Traditionelles Themenarrangement, Improvisationschorusse aber werden über eine andere Themengrundlage gespielt	Vermittlung zumeist durch komponierte oder improvisierte Überleitungen; Geschlossenheit durch komponierten Rahmen (Beispiele: *Blues Milanese*, *Visitor From Mars*)
Mehr oder weniger gewichtiges, nicht im Jazzduktus formuliertes Vorspiel oder Thema, danach jazzgemäße Exposition der Chorusgrundlage oder einer freien Thematik	Eine Abschwächung der Gegensätze wird durch den pyramidenhaften Aufbau erreicht (Beispiele: *Odds Against Tomorrow*, *Silver*, *Valeria*)
Extrem verdichtete, komplexe Faktur, wenig jazz-gemäße Komposition	Vermittlung durch: – Break (Beispiele: *One Bass Hit*, *Romance* [1972], *Sketch*, *Bluesology* [Freiburg 1959]) – Spannungslösung in direkt anschließender swingender Jazzimprovisation (Beispiele: die verschiedenen Fugenkompositionen, Schullers *Conversation*) – formale Einfassung des Improvisationschorus durch improvisierte Überleitungen oder komponierte Interludien (Beispiel: *Trieste*) – unübliche Chorusgrundlage, vor allem durch kurztaktige Sologlieder (Beispiel: *The Golden Striker*) – komplexe Solostruktur, z.B. in fortlaufender Harmoniegrundlage (Beispiel: *The Spiritual*)

Komposition und Improvisation: Die ästhetische Problematik divergierender Traditionen

Die Forderung nach Geschlossenheit in komponierter Musik gilt auch im Jazz. Die Formulierung einer thematischen Exposition sowie einer Reprise bildet in der Jazztradition den üblichen Rahmen für die improvisatorische Realisation eines Stückes. Innerhalb des Bereichs größerer Formmodelle ist die europäische Vorstellung einer inneren Verbindung der einzelnen Formteile – bis hin zur Zyklik –, die letztlich zur Geschlossenheit des Ganzen führen soll, als dem Jazz im Grunde nicht fremd übernommen worden. In allen längeren Kompositionen von Lewis findet sich so ein zyklisches Moment, das als traditionell im Sinne des Jazz wie vor allem auch im Sinne der europäischen Kunstmusik bezeichnet werden kann.

Die Verwendung von Elementen aus europäischer Musiktradition – sei es in Form, Melodik, Rhythmik, Harmonik oder einem etwaigen Programm, welches hinter der Musik sichtbar wird, sei es auch nur in der Bezeichnung als »Suite« – führt dazu, daß in der Bewertung der Realisation zwei Maßstäbe angelegt werden müssen. Auch dem Komponisten aber stellen sich auf zwei Ebenen ästhetische Probleme, deren Vermittlung eine seiner Aufgaben ist. Im Schallplattentext zu *»European Windows«* (1958)[28], das er mit dem Stuttgarter Sinfonieorchester einspielte, wird John Lewis über den Widerspruch, den er in der Reaktion der Jazzhörer scheinbar erwartete, folgendermaßen zitiert:

> *I didn't think of making the record for jazz consumption. I meant it for people who like to listen to melodic music – ordinary people. I'm not excluding the jazz listener, but I want to make it clear the recording was not made primarily for him.*

In seiner Rezension urteilt Martin Williams über diese Zeilen von Lewis:

> *We are urged in the liner notes not to hear or judge this as a jazz record. But how is one to judge a recording of compositions originally conceived for the Modern Jazz Quartet, featuring fine improvised jazz solos* [...] *when a great deal of the scoring amounts to re-assigning the very parts and lines originally composed for and played by the members of the MJQ? I am afraid I see little alternative. The record demands to be judged as jazz.*[29]

Ist auch das Problem in den Kompositionen zu *»European Windows«* ein anderes als in den Suiten, so sind doch hier wie dort die ästhetischen Voraussetzungen beider Traditionen zu betrachten und deren Verarbeitung und Vermittlung innerhalb der komponierten und improvisierten Realisation zu beurteilen.

[28] RCA-Victor LPM 1742

[29] Martin Williams, *John Lewis: European Windows*, in: *Down Beat*, xxv (1958)

Die Suiten des Modern Jazz Quartet

Zur Darstellung einzelner Lösungsversuche für die vorgeplante Vermittlung zwischen Komposition und Improvisation sind im folgenden vier der längeren Kompositionen von John Lewis ausgewählt: *Fontessa* (1956)[30], *The Comedy* (1962)[31], *Three Little Feelings* (1967)[32] und *A Day In Dubrovnik* (1987)[33]. Es handelt sich bei drei der Kompositionen um eindeutige »Jazz-Suiten«. *Three Little Feelings* dagegen entstammt nur bedingt diesem Genre, gehört ursprünglich zu den in der Form nicht immer genau definierbaren Kompositionen des Third Stream und ist als Vergleichsbeispiel vor allem deshalb ausgewählt worden, da an dieser Komposition exemplarisch ein »anderer Weg« gezeigt werden kann. Die Kenntnis dieses »anderen Wegs« nämlich ist eine Voraussetzung für das Verständnis des Integrationsgrades der zeitlich letzten der behandelten Stücke[34].

Fontessa

Die früheste Suite im Kompositions-Oeuvre von John Lewis, *Period Suite* (1950)[35], wurde für die Besetzung Trompete, Posaune, Alt-, Tenor- und Baritonsaxophon, Klavier, Kontrabaß und Schlagzeug geschrieben. Dizzy Gillespie führte das Werk erstmals in seinem Carnegie-Hall-Konzert zu Weihnachten 1948 auf, unter Lewis' Namen wurde es 1950 in Paris auf Schallplatte eingespielt.

Die erste Suite, die Lewis für das Modern Jazz Quartet komponierte, ist *La Ronde Suite* (1955)[36]. Nur der Titel wird allerdings der Bezeichnung »Suite« gerecht. Tatsächlich bestehen die vier »Sätze« der Aufnahme aus dem gleichen

30 Hackensack, N.J., Atlantic SD 1231

31 New York, Atlantic SD 1390

32 Bristol, England, Apple SAPCOR 4

33 New York, Atlantic (WEA) 254 833-1

34 Die in der Originalfassung für Streichorchester und Modern Jazz Quartet konzipierte Komposition *In Memoriam* (New York 1973, Little David P 8508 L) wurde nicht in die vergleichende Betrachtung einbezogen, da in ihr keine weiteren Merkmale einer Vermittlung zwischen Komposition und Improvisation zu konstatieren sind.

Die Beschränkung in diesem Kapitel auf längere, suiten-hafte Kompositionen entspringt der Forderung nach Vergleichbarkeit der analysierten Werke. Eine Vermittlung zwischen Kompositions- und Improvisationsabschnitten findet gerade im Repertoire des Modern Jazz Quartet auch in anderen Stücken statt, typisch in extremen Beispielen wie den formalen Anlagen von *Django* oder *Pyramid*.

35 Paris 1950, Swing 345. Vgl. Raymond Horricks, *A Portrait of John Lewis*, in: *Jazz Journal*, vii/3 (März 1954), S. 26

36 New York 1955, Prestige 7749. *La Ronde* ist in Wahrheit ein Rearrangement der von Lewis Mitte der vierziger Jahre für das Gillespie Orchester geschriebenen Komposition *Two Bass Hit*.

Überarrangement, innerhalb dessen jeweils einem der vier Instrumente die Solofunktion zukommt.

Das früheste Beispiel einer ausgedehnten mehrthematischen Komposition von Lewis für das Modern Jazz Quartet ist somit das am 22. Januar 1956 eingespielte *Fontessa*. Versuche mit barocken Modellen – Invention oder Fuge –, auch die Verwendung relativ unüblicher Formschemata in Kompositionen wie *Django* oder der Übernahme des englischen Chorals *God Rest Ye Merry Gentlemen* behielten doch immer noch die geschlossene Einheit des traditionellen Jazzarrangements bei, d.h. den relativ symmetrischen Aufbau mit rahmendem Themenarrangement und solistischen Improvisationen über derselben thematischen Harmoniegrundlage. In *Fontessa* entfernte sich Lewis vom kleinformalen Charakter dieser Einzelstücke, um erstmals eine Komposition für das Quartett vorzulegen, die deutlich in der Tradition der Suite steht, und zwar sowohl in der europäischen Tradition der Suite aus »romantischen Klangbildern« (im Sinne Griegs, Moussorgskys, Regers) als auch in der Jazztradition, der Jazz-Suite vor allem bei Ellington.

Fontessa war zugleich der Ausgangspunkt für ein weiteres, noch längeres suitenhaftes Werk, *The Comedy*. Diese aus neun Teilen bzw. Sätzen bestehende Komposition war von Lewis für eine Ballettaufführung im Alhambra Théatre in Paris zusammengestellt und vom Modern Jazz Quartet 1962 auf Schallplatte aufgenommen worden. Die Grundidee zu *Fontessa* wie zu *The Comedy* war, die Renaissancegattung der *commedia dell'arte* in Musik und später in Musik und Tanz zu übertragen.

John Lewis schrieb für *Fontessa* eine Art »Programm«, das auf dem Originalcover inmitten der Auflistung der Stücke wiedergegeben wurde, nicht also als Teil des Plattentextes, sondern quasi als Untertitel zur Komposition[37]. Lewis' erneuter Bezug auf eine Gattung europäischer Kunst wurde von der Kritik als ein weiterer Beweis für die übersteigerte Faszination des Komponisten durch europäische Kultur gedeutet. In seiner Idee, einer auf der *commedia dell'arte* basierenden Komposition, kamen verschiedene Einflüsse zusammen. Zum einen gibt es gerade im 20. Jahrhundert bei europäischen Komponisten Beispiele für die Inspiration durch die *commedia dell'arte*, Beispiele, deren sich Lewis sicher bewußt war: Strawinskys *Petruchka* oder *Pulchinella*, Milhauds *Carnaval d'Aix*, Schönbergs *Pierrot Lunaire*, Busonis *Arlecchino* und andere. Zweitens ist der von Lewis im Vorwort zu *Fontessa* besonders herausgestellte improvisierte Charakter der *commedia dell'arte* ein wichtiger Beweggrund, diese Gattung einer Inspiration für eine Jazz-Komposition angemessen zu erachten. Der erste Satz des Vorworts gibt einen Einblick auch in Lewis' Auffassung der Aufgabe von Komposition innerhalb des Ganzen der Jazzrealisation:

> *I had particularly in mind their plays which consisted of a very sketchy plot and of which the details, the lines, etc. were improvised.*

37 Die programmatischen Erläuterungen von Lewis sind im Notenanhang der Transkription von *Fontessa* vorangestellt.

Lewis' Wortwahl, *sketchy plot*, ist sicher nicht nur auf den dramatischen Ursprung der *commedia dell'arte* zurückzuführen, sie offenbart gleichfalls sein eigenes Verständnis von Komposition als *sketch*, als umrahmendes Plangerüst. Die Aufgabe eines solchen Gerüstes ist es, Zusammenhalt zu erzeugen. Ausgefüllt aber wird es durch die improvisierten *stories* der Instrumentalsoli[38].

Denis Lémery führt außer der Improvisation in *commedia dell'arte* und Jazz die Parallelen an, die er zwischen The Comedy und der italienischen Musik des 16. Jahrhunderts sieht: Nonchalance, konzertante Formen, Intimität, subtile Behandlung des Timbres, konstante Perfektion[39]. Wenn sich auch über einzelne dieser Charakteristika streiten läßt und wenn auch das Spielerische in *The Comedy* gegenüber einer Perfektion überwiegt, welche der Improvisation ja – in der ästhetischen Tradition, der Lémery sich hier bedient – geradezu entgegensteht, so ist doch sowohl in *Fontessa* als auch in *The Comedy* an einzelnen Stellen der eine oder andere Charakter deutlich vorhanden: das konzertierende Moment in *Pulchinella* und *Piazza Navona*, die Intimität im Ganzen (allein der Besetzung wegen), Nonchalance z.B. im swingenden *La Cantatrice* oder im ersten (Vibraphon-)Thema aus *Fontessa*.

In der Verwendung von Anleihen aus klassischer Musik und Theaterkunst, sowohl also in der »programmatischen« Grundlage der *commedia dell'arte* als auch in einzelnen musikalischen Bezügen zur italienischen Musik des 16. Jahrhunderts und in ihrer gelungenen Verarbeitung (und Integration) sieht Lémery *The Comedy* im Vergleich zu den »gekünstelten« Produkten des Third Stream als das bessere Ergebnis der Verbindung europäischer Kunstmusik und Jazz an[40].

Fontessa (vgl. die vollständige Transkription im Notenanhang) beginnt und schließt mit einer vollständig auskomponierten Fanfare[41], vorgetragen nur von Vibraphon, Klavier und Kontrabaß. In der Sequenzmelodik, dem gleichmäßigen

38 Die Begriffe *plot* und *story* können hier ganz wörtlich genommen werden in dem Verständnis von Improvisation als »Geschichtenerzählen«, wie es bereits im Kapitel über Improvisationsmethoden näher ausgeführt wurde. Der Terminus *sketch* findet sich zudem nicht ohne Grund seit Anfang der fünfziger Jahre in den Titeln verschiedener Kompositionen von Lewis: *Sketch I* (New York 1953, J.J. Johnson Sextet, Blue Note 1505); *Festival Sketch* alias *Sketch 3* (Frankreich 1958, Modern Jazz Quartet plus Jazz Group de Paris, Curcio 5; Lenox, Mass. 1958, Modern Jazz Quartet, Atlantic LP 1299); *Sketch For Double Quartet* (Modern Jazz Quartet und Beaux Arts String Quartet, New York 1959, Atlantic LP 1345).

39 Denis Lémery, *sait-on jamais?*, in: *Jazz Magazine*, 105 (April 1964), S. 32: Über *The Comedy*: *De la musique classique italienne de ce siècle, des Vivaldi, Corelli, Albinoni qui l'ont illustré, John Lewis a conservé la nonchalance, les formes concertantes parfois, l'aspect intimiste de la musique, l'alliage subtil des timbres, la perfection constante. De la comédie proprement dite, il a saisi le sens de l'improvisation liée a un vanevas très strict, ce qui correspond aux canons habituels de la musique du M.J.Q., c'est-à-dire l'alternance des passages écrits avec les passages improvisés.*

40 ibid.: *'The Comedy' est le point d'aboutissement actuel de son association musique classique-jazz, et elle est plus convaicante que les artificiels produits de la 'Troisième force'.*

41 Dieser Terminus soll hier für den signalhaften Rahmen der Suite *Fontessa* stehen, nicht als Satzbezeichnung wie in manchen Orchestersuiten des 19. Jahrhunderts.

rhythmischen Puls der Klavierbegleitung, dem extrem fundierenden Baß und dem überaus geradlinigen *straight*-Vortrag des Rahmenteils werden musikalische Topoi aus der Barockmusik als Einleitung in die der Tradition der Renaissance-Theatergattung *commedia dell'arte* verpflichteten Komposition benutzt. Das Schlagzeug setzt erst in den letzten Takten zur konstanten Unterstreichung der verlängerten Kadenz durch Beckenwirbel ein.

John Lewis gibt in seinem Vorwort den verschiedenen in der Komposition benutzten Themen jeweils den Charakter einer Figur aus der *commedia dell'arte*. Das Dreinoten-Kopfmotiv der Fanfare ist demnach *perhaps a substitute for the character of Columbine*[42]. Das erste Thema - wie der Rahmen in es-Moll – bezeichnet Lewis als Thema des »Harlequin«. Es hat die traditionelle Reprisenbarform und ist melodisch ein modifiziertes Riff-Thema. In solcher Faktur nimmt bereits die Komposition deutlichen Bezug auf Milt Jackson, dem hier der Solochorus zusteht. Jacksons Improvisation folgt eine verkürzte Reprise des komponierten »Harlequin«-Themas, in welcher vor allem der erste A-Teil fehlt[43].

Der zweite Teil aus *Fontessa* – in der Dur-Variante Es-Dur – ist von Lewis mit »Pierrot« überschrieben. Die komponierte Diktion ist sehr viel freier, nicht nur im Rubato der teilweise solistisch vorgetragenen Klavierpartien, sondern auch in der starken Verschleierung des zugrundeliegenden formalen Schemas. Lewis verwendet wiederum eine Reprisenbarform, die in der improvisierten Melodik allerdings nur an wenigen Stellen erkennbar ist. Das harmonische Schema aber verrät den entsprechenden Aufbau der drei Chorusse. Ein melodisch verbindendes Moment der A-Teile ist die markante Kadenzfloskel, die Lewis zum ersten Mal in den Takten 122/123 vorstellt und die – außer in den ersten sechzehn Takten des dritten Chorus – jedes Mal die A-Teile beschließt. Zwei aus dem melodischen Thema zuvor abgeleitete Überleitungen (Takte 145-151, Takt 184) trennen die einzelnen Chorusse. Die Chorusteile selbst sind in der freien Formulierung des Klaviersolos zum Teil verkürzt, zum Teil um einige Takte augmentiert.

Das dritte, von Lewis mit »Pantaloon« überschriebene Thema bildet den Ausgangspunkt für eines der seltenen Schlagzeugsoli Connie Kays. Hatte Lewis in seiner Komposition dem ersten Thema eine fixe und traditionelle Form

42 Diese Themenbezeichnung, wie auch die des *Pierrot* und *Harlequin*, ist nicht mit den gleichnamigen Einzelsätzen aus *The Comedy* identisch.

43 In einer Konzertrezension von 1959 weist Martin Williams auf eine Ähnlichkeit zwischen *Fontessa* und der Modern Jazz Quartet-Version von *It Don't Mean A Thing* hin. Vgl. Martin Williams, *Concert Review*, in: *Jazz Review*, ii/11 (Dezember 1959), S. 42: *I do not think that the group should play* It Don't Mean A Thing *and* Fontessa *on the same program; their similarity is apt to make the latter seem a merely trapped up version of the former, which it is not.* Eine solche Ähnlichkeit ist weder der melodischen noch der harmonischen Faktur der beiden Arrangements eigen und erklärt sich höchstens in dem leichten, swingenden Charakter beider Stücke, der wenig Kontrast bietet, werden sie im Konzert hintereinander gespielt.

gegeben, hatte er dies Formmodell im zweiten Thema und seiner solistischen Verarbeitung durch Verschleierungen, Verkürzungen und freie Spielpassagen aufgelockert, so läßt er im dritten Teil dem Schlagzeuger einen noch größeren Freiraum, indem er sich von der Vorgabe eines Formmodells überhaupt löst. Über einer ostinaten Baßfigur führt Connie Kay in gleichbleibender Rhythmik die verschiedenen Instrumentalbestandteile seines Solos ein, folgt dabei in der Abfolge der unterschiedlich gestimmten Becken der Abwärtsbewegung des Baß-Ostinatos. Verschiedene, offensichtlich vorarrangierte, rhythmisch irritierende Einwürfe von Klavier und Vibraphon, die in eine parallel geführte, abwärts gerichtete Sequenzlinie münden, geben der Schlagzeugexposition einen ausgesprochen »freien« Charakter. Nach sechzehn Takten, in denen melodische Abspaltungen des Baß-Obligatos, Einwürfe von Klavier und Vibraphon, schließlich nur noch von Baß und Schlagzeug, der Exposition nachhallen, schließt sich in Takt 244 das eigentliche zwanzigtaktige Schlagzeugsolo an. In ihm ist die Deutlichkeit des vorherigen Metrums nun ganz aufgehoben. Nicht nur die Befreiung von Form und Melodik, sondern auch von metrischen Vorgaben ist das Resultat des Solos.

In weiteren zwanzig Takten wird das thematische Baß-Ostinato über nun wieder gleichmäßiger Schlagzeugrhythmik harmonisch sequenziert, während mit Pedal gespielte Akkordbrechungen im Vibraphon langsam zu einem deutlichen Metrum zurückführen. Die so – auch im harmonischen Ziel auf die Dominante H-Dur – vorbereitete Reprise der Eingangsfanfare beschließt die Komposition.

In *Fontessa* läßt sich ein entwickelnder Kompositionsansatz feststellen, innerhalb dessen die einzelnen Themen deutlich in Kenntnis der sie realisierenden Solisten verfaßt sind. Milt Jackson improvisierte über ein swingendes Riff-Thema, eine von ihm bevorzugte Improvisationsgrundlage. Als weiteres blues-haftes Moment dieses Teils kommt die konstante Benutzung von Terzintervallik und Terzparallelen hinzu, eine dauernde Präsenz von Bluestonalität durch Blue Notes. Aber auch die Riff-Idee selbst ist im Prinzip eine Verkürzung von Bluesablauf, nämlich die Wiederholung eines rhythmisch-melodischen Motivs über veränderter Harmonik, ein Ablauf, in dem somit die Statement–Kommentar-Funktion des Ruf–Antwort-Prinzips verwirklicht wird.

Das zweite Thema ist ebenfalls bewußt auf den Solisten, John Lewis selbst, zugeschnitten. Sowohl das Aufbrechen der traditionellen Form, die Arbeit mit der quasi thematischen Kadenz, die im Rubato zum Teil *straight* erscheinenden Abschnitte, die immer wieder mit stärker swingender fixer Rhythmik abwechseln, aber auch die Benutzung vereinzelter melodischer Klischees aus klassischer oder besser romantischer Musik, sind charakteristisch für Lewis' ideelle Vorstellungen von Form, Improvisation und Komposition.

Das dritte Thema schließlich ist in der Befreiung vom deutlich erkennbaren Metrum, aber auch in der Reduktion des melodischen Geschehens bereits im Vorspiel zum Schlagzeugsolo auf Baß-Ostinato und Vibraphon- bzw. Kläviereinwürfe ganz direkt auf das Soloinstrument abgestimmt.

Der Zuschnitt von Komposition auf bestimmte Solisten, das Bewußtsein der individuellen Ausfüllung der Improvisatisonsabschnitte bereits im Kompositionsprozeß, ist eine Vorgabe, die in der Jazzgeschichte aus dem Oeuvre vor allem Duke Ellingtons bekannt ist. Ellington hatte in den dreißiger Jahren als Extrem dieses Prinzips kleine »Concerti« für einzelne Solisten seines Orchesters geschrieben. In diesen Stücken war bereits in der Komposition auf Klangcharakteristika des betreffenden Musikers Rücksicht genommen. Zum Teil waren die Kompositionen so an den dedizierten Solisten gebunden, daß, sobald dieser aus dem Orchester ausschied, auch das Stück aus dem Ellington-Repertoire verschwand.
John Lewis selbst sah die extreme Affinität der vier Musiker des Modern Jazz Quartet mit als Grund für den Erfolg des Ensembles wie auch seiner Kompositionen an:

For the last twenty-two years, I've been writing music essentially for the same people all the time, basically, that is, for Milt Jackson, Percy Heath, and Connie Kay, and that developed to a point where it was almost impossible for anybody else to successfully write something for them because I knew them so well. It was like knowing them even better than you know yourself.[44]

I find it very difficult, almost impossible to write for blank faces. I really depend on the personality and equipment of the people who play it. I have to know these people and know what they are going to do.[45]

Nat Hentoffs Kritik einer Aufführung, die noch vor der Schallplatteneinspielung von *Fontessa* lag, betont die Einheit, den Grad an Integration der Improvisation in die kompositorische Struktur:

The latter work [*Fontessa*], *the longest on the program, is an autumnally colored essay of rare melodic quality and emotional maturity.* [...] *The improvisation* [sic!] *were built into the work so that the listener was left not with fragments but with an integrated experience.*[46]

In der Feststellung »melodischer Qualität« und »emotionaler Reife« als Erklärung eines »herbstlich gefärbten Essays« manifestieren sich verschiedene Klischees: *melodic quality* ist vor allem ein ästhetisches Kriterium aus europäischer Kompositionstradition, *emotional quality* beurteilt den Jazzgehalt, *autumnally colored essay* stellt die Komposition in Verbindung zu Klangfarbe und Harmonik europäischer Impressionisten.

Die in der Einleitung zu diesem Kapitel festgestellte Erfahrung, daß Komposition im Jazz oft zu sich diametral gegenüberstehenden Blöcken fest konzi-

44 Tom Everett, *An Interview with John Lewis*, in: *Jazz New England*, i/7 (Oktober 1975), S. 29

45 Zit. nach Kitty Grime und Valerie Wilmer, *Jazz at Ronnie Scott's*, London 1979, S. 131

46 Nat Hentoff, *Modern Jazz Quartet Sparks Rewarding Town Hall Concert*, in: *Down Beat*, xxii (16. November 1955), S. 8

pierter und improvisierter Teile führt, läßt Hentoff zur ästhetischen Forderung nach Einheitlichkeit kommen, nach einer Integration beider Praktiken, wie er sie hier erfüllt sieht.

In der Auseinandersetzung vor allem mit Form- und Vermittlungsstrukturen der Komposition kommt die Erwähnung der exquisiten melodischen Erfindungsgabe – sowohl in der Komposition wie in der Improvisation – als auch die allgemeine Würdigung der gelungenen Solopassagen zu kurz. Doch kann es insbesondere im Vergleich der Suiten nur um eine pointierende Charakterisierung der für einen solchen Vergleich wichtigen Merkmale des Einzelwerks gehen. Eine vollständige Analyse ist unter der hier vorrangigen Fragestellung nicht zu vollziehen.

So ist als Fazit *Fontessas* neben den für Lewis typischen Anleihen aus europäischer Kunstmusik – in der Komposition der Rahmenfanfare und in Harmonik und improvisatorisch erhöhten Melodiefloskeln des Klaviersolos – hier vor allem die Angleichung der kompositorischen und der improvisatorischen Faktur hervorzuheben. Der traditionelle Reprisenbarchorus des ersten Teils, in dem sich komponiertes Thema und improvisiertes Solo deutlich voneinander abheben, weicht der in der Improvisation verschleierten Melodik des zweiten Themas, in dem das komponierte Grundgerüst nur in der Harmonik und den regelmäßigen Kadenzschlüssen durchscheint. In der Auflösung formaler, melodischer und metrischer Maßstäbe im dritten Thema schließlich ist der Gegensatz zwischen Komposition und Improvisation ganz aufgehoben. Es ist nicht mehr klar zu erkennen, wo vorarrangierte Passagen aufhören und wo solistisch erfundene anfangen.

Die folgerichtige Logik der phasenweisen Auflösung jazzüblicher Form in *Fontessa* ist ein wichtiger Ausgangspunkt für das Verständnis der späteren Suiten von Lewis. Wie in anderer Musik auch wird das Gesamt-Oeuvre eines Jazzmusikers erst nachvollziehbar in Kenntnis einzelner Entwicklungsstufen, die er durchgemacht hat. Gerade bei den extreme bewußten Entscheidungen eines Komponisten kann die Betrachtung verschiedener Ergebnisse der intellektuellen Auseinandersetzung eine möglichst objektive Bewertung des einzelnen Werks ergeben.

The Comedy

Was *Fontessa* mit *The Comedy* verbindet ist – neben dem gemeinsamen Ausgangspunkt von der *commedia dell'arte* – das Eingangs- und Schlußthema, das als *prelude to raise the curtain and provide the theme* den Rahmen beider Suiten bildet. Hatte Lewis in *Fontessa* den einzelnen komponierten Themen und den dazugehörigen Soloimprovisationen die Charaktere der *commedia dell'arte* zugeordnet, so erhält in *The Comedy* jeder der Charaktere einen eigenen Satz. Tatsächlich ist die Suite eine Zusammenfassung von Kompositionen, die John Lewis mit der *commedia dell'arte* im Sinn erstellt hatte.

Der Ausgangspunkt war *Fontessa*, aus dem der Rahmen für die spätere Komposition entnommen wurde. 1957 nahm Lewis zusammen mit Jim Hall und Connie Kay in Lenox, Mass. die drei Titel *Pierrot*, *Columbine* und *Harlequin* auf[47]. Im Oktober 1959 präsentierte ein speziell zusammengestelltes *brass ensemble* auf dem Monterey Jazz Festival eine Orchesterfassung von Teilen aus *The Comedy* – in der Fassung, die 1960 als *Excerpts from The Comedy (1957 – 1959)* veröffentlicht wurde[48]. Außer einer neuen Fanfare enthält diese Partitur die Kompositionen *Spanish Steps*, *Pulchinella*, *La Cantatrice* und *Piazza Navona*, also die ergänzenden Stücke zur späteren vollständigen Suite[49].

In *Fontessa* zeigen sich in erster Linie Entwicklung, verschiedene Formen improvisatorischer Arbeit, aber auch eine Befreiung von der Einengung durch die traditionelle Chorusform. In den Einzelstücken der Suite *The Comedy* formuliert Lewis Lösungsversuche zum Problem kompositorischer Formung im Rahmen konventioneller Jazzstrukturen. Die Vermittlung zwischen zum Teil melodisch, harmonisch oder rhythmisch nicht jazz-gemäßen Kompositionsabschnitten und dem Jazzcharakter in Instrumentation sowie Spielduktus anderer Teile findet hier in der arrangierten Grundstruktur der Improvisation, dem vom Komponisten festgelegten Vorplan der Chorus-Changes statt.

Traditionen sowohl aus Bereichen komponierter als auch improvisierter Musik fließen in Lewis' Behandlung der Einzelstücke ein. In der motivischen Arbeit, in Stimmführung und formaler Kleingliederung der komponierten Teile, in der partiell europäischen Formgrundlagen verpflichteten Konzeption – beispielsweise der ursprünglich für Orchester gesetzten Kompositionen – werden Einflüsse aus abendländischer Kunstmusik deutlich. Lewis, strukturbewußter Liebhaber europäischer Musik, konnte anscheinend nicht umhin, das Programm der italienischen *commedia dell'arte* auch durch die Benutzung unter anderem barocker Elemente auszufüllen. Der Jazzmusiker Lewis dagegen entfernte sich dort, wo die Jazztradition am deutlichsten wird – nämlich in der Improvisation –, nicht von der üblichen Sologrundlage. Er verwendete durchweg gängige Chorusmodelle: den zwölf- oder sechzehntaktigen Blues, die einfache Liedform oder die Reprisenbarform des amerikanischen *popular song*.

The Comedy besteht aus sieben Einzelkompositionen, die von einer Fanfare umrahmt sind. Diese Fanfare entspricht dem Eingangs- bzw. Schlußthema aus *Fontessa*. Die Solochorusse in jedem der Stücke basieren auf bekannten, im Jazz üblichen formalen Modellen, wie sie in der Abbildung aufgelistet sind. Der Sonderfall ist *La Cantatrice*. Textiert und von Diahann Carroll gesungen, ist es eine Art »Kunstlied«, dessen Strophen in eine um einen Takt auf 17 Takte ver-

47 Atlantic LP 1272

48 MJQ Music (Score 8), New York 1960/61

49 Zusammen mit zwei weiteren originalen Kompositionen, *Odds Against Tomorrow* und *The Golden Striker* spielte Lewis die Orchesterfassung auf dem Album »*The Golden Striker*« (New York 1960, Atlantic LP 1334) ein. Zur Aufführungsgeschichte der Suiten *Fontessa* und *The Comedy* in Realisationen mit Tänzern vgl. S. 176 ff.

längerte AB-Form eingepaßt sind. Die Strophen, die in der Schallplattenrealisation auskomponiert sind, bilden in Konzertrealisationen ohne Gesangsstimme die Improvisationsgrundlage für Solochorusse.

Fontessa	(Fanfare)	keine Improvisation
Spanish Steps	Chorusmodell:	AABA
Columbine	Chorusmodell:	AABA
Pulchinella	Chorusmodell:	12-Takte-Blues
Pierrot	Chorusmodell:	ABA'
La Cantatrice	Chorusmodell:	AB (17 Takte); bei der Schallplattenrealisation keine Improvisation
Harlequin	Chorusmodell:	AABA
Piazza Navona	Chorusmodell:	16-Takte-Blues
Fontessa	(Fanfare)	keine Improvisation

Die Improvisationsteile in *Columbine*, *Pulchinella* und *Harlequin* sind tonal aus der direkten Umgebung herausgehoben. In *Columbine* beispielsweise wird mit Beginn der Improvisation die Ursprungstonart wieder aufgenommen, die in einem längeren komponierten Abschnitt vor den Solopassagen verlassen wurde. In *Pulchinella* steht der deutliche harmonische Bezug des Solos zur Grundtonart im Gegensatz zur eher unklaren Relation der umgebenden Kompositionsteile. In *Pierrot* ist der Abschnitt freierer Improvisation – Chorusphrasenmanier anstatt exponierender und abschließender Paraphrasentechnik – auch harmonischer Kontrast zur Umgebung. In *Harlequin* schließlich wird eine Tonartenrückung sogar in die Chorusabfolge selbst mit einkomponiert, wenn auch in der veröffentlichten Schallplattenrealisation nicht vollzogen.

Sobald sich Lewis auf ein so traditionell besetztes Gebiet wie das des Blues zurückzieht, sind die Harmonieangaben der Partitur[50] für die Solochorusse offen. In *Pulchinella* zum Beispiel beschränkt er sich auf die Vorschrift »Blues in C«, und auch die weniger übliche Bluesformel in *Piazza Navona* wird nur als grobes Harmonieraster vorformuliert. Demgegenüber ist die extrem ausgeschriebene Harmonievorgabe in *La Cantatrice* erwähnenswert, in der Lewis alle Alterationen als Akkordsymbole im Chorusplan angibt und so sicherstellt, daß der harmonisch teilweise »impressionistische« Charakter der Themenmelodie im Chorusgerüst erhalten bleibt. Auch die Aufnahme des Modern Jazz Quartet folgt nicht überall den differenzierten Harmoniewechseln der Partitur in diesem Stück. Allein die Tatsache aber, daß Lewis es für nötig erachtet, genaueste Angaben gerade hier zu machen, zeigt, daß er sich der Funktion des harmonischen Vorplans, der Einschränkungen im Formgerüst sehr wohl bewußt ist.

In der festgeschriebenen Komposition kann Lewis sich sicher sein, daß eine »steifer« (*straight*) formulierte Melodielinie in der Realisation eine Veränderung – meist hin zu mehr swingendem Duktus – erfahren wird. Lewis weiß, wie die Spielanweisung *feeling* – oft in Verbindung mit metrischen Angaben, z.B.

50 MJQ Music, New York 1961

2 feeling, 4/4 feeling – vom Modern Jazz Quartet verwirklicht wird. Er kann sich also im Arrangement der Solochorusse auch in den komponierten Teilen auf Mindestangaben beschränken. Er muß nicht definieren, wie bestimmte metrische, dynamische, melodische oder harmonische Momente besonders herausgearbeitet werden sollen. Die einmalige Absprache, ja schon die Kenntnis der Solisten, für die er schreibt, genügt. Ein gutes Beispiel für solche Mindestangaben sind die recht knappen Anweisungen, die er jeweils dem Schlagzeug zuschreibt. Eine bestimmte Rhythmik, im ersten Takt vorgestellt, dann durch Wiederholungszeichen beibehalten, bedeutet für Connie Kay den Rahmen, der eingehalten werden soll, innerhalb dessen er aber die Freiheit hat, Akzente zu setzen und individuell zum Gelingen der Realisation beizutragen. Anders als bei Kompositionen und Arrangements für größere Ensembles kann die Partitur für das Modern Jazz Quartet oft Spielanweisung bleiben. Ihre formalen und inhaltlichen Vorgaben werden eingehalten, werden aber in der Realisation durch Zusätze jedes einzelnen Musikers im Rahmen des vorkomponierten Modells erweitert. In einzelnen, melodisch-rhythmisch komplexeren Stücken – wie beispielsweise in *Pulchinella* – sind solche Freiheiten nicht anwendbar. Doch ist es erstaunlich, wie weit sowohl Milt Jackson als auch John Lewis selbst sich in anderen, gleichfalls komplexen Kompositionen und Arrangements von der niedergeschriebenen Fassung entfernen.

Im folgenden sollen die Einzelsätze aus *The Comedy* auf die im Arrangement vorhandenen Vermittlungsstrukturen zwischen Komposition und Improvisation hin untersucht werden. Ablaufskizzen müssen die veröffentlichte Partitur hier ersetzen; wie in jeder Untersuchung über Jazz beziehen sich die analytischen Erkenntnisse auf das klangliche Ergebnis der Realisation(en).

Spanish Steps:

Der formale Ablauf von *Spanish Steps* läßt sich in vier Blöcke einteilen: eine erste sowie eine zweite Exposition, Solochorusse und Rekapitulation.

In der komponierten ersten Exposition wird die Melodik des Hauptthemas A vorgestellt. Verschiedene Varianten dieses Themas sind durch zwei Interludien getrennt.

Vib.:

I. EXPOSITION					II. EXPOSITION			
9 T.	8 T.	9 T.	8 T.	8 T.	9 T.	2 T.	6 T.	8 T.
A Variante Exposition des melodischen Materials in 5 T., dann Abspaltungen der Schlußmelodik	Interludium I (colla parte)	A Korrekter Themendurchlauf	Interludium II	A (T. 1-4) 2 x T. 1-4 des A-Teils	A2	Solo-Break	A3 Pno-Solo	C Vibraphon-Solo
Vib (T. 1-2); Pno (T. 3-9)	alle	Vibraphon	Vibraphon	Pno (4 T.) Vib (4 T.)	Vibraphon	Piano	=	Vibraphon
f-Moll	=	=	=	b-Moll	f-Moll	=	=	=
KOMPOSITION			IMPROV.	KOMPOSITION		IMPROVISATION		

II. EXPOSITION		SOLOCHORUSSE					
8 T.	8 T.	3 x 32 T.	14 T.	8 T.	32 T.	16 T.	16 T.
A3 Vib/Pno: colla parte	A4 Vibraphon-Solo	AABA 3 Vibraphon-Chorusse	A (augmentiert) Harmoniewechsel wie unter A in Taktabstand (außer T. 13+14)	C Piano-Solo	AABA Piano-Chorus	AA halber Piano-Chorus	CC Piano-Solo
Vib/Pno	Vibraphon	=	Piano	=	=	=	=
f-Moll	=	=	=	=	=	=	=
KOMPOSITION	IMPROVISATION						

		REKAPITULATION	
8 T.	16 T.	10 T.	11 T.
C' Piano-Solo, 3/4-Takt	C' Piano-Solo 3/4-Takt, ausklingend	A fast dem korrekten Themendurchlauf entsprechend	»Coda« endet mit den zwei Anfangstakten des Stücks
Piano	=	Vibraphon (+ Piano)	Vibraphon/Piano
f-Moll	=	=	
IMPROVIS.		KOMPOSITION	

Eine zweite Exposition präsentiert die harmonische Grundlage des A-Teils der späteren Chorusse in mehreren Abwandlungen. A^2 isoliert den harmonischen Beginn, die Takte 1 bis 3 von A^1, und weitet die Quintenzirkelprogression auf neun Takte aus. Ein sich anschließender Solo-Break des Klaviers leitet in die erste improvisatorische Verwirklichung A^3 über. Gleichzeitig ändert sich das Metrum vom Dreivierteltakt der ersten Exposition und A^2 zum Viervierteltakt der Jazzimprovisation. Sowohl der Break als auch die Änderung des Metrums und der Übergang von Komposition zu Improvisation bedingen eine entspannende Wirkung dieser Stelle. Die letzte A-Variante der zweiten Exposition (A^4) erhält ihren öffnenden Charakter durch die Reduktion auf Wiederholung der harmonischen Quintfallsequenz.

```
A1:  || G7   /     C7   /   | Fm   /     Bb7  /  | Eb7  /  Ab /  | Db/   C  /  |
A2:  || G7// | ///  | C7// | /// | Fm//  |   Bb7// | Eb//   | Ab//   | .... .... .... ....
A3:  || G7   /     C7   /   | Fm   /     Bb   /  | Eb   /  Ab /  | Db/   C7 /  |
A4:  || G7 /  /  / | C7 /  /  / | F7 /  /  / | Bb   /   ..............................

A1:  | B7 /  Bb / | A7 /  Ab / | G7   /     C7   /   | Fm        /     (Ab)  /    ||
A2:
A3:  .................................................... Fm   /     E° / | Ab /  /  /  ||
A4:  ........................Ab / | G7 /  /  / | C7 /  /  / | F7 /  /  / | Bb /  Ab /   ||
```

Der harmonisch statische Zwischenteil C bildet an allen Stellen seines Auftretens die Vermittlung zwischen improvisierten freieren Partien und komponierten oder fester arrangierten Passagen.

Der zweite Block ist »Exposition« der quasi kompositorischen Faktur wegen, die ihm trotz längerer Improvisationsabschnitte eigen ist. Statt der Einführung von Themenmelodik und auskomponierten Varianten – wie in der ersten Exposition – wird hier das harmonische Muster der späteren Sologrundlage verarbeitet. Veränderungen dieses Musters geschehen nicht – wie in der Jazzimprovisation üblich – durch harmonische Erweiterung oder Substitution, sondern durch ausgeformt kompositorische Manipulation im Arrangement des harmonischen Grundschemas. Anders als in der traditionellen Improvisation ist die harmonische Variabilität in diesen Takten nicht Freiheit des Solisten, sondern im arrangierten Vorplan festgelegt. John Lewis benutzt die Vorgabe der Changes als formendes Element, das sich auf die kompositorische Struktur der Gesamtkomposition bezieht und von daher primär kompositorische Signifikanz auch innerhalb der improvisierten Teilbereiche hat.

Im Gegensatz dazu steht der feste Chorusplan der Soli. Die Verbindung zwischen beiden Expositionen und den Solochorussen ergibt sich nicht nur durch melodische und harmonische Korrelationen, sondern vor allem auch durch eine formale »Erklärungs-Funktion« der Chorusse. In ihnen nämlich erscheint erstmals das bekannte Schema der Reprisenbarform, anhand dessen eine klare Orientierung im Sinne der Chorustradition des Jazz möglich wird. Die Expositionen werden so rückblickend als kompositorische Vorbereitungen auf die eigentliche Sologrundlage erklärt. In dem Bewußtsein der Einbindung des A^1-Teils in die herkömmliche Reprisenbarform werden die melodischen und harmonischen Veränderungen der Exposition zu kompositorischen Ausweitungen eines isolierten Chorussegments.

Das melodische Thema der ersten Exposition war auch für sich eine geschlossene Einheit mit Vorder- und Nachsatz. Da aber weder Anfangs- noch Schlußtakt mit der harmonischen Chorusgrundlage übereinstimmen, wäre die exakte Einbindung dieser Melodik in die Reprisenbarform des Solos nicht möglich.

Die Harmonik der zweiten Exposition ist ebenfalls nicht die der Chorusbasis. Sie entbehrt in den Kürzungen des harmonischen Ablaufs der Geschlossenheit des vollständigen A-Teils mit klarem Vorder- und Nachsatz, der Quintenzirkelprogression in den ersten vier Takten, chromatischen Rückungen und einer deutlichen Kadenz zum Schluß.

Abgesehen von der analytischen Feststellung eines in der Jazztradition eher unüblichen, auf verschiedenen Ebenen vorund zurückweisenden Aufbaus der Komposition ist im arrangierten Ablauf die folgerichtige Entwicklung von kompakter Komposition hin zum herkömmlichen Jazzsolo formuliert.

Die Faktur der durchkomponierten ersten 42 Takte wird in der zweiten Exposition durch Improvisationspartien aufgebrochen. Der unüblichere Dreivierteltakt wird zugunsten des geläufigeren Viervierteltaktes aufgegeben. In der zweiten Exposition auch erscheinen erstmals Varianten der Soloharmonik, die technisch die A-Teile der Reprisenbarform ersetzen könnten. Die Solochorusse dann vermitteln in ihrer harmonischen Eindeutigkeit.

Als analytisches Ergebnis muß in *Spanish Steps* – und wie zu sehen sein wird auch in anderen Teilkompositionen aus *The Comedy* – das Herausstellen solch einer Vermittlungsfunktion des traditionellen Solochorus angesehen werden.

Im Jazz bedeutete Themenkomposition bislang die Schaffung eines Rahmens, der dem Hörer auch formale Orientierung für die zumeist melodisch freiere Improvisation war. Aus dem komponierten und vorangestellten Thema erklärte sich zum Teil die formale Struktur der Improvisationseinheiten. Das Thema war Verständnisgrundlage, Bezugspunkt, vor allem aber auch Voraussetzung für die Improvisation. In Lewis' Arbeit sind thematische Vorgaben selbstverständlich nach wie vor Voraussetzungen der Improvisation und sowohl für den Musiker wie auch für den Hörer oft Orientierungsraster. Der Rahmen aber, der bislang das Thema in Reinfaktur oder in der Variante des Arrangeurs vorstellte und damit formbestimmend war, ist hier nicht mehr so eindeutig. Die komponierten Rahmenteile in *Spanish Steps* sind so im Gegenteil eigentlich erst durch die Soli erklärt. Der Improvisationsteil steht nicht als Block neben dem Kompositionsteil, sondern ihm kommt die nicht unwichtige Aufgabe der Vermittlung melodischer und harmonischer Momente innerhalb der Gesamtkonzeption zu. Die Vermittlung geschieht durch das vom Komponisten vorgefertigte Arrangement und kann vom Solisten durch traditionelle improvisatorische Behandlung weiter unterstützt werden.

Columbine, Pierrot:

Columbine:

33 T.		24 T.	
A (8 T.) Themenexposition; z.T. *straight*, z.T. improvisatorische Veränderungen in B	A (8 T.) B (9 T.) A (8 T.)	A A B Piano-Solo	A Themenrekapitulation; Arrangement entspricht den T. 1-8 der Exposition
Vibraphon	Piano	Piano	Piano
Des-Dur	F-Dur	Des-Dur	=
KOMPOSITION		IMPROVISATION	KOMPOSITION

Pierrot:

20 T.	2 T.	24 T.	16 T.	8 T.	20 T.
Thematische Einleitung »straight«	Über- leitung	Thema: ABA' »swingend«	AB.................... Vibraphon- Solo	.A' Themen- rekapitu- lation (»da capo«)	Coda: entspricht der thema- tischen Ein- leitung
Vibraphon	Piano	Vib (A, A') Pno (B)	Vibraphon	=	=
F-Dur	=	=	B-Dur	F-Dur	=
KOMPOSITION			IMPROVI- SATION	KOMPOSITION	

Die zweite und die vierte Komposition aus *The Comedy*, *Columbine* und *Pierrot*, stehen beide in der Tradition der Jazz-Ballade. *Columbine* hat die Reprisenbarform des amerikanischen *popular song*, *Pierrot* die einfache Liedform A B A'. In beiden Arrangements lehnt sich Lewis an bei ihm übliche Modelle für die Balladenvertonung an. Das Themenstatement – zum Teil *straight*, zum Teil swingend, Einzelheiten paraphrasierend – geht einem Solochorus in Chorusphrasentechnik voran. Dieser ist nicht vollständig, der letzte A-Teil wird als Rekapitulation entsprechend den Takten 1 bis 8 der Themenexposition arrangiert und beschließt so rahmend das jeweilige Stück. In *Pierrot* umgibt dieses Schema zusätzlich ein jeweils zwanzigtaktiger thematischer Rahmen, der in der Schallplattenaufnahme auch das nachfolgende *La Cantatrice* einleitet.

Durch Aneinanderreihung von Komposition, Paraphrasentechnik und Chorusphrasen-Improvisation in *Pierrot* erreicht Lewis einen pyramidenhaften Aufbau, wie er ihn auch in anderen Arrangements zur Abschwächung starker Gegensätze komponierter und improvisierter Blöcke einsetzt.

Eine weitere Art der Vermittlung benutzt er in *Columbine*. Die Abwechslung beispielsweise rhythmisch festerer und rubato gespielter Partien – Spielanweisung: *Played jerkily (no pulse)* –, das Fehlen von jazzgemäßer Schlagzeugbegleitung während des größten Teils der Themenexposition, der gestrichene Baß zu Beginn, geben der Komposition einen romantischen, streckenweise fast ätherischen Charakter. Kurze Momente beinahe bitonaler Relation zwischen Klavier und Vibraphon tragen zur »schwebenden« Wirkung einzelner Kompositionsabschnitte bei.

Die wie hingehaucht klingende Themenmelodie entspricht hierbei der sparsamen Improvisationspraxis des Solisten Lewis selbst. Das Bewußtsein eines Klavier-Feature hat deutlich den komponierten Satz mitbestimmt.

Tonale Doppeldeutigkeit findet sich auch in Einleitung und Exposition zu *Pierrot*. Während die Melodik des Kopfthemas deutlich in F-Dur steht, impliziert die harmonische Begleitung von Klavier und Baß in respondierenden

Phrasen der Einleitung und im obligaten Untergrund der Expositions-A-Teile die Grundtonart d-Moll.

Erst der transponierte Beginn des Solochorus läßt die harmonische Fixierung deutlich werden. Die im A-Teil enthaltene kurzfristige Modulation in die Subdominantparallele behält aber auch hier die Abwechslung von Dur- und Moll-Bezug bei, welche in der Komposition übereinandergeschichtet war.

‖ Bb / Eb / | Dm / G^7 / | Cm / G^+ / | Cm / G^7 / | Cm /// | Cm / F / | Fm /// | Bb / (E^7) / ‖

Die Harmoniegrundlagen beider Stücke – *Columbine* wie *Pierrot* – weisen Akkordprogressionen auf, die für Lewis' Balladenkomposition typisch sind. Das Abwechseln von Quintfall- und chromatischen Fortschreitungen besonders in den B-Teilen gibt der harmonischen Improvisationsgrundlage einen fast melodischen Gestus.

Columbine, Harmoniegrundlage des B-Teils im Klaviersolo:

‖ A / Ab / | Gb / E / | D / Db / | B / C / | Db /// | D /// | Eb /// | Ab /// ‖

Pierrot, Harmoniegrundlage des B-Teils im Vibraphonsolo (einschließlich Rückmodulation nach F-Dur)

‖ Eb / D^+ / | Db /// | Fb / Ab / | A / B^7 / | D / Db / | C / B / | E / A / | D / G C ‖

In *Columbine* wie in *Pierrot* wird das jeweils komponierte Thema zwar explizit und vollständig exponiert. In beiden Stücken allerdings führen Veränderungen der thematischen Melodik, teilweise Dehnungen einzelner Thementeile, Stimmtausch zwischen den melodietragenden Instrumenten und Änderungen des harmonischen Unterbaus im Vergleich zur Sologrundlage zu einer Verfremdung der thematischen Exposition. Der postulierte ätherische Charakter der einzelnen melodischen, harmonischen und rhythmischen Elemente der komponierten Themenexposition in *Columbine* läßt das Klaviersolo im Vergleich als handfester und beinahe »stärker thematisch« erscheinen. Die Komposition nimmt in Vielem bezug auf den individuellen Personalstil des Solisten. Allein dadurch wird jeder Bruch in der Gesamtkonzeption vermieden. Die Vermittlung zwischen verschiedenen Setz- und Musizierarten, die Integration von Improvisation ins Gesamtarrangement ist bereits im Vorplan der Komposition enthalten.

Die phasenhafte Schichtung von Kompositions- und abgestuften Improvisationsblöcken in *Pierrot* ist eine andere Möglichkeit solcher Vermittlung. Der ohnehin in der Jazztradition übliche symmetrische Aufbau wird zu einer Formpyramide mit den folgenden Elementen erweitert: Strikt komponierte thematische Einleitung, komponierte Themenexposition mit Paraphrasen-Improvisation in der Melodiestimme, Chorusphrasen-Improvisation, Themenreprise im Duktus der Exposition, Wiederholung der Einleitung. Verschiedene Parameter unterwerfen sich diesem pyramidenhaften Aufbau. Die Melodik ändert sich in verschiedenen Stadien von der festgeschriebenen Komposition über paraphrasierte, dem melodischen Thema eng verbundene hin zu freier Gestaltung in der Chorusphrase. Die rhythmische Entwicklung mit relativ fester Konzeption in der Einleitung, rhythmischem Ostinato in der Exposition und freierem *2 feeling* des Vibraphonsolos zeichnet denselben Verlauf nach. In der Harmonik schließlich ist in den Abstufungen tonaler Deutlichkeit ebenfalls das Prinzip einer Sukzessivkonzeption zu erkennen.

La Cantatrice:

La Cantatrice ist die einzige Teilkomposition aus *The Comedy*, in deren Schallplattenrealisation keine Soloimprovisation stattfindet. Es ist außerdem die erste und einzige Aufnahme, die das Modern Jazz Quartet mit einer einzelnen Gesangsstimme machte[51].

Die Einspielung von *La Cantatrice* mit Diahann Carroll ist der Idealfall der als Vokalstück in die Suite eingepaßten Komposition. Bei Aufführungen, in denen das Quartett ohne Sängerin arbeitete, wurde die Gesangsstimme vom

[51] John Lewis schrieb in der Folge weitere Arrangements für Gesangstimme und Ensemble und spielte 1962 mit der Sängerin Nancy Harrow eine ganze LP eigener Kompositionen und Arrangements ein (Nancy Harrow, *»You Never Know«*, Atlantic 8075).

20 T.	24 T.	4 T.	17 T.	14 T.	13 T.
Einleitung (aus *Pierrot*)	Imitative Themenexposition; Abfolge: Vib – Baß – Pno + Singstimme (untextiert als Vokalise)	Interludium	Thema; Singstimme (textiert) begleitet von rhythmischem Ostinato (Vib + Schlagzeug)	Thema (verkürzt); Vokalise der Singstimme (untextiert); Verkürztes Thema: Beginn in rhythmisch gleichmäßigen Achteln	Thema (verkürzt); T. 1-5: instrumental T. 6-13: plus textierter Singstimme
Vibraphon	Vibraphon/ Baß / Piano + Singstimme	Baß	Singstimme	Singstimme + Baß	Vibraphon + Singstimme
F-Dur	Es-Dur	=	=	=	=
KOMPOSITION					

2 x 17 T.	2 x 8 T.	17 T.	10 T.
Strophen/ Chorusse I und II (textiert)	Zwischenspiel; abgeleitet aus dem Kopfmotiv des Themas	Strophe/Chorus III; Vokalise der Singstimme (T. 1-8); textiert (T. 9-17)	Coda; entspricht der Zwischenspielmelodik
Singstimme	Piano	Singstimme	Vibraphon/ Piano
Es-Dur	=	=	=
KOMPOSITION			

Klavier gespielt. Über dem swingenden Strophenchorus folgten dann Vibraphon- oder Klaviersoli. Ein unveröffentlichter Live-Mitschnitt vom Newport Jazz Festival, Juli 1959, zeigt diesen instrumentalen Ablauf. Durch den Einbezug der Vokalstimme Diahann Carrolls – einer zwar jazz-gemäß phrasierenden, doch ganz gewiß nicht einer dem Jazz zuzurechnenden Sängerin – fällt das vordergründig improvisierende Moment aus. Lediglich im zweiten Chorus des Strophenteils darf Milt Jackson als Begleitung die Melodie durch freie Erfindung umspielen. Im Konzertrahmen, in dem dieses Stück auch außerhalb des Gesamtzusammenhanges von *The Comedy* gespielt wurde, hielt John Lewis meist eine kurze Einführung, um den Charakter der Komposition vorzustellen. Diese Einführung war wohl auch Ersatz des im Konzert nicht erklingenden

Textes, also eine Art Inhaltsangabe. Anders als die restlichen Kompositionen der Suite hat *La Cantatrice* im Text ein auch in nicht vokalen Realisationen vorhandenes »Programm«. Im folgenden sind der Text der Komposition[52] und die Ansage von John Lewis beim Newport Jazz Festival von 1959 gegenübergestellt:

LA CANTATRICE

I've heard that all the word is just a stage
On which we live life's drama, page by page.
We're each assigned a part
And given lines to say.
Well, I know mine by heart
But no one wants to play.
I'm sure that I could be a hit
If life would simply quit
Upstaging me a bit.

1. My timing's just as smooth as it can be.
And my technique's been called a joy to see.
I improvise with soul.
I'm versed in many things.
But still my only roll
Is watching from the wings.

2. I'm oh so well rehearsed in all my cues.
I know the gestures I'm supposed to use.
But what good does it do
To know the whole routine.
If you're not sure that you
Will ever make the scene.

But what good does it do
To know the whole routine.
If you're not sure that you
Will ever make the scene.

Next we would like to play a piece that's new with us, a piece inspired by one of the characters of the commedia dell'arte. This is the early Italian comedy, probably the beginning of our own comedy theatre. The character is a minor one. It's a she, she is the dancer and the singer in the troup, and the piece tries to indicate a little bit of this minor part and the feeling of the minor part that she plays. Most of the time she has to wait to go on to sing and dance, so the piece tries to indicate a little bit of this. Near the end she's overcome with frustration and shakes.[53]

[52] Der Text ist der Partitur zu *The Comedy*, New York 1961, entnommen. In der Schallplattenrealisation wird der Text der Strophen 1 und 2 vertauscht.

[53] John Lewis, zit. nach einem unveröffentlichten Konzertmitschnitt vom Newport Jazz Festival, Juli 1959.

Während Teile der zuletzt zitierten Beschreibung von Lewis einzig den im Konzert nicht erklingenden Text betreffen, beziehen sich andere Teile auf musikalische, auch in der Vokalversion rein instrumentale Momente der Komposition bzw. des Arrangements. Der letzte Satz des Zitats beispielsweise spielt auf den Instrumentalpart des durchkomponierten Interludiums nach den Strophen I und II an.

In der Schallplattenrealisation von *The Comedy* wird *La Cantatrice* eine Einleitung vorangestellt, nämlich die zwanzigtaktige Exposition, die bereits die Rahmenteile zu *Pierrot* gebildet hatte. Diese Benutzung bekannten Materials erklärt sich aus der exponierten Stellung der Komposition als dem ersten Stück auf der zweiten Schallplattenseite. Die Anknüpfung an den Schluß der ersten Plattenseite bedingt eine musikalische Verbindung, durch die der Suite verstärkt Einheitlichkeit, »Werk«-Charakter gegeben werden soll.

La Cantatrice selbst beginnt dann mit einem imitatorischen Einsatz des Hauptthemas. Das folgende Themenstatement der textierten Singstimme wird einzig von rhythmischen Einwürfen des Vibraphon und der Fingerzymbeln begleitet. Ein weiterer, instrumentaler Teil mit untextierter Singstimme, colla parte mit Klavier und Kontrabaß, variiert die Rhythmik des Themas. Die ersten sechs Thementakte werden auf drei Takte gestaucht. Der zweite Thementeil folgt original mit einzig melodisch/harmonischer Verfremdung zum Schluß. Entsprechend werden im nächsten, rein instrumentalen Abschnitt die ersten zehn Thementakte auf fünf Takte zusammengezogen.

Im Beckenwirbel vollzieht Connie Kay dabei die rhythmische Vereinfachung der Melodiestimme nach. Die wiederum textierte Singstimme vollendet dies Themenstatement. Diahann Carrolls swingende Vokaldiktion, die jazz-gemäße Spielart von Baß und Schlagzeug sowie eine akkordische, typische Jazzbegleitung des Klaviers setzen diese Takte in Kontrast zu den vorhergehenden Teilen. Die Originalrhythmik des Themas in der Einleitung war durch das ausgesprochene *straight*-Spiel sowie durch Imitation der Jazzmanier enthoben. Die Themenmelodik wird im ersten Vokalteil durch das Fehlen einer durchgängigen

Begleitung von Baß oder Schlagzeug, aber auch durch das rhythmisch ungewöhnliche Akkompagnement von Vibraphon und Fingerzymbeln verfremdet. Die Verwendung gleichmäßiger Achtel im Beginn der nächsten beiden Abschnitte entbehrte – zusammen mit der vierzehntaktigen Fortführung von Vibraphon- und Schlagzeugbegleitung, aber auch dem Zusammenklang von colla parte geführter Vokalstimme, Klavier und Kontrabaß – ebenfalls den jazzgemäßen Charakter. Die nun in swingender Manier einsetzenden Strophen sind es, die in rein instrumentalen Realisationen des Stücks die Solochorusse bildeten.

Ein Interludium zwischen den Strophen II und III besteht aus einem Abstrakt des viertaktigen Themenkopfes, der oktaviert vom Klavier gespielt wird. Dieselbe Motivik bildet auch die abschließende Coda.

Zwischen Interludium und Coda steht ein letzter Themenchorus, dessen Aufbau dem dreizehntaktigen verkürzten Themenstatement vor Strophe I ähnelt: Die erste Themenhälfte – mit Vokalise, legato gesungen, colla parte mit den drei Melodiestimmen über einem Orgelpunkt des Basses – hat einen wenig swingenden Charakter, im Gegensatz zum etwas langsamer gespielten zweiten Thementeil, der textiert ist und in jazz-gemäßer Phrasierung aller Instrumente gespielt wird (Spielanweisung: *2/4 feeling*).

In *La Cantatrice* als einzigem Stück aus *The Comedy* stellt sich in der Schallplattenrealisation nicht das direkte Problem der Vermittlung zwischen Komposition und Improvisation, da die ansonsten für Instrumentalsoli geeigneten Strophen hier durchkomponiert sind. Die fest arrangierten Themenvarianten versuchen, in der Aneinanderreihung der Themenmelodik aus dieser selbst Kontrastmomente abzuleiten. Vor allem die Benutzung jazz-gemäßer und nicht jazzgemäßer Diktion trägt zu solchem Kontrastreichtum bei. Die exakten harmonischen Angaben der Partitur über den einzelnen Strophen-Chorussen machen von vornherein deutlich, daß Lewis auch in instrumentaler Ausführung eine Vermittlung zwischen komponierten und dann improvisierten Blöcken anstrebte. Verbindendes Moment war dabei in besonderem Maße die harmonische Einheitlichkeit, die beide Bereiche umfassen sollte.

Harlequin:

In der veröffentlichten Partitur von *The Comedy* steht *Harlequin* als Schlußstück der Suite. In der Schallplattenaufnahme folgt *Piazza Navona*, das auch letztes Stück vor der Rahmenfanfare in der Partitur *Excerpts From The Comedy* war.

Harlequin ist ein relativ symmetrisch geformtes Arrangement um jeweils zwei Solochorusse Milt Jacksons sowie John Lewis'. Nach einer elftaktigen nicht-

11 T.	30 T.	4 T.	2 x 32 T.	4 T.
Einleitung; nicht thematisch	Variante Themenexposition A (8 T.): Baß (+ 1 T.) A (8 T.): Vibraphon (melodische Reduktion auf pointierende f-Moll-Skala abwärts) B (8 T.): Vibraphon (Paraphrasenimprovi- sation) plus 6 T. statisches Ausklingen	Inter- ludium I	Chorusse I + II Vibraphon-Solo I: *two-feeling* II: *four-feeling* je Chorus: AABA	Inter- ludium II
Vib/Pno/Baß	Baß/Vibraphon	Baß/Dms	Vibraphon	Piano
F-Dur	=	=	C-Dur	=
KOMPOSITION			IMPROVISATION	KOMPOS.

8 T.	2 x 32 T.	4 T.	8 T.	9 T.
Thema; entspricht A1 (Baß) der Exposi- tion. Partitur: f-Moll-Grundlage für Piano-Solo; Realisa- tion als Baßthema mit Pianobegleitung	Chorusse III + IV Piano-Solo III: + Schlagzeug IV: + Baß + Schlag- zeug	Inter- ludium II	Thema; entspricht A1 (Baß) der Expo- sition	Coda; entspricht der Ein- leitung
Baß	Piano	Piano	Baß	Vibraphon/ Piano/Baß
f-Moll	C-Dur (Partitur: III: F-Dur; IV: C-Dur)	C-Dur	F-Dur	=
KOMPOSITION	IMPROVISATION	KOMPOSITION		

thematischen Einleitung folgt die leicht verfremdete Themenexposition durch Kontrabaß und Vibraphon[54]. Dem Thema selbst liegt, wie aus den Improvisa-

[54] John S. Wilson beurteilte die »steife« Einleitung und Themenexposition als *angular and spasmodic*. Vgl. John S. Wilson, *Town Hall Scene of Jazz Concert. Modern Jazz is Highlight of Program*, in: *New York Times*, 1. Februar 1960: *This new work was something of a departure for Mr. Lewis in that both sections* [u.a. *Harlequin*] *were built around figures by Percy Heath and one section was extremely angular and spasmodic for the usually lyrical Mr. Lewis. But both are original and charming pieces that suggest that Mr. Lewis is broadening his creative scope in very promising fashion.* Wilsons Wertung des originellen und *charming* Charakters der Realisation steht sicher für die Vermittlung solch »steifer« Kompositonsteile in der Realisation der Konzertaufführung.

tionsteilen ersichtlich wird, eine Reprisenbarform zugrunde. A1 wird hierbei als Baßmelodie formuliert:

Die Melodik in A2 wird auf die zugrundeliegende f-Moll-Skala reduziert. Die achttaktige Bridge mündet in einen statisch konzipierten sechstaktigen Anschluß, über den allerdings – wie über den B-Teil zuvor – Milt Jackson freiere Improvisationslinien spielt. Statt eines abschließenden A-Teils beginnt Jackson nach einem viertaktigen Interludium sein Vibraphonsolo. Beide Soli – von Vibraphon und Klavier – stehen in C-Dur, als Gegensatz zum F-Dur des komponierten Themas und zum f-Moll der Baß-Themenreprise zwischen den Soli. In der Partitur zu *Harlequin* ist für den ersten Klavierchorus F-Dur als Grundtonart angegeben, erst der zweite Chorus steht in C-Dur. In der Aufnahme von 1962 wie auch in einem unveröffentlichten Konzertmitschnitt vom Newport Jazz Festival 1959 allerdings spielt John Lewis sein ganzes Solo in C-Dur.

Im Zwischenspiel zwischen Vibraphon- und Klaviersolo erscheint nach vier statischen Kadenztakten das Originalthema des ersten A-Teils im Baß. Derselbe Aufbau – viertaktiges Interludium und Baßthema – schließt als Themenreprise auch das Klaviersolo ab. Eine Coda entspricht rahmend den ersten neun Takten der nicht thematischen Einleitung.

Innerhalb der Soli ist eine Entwicklung von Chorus zu Chorus bereits ins Arrangement eingeplant. Der zweite Chorus wird statt im *2 feeling* des ersten im *4/4 feeling* gespielt. Das Klaviersolo, in dem Lewis – wie erwähnt – der Entwicklung von F-Dur im ersten zu C-Dur im zweiten Chorus in der Realisation nicht folgt, wird anfangs nur vom Schlagzeug begleitet, in der zweiten Hälfte dann zusätzlich vom Walking Bass. Es erfährt also ebenfalls eine dynamische Steigerung bereits in der vorkomponierten Anlage.

Pulchinella:

Die Behandlung des komponierten Themas zeigt bei John Lewis gewisse Eigenwilligkeiten, die deutlich das Verlangen erkennen lassen, vom Zwang der festen, jazz-üblichen Komposition fortzukommen. *The Comedy* ist durch die Existenz der verschiedenen Modelle, auch durch die Differenziertheit der jewei-

2 T.	20 T.	2 T.	40 T.	2 T.	129 T.
a Exposition des melodischen Grundbausteins der Komposition	KOMPLEX I Herausbilden einer melodischen Thematik aus a (4 T.) sowie motivische Verarbeitung dieses Themas	a	KOMPLEX II Weitere sezierende Verarbeitung der in Komplex I vorgestellten Melodik; Verschärfung der rhythmischen Prägnanz	a	KOMPLEX III 6 T. Einleitung
Vibraphon/ Baß/Drums	Piano; Piano/ Vibraphon	Vib/Baß Drums	Vibraphon/ Piano	Vib/Pno Baß/Drums	Vibraphon
as-Moll	=	=	=	=	C-Dur
KOMPOSITION					

(129 T.)							
(KOMPLEX III)							
7 x 12 T. »Blues in C« Vibraphon-Solo	6 T. Zwischenspiel	1 T. a	9 T. Zwischenspiel	2 T. a	12 T. »Blues in C« Piano-Solo	5 T. Melodisches Thema, entsprechend T. 14-18 der Komposition	2 T. a
Vibraphon	Piano	Vib/ Drums	Piano	Vib/ Drums	Piano	Piano/ Vibraphon	alle
C-Dur	=	(=)	=	(=)	=	as-Moll	=
IMPROVISATION		KOMPOSITION	IMPROVISATION	KOMPOSITION	IMPROVISATION	KOMPOSITION	

ligen Einzelbehandlung ein eigentlich exemplarisches Beispiel für die Vorgehensweise von Lewis. In allen Stücken aus *The Comedy* außer *Pulchinella* und *Piazza Navona* ist die formale Improvisationsgrundlage der thematischen Exposition – also auch der Komposition – immer noch verbunden. Die beiden Ausnahmen sind die Stücke, deren Soli über Bluesmodelle gespielt werden.

Pulchinella entspricht in der Version des Modern Jazz Quartet ziemlich genau der Orchesterfassung. Die Unterschiede werden im Anschluß an die Analyse der Quartetteinspielung erläutert. Die Komposition umfaßt sieben Blueschorusse Milt Jacksons sowie einen Blueschorus von John Lewis. Die Improvisationsteile kontrastieren dabei zu der sie umgebenden Komposition. Das ganze Stück ist aus drei Komplexen aufgebaut, drei Entwicklungsblöcken, die von thematisch-melodischer Verarbeitung im ersten Block über eine rhythmisch prägnante Ausformung im zweiten hin zur scheinbar ganz vom Rest losgelösten Blues-Improvisation im dritten Block führen. Das kurze, im ersten Komplex vorgestellte melodische Thema exotischen Charakters – vgl. die Intervallik der Melodik über dem harmonischen Grund, der durch die Leittönigkeit der Wechselnote *g – as* als as-Moll identifiziert ist – ist selbst aus der Keimzelle der zweitaktigen Einleitung abgeleitet, welche ihrerseits ritornellartig zwischen den einzelnen Blöcken steht.

In einem zweiten Block wird ebenfalls die thematische Sekundspannung verarbeitet. In erster Linie aber stehen hier die einzelnen melodischen Linien als rhythmische Komplexe gegeneinander. Ein in der Partitur als *piano break – ad lib* vorgezeichneter achttaktiger Soloteil wird von John Lewis vor allem rhythmisch ausgefüllt, indem er seine eingeworfenen Akkorde der vorgeschriebenen Rhythmik von Baß und Schlagzeug gewissermaßen antwortend entgegensetzt.

Der dritte Komplex beinhaltet die Soloimprovisationen von Vibraphon und Klavier. Das Grundmuster der Chorusse ist der zwölftaktige *Blues in C* (♩ = 232). Vibraphon- und Klaviersolo sind durch ein achtzehntaktiges Interludium getrennt, in dem improvisatorische Partien des Klavier und aus dem Sekundintervall gebildete komponierte Teile abwechseln. Die solistische Realisation in der Schallplatteneinspielung beschränkt sich dabei auf zuerst melodische Akkordbrechungen, dann auf die Abwechslung von Einzelnoten und dem Sekundintervall in rhythmischer Prägnanz, ist also nicht wirklich *Solo* wie in der Partitur überschrieben, sondern vielmehr die freie Ausformulierung eines vorgeschriebenen, intendierten Charakters. Im Gegensatz zu einem solchen sich stark an die motivisch-thematische Umgebung anlehnenden Solo bedient sich Lewis im Blueschorus der üblichen Improvisationsmanier des Jazz.

Der konzertierende« Charakter in *Pulchinella* wird in der Quartett-Version nur bedingt deutlich. In der Orchesterfassung ist der Bezug auf die Tradition dialogisierender italienischer Mehrchörigkeit klarer. Die Verarbeitung der melodischen Thematik des ersten Blocks geschieht dort in der Abwechslung erstens der Rhythmusgruppe unter der Leitung des Klaviers und zweitens des Blechbläserensembles mit Schlagzeugbegleitung. Auch der zweite Komplex bedient sich einer ähnlichen Gegenüberstellung konzertierender Instrumentengruppen. Der Klavier-Break – in der Quartettfassung nur rhythmisch ausgefüllt – wird hier zum personaltypischen Solo von Lewis. Der dritte Block schließlich, inklusive der Bluesimprovisationen, führt in der Orchesterfassung zur Übereinandersetzung der beiden Instrumentengruppen. Die den Blues begleitenden Instrumentalfiguren der Blechbläser sind auch in der Partitur der Quartettfassung indiziert, werden in der Realisation aber von Lewis fortgelassen.

Die Zunahme »konzertierender« Dynamik ist in der Modern Jazz Quartet-Einspielung nur undeutlich auszumachen. Der zweite Block beispielsweise, in dem sich ursprünglich die beiden Instrumentengruppen in der Melodieführung abwechselten, wird vom Quartett zum Teil colla parte von Vibraphon und Klavier gespielt, so daß jede Andeutung eines Konzertierens zwischen den beiden Melodieinstrumenten fehlt. Die durch thematische Begleitung erreichte motivische Bindung des Improvisationsteils an das komponierte Geschehen zuvor entfällt in der freien akkordischen Klavierstimme unter Jacksons Solo. Der in der Originalkomposition angelegte eigentliche Höhepunkt des dritten Blocks ist so zwar durch den Gegensatz freierer Improvisation zum strikten komponierten Satz zuvor vorhanden, nicht aber in der dynamischen Stringenz einer kompositorischen Entwicklung, welche in der Orchesterfassung die beiden konzertierenden Gruppen zusammenfügt und so eine zusätzliche Vermittlung, auch zwischen Komposition und Improvisation, bewirkt.

Piazza Navona:

Piazza Navona wurde von John Lewis in drei verschiedenen Schallplattenaufnahmen eingespielt. Ursprünglich war die Komposition für eine Blechbläserbesetzung konzipiert gewesen[55]. Gunther Schuller hat dies Arrangement im Covertext zur Schallplatte *»Mirage«* folgendermaßen beschrieben:

> *In John Lewis's »Piazza Navona« the emphasis is more on bringing the regal, stately gestures of later Renaissance music with all its messed brass-consort sonorities (as in the work of Giovanni Gabrieli) into*

[55] New York 1960, Atlantic 1334

24 T.	10 T.	16 T.	8 T.	16 T.	4 T.
Thema AAB	Über-leitung	Chase-Chorus I 8 T.: Piano (F-Dur) 8 T.: Vib (As-Dur)	Inter-ludium »choral-artig«	Chase-Chorus II 4 T.: Piano (As-Dur) 4 T.: Vib (Es-Dur) 4 T.: Piano (F-Dur) 4 T.: Vib (As-Dur)	Themen-kopf in imita-tivem Einsatz
Vibra-phon	= (plus Dm-Wirbel)	Piano/ Vibraphon	Vib/ Pno	Piano/ Vibraphon	Vib/ Pno
As-Dur	=	F-Dur/As-Dur	As-Dur	As-Dur/Es-Dur/ F-Dur/As-Dur	As-Dur
KOMPOSITION		IMPROVISATION	KOMPO-SITION	IMPROVISATION	KOMPO-SITION

2 x 16 T.	2 x 16 T.	2 x 16 T.	8 T.	12 T. (4+4+4)
Blues-Chorus I Piano-Solo	Blues-Chorusse II + III Baß-Solo (themati-sche Be-gleitung von Vib + Pno ar-rangiert)	Blues-Chorusse IV + V Vibraphon-Solo (Begleitung nur durch Schlagzeug)	Thema A entspre-chend der Ex-position Takte 1-8	4 T.: Interludium (T. 1-4) 4 T.: Themenkopf in imitativem Ein-satz 4 T.: Interludium (T. 5-8)
Piano	Baß	Vibraphon	Vibraphon	Vibraphon/Piano
As-Dur	=	=	=	=
IMPROVISATION			KOMPOSITION	

relationship with Lewis's own brand of classical chamber improvisation.[56]

[56] New World Records NW 216. Auch in: Gunther Schuller, ***Musings***, New York 1986, S. 132

Die Version des Modern Jazz Quartet, die als Schlußteil in *The Comedy* eingegangen ist, ist in der Hauptsache eine Transposition des Blechbläserarrangements. 1971 spielte das Quartett *Piazza Navona* ein weiteres Mal ein[57]. In dieser Aufnahme ergänzen wieder Blechbläser das Ensemble, das Arrangement unterscheidet sich allerdings grundlegend von den ursprünglichen Fassungen.

Die Schlußfunktion von *Piazza Navona* in *The Comedy* wird durch einige typische Schlußmerkmale aus der Jazztradition betont, vor allem durch die dialogisierende Aufteilung von Einzelchorussen in *fours* oder *eights*, d.h. die Anwendung des Chase-Chorus-Prinzips[58].

Das exponierte Thema nimmt vierundzwanzig Takte einer A A' B-Form ein. In ihm wechseln sich Vibraphon- und Klavierstatement, wiederholend oder antwortend, im zweitaktigen Abstand ab. Eine zehntaktige Überleitung isoliert das fanfarenartige Quartmotiv der Themenmelodik und endet in einem die Improvisation einleitenden Trommelwirbel. Das Prinzip des Dialogisierens zwischen Vibraphon und Klavier wird auch in den Soli beibehalten. Die jazztypische Tradition des Chase-Chorus gibt das Modell für die beiden ersten, jeweils sechzehntaktigen Improvisationspartien ab. Der erste Chorus, in dem die solistische Stimme nach acht Takten wechselt, basiert auf einer einfachen, harmonisch statischen Grundlage. Takte 1 bis 8, solistisch vom Klavier gespielt, verlassen nicht den F-Dur-Rahmen, der einzig durch den Walking Bass harmonisch interessanter gehalten ist. Die zweiten acht Takte – Vibraphonsolo – sind die Transkription dieser statischen Harmonik nach As-Dur. Über beiden Chorusteilen spielt die jeweils nicht solistische der Melodiestimmen als Begleitung das thematische Quartintervall.

Ein achttaktiges Interludium – sehr viel langsamer, in halben Notenwerten und fast »choralartig« – leitet zu einem zweiten Chase-Chorus über. Entsprechend dem Wechsel der jeweils solistischen Stimme jetzt im viertaktigen Abstand ändert sich auch die harmonisch weiterhin statische Grundlage im selben Schema: As-Dur, Es-Dur, F-Dur, As-Dur.

Nach einer viertaktigen Imitation des Themenkopfes beginnt die Abfolge vollständiger Soli. Die Sologrundlage ist nun die des sechzehntaktigen Blues.

Eb / / /	Eb / / /	Eb / / /	Eb / / /	Ab / / /	Ab / / /	Ab / / /	Ab / Bb /
Eb / / /	Eb / / /	Eb / / /	Eb / F /	Bb / / /	Ab / / /	Ab / Bb /	Eb / / /

57 New York 1971, Atlantic SD 1581

58 Chase-Chorusse sind im aufgenommenen Oeuvre des Modern Jazz Quartet relativ selten. Das einzige Stück, in dem die Abfolge von *fours* und *eighth* seit der ersten Einspielung 1955 bis in die achtziger Jahre erfolgt, ist *I'll Remember April*. In *Milt Meets Sid* (1951) erklingt ein halber Chase-Chorus, im Fremdarrangement von *Lester Leaps In*, vom Modern Jazz Quartet mit Miles Davis, Lester Young und dem Kurt Edelhagen Orchester 1956 in Freiburg aufgeführt (Unique Jazz UJ 14), existieren zwei Chase-Chorusse für die herausgestellten Soloinstrumente.

Einem Klaviersolo folgen zwei vorkonzipierte, fast auskomponierte Baßchorusse. Im Original für Blechbläser und Rhythmusgruppe hingen diese beiden Teile – Klavier- und Baßsolo – zusammen. Sie waren dort Grundlage für die Trompetenimprovisation. In der Quartettfassung schließen sich zwei Vibraphonchorusse an, die einzig vom Schlagzeug begleitet werden. Eine komponierte Reprise setzt nach dem Statement der ersten acht Thementakte das langsame choralartige Interludium, das allerdings in der Mitte (nach dem vierten Takt) durch den imitativen Themeneinsatz unterbrochen wird, wie er bereits zwischen den Chase-Chorussen und den sechzehntaktigen Blueschorussen als Zwischenspiel gedient hatte. An den Schluß des »choralartigen« Interludiums setzt Lewis das Kopfmotiv der Komposition in langen, gleichmäßigen Notenwerten. Aus dem *tenuto* des Schlußklangs heraus erklingt die Rahmenfanfare, der vierzehntaktige Abschluß durch die Übernahme aus *Fontessa*.

Auch dieses zweite Stück aus *The Comedy*, in dem der Improvisationspart über den Blues gespielt wird, bekommt in der Originalversion für Blechbläser und Rhythmusgruppe einen ganz anderen Charakter als in der Quartettversion. In der Orchesterfassung führt der Dialog – 1. zwischen den einzelnen Bläsergruppierungen in der Themenexposition, 2. zwischen Solotrompete und Klavier in einer Art zweiten Exposition, 3. zwischen Klavier und Solotrompete im ersten Soloteil, der dem Achter-Chase-Chorus der Quartettversion entspricht – zu einer graduellen Abschwächung von Klanggegensätzen, einer Abschwächung, die vom noch strikt respondierenden Expositionsteil ausgeht und auf die lange Bluesimprovisation der Solotrompete hinzielt. Lewis hat auch in der Quartettfassung die Zuteilung von Ruf- und Antwortphrasen auf zwei Instrumentengruppen – hier die beiden Melodieinstrumente – beibehalten, außerdem einen zweiten Chase-Chorus eingebaut, welcher in der Originalversion als reines Trompetensolo angelegt war. Lewis hat ebenso in Ansätzen zur Begleitung des Klavier- und Baßsolos das thematische Akkompagnement beibehalten, das im Original durch das Bläserensemble gespielt wurde. Dennoch ist allein schon durch die klanglich schwächere Differenziertheit der Instrumente der konzertierende Charakter in der Quartettaufnahme viel weniger deutlich. Die Chase-Chorusse, als deren Begleitung die jeweils nicht solistische Stimme das thematische Quartintervall intoniert, sollen als Parallele innerhalb der Jazztradition zur konzertierenden Musizierpraxis in der Renaissance stehen. Im Original ist die programmatische Bedeutung des Titels – *Piazza Navona* –, die auf das respondierende Musizieren verschiedener Instrumentengruppen in der Renaissancemusik anspielt, allein durch die differenzierte Klangfarbe des Blechbläserensembles verdeutlicht. In der Quartettversion dagegen steht die Vermittlung zwischen Komposition und Improvisation mehr im Vordergrund, die durch den Ablauf von konzertierendem Dialog in der Themenexposition, improvisiertem Dialog in den Chase-Chorussen und solistischer Improvisation über die Blueschorusse erreicht wird.

The Comedy, Zusammenfassung:

Die Suite *The Comedy* ist das einzige zusammenhängende Werk im Oeuvre des Modern Jazz Quartet, das als Originalkomposition eine ganze Schallplatte einnimmt. Es ist auch hierin den späteren Ellington-Suiten ohne weiteres vergleichbar.

Lewis hatte in der Zusammenstellung der Einzelsätze versucht, Zusammenhänge herauszustellen und dabei gleichfalls für genügend Diversität im Ablauf der Suite zu sorgen. Das Verbindende ist nicht nur das Programm der *commedia dell'arte*, das allen Sätzen zugrundeliegt, sondern vor allem auch das musikalische Moment des kompositorischen Experiments, das in jedem der Einzelstücke deutlich wird. Die Vermittlung zwischen Komposition und Improvisation war nicht so sehr Problem just dieses Werks, sie ist ein Grundproblem im Kompositionsschaffen von Lewis überhaupt. Im Zusammenhang der unterschiedlichen Stücke der Suite aber läßt sich ein repräsentatives Bild der Vermittlungsmöglichkeiten zeichnen, die für Lewis' Kompositionen jener Jahre symptomatisch waren.

In der nachfolgenden Tabelle sind solche Vermittlungsmöglichkeiten in *The Comedy* abschließend aufgeführt.

VERMITTLUNG DURCH	KOMPOSITION
– Formpyramide: Abschwächung der Gegensätze zwischen Komposition und Improvisation	*Pierrot*
– Harmonische Einheitlichkeit: Komplexe Harmonieangaben in den Solochorussen sichern die Bindung an das komponierte Thema	*La Cantatrice*
– Entwicklung: Blockhafte Aneinanderreihung sich annähernder Komplexe mit Schwerpunkten in Komposition und Improvisation	*Spanish Steps*, *Pulchinella*, *Piazza Navona*
– »Reflexiver« Aufbau: Formale Erklärung der Komposition findet erst im Arrangement der Solochorusse statt	*Spanish Steps*, *Harlequin*
– Unterschiedliche Deutlichkeit melodischer und harmonischer Momente in komponierten und improvisierten Passagen	*Pierrot*
– Gegensätze: Extrem komplexe Komposition findet ihren Höhepunkt / Release in extrem einfachen Improvisationsschemata	*Pulchinella*
– Annäherung von Kompositions- und Improvisationscharakter: Komposition ist dem Personalstil des Solisten angepaßt	*Columbine*

Die Zusammenfassung der verschiedenen programmatischen Titel zur Suite *The Comedy* wurde – auch im Vergleich zu späteren Suiten von John Lewis – oft als Höhepunkt der Vereinigung von Komposition und Improvisation beim Modern Jazz Quartet gesehen[59].

Max Harrison stellt fest, daß in *The Comedy* verschiedene ästhetische Forderungen erfüllt seien. Er legt zwei Maßstäbe an, um die Qualität der Suite zu beweisen:

> *Lewis achieves a richness of suggestion that surpasses not only the Ellington portraits but also such works as Smetana's autobiographical string quartet* Aus meinem Leben. *At the same time the pieces are satisfying in themselves as jazz aside from their explicit extra-musical association.*[60]

Harrison versucht, in einer Art ästhetischem »Spagat«, durch unterschiedliche Betrachtungsweisen den Wert innerhalb beider Traditionen zu zeigen. Er macht dabei den Fehler, die Konzeption zu dividieren und nicht die Verbindung zu betonen, d.h. das Moment der Vermittlung, das Lewis auch in den Einzelstücken zu formulieren versuchte.

Andere Kritiker fühlten sich auf zum Teil schon kuriose Weise von Lewis' Bezugnahme auf die *commedia dell'arte* irritiert. Nicht nur stieß die postulierte Parallele improvisatorischer Praktiken in Jazz und italienischem Renaissancetheater auf Widerspruch[61], sondern es wurde das Recht eines schwarzen amerikanischen Künstlers, auch die europäische Tradition für seine Zwecke zu nutzen, von Kritikern wie beispielsweise Benny Green bestritten:

> *Part of the repertoire this time around consists of Lewis's* commedia dell'arte *series in its entirety. It is quite astonishing that an American jazz musician should have this almost Jamesian obsession with the cultural connotations of the Old World, an*

59 Max Harrison u.a., *Modern Jazz. 1945-1970. The Essential Records*, London 1975, S. 100: [...] *although certain later performances such as* Three Little Feelings *prove the continuing validity of this music's principles and the players' ability to renew themselves within these, there is no question that* The Comedy *is the Modern Jazz Quartet's greatest achievement, the piece to which all their preceding work together leads. Its perfect integration of improvising and composition places it on a level with the best of Jelly Roll Morton's 1926 Hot Peppers and Ellington's 1940 recordings.*

60 Max Harrison, *M.J.Q. Progress Report*, in: *Jazz Journal*, xiii (Januar 1960), S. 3

61 Benny Green, *Drums In My Ears. Jazz In Our Time*, New York 1973, S. 44: *I attended a performance by the group in which there was included a piece which was supposed to have parallels with the* commedia dell'arte, *because both contained an element of improvisation. So does a football match, but Lewis is unlikely to give us a composition describing one.*

obsession that is blinding him to the fact that the most effective way to render an intensely national art internationally valid is to retain its national traits, not to dissipate them in alien cultures.[62]

Eine Kritik wie diese führt vor allem zu zwei Paradoxa. Einmal wird hier – im Bereich schwarzer Musik – die Forderung der zeitgenössischen Literaturkritik geradezu umgekehrt, welche die Benutzung rein schwarzer Themen zwar anerkannte, dieser aber vielfach die Universalität absprach, welche als ästhetisches Merkmal guter Literatur von ihr gefordert wird. Universalität, so die gerade in den späten fünfziger und frühen sechziger Jahren als Reaktion auf erfolgreiche schwarze Autoren wie Ralph Ellison, Richard Wright oder James Baldwin häufige Abwehr, sei dem schwarzen Autor, der nur aus seiner begrenzten sozio-politischen Situation heraus schreiben könne, nicht möglich. Schwarzamerikanische Literatur könne daher in keinem Fall über den Status von Minderheitenliteratur hinausgelangen. Diese Einschätzung ging von der selbstverständlich Annahme aus, es gäbe überhaupt keine universellen Werte im Leben der Schwarzen[63]. In der Jazzkritik also findet sich das gegenteilige Postulat, und Benny Green drückt nur offen aus, was hinter vielen Kritiken des Modern Jazz Quartet oder Kritiken »seriöser« Experimente im Jazz steckte: Gefordert wird nicht Universalität, sondern die Beschränkung auf die eigene Tradition. Allein der Begriff der *alien culture* zeigt die immanent rassistische Haltung des Autors, der den Traditionsstrang eines weißen amerikanischen Komponisten nach Europa sicher nicht leugnen würde.

Das zweite Paradoxon ist die Tatsache, daß sich Greens harte und reaktionäre Kritik fast mit den Forderungen der intellektuellen Führer einer schwarzen nationalistischen Bewegung der sechziger Jahre im Einklang befindet. Dort ist die Losung: *All art must reflect and support the Black Revolution, and any art that does not discuss and contribute to the revolution is invalid*[64]. Ron Karengas Forderung, die europäischen künstlerischen und ästhetischen Traditionen über Bord zu werfen und allein das Bewußtsein afrikanischer Ästhetik gelten zu lassen[65], sowie die Feststellung John O'Neals, *Western Culture is simply decadent*, und seine Forderung, der Schwarze könne seine Identität niemals innerhalb der westlichen Kultur finden[66], führen zur Ablehnung sämtlicher Anleihen aus »weißer« Kultur.

62 ibid., S. 56

63 Vgl. H.W. Fuller, *Towards a Black Aesthetic*, in: *The Black Aesthetic*, hg. von Addison Gayle, S. 23

64 Ron Karenga: *Black Cultural Nationalism*, in: *The Black Aesthetic*, hg. von Addison Gayle, S. 33

65 ibid. Karenga zitiert Leopold Senghors Charakterisierung afrikanischer Kunst durch die drei ästhetischen Kriterien *functional, collective and committing or committed*.

66 John O'Neal, *Note Book*, in: *The Black Aesthetic*, hg. von Addison Gayle, S. 48

Interessant ist also, wie die engstirnigen Meinungen von wahrhaften »Jazzfanatikern« und ihre Weigerung der Anerkennung neuer, experimenteller Formen und Methoden der schwarznationalistischen Abwehr weißer Traditionsstränge ähnelt. Beide leugnen die objektiven Tatsachen der Geschichte, also die dreihundertjährige Akkulturation des Afrikaners in die westliche Kultur, das Entstehen einer schwarzen Bourgeoisie im 20. Jahrhundert und damit die Entwicklung eines breiteren Traditionsbegriffs für den schwarzen Intellektuellen der fünfziger und sechziger Jahre[67]. Dieser wird mehr denn je »Weltbürger« und kann mit gleichem Recht – auch moralischem Recht – auf europäische wie auf afrikanische Geschichte und Werte zurückgreifen.

Three Little Feelings

John Lewis schrieb *Three Little Feelings* 1956 für ein Konzert sowie eine Platteneinspielung der Jazz and Classical Music Society, jener Gemeinschaft von Musikern und Komponisten, die an der Weiterentwicklung von Jazz und Kunstmusik sowie an deren Verbindung im später von Gunther Schuller so bezeichneten Third Stream interessiert war. In der Originalversion für Blechbläser und Rhythmusgruppe wurde die Komposition ein weiteres Mal 1959 auf dem Monterey Festival aufgeführt[68]. Im Konzertrepertoire des Modern Jazz Quartet taucht *Three Little Feelings* erstmals im Jahr 1957 auf. Aus demselben Jahr stammt die einzige veröffentlichte Quartett-Einspielung aus Bristol, England[69]. Das Stück blieb bis ca. 1969 im Konzertrepertoire des Ensembles.
In der Orchesteraufnahme wurden die Improvisationspartien der ersten beiden Teile der dreisätzigen Komposition von Miles Davis auf dem Flügelhorn, die des letzten Teils vom Posaunisten J.J. Johnson gespielt. Die Schallplatte, auf der die Komposition veröffentlicht wurde[70], fand zumindest in Amerika nur wenig Beachtung in der Öffentlichkeit, obwohl beispielsweise gerade Lewis' Behandlung von Instrumentation und Organisation der arrangierten Begleitung als Vor-

67 Da die nationalistische Theorie der schwarzen Führer der sechziger Jahre noch viel radikaler ist als hier beschrieben, findet sich in ihr sogar die Ablehnung traditioneller afro-amerikanischer Formen wie dem Blues als Ausdruck schwarzen Leidens und daher nicht *functional* für die schwarze Revolution.

68 John Lewis selbst benutzt in der Ankündigung verschiedener Kompositionen für *brass ensemble* auf diesem Festival den Begriff *hybrid* zur Beschreibung dessen, was später als Third Stream bezeichnet werden sollte. Vgl. Gene Lees, *The Monterey Festival*, in: *Down Beat*, xxvi (12. November 1959), S. 23.

69 Apple SAPCOR 4

70 New York 1956, Columbia CL 941. Die Orchesterpartitur erschien beim Verlag MJQ Music, New York 1957.

läufer der erfolgreichen Kooperation von Miles Davis und Gil Evans der nächsten Jahre ausgesprochen interessant ist[71].

Three Little Feelings besteht aus drei Sätzen. Durch die Verwendung derselben Tonart sowie die Verarbeitung desselben Hauptmotivs in den beiden Ecksätzen erreicht Lewis eine zyklische Anlage der Komposition. Der kontrastierende Mittelsatz, in dessen balladenhafter Faktur sich typische melodische Elemente Lewisscher Kompositionstechnik manifestieren, ist auch durch die Einbindung in die zyklische Satzorganisation als solistischer Schwerpunkt der Gesamtkomposition zu hören. In der Originalfassung wird die Improvisation eines jeden Satzes einem einzelnen Solisten überlassen. In der Quartettversion teilen sich John Lewis und Milt Jackson die Soli, im dritten Satz wird auch Baß und Schlagzeug je ein halber Chorus zugestanden.

Grundlage der folgenden Analyse ist die Einspielung des Modern Jazz Quartet. Vergleichend wird auf Unterschiede zur Originalfassung hingewiesen.

Three Little Feelings, 1. Satz:

8 T.	17 T. (8+1+8)	6 T.	24 T. (3x8)	16 T. (2x8)	16 T. (2x8)
Einlei- tung (im Ori und ginal 12 T.)	Themenexposition 8+1 T.: Pno (Melodiestimme); Baß (Kontrastimme) 8 T.: Vib (Melodiestimme); Pno (Kontrastimme)	Interludium; Piano-Solo- Break	Piano-Solo ohne jede Begleitung	Piano-Solo begleitet vom Schlagzeug (Becken)	Piano-Solo begleitet von Tonrepetitionen in Baß Schlagzeug (Becken und HiHat)
Vib/Pno	Piano/Vibraphon/ (Baß)	Piano	=	=	=
c-Moll	=	=	=	=	=
KOMPOSITION		IMPROVISATION			

71 Im Jahr 1963 wurde *Three Little Feelings* in einer Uminstrumentierung für Blech-, Holzbläser und Streicher mit Rhythmusgruppe auf der ersten Schallplatte des Orchestra U.S.A. eingespielt (*»Debut«*, New York 1963, Colpix CP 448). Die Soli der beiden ersten Sätze wurden dem Altsaxophonisten Phil Woods, das des letzten Satzes dem Gitarristen Jim Hall anvertraut. Im weicheren Gefüge der Instrumentierung sind einzelne Teile der Komposition in dieser Einspielung deutlicher, ist die kompositorische Arbeit besser zu würdigen als in der ersten Orchesteraufnahme mit Miles Davis.

16 T. (2x8)	24 T. (3x8)	10 T.	12 T.	5 T.
Vibraphon-Solo Begleitung: rhythmisches Piano-Comping; grundierendes Baß-Ostinato; Becken und HiHat	Vibraphon-Solo Begleitung: rhythmisches Piano-Comping; Walking Bass; Snare Drums und Becken	Komponierter Höhepunkt: Verarbeitung des Kopfmotivs	Übergelegtes Dreier-Metrum Thematisch verfremdete Reprise: – Pno + Baß: Wiederholung des Hauptmotivs; – Vib + Dms: rhythmisch perkussive Begleitung (original 16 T.)	Schlußstatement des zweitaktigen Kopfmotivs; colla parte aller Stimmen
Vibraphon	=	Vib/Pno/Baß	Pno/Baß	alle
c-Moll	=	=	=	=
IMPROVISATION		KOMPOSITION		

Einzelheiten der Kompositionsanlage sind in der Originalfassung für Blechbläser deutlicher als in der Transkription für Jazzquartett. So hat beispielsweise die Übereinanderschichtung dreier kurzgliedriger Motive in der Einleitung des ersten Satzes im Orchesterarrangement einen Effekt, der vom kleinen Ensemble nicht erreicht wird. Dies erklärt die vereinfachende Umgestaltung, die Lewis in der Quartettversion vornimmt. Die Einleitung wird relativ steif und in unklarem Metrum vorgetragen und bildet so einen Kontrast zur schließlichen Themenexposition.

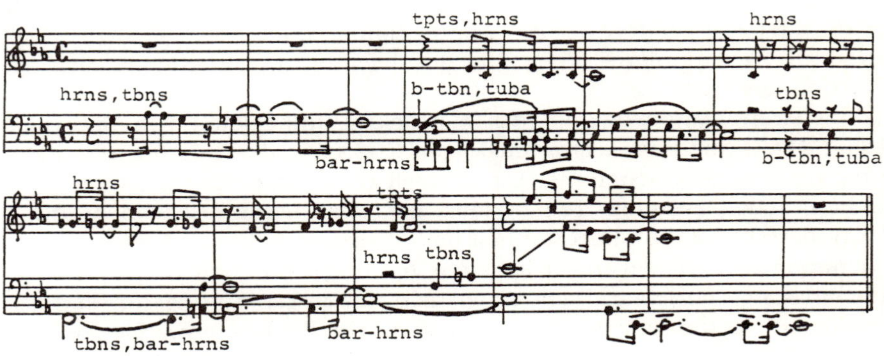

Das Thema selbst ist sowohl harmonisch als auch melodisch schlicht. Es umfaßt sechzehn Takte, die sich aus melodisch zwei mal acht Takten und harmonisch vier mal vier Takten zusammensetzen.

Das harmonische Grundmuster ist hierbei die taktweise fortschreitende Kadenz: t – S – D – t. Ein zweitaktiges Motiv, rhythmisierte Anspielung jeweils der Ober- und Untersekunde, bildet die melodische Keimzelle. Im Kopf ist der Ausgangspunkt hierfür die Quint des zugrundeliegenden Akkords, so daß der ausgehaltene Schlußton just der Tritonus ist. Gunther Schuller weist in seinem Plattentext zur Originalaufnahme auf das *blue note feeling* hin, das durch die Betonung dieser Flatted Fifth verursacht wird[72].

Das Hauptmotiv wird im Verlauf der Achttakter jeweils dreimal sekundversetzt sequenziert, mit diastematischer Angleichung an die zugrundeliegende Harmonik. In der Blechbläserversion wird der erste Achttakter von den Hörnern gespielt, zugleich erklingt eine Gegenmelodie der Posaune. In der Quartettfassung übernimmt Lewis den Melodie-, Percy Heath den Kontrapart. Die Faktur des Orchesterarrangements besitzt eine Prägnanz, die in der Quartettfassung erst im zweiten Achttakter erreicht wird, in welchem Milt Jackson die Melodie- und Lewis die Kontrastimme spielt. Alle Musiker paraphrasieren die komponierte Thematik mit leichten Umspielungen und in rhythmisch freierer Diktion.

Im schnelleren Tempo beginnt das Klaviersolo, unbegleitet von Baß oder Schlagzeug. Die Einheit des sechzehntaktigen Chorus in der Quartettversion ist eher eine analytische Feststellung. Da nämlich die beiden Chorushälften sich entsprechen, jeder einzelne Teil zudem aus zwei harmonisch identischen Viertaktern besteht, ist die Choruseinheit im Solo selbst nicht zu hören.

Um dennoch eine Gliederung zu schaffen, hat Lewis Zahl und Duktus der Begleitstimmen festgeschrieben. Nach anderthalb Chorussen Solo-Piano setzt das Schlagzeug mit rhythmischem Ostinato auf einem Becken ein. Nach einem vollen Chorus unterstützt zusätzlich der Kontrabaß das Solo mit Tonrepetitionen. Der Schluß des Klaviersolos dann wird von Percy Heath durch die jewei-

72 Gunther Schuller, *Music For Brass* [Plattentext], Columbia CL 941

ligen Harmoniegrundtöne basiert. Dasselbe Baß- und Schlagzeug-Akkompagnement begleitet auch den ersten Chorus des Vibraphonsolos, nun noch verstärkt durch harmonisches Comping des Klaviers. Eine nochmalige Änderung der Begleitstruktur unterstützt die letzten anderthalb Solochorusse Milt Jacksons. Percy Heath spielt nun in Walking-Bass-Manier, Connie Kay wechselt zum einen das Becken, benutzt zum anderen Snare Drums und Baßtrommel für rhythmische Akzente zur Unterstützung des Solos. Auch Lewis' Comping wird rhythmischer. Der dynamische Aufbau des Improvisationsteils mündet schließlich in das komponierte Unisono von Vibraphon, Klavier, Kontrabaß und – rhythmisch – Schlagzeug.

Dieser komponierte Höhepunkt besteht aus der Verarbeitung des Kopfmotivs. Sie erinnert in den ersten Takten stark an den Beginn des 1954 von Sonny Rollins komponierten *Oleo*. Und gleich darauf scheint in den akzentuiert eingeworfenen, ebenfalls dem Themenkopf entlehnten Wechselnoten von Vibraphon, Klavier und Kontrabaß das Hauptmotiv aus Lewis' eigenem *The Golden Striker* zitiert zu werden.

Der ursprüngliche Schluß des Satzes wird in der Quartettversion abgeändert. Anstelle einer Reprise der zu Beginn vorgestellten Motive spielen Klavier in tiefer Lage und Kontrabaß das Hauptmotiv des Satzes, begleitet von einem rhythmisch perkussiven Orgelpunkt in Vibraphon, der rechten Hand des Klaviers und unterstützt vom Trommelwirbel. Aus dem *crescendo* dieser Takte heraus beschließt ein augmentiert colla parte gespieltes letztes Statement des zweitaktigen Motivs den Satz.

Der erste Satz aus *Three Little Feelings* erweist sich als bei weitem nicht in dem Maße geschlossen wie die Einzelsätze aus *The Comedy*. Die komponierten Teile bilden nicht den schließenden Rahmen, wie er dort in jedem Stück vorhanden war. Sowohl die Komposition als auch die Planung der improvisierten Abschnitte unterwerfen sich dem Eröffnungscharakter des Satzes. Die dynamische Entwicklung des Satzes führt zu einer Öffnung innerhalb des Werkzusammenhanges durch 1. Aufeinanderfolge von *straight* gespielter Einleitung und paraphrasierter Themenexposition, 2. dynamisch steigernde Abfolge der Melodieinstrumente innerhalb der Exposition, 3. in den Improvisationsabschnitten feststellbare dynamische Formung durch Instrumentation sowie vor allem Begleitduktus, 4. den abschließenden Höhepunkt, dem kein retardierendes Gegengewicht angehängt ist. Die Entwicklung des Satzes verlangt letztlich auch die Weiterbehandlung der satzeigenen Thematik, eine Forderung, die von Lewis dann im dritten Satz erfüllt wird.

Three Little Feelings, 2. Satz:

25 T. (24+1)	3 T.	48 T. (6x8)	24 T.	4 T.	16 T.
Thema Paraphrasen-Improvisation	Interludium	Piano-Solo über statische Harmoniegrundlage: jeweils 4 T. Es-Dur, 4 T. B^7	Vibraphon-Solo: Chorus über Themenharmonik	Interludium	Themenreprise (2. Hälfte der Exposition; T. 13-14 durch chromatischen Durchgang zum Schluß verlängert) Paraphrasen-Improvisation
Vibraphon	Vib/Pno	Piano	Vibraphon	Vib/Pno	Vibraphon
B-Dur	=	=	=	=	=
(KOMPOSITION)		IMPROVISATION			(KOMPOSITION)

Der zweite Satz aus *Three Little Feelings* ist als Jazz-Ballade konzipiert. Die Form des Themas ist ein wenig ungewöhnlich: Es ist ein vierundzwanzigtaktiger Komplex, der aus zwei Zwölftaktern, nämlich zwei varianten A-Teilen besteht. Die harmonische Grundlage ist dabei keineswegs – wie vielleicht zu erwarten wäre – das zwölftaktige Blues-Schema, wenn auch in dem Thema eigenen Einzelheiten, z.B. dem Schwanken zwischen Dur- und Moll-Parallele (B-Dur, g-Moll) und *call-and-response*-Momenten, gewisse Blueselemente enthalten sind.

Beide Thementeile gehen von der tatsächlichen Grundtonart B-Dur aus. Der erste Teil führt bereits im ersten Takt nach g-Moll, das dann zum Halbschluß kadenzierend bekräftigt wird. Während in der Mitte des zweiten Teils ebenfalls eine Kadenz nach g-Moll angespielt wird, wendet sich das melodische Geschehen doch gleich darauf zum korrekten Ende nach B-Dur zurück.

Nach dem Improvisationsteil, der durch jeweils eine viertaktige Überleitung vom kompositorischen Komplex abgetrennt ist, erfolgt die Reprise des zweiten Thementeils, der letzten zwölf Takte, nun – im chromatischen Durchgang der Melodiestimme zum Schluß – leicht verlängert.

Der Improvisationsabschnitt des Satzes ist in der Originalfassung nicht auf das komponierte Thema bezogen. Die einzelnen Improvisationseinheiten umfassen acht Takte, vier Takte über Es-Dur sowie vier Takte über B-Dur. Das Klaviersolo in der Quartetteinspielung präsentiert sechs mal diese achttaktige Sequenz. John Lewis improvisiert über einen konstanten Orgelpunkt der Harmoniegrundtöne in Vibraphon und Kontrabaß. Er benutzt eine relativ simple Melodik, die sich stark auf die ebenfalls einfache harmonische Grundlage bezieht. Diese Konzeption des Soloteils entspricht der Originalkomposition[73].

Das in der Quartettfassung nun sich anschließende Vibraphonsolo dagegen ist in der Ursprungsfassung nicht enthalten. Milt Jackson improvisiert über die vollständige Themenharmonik und spielt einen kompletten Chorus, bevor nach einem viertaktigen Interludium die komponierte Themenreprise erklingt. Wie schon Miles Davis das Thema in der Schallplattenaufnahme stark paraphrasiert hatte, so benutzt auch Jackson die thematischen Abschnitte zur Paraphrasen-Improvisation, doch geht er in seinem Solo dann in eine etwas freiere, mehr chorusphrasen-artige Spielweise über. Die Paraphrase natürlich steht neben langsamem Tempo und eingängiger Harmonik in der Tradition der Jazz-Ballade.

In der Originalversion gehört das ausgesprochen improvisierte Themenstatement ganz entschieden mit zum solistischen Ausdruck. Das Orchesterakkompagnement zu diesem Satz war es, das Vergleiche zu den späteren Kooperationen zwischen Miles Davis und Gil Evans evozierte[74]. Die getragene Begleitung, die tatsächlich außerordentliche Integration von Solotrompete und Orchesterbackground, d.h. auch die Integration von freier spielendem Solisten und komponiertem Begleitarrangement, ist in der Ursprungsfassung mit ein Höhepunkt des Satzes. Diese durch Klangfarbe und Deutlichkeit der Integration herausgestellten Momente fallen in der Reduktion der Transkription für das Quartett fort.

73 *Three Little Feelings* war vor *Sketches of Spain* und *Kind of Blue* eines der frühen Beispiele der harmonischen Vereinfachung, welche in anderer Ausführung dann zur modalen Spielweise von Davis und Coltrane führen sollte. Der exakte Mittelpunkt der Komposition wurde in der Originalfassung mit Miles Davis vielfach als der Höhepunkt des Werks betrachtet, eine Stellung, die ihm in der Quartettversion sicher nicht mehr eigen ist. Vgl. Harvey Pekar, *Third Stream Jazz*, in: *Jazz Monthly*, viii/10 (Dezember 1962), S. 7: *The highlight of the record occurs when the rhythm section lays out and Miles sings over a gently rippling two notes background supplied by the trombones and baritone horns.*

74 R. Atkins, Schallplattenbesprechung, zit. nach Jack Chambers, *Milestones 1. The Music and Times of Miles Davis to 1960*, New York 1983, S. 243: *The second movement is on par with the outstanding Miles Davis-Gil Evans collaboration... even though the backing might seem monochromatic by comparison.*

Die Verwendung eines langsamen Mittelsatzes entspricht sicher dem ästhetischen Verständnis des Liebhabers europäischer Musik. John Lewis versucht, durch motivische und dynamische Verbindung der Ecksätze und einen im Duktus abweichenden Mittelsatz Symmetrie zu schaffen.

Die Einfügung eines weiteren Themenchorus in die Quartettversion gründet in dem Zwang, zwei Soloinstrumente unterbringen zu müssen. Es spiegelt sich hierin allerdings auch die Idee einer dynamischen Entwicklung wider, die bereits im ersten Satz manifest war. Denn natürlich hat die Abfolge des schon von der Sologrundlage her relativ statischen Klaviersolos und des demgegenüber viel bewegteren Vibraphonchorus einen Steigerungscharakter, der im Vorplan der Realisation bereits die Dynamik des Ablaufbogens garantiert. Das kontemplative Moment der Originalfassung, in der Miles Davis in Paraphrasen-Improvisation nah am thematischen Kern blieb und nicht in einem Solochorus die Chance hatte, die Komposition weiterführend zu interpretieren, ist in der Quartettaufnahme nur bedingt vorhanden. Durch die kleinere Besetzung bekommt das Stück – isoliert betrachtet – einen noch stärker geschlossenen Charakter, Dies liegt nur zum Teil am eingefügten Vibraphonchorus, zum Teil sicher auch an der gegenseitigen Vertrautheit der Ensemblemitglieder, die gerade in Balladen-Realisationen besonders durchscheint. Im Gegensatz zu den Ecksätzen ist der zweite Satz sehr wohl als Einzelkomposition bzw. als Einzelrealisation vorstellbar.

Three Little Feelings, 3. Satz:

5 T.	8 T.	8 T.	4 T.	32 T. (4x8)	32 T. (4x8)
EXPOSITION				Piano-Solo	Vibraphon Solo
Thema 1 (verkürzt)	Thema 2 (direkte Herleitung aus dem Kopf des 1. Satzes)	Thema 1 (vollständig)	Interludium	Vier Acht-Takter mit jeweils derselben harmonischen Grundlage; Begleitungsschema: 1. Vib/Baß/Dms 2.+ 3. Baß/Dms 4. Vib/Baß/Dms	Harmonie-Grundlage wie unter dem Piano-Solo
Baß	Vibraphon	Vib/Pno/Baß	Vib/Pno/Baß	Piano	Vibraphon
c-Moll	=	=	=	=	=
KOMPOSITION				IMPROVISATION	

20 T. (10+10)	16 T. (2x8)	24 T. (3x8)	5 T.
Thematischer Einschub (Thema 1) 10 T.: Piano (Themenvariante) 10 T.: Baß (vollständiges Thema)	Baß-Solo Themenchorus über 2 x die Harmonien von Thema 1	Schlagzeug-Solo (zurückhaltend) Thematische Begleitung durch die anderen Instrumente	Thema 1 (verkürzt) entspricht T. 1-5 des Satzes
Piano/Baß	Baß	Schlagzeug	Baß
c-Moll	=	=	=
KOMPOSITION	IMPROVISATION		KOMPOSITION

Durch motivische Verwandtschaft ist der dritte eng an den ersten Satz gebunden. In der Exposition werden zwei Themen vorgestellt, die beide aus dem Kopf des Initialsatzes abgeleitet sind.

Das vollständige erste Thema erklingt erst ab Takt 14.

Die Verkürzung auf fünf Takte im Baßstatement des Anfangs wird rahmend auch für die letzten fünf Takte des Satzes benutzt. Das achttaktige Thema ist periodisch in vier Zweitakter gegliedert, die harmonisch einer einfachen Kadenz folgen. Auch das zweite Thema ist aus vier zweitaktigen Gliedern aufgebaut. Es entspricht im diastematischen und harmonischen Verlauf dem Hauptthema des ersten Satzes und ist einzig in der rhythmischen Struktur variant. Neben der aus dem Notenbeispiel deutlich werdenden melodischen Verwandtschaft beider

Themen des Schlußsatzes ist eine Beziehung auch in der Benutzung von Blue Notes – vor allem des Tritonus – zu sehen.

Nach einer viertaktigen Überleitung beginnt ein erster, nicht thematischer Improvisationsabschnitt. Die zugrundeliegenden Changes leiten sich aus der Harmonisierung der auf der Es-Dur-Skala basierenden Baßlinie her.

Nach Milt Jacksons Vibraphon-Improvisation eröffnet eine Abspaltung des Quartbeginns aus dem Hauptthema in der Pauke die Reprise. In der Partitur als solches Quartintervall notiert, benutzt Connie Kay in der Quartettfassung eine einzelne Pauke und spielt so nur die Rhythmik des Themeninitiums.

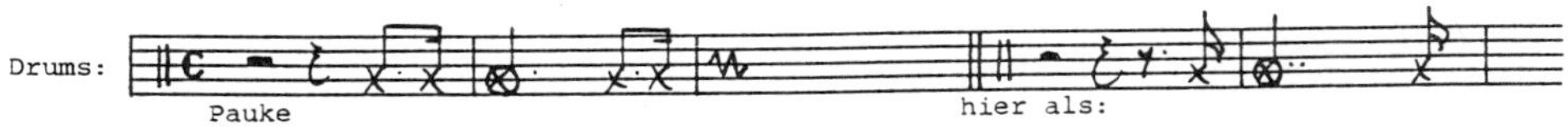

Dem so unterlegten achttaktigen thematischen Einschub, dessen melodisches Geschehen in Vibraphon und Klavier eine verkürzte Variante des ersten Themas darstellt, folgt ein vollständiges Statement dieses Themas im Baß. In Abänderung der Originalkomposition schließt sich hieran ein Baßsolo Percy Heaths über das erste Thema – nicht also über die vorherige Soloharmonik – an. Die weiterhin grundierende Paukenbegleitung führt – nachdem das abgespaltete Quartmotiv ostinat von Klavier und Vibraphon übernommen wird – zu einem vierundzwanzigtaktigen Schlagzeugsolo, das allerdings in der steten Begleitung durch die anderen Instrumente zurückhaltend bleibt.

Die fünftaktige Verkürzung des Hauptthemas, entsprechend der Einleitung vom Kontrabaß mit leichter Beckenuntermalung gespielt, beschließt den Satz und damit die ganze Komposition.

Die Übernahme von Thematik des ersten in die Exposition des letzten Satzes führt zu einer Rahmung innerhalb der Gesamtkomposition, stellt die motivische Verbindung zwischen den beiden Hauptthemen heraus und erfüllt somit eine Forderung, die in der Offenheit des ersten Satzes formuliert wurde, nämlich die nach einer Weiterverarbeitung der dort vorgestellten Motivik. Nur folgerichtig wird das direkt übernommene Thema in der Reprise des Schlußsatzes nicht berücksichtigt. Der in der Quartettversion neue Einschub von Baß- und Schlagzeugsolo über je zweimaligem Durchlauf des thematischen Achttakters bewirkt eine noch stärkere Schlußwirkung der komponierten Reprise als in der Originalkomposition geplant.

In der Orchesterfassung war der dritte Satz aus *Three Little Feelings* der einzige, in dem über ein eher traditionelles Harmonieschema improvisiert wurde. Im ersten Satz verschleierte die Kleingliedrigkeit der harmonischen Einheiten einen eventuellen Choruszusammenhang. Im zweiten Satz stand die Paraphrasen-Improvisation über die Thematik solistisch stärker im Vordergrund

als die eher interludienhafte, harmonisch statische Solopartie. Im dritten Satz schließlich ist die harmonische Progression der erweiterten Kadenz über grundierendem Skalendurchgang des Kontrabasses einer traditionellen Solobasis am ähnlichsten. Diese Entwicklung im Soloplan war in der Orchesteraufnahme deutlich zu verfolgen. Lewis hat sie allein schon durch die weiteren solistischen Einfügungen ins Quartett-Arrangement modifiziert.
Die Addition thematisch verpflichteter Soloharmonik für das Vibraphonsolo des zweiten und das Kontrabaßsolo des dritten Satzes durchbricht somit die ursprüngliche Anlage der Komposition. Im Original war die Bindung zwischen Komposition und Improvisation nicht in der jazz-üblichen Reihung von Thema und improvisierter »Variation« (alias Chorus) gegeben, sondern die Soloteile waren auch formal selbständige Partikel im Ganzen der Komposition. Ihnen stand in ihrer relativen Unabhängigkeit von der thematischen Grundlage eine andere Aufgabe zu als dem traditionellen Chorussolo. Als Formteile innerhalb eines Konzeptes, welches auch über den einzelnen Satz hinaus geplant war, waren die Improvisationsabschnitte zugleich explizite Kontrastteile, nicht nur im Wechsel der Spielmanier (Komposition – Improvisation), sondern auch und bereits im formalen Arrangement. In der Quartett-Transkription fallen – wie erwähnt – einzelne Charakteristika der Orchesterfassung fort. Die Hinzufügung von Improvisationsabschnitten über eine in der Komposition vorgestellte Thematik begründet andererseits eine weitere Vermittlung zwischen Komposition und Improvisation, eine Vermittlung, die im Arrangement zu einzelnen Veränderungen auch des festen Ablaufs – vor allem im dritten Satz – führt.

Three Little Feelings, Zusammenfassung:

Die Rubrizierung von *Three Little Feelings* unter den Begriff der »Suite« ist sicher irreführend. Das Modell, das hinter der Komposition steht, ist eher das des Solokonzerts. Die Dreisätzigkeit sowie der langsame, kantable Mittelsatz in der Dominante der Durparallele der Ecksätze, vor allem aber auch die ursprüngliche Planung als präsentative Komposition für den Trompetensolisten weisen auf dies Verständnis hin. Das letzte Moment geht bei der Transkription für Modern Jazz Quartet verloren, wenn – dem Jazz-Usus gemäß – die Soli mehreren Solisten zugeteilt werden.

Hauptsächlicher Unterschied zu den früheren oder späteren Suitenkompositionen von John Lewis ist, 1. – im Vergleich zu *Fontessa* – daß die Komposition mehrsätzig und nicht nur mehr-thematisch ist und 2. – im Vergleich zu *The Comedy* – daß die einzelnen Sätze den Zusammenhang der Gesamtkomposition brauchen und zumindest die Ecksätze als Einzelkompositionen keine Geschlossenheit aufweisen, wie dies in Teilen von *The Comedy* der Fall ist.

Im Gegensatz zum Terminus »Concerto« oder »Konzert«, der – auf den Jazz übertragen – immer noch die Definition europäischer Musikgeschichte beinhaltet, stand der Terminus »Suite« auch innerhalb des abendländischen Musikverständnisses für eine bedeutend freiere, eher undefinierte Gattung. Die Concerti, die es im Jazz gab[75], sind alle formal oder zumindest äußerlich dem Vorbild Concerto verbunden. In der Übernahme von *Three Little Feelings* ins Modern-Jazz-Quartet-Repertoire fehlt nun selbst die äußerliche Konzentration auf einen Solisten. Der Vergleich zu den Suiten von Lewis aber, die er ja in etwa zur selben Zeit komponierte, macht deutlich, wie der Komponist auf verschiedene Art und Weise Problemlösungen zu formulieren versuchte, Stringenz im musikalischen Ablauf, Vermittlung von Komposition und Improvisation herzustellen. Der Verzicht auf Improvisation im gewohnten Rahmen in der Originalkomposition ist ein Versuch, der den Konzeptionen von *Fontessa* oder *The Comedy* entgegensteht. In *The Comedy* zwar blieben in einzelnen Sätzen die Improvisationsteile ohne direkten thematischen Bezug zur Rahmenkomposition, sie hatten allerdings immer eine der traditionellen Grundformen von Jazzsolo, sei es die Reprisenbarform oder der Bluesablauf. Einzig der Mittelteil von *Three Little Feelings* besitzt ein komponiertes Thema, das im Zusammenhang zweier korrespondierender Zwölftaktperioden der Grundkonzeption traditioneller Jazzkomposition zumindest nahekommt. Das bloße Aneinanderreihen von achttaktigen thematischen Komplexen im ersten wie im dritten Satz, bei dem vor allem die Simplizität der melodischen Entwicklung des ersten Hauptthemas eine noch weitere Reduzierung verursacht, entfernt sich völlig von dem im Jazz üblichen Aufstellen einer dann auch in der Improvisation grundlegenden Thematik. Und so sind die im Original formulierten Improvisationspartien auch nur bedingt auf die komponierten Teile bezogen. Die im Solo zwar eingehaltene harmonische Sequenz des Themas im ersten Satz macht in der Verschleierung der Chorusgrundlage die Auflösung jener traditionellen Soloeinheit deutlich. Nicht mehr der Chorus ist es hier, dessen traditionelles Formschema die Improvisation bedingt, sondern in der Wiederholung kleinerer Einheiten wird auch die Improvisation in *sectional forms* vorausgeplant, die Lewis als eine Lösung zum Problem der traditionellen Formbegrenzung in Reprisenbar- oder Bluesablauf ansah.

> *As to some of the things we do today and the things within the future, I think the goal for us was to find some way to escape the 32 bars or escape 16 bars or escape 12 bars, and this has been done before in other music, classical music, by using sectional forms. Instead of the form being determined by this 32 bars, it's determined only by four or eight bars, and after this new material can be introduced and then new four-bar impro-*

[75] Zu nennen sind unter anderem; Ellingtons Solokonzerte der dreißiger Jahre, die viel festeren Übernahmen abendländischer Konzertformen in der Musik einzelner Westküsten-Komponisten (Stan Kenton, John Graas und andere), aber auch jene Konzerte, die im Verlauf der Third Stream-Bewegung geschrieben wurden (z.B. Gunther Schullers *Concertino for Jazz Quartet and Orchestra* für das Modern Jazz Quartet und Orchester, New York 1960, Atlantic LP 1359; oder Friedrich Guldas *Concertino for Players and Singers* von 1960 bzw. seine *Piano Concerti Nr. 1* und *Nr. 2* von 1962 und 1964, alle drei Kompositionen auf MPS 88.0034-2 bzw. MPS 88.050).

visational section can be introduced this way; and through a very careful hearing of what you're doing you can make all this music hold together, in a sense.[76]

Die Improvisationspartien der Originalkomposition von *Three Little Feelings* sind als eine Art Entwicklungsstufe auf dem Weg zur Benutzung von sectional forms auch im Arrangement zu sehen. Daß Lewis in der Transkription für das Modern Jazz Quartet von diesem Prinzip zum Teil wieder abgewichen ist und neben den vorkonzipierten Soloteilen thematische und damit im traditionellen Sinne strukturierte Solopassagen in Einzelsätze der Komposition eingebaut hat, ist nur zum Teil durch die Erfordernis genügenden Soloraums für mehrere Solisten zu erklären. Tatsächlich verschiebt sich das Gewicht der Einzelsätze durch solche Einschübe. Der Interludiums-Charakter des Improvisationsabschnitts im zweiten Satz wird durch das Gegengewicht des thematischen Chorus Milt Jacksons aufgehoben. Die ebenfalls thematischen Improvisationsabschnitte von Kontrabaß und Schlagzeug im letzten Satz verstärken die Schlußwirkung dieses Teils. In einer Transkription für das Quartett, in der die verschiedenen Klangfarben fortfallen, die Lewis in die Originalkomposition eingeplant hatte und die er besonders in der Realisation durch das Orchestra USA herausstellte, muß solches Manko durch andere Gewichtsverteilungen wettgemacht werden. Neben der Benötigung von mehr Improvisationsraum also spielt gewiß diese Komponente eine gewichtige Rolle für die Umstrukturierung der Quartettfassung.

In der Analyse von *Fontessa* wurde die Befreiung von formalen Grenzen für die Improvisation festgestellt. In *The Comedy* kam der Improvisation die Vermittlung zu zwischen Kompositionsteilen, die in jazzfernerer Faktur gestaltet waren und Spielduktus und Formtradition des Jazz in den Soloabschnitten. In *Three Little Feelings*, in dem sowohl Komposition als auch Improvisation formal von der Jazztradition entfernt stehen, ist es nicht so sehr ein Vermittlungscharakter, der den improvisierten Soli obliegt. Verbindung wird durch die gleichermaßen relativ simpel konzipierten Themenstrukturen und Improvisationsgrundlagen in den Ecksätzen geschaffen[77]. Komponierte und improvisierte Teile erscheinen weniger als Blöcke, als dies in *The Comedy* der Fall war. Jeder einzelne Satz ist hingegen in das Gesamtkonzept integriert und hat eine deutliche Funktion, die über den Gehalt des Einzelstücks hinausgeht. Der erste Satz besitzt ein öffnendes Moment, der zweite Satz ist ruhende Mitte, der dritte Satz Rückbesinnung und zugleich Schluß. All diese auf die Großform abgezielten

[76] John Lewis, *Time Future*, in: *Esquire*, li/1 (Januar 1959), S. 112

[77] Eines der von Kritikern an Lewis immer hoch gelobten Charakteristika ist in *Three Little Feelings* an einzelnen Stellen fast zum Motto erhoben: Die Simplizität in vielerlei Struktur ist es auch hier, die Kritiker die Komposition – wenn sie denn rezensiert wurde – aus den vergleichbaren Werken anderer Komponisten herausheben ließ. Vgl. beispielsweise Wilfrid Mellers, *Music in a New Found Land*, New York 1967, S. 361: *This work of romantic* simplesse *is truly touching: and shows that Lewis can write good music when he keeps within his limitations.*

Charakteristika sind sowohl in der komponierten als auch in der Improvisations-Anlage der Originalkomposition sowie in der Modifikation der Quartett-Transkription vorhanden. *Three Little Feelings* ist damit die erste längere Lewis-Komposition, der nicht ein Hauch von »Potpourri« anlastet, wie dies noch in den *commedia dell'arte*-Suiten der Fall war. *Three Little Feelings* ist außerdem in der Entfernung von traditioneller Jazzform ein weitergehendes Beispiel des Einflußes eines europäischen Form- und Kunstverständnisses, das allerdings, da vollkommen in die Sprache des Jazz integriert, eine sehr viel gelungenere Realisation der Vermengung dieser beiden ästhetischen Ideale darstellt als viele Third Stream-Experimente – von Lewis oder anderen.

A Day In Dubrovnik

A Day In Dubrovnik ist eine der jüngeren Kompositionen von John Lewis. Sie befindet sich seit ca. 1985 im Konzertrepertoire des Modern Jazz Quartet und wurde vom Ensemble 1987 zusammen mit der New York Chamber Symphony auf Schallplatte eingespielt[78]. Eine frühe Fassung der Suite, *Na Dubrovacki Nacin* – eine vom Jugoslawen Bosko Petrovic initiierte Auftragskomposition – wurde von Lewis mit der B.P. Convention und den Solisti di Zagreb im Jahr 1976 auf der Schallplatte *Misterij Bluesa* veröffentlicht[79].

Lewis gibt eine Art »Programm« für die Suite:

> *The piece tries to give an impression, first of »Afternoon,« when the great tour ships arrive and people from other lands encounter this beautiful Renaissance city. The second part is »Evening and Late Night,« when one feels the serenity of Dubrovnik. Finally there's the impression of the busy »Morning« life in this most charming city. Dubrovnik was an important city on the Adriatic in the way Venice was, but whereas Venice is all color, Dubrovnik is all white marble, beautifully preserved.*[80]

Anders als bei *Three Little Feelings* und einzelnen Teilen aus *The Comedy* ist die Quartettfassung von *A Day In Dubrovnik* bedeutend einheitlicher als die Aufnahme mit Kammerorchester. Die Aufteilung der in der Einspielung von den Streichern gespielten Kompositionsteile auf Vibraphon und Klavier sowie verschiedene Varianten des Arrangements bieten in der Konzertrealisation eine Fassung, die dem Vergleich mit der Schallplatte ohne weiteres standhält.

Einzelheiten, z.B. die Abwechslung von komponierter und improvisierter Exposition der einzelnen Thementeile im ersten Satz, haben in der Einheitlichkeit der Instrumentation in der Quartettversion eine Wirkung, die im Arrange-

[78] New York 1987, Atlantic (WEA) 254 833
[79] Jugoslawien 1976, Jugoton LSY-65015/6
[80] Zit. nach Gary Giddins, *Three Windows* [Plattentext], Atlantic (WEA) 254 833

ment für Quartett und Kammerorchester fast verloren geht. Dem Vergleich zwischen Schallplatteneinspielung und Konzertfassung werden Rundfunkmitschnitte und eigene Hörerfahrungen der Jahre 1985 bis 1989 zugrundegelegt.

Im Jahr 1984 spielte John Lewis solistisch bzw mit einer Besetzung aus Violine, Viola, Gitarre, Kontrabaß und Klavier verschiedene Präludien und Fugen aus J.S. Bachs *»Wohltemperierten Klavier, I«* ein[81]. Die als Klaviersoli realisierten Präludien sowie die je nach Stimmenzahl instrumentierten Fugen erhielten in diesen Aufnahmen kleine, teils fest arrangierte, teils improvisierte Blöcke an entscheidenden Umschwungstellen der Originalkompositionen, die außerhalb dieser Blöcke getreu der Bachschen Fassung übernommen wurden. In der Modern-Jazz-Quartet-LP *»Blues On Bach«*[82] war eine ähnliche Transkription Bachscher Kompositionen auf die Instrumentation des Quartetts bereits in größerem Umfang realisiert worden, allerdings enthielten die Übernahmen aus Bachs Werk keine hinzugefügten Improvisationsblöcke. Ausgewogenheit wurde in der Anlage der Schallplatte hergestellt, in der sich Bach-Transkriptionen mit improvisierten Blues abwechselten. Das Problem, das sich Lewis 1984 bei der direkten Verbindung der Original-Transkriptionen mit Improvisationsteilen stellte, formulierte er selbst so:

What I tried to do was structure the improvisation so it was contained within a performance of a prelude instead of being two different things. I tried playing it all the way through and then improvising. That was alright as a clinical performance, but it wasn't too satisfactory to listen to. I found places to introduce improvisation within the performance of the whole prelude.[83]

Seine intensive Beschäftigung mit dem Werk Bachs gerade in jenen Jahren floß auch in die pianistische Aktivität von Lewis ein. In seinen Soli wurde in Konzerten noch mehr als zuvor der Einfluß barocker Melodiebildung und Harmonik deutlich. Diesen Einfluß allerdings verband er auf eine Art und Weise mit der vordergründigen Improvisations- und Kompositionssprache des Jazz, daß auf keinen Fall der Eindruck eines »play Bach«-Konzeptes entstand.

John Lewis betont in einem Plattentext von 1984 die Bedeutung Johann Sebastian Bachs für seine kompositorische wie für seine solistische Arbeit:

While all of the great masters of Western music have had a tremendously enriching affect on my life, it is J.S. Bach's influence which has probably been most in evidence in my writing and performance.[84]

81 John Lewis: *»J.S.Bach: Preludes and Fugues«*, New York 1984, Philips 824 381-1; *»The Bridge Game, Vol. II«*, New York 1984/85, Philips 826 698

82 New York 1973, Atlantic SD 1652

83 Mary Campbell, *Lewis is a Class(ical) Artist*, in: *Chicago Sunday Times* (25. Juli 1985)

84 John Lewis, *J.S. Bach's Influence on my Work*, Philips 824 381 [Plattentext]

In *A Day In Dubrovnik* ist – mehr als in vielen anderen Originalkompositionen der sechziger und siebziger Jahren – der Einfluß Bachs auf das Kompositionsschaffen von Lewis zu spüren. Er zeigt sich besonders vordergründig auf drei Ebenen: 1. in der Melodieerfindung, 2. in der Harmonieprogression – auch im Soloplan – und 3. in der formalen Gliederung einzelner Themenkomplexe.

A Day In Dubrovnik, 1. Satz – *»Afternoon«*:

<table>
<tr><td>12 T.</td><td>4 T.</td><td>22 T.</td><td colspan="2">30 T.</td><td>28 T.</td></tr>
<tr><td>Einleitung</td><td>Thematische Überleitung</td><td>Themenexposition (augmentiert) einschließlich zweier improvisierter Vibraphon-Breaks</td><td colspan="2">Exposition der Sologrundlage:
A (Vib + Streicher-Akk., komponiert)
A (Vib, improvisiert)
B (Streicher, komponiert
A (Pno, freiere Diktion)</td><td>Improvisierte Überleitung; statisch: Abwechseln von je 2 T. über D^b und C</td></tr>
<tr><td>Streicher (Vib)</td><td>Piano/ Streicher</td><td>Streicher/Pno (Ende: Vib + Pno)</td><td colspan="2">Vibraphon/Piano/ Streicher</td><td>Piano (Streicher)/ Vib + Pno</td></tr>
<tr><td>d-Moll</td><td>=</td><td>=</td><td colspan="2">F-Dur</td><td>=</td></tr>
<tr><td>3/4-Takt</td><td>=</td><td>=</td><td colspan="2">4/4-Takt</td><td>=</td></tr>
<tr><td colspan="3">KOMPOSITION</td><td>IMPROVISATION</td><td>KOMPOSITION</td><td>IMPROVISATION</td></tr>
</table>

<table>
<tr><td>32 T.</td><td>12 T.</td><td>10 T.</td><td>12 T.</td><td>19 T.</td></tr>
<tr><td>Chorus I
Piano-Solo;
AABA;
in den T. 7-8 der A-Teile: Streicherbegleitung; im B-Teil Vib-Begltg.</td><td colspan="2">Chorus II
Vibraphon-Solo
A
A (T. 1-4) | A (T. 5-8)
B</td><td colspan="2">Reprise
entspricht Einleitung | entspricht Themenexposition, jedoch ohne Vibraphon-Break</td></tr>
<tr><td>Piano</td><td>Vibraphon (Streicher)</td><td>Vib + Streicher (A)
Streicher (B)</td><td>Streicher (Vib)</td><td>Streicher + Pno (Ende: Vib + Pno)</td></tr>
<tr><td>F-Dur</td><td>=</td><td>=</td><td>d-Moll</td><td>=</td></tr>
<tr><td>4/4-Takt</td><td>=</td><td>=</td><td>3/4-Takt</td><td>=</td></tr>
<tr><td colspan="2">IMPROVISATION</td><td colspan="3">KOMPOSITION</td></tr>
</table>

Wie *Fontessa* ist *A Day In Dubrovnik* ein Werk ohne Unterbrechungen zwischen den einzelnen thematischen Einheiten, allerdings mit drei klar voneinander getrennten Satzkomplexen. Ein Rahmen wie in der früheren Komposition fehlt hier. Der Bezug der Außensätze zueinander entsteht durch Tonartenkorrespondenz – d-Moll – sowie durch motivische Verwandtschaft: Das Kopfthema des ersten entspricht in seinem Wechselnotencharakter dem Schluß des dritten Themenkomplexes.

Die Anlage des ersten Satzes – *»Afternoon«* – folgt einer Konzeption, wie Lewis sie auch in anderen seiner Kompositionen und Arrangements anwendet[85]. Nach der Einleitung und der *straight* komponierten Exposition eines ersten Themas folgt die komponierte, teils auch improvisatorisch erhöhte, swingend vorgetragene Exposition der Sologrundlage, deren Kopfmotiv aus der Exposition des ersten Themas abgeleitet ist (vgl. die Takte 1 bis 71 in der Skelett-Transkription im Notenanhang).

Die melodischen Hauptmomente des exponierten Themas sind erstens die Sequenz des zweitaktigen Motivkomplexes (vgl. die Takte 17 ff.) und zweitens das aus dem Wechselnotenmotiv abgeleitete Prinzip des leittönigen Anspielens von Grund- und Dreiklangstönen im Nachsatz (Takte 27 ff.). Durch die Verwendung barocker Topoi in der Melodieerfindung versucht Lewis, so Gary Giddins, *to get the feeling of Vivaldi und Giuseppe Tartini, the 18th century composer who was born up the coast from Dubrovnik*[86].

In der Exposition der Sologrundlage ab Takt 39 wechseln sich komponierte und improvisierte Statements jeweils der A- und B-Teile ab. In der Konzertfassung als reines Quartett-Arrangement ist der Übergang von Komposition zu Improvisation im swingenden Vortrag von sowohl A als auch A' bzw B und B' fließend. In der Abwechslung eines streicherbegleiteten A-Teils bzw. eines nur von den Streichern gespielten B-Teils mit den jeweiligen Improvisationspendants erhalten die Kompositionspartien ein anderes Gewicht als in der Quartettfassung, wird der Unterschied zwischen komponierter und improvisierter Faktur deutlicher, der spielerische Übergang von Komposition zu Improvisation dagegen verschleiert.

Die Exposition des Sologrunds ist unvollständig: Anstatt des letzten A-Teils erscheint hier die verkürzte (improvisierte) Wiederholung des B-Teils (Takte 63 ff.). Eine harmonisch statische, improvisierte Überleitung grenzt den Expositions- vom Chorusteil ab (Takte 68 ff.). Nach einem vollständigen Chorus des Klaviersolos wird der zweite Chorus nur zur Hälfte – A1 und die Takte 1 bis 4

[85] Vgl. zu diesem wie den beiden anderen Sätzen die im Notenanhang enthaltene Skelett-Transkription des Arrangements.

[86] Gary Giddins, *»Three Windows«* [Plattentext]. Giddins und Lewis sind als Organisatoren des American Jazz Orchestra seit 1986 eng miteinander in Verbindung. Es scheint daher wahrscheinlich, daß Giddins' Anmerkung von Lewis selbst stammt. Dennoch sei auf eine Kritik von Hans Kumpf zumindest hingewiesen: Hans Kumpf, *Modern Jazz Quartet*, in: *Jazz Podium*, xxxvi/7 (Juli 1987), S. 16: *»A Day in Dubrovnik« erinnerte freilich mit Parallelen zu Bachs Toccata in d-Moll eher an Leipzig als an Jugoslawien.*

von A2 – als Improvisationsbasis für Milt Jackson genutzt. Die Takte 5 bis 8 von A2 (Vibraphon) sowie der B-Teil dieses Chorus (Streicher) sind zugleich Reprise der komponierten Themenmelodik, an die sich eine zusammenfassende Wiederholung von Einleitung und erster Themenexposition anschließt.

Die Sequenzmelodik der *straight* vorgetragenen Themenexposition ab Takt 17 führt zugleich in die melodische Charakteristik der Gesamtkomposition ein. Das Anklingen barocker Melodiemuster nämlich beherrscht auch die komponierten Teile der anderen Sätze.

Die blockweise Exposition in der Abfolge von 1. Einleitung, 2. *straight*-Exposition und 3. rhythmischer Vorstellung des Chorus-Themas begegnet in vielen Lewis-Arrangements. Wie in einzelnen Sätzen aus *The Comedy* bewirkt dieser Aufbau auch hier eine gleitende Vermittlung zwischen den Extremen verstärkt formelhafter Komposition und freierer Improvisation.

Die Abwechslung von festgeschriebenem Arrangement und anschließender improvisierter Wiederholung der Themengrundlage im quasi »Expositionschorus« führt genauso wie das zwischen Exposition und Klavierchorus geschaltete statische Improvisationsinterludium zu einer weiteren Vermittlung. Das zugrundeliegende Chorusmodell einer Reprisenbarform wird in der Variante der Exposition, im fließenden Übergang vom Interludium zum Klaviersolo und in der Aufteilung des letzten Chorus in Vibraphon-Improvisation (A1), Reduktion auf ein reines Anspielen der Grundharmonik (A2, Takte 1 bis 4) sowie die komponierte unvollständige Reprise (A2, Takte 5 bis 8; B) im Höreindruck verschleiert. Die Undeutlichkeit von Chorusgrenzen und Choruseinheit, die auch in den anderen Sätzen der Suite zu beobachten ist, ist ein Ergebnis der Beschäftigung mit traditioneller Jazzform und den Möglichkeiten ihrer Einpassung in größere, komponierte Formmodelle.

Lewis weicht in *A Day In Dubrovnik* von dem Plan wieder ab, der noch *Three Little Feelings* bestimmte. Aus seinen Experimenten im Umgang mit der Chorustradition, die in *Fontessa* wie in *The Comedy* beispielhaft darstellbar sind, zog er in *Three Little Feelings* die Konsequenz, statt des Chorusmodells kürzere »sections« zu benutzen, vereinfachte Wiederholungsmuster zum Teil, die dem Solisten in auch harmonischer Simplizität größere Freiheiten in der Improvisation geben sollten. Von diesem Prinzip wich Lewis in der Quartett-Transkription von *Three Little Feelings* in den sechziger Jahren wieder ab, um in der Addition einzelner Themenchorusse eine Verschiebung formaler Schwerpunkte zu erlangen, die das Manko orchestraler Kontraste wettmachen sollte.

Im ersten Satz von *A Day In Dubrovnik* wird die Synthese einsichtig, die sich aus den Kompositionserfahrungen von Lewis ergeben hat. Das Chorusprinzip liegt dem Formablauf zwar zugrunde, nicht aber in der traditionellen Abfolge der Chorusreihung. Es gibt bereits in der Exposition Varianten, fließende Übergänge in und aus dem in »sectional form« statischen Interludium, fest arrangierte wie frei solistische Partien innerhalb von Exposition und Reprise. Zwischen Komposition und Improvisation, aber auch zwischen kompositorischen und improvisatorischen Formprinzipien versucht Lewis hier eine Synthese zu schaffen, die mehr als in früheren Arbeiten ein Gleichgewicht zwischen den Extremen herstellen soll.

A Day In Dubrovnik, 2. Satz – *»Evening and Late Night«*:

22 T.			6 T.	4 T.	12 T. (4+8)	12 T.
»Ritornell I«			»Episode I«	»Ritornell II«	»Soloepisode I«	»Ritornell III
2 T.	8 T.	12 T.				
Introduktion a	Exposition b: Streicher a: Vib/Baß b: Streicher a: Vib/Baß	Ritornell I c b+a c' c b	Respondierender Dialog zwischen Vibraphon + Piano	c b	– Intro (4 T.: C°, D°, Eb°, F°) – A	c c b a b a
Vib/Baß	Streicher Vib/Baß	Streicher	Vib/Pno (Streicher)	Streicher	Solovioline	Streicher Vib/Baß
c-Moll	=	=	=	=	=	=
KOMPOSITION						

48 T. (4+24+4+16)	16 T.	48 T. (4+24+4+16	16 T.
»Soloepisode II« – Intro (4 Takte) – Chorus (ABA) – Intro-Variante – Quintfallkadenz	»Ritornell IV« c c c' b a b a	»Soloepisode III« – Intro (4 Takte) – Chorus (ABA) – Intro-Variante – Quintfallkadenz	»Ritornell IV« c c c' b a b a
Piano (z.T. Streicherbegleitung)	Streicher/ Vib/Baß	Vibraphon	Streicher Vib/Baß
c-Moll	=	=	=
IMPROVISATION	KOMPOSITION	IMPROVISATION	KOMPOSITION

12 T.	6 T.	16 T.	4 T.
»Soloepisode IV« – Intro – A (wie Solo- episode I)	Interludium (»Episode II«) reine Sequenz- melodik	»Ritornell IV« c c c' b a b a	Epilog stretta-artiges zweimaliges State- ment von c: 1. Streicher 2. Vib + Baß
Violinen (mehr- fach besetzt)	Streicher	Streicher Vib/Baß	Streicher Vib/Baß
c-Moll	=	=	=
KOMPOSITION			

Sowohl der mittlere als auch der abschließende Themenkomplex aus *A Day In Dubrovnik* weisen formale Übernahmen barocker Muster auf. Am deutlichsten ist dies im zweiten Satz – *»Evening and Late Night«*. Eingebunden in den Gesamtablauf der Komposition findet sich hier ein Ritornellsatz[87], wie ihn Lewis in keiner seiner früheren Kompositionen so ausgeprägt geschrieben hat.

In der Exposition werden drei Charakteristika dieses Ritornells vorgestellt: 1. der durchgehende Orgelpunkt in Vibraphon und Kontrabaß ([a] in der Transkription des Arrangements), 2. die getragene Umspielung des *c''* mit Unter- und Obersekunde in rhythmisch varianter Akkordik des Streicherensembles ([b] in der Partitur), 3. eine in Oktavparallelen von den Streichern gespielte Melodik, die im folgenden auch erweitert ist ([c] in der Partitur). Allein die Abfolge von sequenzierender Einzelton-Melodik [c] und getragenen Partien ([a] und [b]) bedingt – auch in der Quartettfassung – im Zusammenhang der Exposition den Charakter einer Abwechslung von Instrumentengruppen und unterstützt somit den barocken »Concerto«-Eindruck, der durch die Ritornellaufteilung dem ganzen Satz eigen ist.

An die Exposition der Ritornellmelodik schließt sich eine erste komponierte Episode an (Takte 23 bis 29). In der dialogisierenden Ergänzung der beiden Instrumentalstimmen Vibraphon und Klavier sowie in der Sequenzmelodik und vor allem in der nicht jazz-gemäß, *straight* vorgetragenen Diktion paßt sich diese sechstaktige Eröffnungsepisode der Faktur des Ritornells an.

Nach einer kurzen viertaktigen Wiederkehr von [c] und [b] beginnt die erste Soloepisode, in diesem Fall eine komponierte Melodie der Solovioline über har-

87 Wie auch in *Pulchinella* aus *The Comedy* ist der Terminus »Ritornell« hier ein Hilfsbegriff, der auf den Einfluß barocker Formvorstellungen hinweisen soll. Die Konsequenzen, die sich in Barockmusik aus der musiktheoretischen Auffassung von Ritornellsätzen ergeben, sind in der Übernahme in die Jazzmusik selbstverständlich nicht zu berücksichtigen.

monischen Teilen der späteren Improvisationspartien. Diese Takte nämlich folgen quasi einer Abspaltung des Formverlaufs, der den vollständigen Soli zugrundeliegt (Takte 33 bis 44 entsprechen den Takten 57 bis 68).

Ein längeres Ritornell (Takte 45 bis 56) leitet zur zweiten Soloepisode, dem ersten vollständigen Improvisationsabschnitt, über. Basis der Solokomplexe ist ein Chorusmodell in dreiteiliger Liedform (A B A). Eine viertaktige Introduktion (Takte 57 bis 60) führt – auch harmonisch in der Reihung vierer verminderter Septakkorde – in die Soloepisode ein. Dieselben vier Takte bilden zugleich die zweite Hälfte des B-Teils (Takte 73 bis 76). Dem vierundzwanzigtaktigen Chorus folgt eine Variante der Episodeneinleitung (Takte 85 bis 88), die jetzt zu einer verlängerten Quintfallkadenz führt (Takte 89 bis 104). Diese abschließenden 16 Takte sind zugleich Höhepunkt der Improvisationseinheit und werden durch den harmonischen Verlauf und durch eine neue metrische Auffassung unterstützt. Während der Solist in den Teilen zuvor in einer Art *2-feeling* begleitet wurde, wechselt das Metrum hier zum deutlich prononcierten *4/4 beat*.

Zwischen Klavier- und Vibraphonsolo sowie nach der letzten vollständigen Improvisationseinheit erscheint ein Ritornell aus [c], [b] und [a] (Takte 105 bis 120). Rahmenförmig schließt sich die verkürzte komponierte Soloepisode an (Takte 121 bis 132), diesmal in den Streichern mehrfach besetzt. Ein komponiertes sechstaktiges Interludium (Takte 133 bis 138) in reiner Sequenzmelodik leitet zum abschließenden Ritornell über.

Die Benutzung der Ritornellform für diesen Satz wird nicht nur wie im barocken Konzert durch den Wechsel der jeweiligen Instrumente oder Instrumentengruppen deutlich, sondern gleichfalls durch die außerordentlich konträre Faktur von komponiertem Satz und Improvisationsduktus. Die extreme Gegensätzlichkeit macht auch die komplexen Soloeinheiten durchaus verständlich: Introduktion sowie abschließender Höhepunkt bilden zugleich Übergänge, logische Abgrenzungen zwischen Komposition und Improvisation, und zwar Übergänge, die bereits im Vorplan in den Entwicklungsablauf eingebaut sind.

Die Konstatierung eines A B A-Chorusmodells in den Soloepisoden ist im Rahmenarrangement der kompletten Improvisationseinheiten eine vor allem analytische Feststellung. Die harmonische Anlage des B-Teils, in dessen zweiter Hälfte die Kette verminderter Septakkorde entsprechend der Soloeinleitung der Takte 57 bis 60 steht, sowie der dominantisch offene Schluß des zweiten A-Teils, nach dem mit einer Variante der Soloeinleitung die verlängerte Kadenz beginnt, führen im Höreindruck zu einer Realisation, in der die traditionelle Chorusform kaum deutlich wird. Das schon im ersten Satz formulierte Aufbrechen des Reihungsprinzips findet in der Einbettung des Chorus in einen harmonischen Ablauf mit Einleitung und anschließender langer Kadenz eine weitere Ausformung. Beide den Chorus rahmenden Teile haben harmonische Progressionen – Reihung verminderter Septakkorde bzw. Quintfallkadenz –, die in ihrem barocken Charakter gelungene Übergänge zu den Ritornellen bieten. Ihnen kommt im zweiten Satz die hauptsächliche Vermittlungsfunktion zwischen Komposition und Improvisation zu. Aber auch die Begleitarrangements der Streicher mit rhythmisch varianten Akkordschlägen bieten in diesem wie in den anderen Sätzen Vermittlungsmöglichkeiten an. Nicht nur wird durch sie zum Teil barocke Satztechnik in die Begleitstruktur der Soli mit eingebracht, sondern auch passen sich die improvisierenden Solisten zum Teil rhythmischen Ostinati des Akkompagnements an bzw. stellen sich ganz bewußt auch konträr der Begleitung entgegen. Im Quartettarrangement fallen solche Vermittlungsstrukturen fort, wenn Lewis unter dem Vibraphonsolo ein jazz-gemäßes *comping* spielt bzw. seine eigenen Soli meist nur von Baß und Schlagzeug begleitet sind.

A Day In Dubrovnik, 3. Satz – *»Morning«*:

	eintaktige Verschränkung				
2 T.	18 T. (11+7)	10 T.	12 T.	4 T.	12 T.
Einleitung	Exposition; 11 T. über Orgel-Punkt; 7 T. Wechselenotenmotiv	Verarbeitung der Expositionsmotivik; Herausarbeiten der Ritornellmelodik	Chorus I »Solo-episode« Vibraphon-Solo	Ritornell I	Chorus II »Solo episode« Vibraphon-Solo
Streicher	Pno/Vib/ Streicher	Streicher/ Vibraphon	Vibraphon	Streicher	Vibraphon
d-Moll	=	=	=	=	=
KOMPOSITION			IMPROVISATION	KOMPOSITION	IMPROVISATION

4 T.	12 T.	4 T.	12 T.	16 T.	16 T.
Ritornell II	Chorus III »Solo-episode« Piano-Solo	Ritornell II	Chorus IV »Solo-episode« Piano-Solo	Blues (T. 1-4 komponiert; Rest improvisiert)	Blues dito
Piano	Piano	Vibraphon	Piano	Piano (Streicher)	Vib/Pno (Streicher)
d-Moll	=	es-Moll	=	=	=
KOMPOSITION	IMPROVISATION	KOMPOSITION	IMPROVISATION		

4 T.	9 T.	19 T.
Ritornell II	Verarbeitung der Ritornellmelodik (Fortführung) mit retardierendem Schluß	Reprise entspricht der Exposition; Kadenz in den letzten Takten
Streicher	Streicher	Pno/Vib/Streicher
g-Moll	=	d-Moll
KOMPOSITION		

Der dritte Satz – *»Morning«* – greift verschiedene Merkmale der vorangehenden Komplexe auf. Aus dem ersten Satz stammt das Wechselnotenmotiv, das als Höhepunkt der Exposition ab Takt 14 erscheint, aus dem aber auch die thematische Formel des Klaviers ab Takt 3 abgeleitet ist. Aus diesem Eingangsmotiv wiederum wird nach der Exposition die Melodik des späteren zweiten Ritornells gebildet (Takte 26 bis 29). Aus dem zweiten Satz ist sowohl die Ritornellgliederung übernommen als auch das Prinzip der Orgelpunktbegleitung unter einem Großteil der Exposition.

Die Sologrundlage für die Improvisationspartien des Satzes ist eine zwölftaktige Einheit, die dominantisch endet und so jeweils auf das erneute Einsetzen des viertaktigen Ritornells abzielt, das die Chorusse trennt. Momente wie die Eröffnungskadenz zur Durparallele F-Dur, das sofortige Weiterführen innerhalb der Soloeinheit erreichter Kadenzstufen sowie der offene Schluß geben den einzelnen Chorussen schon in der harmonischen Progression eine melodische Qualität, wie sie charakteristisch für Kompositionen von Lewis ist. Zugleich kommt den Chorussen nach der scheinbar diffusen Aneinanderreihung verschiedener Motivblöcke in der Exposition eine quasi thematische Funktion zu. In der kurzen und besonders durch die Ritornelle übersichtlichen Struktur der einzelnen Improvisationseinheiten wird dem Hörer ein traditionelles, am Prinzip der Chorusreihung orientiertes Ablaufmuster geboten, das als Gegengewicht zur melodisch simplen, formal eher uneinheitlichen Struktur der Exposition steht.

Nach dem ersten Vibraphonchorus folgt ein viertaktiges Streicherritornell, nämlich die Wiederholung eines je zweitaktigen Sequenzmotivs (Takte 42 bis 45). Ritornell II, das die restlichen Chorusse voneinander trennt, besteht aus der nach der Exposition kompositorisch entwickelten Melodik (Takte 26 bis 29 entsprechenden den Takten 58 bis 61).

Zwischen den sekundversetzten vierten Chorus und das letzte Ritornell sind zwei sechzehntaktige Blueschorusse geschoben, die jeweils mit dem melodischen Thema der Takte 3 bis 5 beginnen. Sie erweitern diesen Improvisationsteil und geben ihm zusammen mit der Sekundrückung und der Duo-Improvisation von Vibraphon und Klavier im zweiten Blueschorus das Gewicht, das dem Schlußcharakter des Satzes zusteht. Dem letzten, von den Streichern gespielten Ritornell II folgt eine komponierte Fortführung der Ritornellmelodik, die die Funktion einer Überleitung in die Reprise hat, formal also der Herleitung der Ritornellmelodik im Anschluß an die Exposition entspricht. Die notengetreue Reprise der Takte 3 bis 18 schließt mit der gegenläufigen Kadenz von Vibraphon und Klavier die Komposition ab.

Im Gegensatz zum zweiten Satz, dessen Chorusse in einen größeren Improvisationsplan eingebettet und dessen Ritornelle geschlossene Blöcke mit verschiedenen aufeinander folgenden Motiven waren, hängen die in der Reihung deutlich erkennbaren Chorus-Einheiten im dritten Satz sehr viel enger mit den kurzen Ritornellpartien zusammen.

Komponierte Ritornelle und Improvisation waren im zweiten Satz Gegensätze – sowohl in der Instrumentation wie auch in der stilistische Diktion. Überleitung bzw. eine Vermittlung fand in den improvisierten Rahmenteilen der einzelnen Soloeinheiten statt. Anders sind die Ritornelle im dritten Satz selbst mit in die Improvisationskomplexe integriert. Vermittlung ist bereits in der Einheitlichkeit der barocken Formung von Ritornellmelodik und Harmonieprogression der Improvisationsblöcke gegeben. Die stufenweise Herleitung der Ritornellmelodik aus der Exposition sowie ihre Auflösung vor der Reprise schaffen die Verbindung zwischen den melodisch abrupten Rahmenteilen und der freieren, schon im Harmoniegerüst »melodischen« Improvisation. Indem die einzelnen Chorusse aber immer wieder durch die Ritornelle eröffnet werden bzw. immer wieder in die Ritornellmelodik münden, sind sie formal und – in der Kenntnis des Arrangements im Bewußtsein jedes Solisten – auch musikalisch aufs engste in den Kompositionsrahmen integriert.

A Day In Dubrovnik, Zusammenfassung:

In *A Day In Dubrovnik* zeigt sich eine andere Lösungsmöglichkeit gegenüber dem Problem einer Vermittlung zwischen Komposition und Improvisation als in den anderen Suiten von John Lewis. Die Erfahrungen des Komponisten mit vereinzelten Übernahmen sowohl formaler als auch inhaltlicher Momente abendländischer Kompositionstradition dienen ihm hier für einen selbstverständlichen Umgang mit solchen Traditionen, denen er aus dem Jazz abgeleitete Improvisationsgrundlagen so anpaßt, daß die Kombination völlig einheitlich wirkt. Mehr als in früheren Werken eignen sich die beiden Bereiche – Komposition wie Improvisation – Charakteristika der jeweils anderen Technik an. Die melodische Faktur der Komposition, deren Einzelbestandteile und Methoden (Motivik, Sequenz) zum Teil deutlichen Anklang an abendländische Tradition zeigen, wird zur Herausarbeitung eines auch melodischen Themas für die Sologrundlage in eine jazz-gemäße Fassung gebracht, und sei es – wie im dritten Komplex – in der Riff-Ähnlichkeit des aus dem Thema abgeleiteten Ritornells. Die Improvisationsteile haben zwar in allen drei Sätzen jazz-übliche Formen, müssen sich aber jeweils dem komponierten Umfeld anpassen. Die

Einfügung des A B A -Chorus im zweiten Satz in eine größere Soloeinheit mit jeweiliger Einleitung und höhepunktartigem Schluß ist eine Konzession an das komponierte Umfeld der gliedernden Ritornelle. Die beiden Blueschorusse zum Ende des dritten Satzes erscheinen sowohl im Arrangement als auch in der improvisatorischen Realisation als befreiendes Ergebnis der eng mit den Ritornellen verbundenen vorherigen Chorusse, zumal wenn in der Duo-Improvisation von Vibraphon und Klavier ein improvisierter Höhepunkt der Gesamtkomposition erreicht wird.

Die Vermittlung zwischen Komposition und Improvisation, die in *The Comedy* den solistischen Abschnitten zukam, geschieht hier – sehr viel dezenter – in der arrangierten und komponierten Anlage. Eine Kompositionsweise wie die in *Fontessa* erscheint wie eine Art Etüde zu *A Day In Dubrovnik*. Die Befreiung der konventionellen Soloform von den Beschränkungen der üblichen Chorusreihung wird auf andere Art und Weise als in *Fontessa* oder in *Three Little Feelings* erreicht, nicht nämlich durch Auflösung, sondern durch Erweiterung der Form. Die Satzanlage von *Three Little Feelings*, die Geschlossenheit innerhalb des Werkganzen schuf und nicht die Einzelteile durch komponierte Rahmen voneinander abtrennte, findet sich hier, noch verfeinert, wieder. *A Day In Dubrovnik* also ist ein Resultat formaler Experimente früherer Jahre.

Zusammenfassende Bemerkungen

In der Analyse der Suiten von John Lewis wurden vor allem die vom Komponisten zu verantwortenden Elemente zur Vermittlung zwischen Komposition und Improvisation betrachtet. In den Realisationen aller Suiten sind aber auch die Improvisationspartien von hoher Qualität. In Teilen aus *The Comedy* und *Three Little Feelings* hat dabei sicher die Komposition ein partiell größeres Gewicht. Besonders in *The Comedy* steht das Experimentieren mit Form und vor allem mit formalen Vermittlungsmöglichkeiten im Vordergrund. Die Originalfassung von *Three Little Feelings* gehörte mit zu den ersten Beispielen des Third Stream. In der Quartett-Transkription allerdings wurden die orchestralen Kontraste aufgelöst und wirkte die einförmigere Instrumentation dem Mainstream des Jazz sehr viel näher stehend. In der stark personenbezogenen Komposition der einzelnen Themenkomplexe aus *Fontessa* stellte tatsächlich die Improvisation den Mittelpunkt dar, für den das Arrangement nur mehr Inspiration und Auslöser war. In *A Day In Dubrovnik* schließlich ist in gewissem Maße ein Gleichgewicht zwischen Komposition und Improvisation erreicht, das ein Selbstverständnis des Komponisten im Umgang mit beiden Traditionen erahnen läßt. Die Übernahme abendländischer Modelle und deren Integration in einen Jazzkontext, wie sie in den verschiedenen Fugen von John

Lewis eine extreme Ausformung erfuhr, scheint in *A Day In Dubrovnik* die gelungenste Realisation gefunden zu haben.

Die Komposition im Jazz hat von jeher den Zweck einer orientierenden Rahmung. Das stärkere Gewicht, das der kompositorischen Formung nach Ellington gegeben wurde, ist ein ästhetischer Umschwung, ein Ergebnis der allgemeinen Intellektualisierung, der zunehmenden Sophistikation des Jazz sowie der Auffassung vom Jazz als Kunstmusik, wie sie spätestens in den fünfziger Jahren Einzug in die Musikerkreise hielt. Die Gewichtsverlagerung, die im Extrem des Third Stream der Komposition fast einen größeren Wert als der Improvisation einräumte, verlangt die Beschäftigung des Komponisten oder Arrangeurs mit Möglichkeiten der Vermittlung zwischen der relativ neuen komplexen Kompositionssprache und der Tradition von Jazzimprovisation.

Am Beispiel von John Lewis und seinen Kompositionen lassen sich diverse solcher Möglichkeiten signifikant aufzeigen. Vor allem aber wird im Vergleich analoger Kompositionssituationen – wie im Suitenschaffen – die Entwicklung deutlich, die der Komponist in der Beschäftigung mit diesem Problem durchmachte. Eher noch vorsichtige Versuche des Aufbrechens traditioneller Soloform wie in *Fontessa* weichen weiterführenden Versuchen in *The Comedy*. Eine Lösung wie sie – auf andere Art – auch von anderen Jazzkomponisten der Zeit angestrebt wurde, nämlich die Benutzung von *sectional forms*, ist in Ansätzen in *Three Little Feelings* verwirklicht. Lewis hat vor allem in Third-Stream-Kompositionen jener Zeit dies Prinzip noch konsequenter verfolgt, aber in der Mitte des sechziger Jahre anscheinend wieder aufgegeben. Dennoch hat die Suche nach Öffnungsmöglichkeiten traditioneller Jazzformen in seinen späteren Kompositionen Niederschlag gefunden, wie beispielhaft in *A Day In Dubrovnik* zu zeigen ist.

Die Vermittlungsproblematik, die in dieser Arbeit immer wieder angesprochen wird, ist in den Suitenkompositionen akuter als in mehr der Jazztradition verbundenen Stücken. Die gegenseitige Angleichung von Kompositions- und Improvisationsstrukturen macht dabei die Vermittlung zwischen beiden Bereichen einfacher. Die motivische Improvisation von Lewis oder auch nur die prägnante, durchdachte Melodieerfindung, die seiner Improvisationssprache eigen ist, haben einen fast kompositorischen Charakter. Lewis' melodische Qualitäten zeigen sich aber nicht nur in seiner Solopraxis, sondern gleichfalls in der Planung von Komposition und Arrangement. Seine Harmonieprogressionen inspirieren nicht nur zur virtuosen Ausfüllung durch den Solisten, sie sind hauptsächlicher Faktor der Vermittlung.

In *The Comedy* geschieht eine solche Vermittlung vor allem noch im traditionellen Rahmen der Chorusreihung, in der Komposition und Improvisation dieselbe Thematik als Grundlage haben. Sowohl in *Three Little Feelings* als auch in *A Day In Dubrovnik* dann haben die Improvisationsblöcke Funktionen, die über die des traditionellen Jazzsolos hinausgehen. Bereits in der Gesamtanlage des Arrangements nämlich vermitteln die zum Teil unübliche Struktur wie auch die harmonische Faktur der Soli. Das Arrangement und insbesondere der Soloplan durch den Komponisten sind jetzt Teil der Komposition und lassen sich daher auch losgelöst von der individuellen Realisation der Improvisation betrachten. Vermittlungsmomente sind bereits in der Partitur erkennbar. Sie werden durch Bezüge von Improvisation zur Komposition unterstützt, wie sie in der Jazztradition üblich sind.

John Lewis hat mit seiner Methode einer Integration von Kompositions- und Improvisationsmethoden einen anderen Weg eingeschlagen als der ähnliche Experimente favorisierende Free Jazz. Nahmen an vielen Versuchen des amerikanischen Third Stream Komponisten wie Avantgarde-Musiker teil, die in der Zusammenfügung aktueller Momente aus beiden Bereichen neue Wege sowohl für die komponierte Musik als auch für den Jazz erschließen wollten, so führten diese Wege bereits in den frühen sechziger Jahren wieder konträr auseinander. Dem Free Jazz diente die Kenntnis zeitgenössischer Kompositionspraktiken wie neuester Klangerlebnisse, die er im Werk avantgardistischer Komponisten kennenlernte, vor allem zur Erweiterung der individuellen Improvisationssprache. Auch bei Musikern wie Cecil Taylor und Ornette Coleman, in deren Kompositionen und Improvisationen intrikate Klang- und Formstrukturen nachzuweisen sind, spielte Komposition in diesem Sinne eine eher untergeordnete Rolle. Bei den Verfechtern des Third Stream fand eine sehr viel offensichtlichere Angleichung zwischen Kompositions- und Improvisationsmomenten statt. Komponisten wie Gunther Schuller, Jimmy Giuffre, Harold Farberman, Miljenko Prohaska, John Lewis und andere bezogen sich nun in der Regel auf stärker konventionelle Improvisationsstrukturen als die Free Jazz-Avantgardisten der Zeit. Die Vermittlung zwischen atonaler Komposition und scheinbar atonaler Improvisation birgt in jedem Fall weniger Probleme als die zwischen Komposition (tonal oder atonal) und einer Improvisation, die mehr oder weniger festgefügten formalen, harmonischen, melodischen oder rhythmischen Modellen des Jazz verpflichtet ist. Von wenigen Ausnahmen abgesehen ist John Lewis der einzige der dem Third Stream verpflichteten Komponisten, der seiner Linie einer Integration von Komposition und Improvisation auf die geschilderte Art und Weise treu blieb und so bis in die achtziger Jahre Arbeiten vorlegte, in denen er seinen speziellen Weg verfeinerte und fortentwickelte.

Das Modern Jazz Quartet als Mittler zwischen Bebop und Free Jazz

Das Modern Jazz Quartet steht mit seinen Versuchen einer Ausweitung traditioneller Harmonik, Rhythmik, Improvisationsmethoden und Form bei weitem nicht so einzigartig in der Jazzentwicklung dar, wie in der Literatur üblicherweise behauptet wird. Die Musik des Quartetts war die einzig populäre Seite einer intellektuellen Musikszene New Yorks, aus welcher der Third Stream sowie der spätere Free Jazz wichtige Anregungen erfuhren. Beide Stile basieren auf dem Bebop, und beide erweiterten die Sprache des Bebop, wenn auch letztlich mit unterschiedlichen Ergebnissen. Erst wenn man die Musik des Modern Jazz Quartet als in einer Entwicklungslinie stehend begreift, die vom Bebop zum Free Jazz führt, werden viele der Experimente verständlich, die John Lewis in den fünfziger Jahren unternahm. Die postulierte Einmaligkeit des Quartetts konnte nur aus der Kurzsichtigkeit der Kritiker formuliert werden, welche durch mangelnden Abstand bzw. durch die miserable Dokumentation jener New Yorker Szene mit verursacht wurde. Die intellektuelle Haltung, die zur Erweiterung der Jazzsprache im Free Jazz führte, erklärt sich erst, stellt man den Zusammenhang zum scheinbar erfolglosen Vordenken des Third Stream fest.

Die Auffassung von Jazzgeschichte als Geschichte musikalischer Revolten oder als »Pendulum Swing«

Die Jazzmusiker waren in den fünfziger Jahren – mehr als in allen Jazzstilen zuvor – darum bemüht, die traditionelle Sprache des Jazz sehr bewußt zu erweitern. Der Tod des Altsaxophonisten Charlie Parker im Jahr 1955 war ein traumatisches Erlebnis für die Jazzwelt. Der Personenkult um eine einzelne Musikerpersönlichkeit war – außer bei Louis Armstrong zuvor – selten so groß gewesen wie bei Parker, dem Mitschöpfer des modernen Jazz. Angesichts der enormen Orientierung von Musikern aus allen Instrumentalbereichen am Schaffen Charlie Parkers entstand nach dessen Ableben eine Art »kreatives Loch«. Die Epigonen fühlten sich nicht in der Lage, der überschattenden Virtuosität Parkers eine gleichwertige Nachfolge zu bieten. Sowohl von den Musikern als auch von der Jazzkritik wurde in jenen Jahren die Unzufriedenheit mit der Beschränktheit der zur Verfügung stehenden Mittel formuliert als auch mit den Beschränkungen, die der Musik durch traditionelle Parameter, vor allem auch durch die Einbindung in herkömmliche Formschemata auferlegt waren[1].

Die Musiker des Bebop hatten in den vierziger Jahren die traditionelle Jazzsprache vor allem in harmonischer und rhythmischer Hinsicht grundlegend verändert. Die herkömmliche Harmonik wurde erweitert durch beispielsweise eine Absolutierung der oberen Intervalle einer Terzschichtung über dem zugrundeliegenden Dreiklang, durch die vermehrte Benutzung von Durchgangsakkorden sowie durch Alteration oder Substitution ursprünglicher Harmonik. Die Vorherrschaft einer auf dem zugrundeliegenden Harmonieschema basierenden Chorusphrasen-Improvisation führte zur stärker harmonie- als melodiegebundenen Erfindung in den Solochorussen.

Martin Williams postuliert eine Art *pendulum swing* zwischen den Errungenschaften einzelner Innovatoren und denen von – intellektuellen – Jazzformalisten[2]. In dieser Sichtweise folgen auf extrem durchgeformten Jazz wie in den Aufnahmen Jelly Roll Mortons aus den zwanziger Jahren oder Duke Ellingtons um 1940 individuelle, improvisatorisch virtuose Phasen, wie sie durch Solisten vom Rang Louis Armstrongs um 1930 oder Charlie Parkers in den vierziger und frühen fünfziger Jahren vertreten wurden. Williams' Modell fortgesetzt, erscheinen die extrem formalistischen Ausformungen des Cool Jazz oder des Third Stream in den fünfziger Jahren und die improvisatorisch virtuosen und individuellen Neuerungen des frühen Free Jazz der sechziger Jahre als weitere, einander entgegengesetzte Ausschläge des jazzgeschichtlichen Pendels.

* * *

Die beiden »Revolutionen« im Jazz, die beiden scheinbar weitreichendsten Umwälzungen in der Musizierpraxis, waren die Entstehung des Bebop in den vierziger und die des Free Jazz in den späten fünfziger Jahren. Während die

1 Vgl. John Lewis' Plädoyer für mehr Form und rhythmische Komplexität, zit. bei Nat Hentoff, *Counterpoint*, in: *Down Beat*, xx (30. Dezember 1953) (in dieser Arbeit zitiert auf S. ---). Einige andere Beispiele sollen die Sicht der Zeit dokumentieren: *Jazz today is in a period of transition. The style known as bop has reached the cliché stage, a stage which has doomed all of the great styles in jazz in the past; the time is ripe for something new.* (Hall Overton, *The Influence of the Classics on Jazz*, in: *Metronome Yearbook Jazz 1954*, S. 58)
Jazz should move closer to classical music and vice versa. It has to move – there's no way of getting around if it's going to survive. (Leonard Feather, *Feather' Nest*, in: *Down Beat*, xxiv (18. April 1957), S. 60)
The limitations of present jazz methods are obvious. [...] *Perhaps jazz must again assimilate outside influence in order to overcome its present formal limitations.* (Max Harrison, *The Problem of Form*, in: *Jazz monthly*, iii/2 (April 1957), S. 28)
The mainstream of jazz is terribly limited. It's too uncomplicated both rhythmically and tonally. (Gunther Schuller, zit. nach Ralph Thomas, *Brubeck vs. Schuller: Two approaches to modern music*, in: *Toronto Daily Star*, 21. November 1964)

2 Martin Williams, *The Pleasures of Form*, in: *Griffin*, ix/12 (Dezember 1960), S. 10 f. Vgl. auch George Russell, *Where do we go from here*, in: *The Jazz Word*, hg. von Dom Cerulli, Burt Korall, Mort Nasatir, London 1963, S. 186

Abgrenzungen zum früheren Stil beim Bebop inzwischen einigermaßen entmythologisiert wurden, ist bis heute der Beginn des Free Jazz mit Beschreibungen wie »revolutionäre Aktivität« oder »Negierung von Tradition« verbunden[3]. Genauso wie sich die Ideen des Bebop in der historischen Betrachtung als nachvollziehbare und nachzeichenbare Ergebnisse der Beschäftigung einzelner Musiker mit den formalistischen Problemlösungen erweisen, die Ellington und einige andere Komponisten im Jazz der dreißiger Jahre zu formulieren versuchten, genauso ist aus historischer Sicht auch die Entstehung des Free Jazz musikalischen, ästhetischen und sozialen Voraussetzungen verbunden, die im amerikanischen Jazz der fünfziger Jahre vorhanden sind.

Aus unterschiedlichen Ursachen ist in beiden Entwicklungen – zum Bebop und zum Free Jazz – in der unzureichenden Dokumentation durch Plattenaufnahmen ein vergleichbarer Ausgangspunkt für die einsetzende Mythologisierung zu erkennen. Zum Verständnis der Jazzentwicklung in den späten fünfziger und frühen sechziger Jahren seinen hier kurz einige Momente skizziert, die zur Rezeption des Bebop »revolutionär« führten.

Der *recording ban* für Mitglieder der American Federation of Musicians vom 31. Juli 1942 bis zum 11. November 1944 führte dazu, daß die Experimente der jungen Musiker in keinen Schallplattenproduktionen verfügbar waren. Die ersten Einspielungen des Bebop nach dem Aufnahmebann konnten umso mehr »revolutionär« wirken, als das große Publikum nicht durch eine allmähliche Vermittlung die musikalische Entwicklung nachvollzogen hatte. Ohne Zweifel ist eines der auslösenden Momente für die Entstehung des neuen Stils die Unzufriedenheit vieler junger Musiker in den großen Swingorchestern gewesen, in denen sie im Orchestersatz nur ihre Stimme spielen und höchst selten – wenn überhaupt – solistisch hervortreten konnten. Schließlich waren die Musiker jener Jahre zum großen Teil gut ausgebildet, hatten die Ambition, eine ernsthafte, d.h. nicht nur kommerziell, sondern auch intellektuell befriedigende Musik zu schaffen. Ralph Ellison[4] weist darauf hin, daß auch die Schaffung des neuen Stils in den vierziger Jahren durch Marktfaktoren beeinflußt war und daß auch der Bebop eine gewisse *entertainment*-Funktion erfüllte, vielleicht die einer mehr intellektuellen Unterhaltung[5].

3 Der Begriff »revolutionär« kann dabei in negativer wie in positiver Wertung verwandt sein. Für die negative Auffassung stehen kritische Aussagen, wie sie Ekkehard Jost zusammengetragen hat. Vgl. Ekkehard Jost, *Sozialgeschichte des Jazz in den USA*, Frankfurt am Main 1982, S. 181. Für die positive Auffassung stehen Autoren wie LeRoi Jones (*Blues People*, New York 1963; *Black Music*, New York 1967), Frank Kofsky (*Black Nationalism and the Revolution in Music*, New York 1970), Pauline Rivelli und Robert Levin (*The Black Giants*, New York 1970), Ben Sidran (*Black Talk*, New York 1971) sowie Philippe Carles und Jean-Louis Comolli (*Free Jazz – Black Power*, Frankfurt am Main 1974).

4 Ralph Ellison, *Shadow and Act*, New York 1964, S. 221 (*On Bird, Bird-Watching, and Jazz*)

5 Vgl. auch William Walling, *The Politics of Jazz. Some Preliminary Notes*, in: *Journal of Jazz Studies*, ii/1 (Dezember 1974), S. 54

Ekkehard Jost hat 1982 die Mythen, die sich um die Entstehung des Bebop gebildet haben, enttarnt. *Ein musikalischer Stil wird nicht so einfach »erfunden«*, sagt Jost, *und schon gar nicht* [...] *mit dem Ziel, unerwünschte Einsteiger abzuschrecken.*[6] Eine Geschichtsschreibung wie die des Jazz, die sich gern darauf beschränkte, musikalische Entwicklungen anhand von Anekdoten zu exemplifizieren, hat gerade solche bunten Tupfen hervorgehoben. Genauso wie schon die herausragenden Initiatoren eines früheren Jazz immer auch Experimenten zugeneigt waren, spielte auch bei den Musikern des Bebop die musikalische Neugier eine entscheidende Rolle für den Weg, den sie einschlugen. Das ästhetische Bewußtsein der schwarzen Musiker in den vierziger Jahren war nicht wirklich etwas Neues. Durch die Situation des Jazz aber, seine extreme Einpassung in den Markt der populären Musikkultur, wurde die Unzufriedenheit elitärer Musiker mit dem Spalt zwischen Ideal und Realität immer größer. Jost zeigt in seiner Analyse der sozialen Situation jener Jahre den Zusammenhang zwischen dem Wandel im Bewußtsein des schwarzamerikanischen Musikers und der besonderen Situation der Zeit auf, nämlich der Stellung des Schwarzen in der amerikanischen Gesellschaft während des Zweiten Weltkriegs sowie in den Nachkriegsjahren. Betrachtet man die Position des Jazz in den vierziger Jahren als Ergebnis des Zusammenspiels musikalischer, ästhetischer und sozialer Faktoren, so zeichnet sich eine Entwicklung ab, die sehr wohl auf dem Alten aufbaute und nur dem Äußeren nach »revolutionär« erscheint.

Die Auffassung vom Free Jazz als »revolutionärem« Umschwung innerhalb der Jazzgeschichte läßt sich aus dem zum Teil undifferenzierten Verständnis einzelner Kritiker erklären. Den Anhängern eines eingängigeren Jazz war nicht nur die stärkere Gewichtung der Komposition in der Jazzentwicklung der fünfziger Jahre suspekt, sondern jedwede intellektuelle Auseinandersetzung mit der Musik. Solche Art der Kritik war nicht neu. Der französische Jazzkritiker Hugues Panassié beispielsweise reagierte in den vierziger Jahren ähnlich auf den Bebop, dem er den Jazzstatus absprach. Noch 1954 begründete er diese Entscheidung:

> *Jazz musicians have not allowed themselves to be moved by 'white' influence except for externals, adapting the musical instruments and the themes to the genius of the colored music; but boppers have been influenced by the very substance of the music associated with the white race, and from jazz have retained nothing more than a superficial gloss.*[7]

6 Ekkehard Jost, *Sozialgeschichte des Jazz in den USA*, S. 85

7 Hugues Panassié und Madeleine Gautier, *Guide to Jazz*, Boston und Cambridge 1956, S. 41. Panassiés Verdikt geht von der Feststellung aus, daß der Bebop sich vom Jazz unterscheide, da seine Musiker die klassische Tradition der Instrumentalbehandlung verlassen haben, da die Rhythmusgruppe im Bebop die rhythmische Kontinuität des *swing* aufgab und da die Musiker systematisch Akkorde und Intervalle benutzten, die sie aus moderner europäischer Musik abgeleitet hatten, sie dadurch also die harmonische Atmosphäre des Jazz zerstörten.

Panassié und andere Kritiker des Bebop, aber auch Kritiker mit sehr ähnlichen Meinungen zum Free Jazz der sechziger Jahre sind Anhänger einer Auffassung vom Jazz als Volkskunst. Die orale Tradition und das Moment der Improvisation – so ihre Position – vertrügen sich nicht mit einem intellektuellen Bewußtsein, das zwar auch bei Musikern früherer Stile vorhanden war, das aber erst in den fünfziger Jahren öffentlich zur Schau getragen wurde[8]. Mehr noch als den weißen wurde vor allem den schwarzen Musikern in jenen Jahren ihr intellektueller Habitus vorgeworfen. So wurde John Lewis ob seiner Benutzung nicht jazz-gemäßer Instrumentation oder europäischer Formmodelle als *schwarzer Couperin* bezeichnet[9]. Ihm wurde angeraten, statt auf die weiße europäische sich auf die afro-amerikanische Tradition zurückzubesinnen, in der er Besseres zu leisten vermöge[10].

Während die Neuerungen des Free Jazz oft als »revolutionäre Umwälzungen« beschrieben wurden, d.h. als Brüche mit der Tradition, sind sie in Wirklichkeit – wie jede musikalische Entwicklung – vorbereitet, sehr dezidiert vor allem in den Aktivitäten New Yorker Jazzmusiker in den fünfziger Jahren. Die Verbindung zwischen den »intellektuellen« Experimenten der Third Stream-Bewegung und der neuen Musik der sechziger Jahre ist von Historikern nur selten gesehen und so gut wie nie ausführlich beschrieben worden[11].

8 Vgl. die Diskussion zu einer Schallplattenrezension von Ira Gitler: Abbey Lincoln, Max Roach und andere, *Racial Prejudice in Jazz*, in: *Down Beat*, xxix (15. März 1962), S. 20-26; (29. März 1962), S. 22-25

9 Philippe Carles und Jean-Louis Comolli, *Free Jazz - Black Power*, S. 195: [...] *das Modern Jazz Quartet des sehr verwestlichten und höchst raffinierten John Lewis, der offensichtlich davon träumt, ein negro-amerikanischer Couperin oder Rameau zu werden* [...]. Vgl. auch Berta Wood, *Modern Jazz Quartet*, in: *Jazz Journal*, ix/6 (Juni 1956), S. 8: *Why is John Lewis so bleak and austere and melancholy when he has more freedom and greater advantages than the Negro has ever had.* [...] *It is my personal opinion that John Lewis no longer considers that he is a Negro.*

10 Ähnliche, letztlich rassistisch eingefärbte Urteile sind in schwarzamerikanischer Kulturgeschichte nicht ohne Vorbild. Als in der Harlem Renaissance sich eine eigenständige Literatur der schwarzen Amerikaner herauszubilden begann, die nicht mehr dem weißen Bild des Negers in seiner Ein-, d.h. Unterordnung in die weiße Gesellschaft entsprach, reagierte die – weiße – Literaturkritik mit dem Rat, der Schwarze könne beispielsweise mit der eigenen, in Volkskunsttradition stehenden Dialektdichtung eines Paul Laurence Dunbar viel größeren Eindruck machen als wenn er sich aus dem Ghetto heraus und damit in den direkten Vergleich zur gesamten westlichen Literatur begäbe.

Ganz ähnlich war die Reaktion auf Romane einzelner herausragender schwarzer Schriftsteller, z.B. auf Ralph Ellison (*Invisible Man*), Richard Wright (*Native Son*) oder James Baldwin (*Go Tell It On The Mountain*). Der schwarzamerikanische Roman könne – so bis in die sechziger Jahre beibehaltene Diskussionsbeiträge – eben nur in dem begrenzten Bereich afro-amerikanischer Kultur als herausragend gewürdigt werden. Er könne nicht den Status »großer Literatur« erreichen, da ihm das für eine solche notwendige Merkmal der Allgemeingültigkeit fehle. Die unterschwellige Annahme war dabei, daß »Allgemeingültigkeit« nur aus der Position eines Weißen heraus formulierbar sei.

11 Die einzige Ausnahme ist: Ingrid Karl (Wiener Musik Galerie) (Hg.), *Jazz op. 3*, Wien 1986.

Diese intellektuelle Szene New Yorks war tatsächlich mit verantwortlich für die Entwicklung der extrem durchgeformten Musik des Third Stream wie auch für die Neuerungen der scheinbar äußere Form negierenden Improvisationen des Free Jazz.

* * *

Das Modern Jazz Quartet war eines der erfolgreichsten Ensembles der Jazzgeschichte. In den fünfziger Jahren war es zugleich der wohl einzige populäre Pol der Third-Stream-Bewegung. Die Verbindung einer stark dem Bebop verpflichteten Improvisation mit eher noch abgeschwächten und somit leichter zu akzeptierenden Experimenten in der Komposition machten das Quartett zu einem musikalisch höchst anerkannten Ensemble.

Vielfach steht das Modern Jazz Quartet in der Literatur als ein einzigartiges Ensemble in der Jazzentwicklung dar, das scheinbar weder vergleichbare Konkurrenten noch würdige Nachfahren habe. Es wird dem Cool Jazz zugeordnet oder dem Third Stream, befindet sich aber auch bei solchen Zuweisungen meist am Rande der Stilbereiche. Der Gedanke jedoch, daß eine so anerkannte und auch von Musikerkollegen stark bewunderte Musik wie die des Quartetts ganz ohne Einfluß auf die Jazzentwicklung geblieben sei, läßt Zweifel aufkommen. Viele Autoren fanden in keinem der zur selben Zeit existierenden Ensembles ein vergleichbar innovatives Konzept. Die Konzepte des Quartetts aber und damit die der intellektuellen Szene New Yorks dienten in Wirklichkeit vor allem als Katalysator für neue Ideen[12].

12 Die Interaktion zwischen Musikern, das Austauschen von Ideen und ästhetischen Idealen war im New York der fünfziger Jahre vielfältig. Schon während des Bebop gab es Cliquen, innerhalb derer – quasi unter Ausschluß der Öffentlichkeit – experimentelle Konzepte wie die Thelonious Monks oder Lennie Tristanos ausprobiert wurden. Die Treffpunkte der fünfziger Jahre – Gil Evans' Apartment, später auch die Wohnung Gunther Schullers – sind denen der vierziger Jahre zum Teil vergleichbar.

Traditionsbezüge im Jazz der fünfziger und sechziger Jahre

Third Stream

Der Komponist und Hornist Gunther Schuller[13] prägte Ende der fünfziger Jahre den Terminus »Third Stream«. Schuller ging von der Existenz zweier grober Strömungen in der zeitgenössischen amerikanischen Musik aus. Die eine dieser beiden Strömungen ließ sich direkt aus der europäischen Tradition herleiten, die zweite fand ihre Ausformungen in der afro-amerikanischen Musik des Jazz. In der Position des amerikanischen Komponisten innerhalb dieser beiden Traditionsstränge sah Schuller die Möglichkeit für die Ausbildung einer dritten Strömung, eines »Third Stream«, der charakteristische Elemente der Ursprungsströme beinhalten sollte. Improvisation, rhythmische Prägnanz und harmonische Freiheiten innerhalb jazz-traditioneller Grenzen sollten mit den formalen Errungenschaften der Kunstmusik gepaart werden, sowohl in der Übernahme traditioneller Modelle als auch in der Anwendung fortschrittlicher Techniken aus der postseriellen Musik Amerikas der fünfziger Jahre[14].

Das Zusammenbringen von Jazz und »classical music« sollte zu einem *ever-widening process of cross-fertilization on a compositional as well as a performer level*[15] führen. Schuller sah sich und seine Ideen in der Tradition einerseits europäischer Komponisten wie Strawinsky, Krenek, Ravel, Honneger und Milhaud, die die Integration von Jazzelementen in einzelnen Kompositionen versucht hatten, auf der anderen Seite in der Tradition Jelly Roll Mortons, Bix Beiderbeckes und vor allem Duke Ellingtons, also von Jazzmusikern, deren Perfektionsdrang sie der in erster Linie oralen Tradition des Jazz enthob und deren ausgeprägtes Formbewußtsein zu einem Kompositionsprozeß in ihrer Musik führte, der einer Ästhetik komponierter europäischer Musik zumindest näher stand.

[13] Schuller, der seit 1943 als erster Hornist im New York Philharmonic Orchestra spielte und 1949 an den richtungsweisenden Aufnahmen des Miles Davis Capitol Orchestra mitwirkte, hatte ein fundiertes Wissen sowohl im klassischen wie auch im Jazzbereich. Bereits seine *Symphony For Brass and Percussion op. 16* von 1949/50 beinhaltete einzelne Jazzelemente, wenn auch Improvisation in diesem frühen Werk noch ausgespart war und auch die Kompositionstechnik vor allem an der amerikanischen Moderne kontemporärer Kunstmusik sich orientierte.

[14] Vgl. Herbert Hellhund, *Third Stream*, in: *Jazz op. 3*, hg. von Ingrid Karl (Wiener Musik Galerie), S. 37 ff.,

[15] Gunther Schuller, *Is JAZZ Coming Off Age?*, in: *Musical America*, lxxix (Februar 1959), S. 8 ff. Vgl. auch Nat Hentoff, *The Third Stream*, in: *International Musician*, lix (Oktober 1961), S. 25. Hentoff zitiert Schuller: *There is no question in my mind that the classical world can learn much about timing, rhythmic accuracy, and subtlety from jazz musicians, as jazz musicians can, in dynamics, structure and contrast, from the classical musicians.*

Schuller wollte mit dem Third Stream in »gegenseitiger Befruchtung« einen Ausweg finden aus dem Dilemma, in dem sich sowohl der Jazz als auch die zeitgenössische amerikanische Musik jener Jahre befanden. Er und seine Mitstreiter waren der Überzeugung, daß eine strukturelle und formale Einpassung von Jazzimprovisation in ein komponiertes Umfeld sowohl musikalisch einen Fortschritt ausmachen würde als auch ein neues Publikum für den Jazz erschließen könnte[16]. Schuller hoffte des weiteren, daß in der Benutzung von Jazzelementen die amerikanische Kunstmusik endlich ein nationales Selbstverständnis finden könnte und aus dem Schatten europäischer Vorbilder und Katalysatoren heraustreten würde[17].

Schuller und Lewis gründeten im Jahr 1955 in New York die Jazz and Classical Music Society. Ziel war, daß *instrumentalists and writers may receive a hearing under the best possible conditions*[18]. Schuller und Lewis waren zudem hauptsächliche Mitorganisatoren des Orchestra U.S.A. Einzelne Konzerte der Gesellschaft wie des Orchesters, an denen auch das Modern Jazz Quartet teilhatte, wurden bereits vorgestellt (vgl. S. 44 f.). Auf zwei weitere Veranstal-

16 Eine Äußerung Schullers, mit dem Third Stream könne in den Jazz eine *classical, formal clarity and organization* gebracht werden, führte zu starkem Widerspruch, der wiederum Schuller eine Redefinition des Third-Stream-Begriffs schreiben ließ, in welcher er betonte, er wolle den Jazz weder verbesssern, ersetzen, noch in Paul-Whiteman-Tradition »eine Lady aus dem Jazz« machen. Vgl. zum oben angeführten Schuller-Zitat Gene Grove, *The New World of Jazz – Ornette Coleman, Storm Center*, in: *New York Post*, 17. November 1960; vgl. zur Redefinition des Third Stream Gunther Schuller, *»Third Stream« Redefined*, in: *Saturday Review of Literature*, xliv (13. Mai 1961), S. 64, auch in Gunther Schuller, *Musings*, New York 1986, S. 114 ff.
Der Third Stream war zugleich ein Ergebnis von *racial integration* der Schwarzen zumindest in einigen intellektuellen Zirkeln New Yorks. Frank Kofsky stellt die Hypothese auf, daß, wäre die Rassenintegration in den Vereinigten Staaten verwirklicht, die Jazzentwicklung allgemein wohl zu einer dem Third Stream ähnlichen Musik geführt hätte. Vgl. Frank Kofsky, *Black Nationalism and the Revolution in Music*, S. 137 f.
Der typischen Kritik am Third Stream, er führe weg vom Jazz, er brauche den akademischen Anstrich europäisch beeinflußter Komposition nicht, stand das Argument gegenüber, hier öffne sich für die Jazzmusiker eine längere Tradition, die nicht auszunutzen töricht wäre. Vgl. zur Kritik am Third Stream Bill Coss, *Jazz Society at Town Hall*, in: *Metronome*, lxxii/1 (Januar 1956), S. 50; Dan Morgenstern, *Dionysus in New York*, in: *Jazz Journal*, xiii/7 (Juli 1960), S. 18. Dagegen steht beispielsweise die Aussage von John Lewis, zit nach N.N., *John Lewis Links Jazz to Classics*, in: *Chattanooga Times*, 2. April 1961: *The jazz musician has a longer tradition to build on now.*

17 Die Schaffung eines spezifisch amerikanischen kulturellen Bewußtseins auch außerhalb des Jazz war ebenfalls eines der vorrangigsten Ziele von John Lewis. Vgl. John Lewis' Vorwort zu Leonard Feathers *Encyclopedia of Jazz in the 60s*, New York 1966, S. 13: *America is not yet sufficiently conscious of the possibilities of jazz as a contribution to its culture.* [...] *We don't seem to understand what our original cultural contributions are worth; there is still a tendency to imitate what is best in Europe.*

18 Zit. nach dem Programm zum Konzert der Modern Jazz Society (alias Jazz and Classical Music Society) in der New Yorker Town Hall am 19. November 1955, Das Programm befindet sich unter anderem im *clipping file* des Institute of Jazz Studies, Rutgers University, Newark, N.J.

tungen, die auf denselben Kreis von Komponisten und Musikern zurückzuführen sind, sei hier beispielhaft verwiesen.

Für ein Konzert an der Brandeis University wurden 1957 sechs Auftragskompositionen vergeben, nämlich drei an Jazzmusiker (George Russell, Jimmy Giuffre, Charles Mingus) sowie drei an zeitgenössische amerikanische Komponisten (Harold Shapiro, Milton Babbitt, Gunther Schuller)[19].

Ausgesprochen weitgefächert war ein Konzert, das Schuller mit dem Symphony Orchestra of Chicago und Solisten des Orchestra U.S.A. im Dezember 1962 in Chicago gab. Das Programm reichte von Gabrielis *Canzona in Echo* über Mozarts *Musik für drei Orchester* aus *»Don Giovanni«*, Strawinskis *Ragtime für elf Instrumente* und einer Charles-Ives-Trilogie bis hin zu neuesten Kompositionen Schullers, deren Improvisationsteile vom Avantgarde-Saxophonisten und Klarinettisten Eric Dolphy gespielt wurden[20].

Die Öffnung des traditionellen Konzertraums und -programms für den Jazz, die Kombination von Kompositionen aus beiden Stilbereichen waren symptomatisch für die Pläne von Schuller und Lewis in jener Zeit. Sie forderten ein breiteres Verständnis von Musikern aus beiden Bereichen gegenüber dem jeweils anderen Genre. Lewis erinnert sich 1975:

> *I think that the techniques and style that jazz players and composers have developed should be absorbed by the symphony orchestras that we have in the United States which means by most musicians.*[21]

Die Erziehung sowohl der Musiker als auch des Publikums war eines der Hauptanliegen, die hinter der Gründung von Musikerorganisatoren wie der Jazz and Classical Music Society oder dem Orchestra U.S.A. standen. Die finanzielle Situation dieser Gesellschaften allerdings war miserabel. Organisation und Publikation der bevorstehenden Konzerte wurden von Musikern, Komponisten oder deren Angehörigen selbst realisiert, und auch der Kartenverkauf lief zum Teil über die teilnehmenden Musiker[22].

* * *

John Lewis arbeitete auch innerhalb des Third Stream weniger mit zeitgenössischen Kompositionstechniken als vielmehr mit scheinbaren Klischees aus den beiden Traditionen europäischer und afro-amerikanischer Musik, die er durch kompositorische wie durch improvisatorische Vermittlung in ein integratives Ganzes einzubringen versuchte. Insbesondere die Übernahmen von Fugenmodellen, modifizierte Konzertsatzformen oder die Suitenidee sind in der Musik des Modern Jazz Quartet dem Third Stream am nächsten. Diese Transpositionen

[19] Alle Kompositionen sind auf Schallplatte veröffentlicht: *»Modern Jazz Concert«*, Columbia WL 127

[20] Pete Welding, *Caught in the Act*, in: *Down Beat*, xxix (20. Dezember 1962), S. 39

[21] Tom Everett, *An Interview with John Lewis*, in: *jazz new england*, i/7 (Oktober 1975), S. 28

[22] Vgl. N.N., *Concertizing*, in: *Metronome*, lxx/1 (Januar 1954), S. 8

von Formmodellen besonders aus älterer europäischer Kunstmusik in das Repertoire des Ensembles wurden von »progressiven« Kritikern – auch von Musikern – oft als eine Art Flucht in die Vergangenheit verurteilt, als Manifestation von Restauration und Regression[23]. Insbesondere in den sechziger Jahren war der Vorwurf einer solchen Flucht vor den Problemen einer zukunftsorientierten und ständig veränderungsbedürftigen Musik in die Sicherheit einer etablierten europäischen Musikkultur verbreitet. Lewis' Musik galt aus diesem Blickwinkel als soziale Regression im Streben nach Anerkennung innerhalb der intellektuellen »Oberschicht« der Hörer und des offeneren Teils des breiten Jazzpublikums.

Die Formübernahmen selbst hatten – und haben – teilweise den Effekt extremer Künstlichkeit innerhalb einer musikalischen »Gegenwartssprache« des Jazz. Durch die inspirierte Realisation, durch die Produktivität des Jazzidioms aber wird die dem Archaismus »alte Form« hier inhärente historische Vorstellung zurückgedrängt, wird die Realisation zugleich gegenwärtige Realität[24]. Eine Art »Archaismus« in dieser Verwendung ist kein künstliches Altmachen im Sinne der Nachahmung alter musikalischer Sprachen, es ist – in der Übernahme traditionsexterner Formmodelle – auch nicht unbedingt eine ideologische Stellungnahme zur Gegenwart, sondern eher eine neue musikalisch-künstlerische Möglichkeit zur Einfassung konventioneller Elemente des Jazz. John Lewis kommentiert dies folgendermaßen:

> *The way in which we make use of the invention, fugue and suite-dance forms in the Quartet really makes them into new forms to some degree, since they are extended and changed throughout improvisation.*[25]

Die übernommenen Formmodelle lassen sich dabei in verschiedener Abstufung in eine Beziehung zur Jazztradition setzen. Ein <u>direkter Traditionszusammenhang</u> des Jazz in den fünfziger Jahren besteht in dem Bezug auf a. die geschichtliche Entwicklung des Jazz und b. die Entwicklung von Vorformen afro-amerikanischer Musik. Ein <u>indirekter Traditionszusammenhang</u> besteht in dem Bezug auf c. die afrikanische Musikkultur und d. die europäische Musikkultur. Eine Archaisierung in Bezug auf die Punkte a. und b. hat es im Jazz immer gegeben und ist insbesondere in den fünfziger und sechziger Jahren verstärkt zu konstatieren[26]. In frühen Jazzstilen war die Verwendung solcher Archaismen der folgerichtige Effekt einer oralen Überlieferungstechnik, in den fünfziger und sechziger Jahren eher die bewußte Betonung eigener Tradition.

23 Vgl. beispielsweise LeRoi Jones, *Blues People*; Ulrich Kurth, *Als der Jazz »cool« wurde*, in: *Musik 50er Jahre*, hg. von Hanns-Werner Heister und Dietrich Stern, Berlin 1980, S. 119 ff.

24 »Produktivität« steht hier für die Nicht-Kanonisierung solcher Archaismen im Sinne LeRoi Jones'. Vgl. LeRoi Jones, *Blues People*, S. 230: *In order for the jazz musician to utilize most expressively any formal classical techniques, it is certainly necessary that these techniques be subjected to the emotional and philosophical attitudes of Afro-American music, that these techniques be* used *not canonized*.

25 John Lewis, *The Musician's view*, in: *The World of Music*, iv/3 (Mai 1958), S. 3

26 Beispielsweise bei Charles Mingus oder Albert Ayler.

Die Rückwendung der sechziger und siebziger Jahre vor allem zu afrikanischer Musik – angedeutet bereits in den vierziger Jahren mit den Versuchen einer Verschmelzung kubanischer und nordamerikanischer Musikstile – entsprang dem sozio-politischen Emanzipationsprozeß des amerikanischen Negers, einer Bewußtseinsentwicklung ***back to the roots***. Nun ist aber in diesem Bereich des indirekten Traditionszusammenhangs – Punkt c. – die Verwendung von Archaismen nicht möglich, da auf kein irgendwie fixiertes Material rekurriert werden kann, das als Grundlage einer Archaismenübernahme aus Zeiten des Zusammenstoßens von direktem und indirektem Traditionszusammenhang gelten könnte. Die Unterbrechung eines Traditionsstranges aber, einschließlich der relativen Isolierung der Traditionsträger von der sozio-kulturellen Umwelt des zu Tradierenden macht Versuche solcher Rückwendungen zu einer eher unbefriedigenden Sache für den künstlerischen Bewußtseinsstand eines Schwarzen nach der Intellektualisierung einer ***Black Rebellion***. Carl Dahlhaus erklärt in anderem Zusammenhang, Tradition setze Kontinuität voraus, denn: ***Restauration ist nicht Tradition***[27]. Die Fremdheit etwaiger Versuche einer »ideellen Archaisierung« durch afrikanische Elemente oder gar von Versuchen des direkten Zusammenbringens beider Kulturen basiert auf der Tatsache, daß solche Bezüge auf die *roots* nicht in der Kontinuität der Tradition stehen, ja es nicht einmal Restauration ist, wenn man sich auf die gegenwärtige Entwicklungsstufe einer Traditionslinie bezieht, die man selbst vor 200 Jahren verlassen hat.

Der Bezug auf den indirekten Traditionszusammenhang der europäischen Musik – Punkt d. – stellt den schwarzen Amerikaner vor gewisse Probleme. Sein Selbstverständnis hat in den fünfziger und sechziger Jahren, einer Phase vor allem soziopolitischer Bewußtwerdung – ***Black is Beautiful*** –, zur Verlagerung des Geschichtsbewußtseins (nach Afrika gewissermaßen) geführt.

In einer typischen Überreaktion hat der Emanzipationsprozeß dabei zur partiellen Verleugnung weißer *roots* geführt. Diese Überreaktion war zum Teil vonnöten, da auch in der intellektuellen Revolte der zwanziger Jahre, der Harlem Renaissance, die Relikte eines nur weiß-orientierten Werteschemas nicht ganz überkommen waren. Im Gegenteil hatte für viele Schwarze der späteren Jahre die Harlem Renaissance eher den Charakter einer Uncle Tomhaften Anpassung an Denk-, Verhaltens- und Äußerungsweisen der weißen Intelligenz[28]. Und in der Tat lassen sich in jener literarischen Bewegung Parallelen zur Situation in den fünfziger und frühen sechziger Jahren feststellen.

> Waren die frühen bekannten und von Schwarzen verehrten Dichter zum Teil Mundartdichter, die sich in der Sprache auf das speziell afro-amerikanische Idiom bezogen, so wurden sie im Verlauf der Harlem Renaissance

27 Carl Dahlhaus, Traditionszerfall im 19. und 20. Jahrhundert, in: ***Studien zur Tradition in der Musik. Festschrift für K.v. Fischer***, hg. von Hans-Heinrich Eggebrecht und Max Lütolf, München 1973, S. 179

28 Vgl. Nathan Irving Huggins, ***Harlem Renaissance***, New York 1971

von den intellektuellen Poeten Harlems verdrängt, die versuchten, die amerikanischen literarischen Vorgaben voll auszufüllen, d.h. nicht nur »Negerlyrik« zu schreiben, sondern »universelle« Dichtung.

Eine Gegenbewegung zur Harlem Renaissance wurde von Marcus Garvey initiiert, der möglichst viele schwarze Amerikaner sammeln und Land in Afrika aufkaufen wollte, um dort einen neuen, schwarzen Staat zu gründen. Seine Organisation stellte im großen Zulauf, den sie bis zum Konkurs fand, eine populistische Wendung nach Afrika dar, welche die intellektuelle – Jahre später – vorwegnahm. Sie wurde vom selben Stolz auf Traditionswerte begleitet, welche erst durch ein neues Bewußtsein überhaupt zu Traditionswerten wurden, nämlich vom Stolz auf Herkunft (Afrika), auf die Sklaverei und die moralische Position der Versklavten sowie auf die Befreiung und den Aufbau eigener kultureller Zentren (Harlem).[29]

War also die Bindung an traditionelle afro-amerikanische Werte sozio-politisch dem weiteren Emanzipationsbestreben des amerikanischen Schwarzen zuträglich, so war die Bindung an europäische Traditionswerte eher negativ belastet und stand immer im Ruch des »Uncle Tomism«.

In dieser Auswahl von Traditionselementen, der Bejahung des für den Emanzipationsprozeß wichtigen, der Negierung des den Emanzipationsprozeß inhibierenden Teils, manifestiert sich die von Zofia Lissa postulierte Traditionsdefinition als Ergebnis von Auswahlprozessen[30]. Die Funktion von Tradition im Stadium sozio-kultueller Bewußtwerdung ist von Lissa beschrieben worden:

Traditionen, die von der Gesellschaft einer Zeit in ihrem Wert bewußt bejaht werden, wirken auf die Gesellschaft integrierend. Einerseits liefern sie den Anlaß zum Stolz auf die eigene nationale Kultur, andererseits schaffen sie die Grundlage für ein besseres Verständnis, d.h. ästhetisches Erleben, jener Musik, die sich an diese Traditionen hält.[31]

In diesem Sinne weist John Lewis' Wendung zu einem außerhalb des anerkannten Traditionsstranges stehenden Mittel musikalischer Formung auf das Bewußtsein des »Intellektuellen«, des »Weltbürgers« und »Snobs«, der sich selbst als Jazzmusiker versteht, seine Werke aber nicht allein am Jazzstandard mißt, sondern als ästhetische Kriterien ohne weiteres die *masterpieces* heranzieht:

I'm attracted to all masterpieces of music, and I'm attracted to all masterpieces of anything. I don't know what you call it, snob, if you like... no, I don't think so. Anyhow, I think that's what I do best, that is, make music and chamber music way best, write it or play it.[32]

29 Vgl. Richard B. Moore, *Africa Conscious Harlem*, in: *Harlem. A Community in Transition*, hg. von John Henrik Clarke, New York [3]1970, S. 77 ff.

30 Zofia Lissa, *Prologomena zur Theorie der Tradition in der Musik*, in: AMw, xxvii (1970), S. 155

31 ibid., S. 161

32 Persönliches Interview mit John Lewis, Nizza, Frankreich, 13. Juli 1984

Wird von Carl Dahlhaus die Ästhetik der Improvisation in Neuester Musik als Umsturz der Hierarchie von Text und Nicht-Text verstanden[33] (hierbei »Text« im Sinne von »artifiziell, von Theorie durchdrungen, höherstehend« und »Nicht-Text« im Sinne von »usuell, theorielos, trivial«), so scheint die entgegengesetzte Deutung eines Umsturzes der absoluten Hierarchie von Nicht-Text und Text im Jazz – und auch hierum handelt es sich ja! – beim Phänomen John Lewis und Modern Jazz Quartet zutreffend.

Und doch ist dieser Umsturz die Entwicklung und letztlich das Ergebnis der Emanzipationsbewegung und John Lewis ein früher Repräsentant des Typus des selbstbewußten schwarzen Amerikaners, der sich auf dem Terrain der Freiheit, der Freiheit auch von einer Einengung durch einzelne Traditionen, bewegt.

Wenn nach Dahlhaus Tradition Kontinuität voraussetzt[34] *(Restauration ist nicht Tradition)*, stellt sich noch einmal die Frage, in welchem Traditionsstrang John Lewis steht, wenn für ihn der indirekte Traditionszusammenhang zum direkten werden kann. John Lewis befindet sich inmitten einer Umbruchphase afro-amerikanischer Ästhetik, die dem schwarzen Amerikaner erlaubt, außer auf enge *race traditions* auf eine »Welttradition« oder vielmehr »Westtradition« zurückzugreifen und auch die eigenen Traditionswerte, beispielsweise Kollektiv-Improvisation und Primitivpolyphonie, in den langen Traditionsstrang der für sich akzeptierten Eigenkultur umzudeuten. Erst in der Anerkennung dieser Eigenkultur, der gleichwertigen Einschätzung verschiedener Traditionsentwicklungen und dem Aufwachsen gewissermaßen innerhalb beider Traditionen ist eine Konzeption glaubwürdig möglich, wie sie John Lewis in seiner Musik vor allem für das Modern Jazz Quartet vorstellt. Aus dem hier dargestellten Traditionsverständnis heraus aber erklären sich viele der Ideen, die als Voraussetzung für den Free Jazz angesehen werden müssen.

Free Jazz

Der frühe Free Jazz entstand scheinbar weitestgehend unabhängig vom Jazz der fünfziger Jahre. Die wichtigsten Exponenten der neuen Stilrichtung waren der Altsaxophonist Ornette Coleman und der Pianist Cecil Taylor. Konzepte freier Improvisation in den späten sechziger Jahren, Konzepte, die zum Teil durch Aleatorik oder östliche Improvisationsmethoden beeinflußt waren, sind Fortentwicklungen dieser Frühphase des Free Jazz.

Den Terminus »Free Jazz« übertrugen nicht Musiker, sondern Kritiker auf den Stil, in Anlehnung an den Titel einer Komposition von Ornette Coleman[35] von 1960. Die Bezeichnung wurde bereitwillig aufgenommen, da sie außer musikalischen Inhalten des Stils auch den sozio-politischen Entwicklungen

[33] Carl Dahlhaus, *Über offene und latente Traditionen in der Neuesten Musik*, in: *Die neue Musik und Tradition*, hg. von Reinhold Brinkmann, Mainz 1978, S. 16

[34] Carl Dahlhaus, *Traditionszerfall im 19. und 20. Jahrhundert*, S. 179

[35] Album *»Free Jazz«* (1960), Atlantic 1364

jener Jahre zu entsprechen schien. Die allgemeine Auffassung war die vom Free Jazz als einer die Tradition – und zwar sowohl schwarze wie weiße Tradition – negierenden Musik. Der Bezeichnung ordnete man zugleich den revolutionären Unterton einer sozialen Befreiung vom Joch weißer Herrschaft zu. »Weiße Herrschaft« in der Musik betraf dabei all jene Parameter, die auch im Jazz benutzt wurden. Free Jazz als »befreiter Jazz« wurde also – fälschlicherweise – oft als Befreiung von den Einengungen durch Regeln der Harmonik, Rhythmik, Dynamik oder Form verstanden. Solche Änderungen im traditionellen Regelsystem des Jazz schienen der politischen Entwicklung der Jahre zuvor analog zu sein[36]. Die Black Power-Bewegung jener Jahre allerdings traute dem intellektuellen Free Jazz nicht. Individualismus, wie er in dieser Musik gefordert wurde, konnte sich die schwarze Revolution nicht leisten. Revolutionäre Musik war für viele der Wortführer eine Musik, die in der Tradition eines »sozialistischen Realismus« stand: *Black art must expose the enemy, praise the people and support the revolution.*[37]

Erstaunlicherweise also waren es nicht unbedingt die Wortführer der schwarzen Bewegung, die den Free Jazz zu vereinnahmen suchten, sondern vor allem die Jazzkritiker, die Beziehungen zwischen der musikalischen und der soziopolitischen Entwicklung in den Vereinigten Staaten herstellten.

Die offene Politisierung des Jazz fand – entgegen der üblichen Darstellung von Jazzgeschichte – erst mit den öffentlichen Stellungnahmen zur Position der neuen Musik in der amerikanischen Gesellschaft statt, die von Musikern wie Archie Shepp und Pharaoh Sanders oder von Kritikern wie LeRoi Jones (Amiri Baraka) und Frank Kofsky Mitte der sechziger Jahre abgegeben wurden[38]. Die

[36] Als Beispiele sind zu nennen die Grundsatzentscheidung des obersten Gerichtshofs der Vereinigten Staaten gegen die Segregation in den Schulen (1954), die mächtigen Demonstrationen gegen »Jim Crow«-Diskriminierung im öffentlichen Leben, ausgelöst durch einen Zwischenfall zwischen dem weißen Busschaffner und einer schwarzen Frau in Montgomery, Alabama (1955) oder die Aufruhen anläßlich des Kampfes um Integration an Schulen und Universitäten in Little Rock, Arkansas (1957). Aufruhen hatte es auch zuvor gegeben, vor allem in den Ghettos der großen Städte. Jetzt aber bildete sich erstmals eine schwarze Führungsschicht, die nicht der Einsicht weißer Vernunft vertraute wie noch die Führer zuvor, sondern auf dem Wege von notfalls auch gewaltsamem Aufstand ihre Rechte erkämpfen wollte. Gegen Martin Luther King und seine Idee des gewaltfreien Widerstands standen Revolutionsaufrufe militanter schwarzer Früher wie Malcolm X oder Elijah Muhammad, dem Vorsitzenden der Black Muslims. Den Schlußpunkt dieser Entwicklung stellte die Bildung der Black Panther Party dar, einer Kadergruppe, die bewaffneten Widerstand gegen Rassendiskriminierung genauso unterstützte wie bis dato einmalige Bildungsprojekte für schwarze Ghettokinder.

[37] Ron Karenga, *Black Cultural Nationalism*, in: *The Black Aesthetic*, hg von Addison Gayle, Jr., New York 1971, S. 33 f.

[38] Vgl. Philippe Carles und Jean-Louis Comolli,: *Free Jazz - Black Power*. Carles/Comolli zitieren Archie Shepp (S. 17): *Der neue Jazz ist der alte. Es steckt nichts wirklich Neues drin, außer einer Botschaft, die bis heute nie hat formuliert werden können.* Die Autoren fassen zusammen (S. 17): *Die schwarzen Amerikaner haben zu ihrer Kultur ein neues Verhältnis gefunden.* (S. 252): *Der Free Jazz hat Partei ergriffen.* Vgl. auch LeRoi Jones, *Blues People*,

Politisierung des Jazz war somit eine direkte Reaktion auf die Eskalation von Staatsgewalt und Widerstand in gerade jenen Jahren.

Der frühe Free Jazz hat in Wahrheit andere Wurzeln. Er ist mehr als die Entwicklungen, die aus ihm hervorgingen, eine intellektuelle Musik. Es gibt Verbindungen zum Third Stream und zu den ästhetischen Voraussetzungen des Third Stream, wenn sie auch in der Jazzgeschichtsschreibung üblicherweise unerwähnt bleiben[39].

Im Third Stream wurde die Gleichberechtigung von europäischer Tradition und Jazztradition postuliert. Die Verbindung beider wurde vor allem in der Zusammensetzung musikalisch deutlich getrennter Bereiche versucht, also von Komposition in europäischer und von Improvisation in Jazztradition.

Im frühen Free Jazz hat die Aneignung bislang disparater Musikstile zu einem neuen Jazzstil geführt, der tatsächlich in Beziehung zu beiden Entwicklungsströmen stand. Das im Third Stream und besonders in der Musik des Modern Jazz Quartet und in den Aktivitäten von John Lewis wiederentdeckte Traditionsbewußtsein führte zu einem Selbstverständnis im Umgang mit beiden Traditionen, das mit eine der Grundlagen des neuen Free Jazz war[40].

S. 225: *The music has changed because the musicians have changed.* Vgl. schließlich Frank Kofsky, *Black Nationalism and the Revolution in Music*, S. 131: *Today's avant-garde movement in jazz is a musical representation of the ghetto's vote of »no confidence« in Western civilization and the American Dream.*

39 Daß der Free Jazz letztlich auf den Errungenschaften des Bebop aufbaute, war den meisten Kritikern anfänglich noch klar. Mit der späteren Entwicklung, stärkeren Einflüssen aus aleatorischer Musik einerseits und asiatischer Musik und Philosophie auf der anderen Seite, wurden diese Wurzeln von vielen Kritikern, aber auch von vielen jungen Musikern vergessen. Dies war mit ein Grund für die Rückbesinnung etlicher Free-Jazz-Musiker zum Bebop und »älteren« Improvisationsmethoden Mitte bis Ende der siebziger Jahre. Vgl. LeRoi Jones, *Black Music*, S. 72; LeRoi Jones, *Blues People*, S. 225; Carl Gregor Herzog zu Mecklenburg, *Stilformen des modernen Jazz*, Baden-Baden 1979, S. 154; Billy Taylor, *Jazz Piano. A Jazz History*, Dubuque 1982/83, S. 189. In den aufgeführten Quellen wird dezidiert auf Verbindungen zwischen Bebop und Free Jazz hingewiesen.

40 Vgl. Joachim Ernst Berendt, [ohne Titel], in: *Jazz-Echo*, Februar 1958. Berendt zitiert John Lewis: *Es gibt wunderbare Dinge, die dem Jazz geschehen können. Eines davon könnte ein größeres Verständnis sein für die vielfältigen Ausdrucksmöglichkeiten, die sich in seinen großen Stilen in der Vergangenheit und heute manifestieren. Auf Grund dieses Verständnisses kann es dann auch größere musikalische Möglichkeiten geben, in die auch mehr Offenheit für andere Künste der Gegenwart und Vergangenheit eingeschlossen werden müßten.* Vgl. weiterhin LeRoi Jones, *Black Music*, S. 70: *Ornette Coleman has had to live with the attitudes responsible for Anton Webern's music whether he knows that music or not. They were handed to him along with the whole history of formal Western music.* Vgl. auch Joe Goldberg, *Jazz Masters of the 50s, New York 1965, S. 222: A Negro, particularly a Negro jazz musician, is not supposed to have* [Cecil] *Taylor's interests and talents. To play a Don Shirley Chopinesque arrangement is charming; to revere Handel, as John Lewis does, is expressive of dignity. But to play jazz piano, as Taylor does, with strong intimations of Stravinsky, Webern, Charles Ives, and most particularly the Prokoviev of the final movement of the Seventh Piano Sonata, is unexpected and somehow unsettling.*

Der Pianist Cecil Taylor war sich des Einflusses sowohl der großen Jazzkomponisten und -improvisatoren als auch europäischer Komponisten sehr bewußt. Taylor, der nun wirklich nicht zum Third Stream gerechnet werden kann, machte 1966 folgende Bemerkung, die ohne weiteres von Schuller oder Lewis hätte stammen können: Sein Problem sei es, die *energies of the European composers, their techniques* bewußt zu nutzen *and to blend this with the traditional music of the American Negro, and to create a new energy.*[41]

Ornette Coleman, nach dessen Album *»Free Jazz«* der neue Stil benannt wurde, stand in enger Beziehung zu Lewis wie zu Gunther Schuller. Er nahm zusammen mit dem Trompeter Don Cherry 1959 am alljährlichen Sommerkurs der Lenox School of Jazz teil, deren *executive director* John Lewis war. Lewis sagt in einem Interview aus demselben Jahr über die beiden jungen Musiker:

> *There are two young people I met in California, an alto player named Ornette Coleman and a trumpet player named Don Cherry. I've never heard anything like them before.* [...] *Ornette is, in a sense, an extension of Charlie Parker and the first I've heard. This is the real need that I think has to take place, to extend the basic ideas of Bird until they are not plain imitations but actually something new.*[42]

Durch Lewis, der dank des Erfolgs des Modern Jazz Quartet eine einflußreiche Stellung im Jazz-Business hatte, bekam Ornette Coleman einen Schallplattenvertrag mit Atlantic Records. Durch Lewis auch und die Lenox School of Jazz machte Coleman die Bekanntschaft mit Gunther Schuller, der von den neuen Ideen angetan war. Coleman studierte Anfang der sechziger Jahre bei Schuller[43], und die Entwicklung, die die Musik beider nahm, zeigte deutlich die Beschäftigung eines jeden mit dem Oeuvre des anderen[44].

Coleman, dessen frühe Kompositionen bei MJQ Music, dem Eigenverlag des Modern Jazz Quartet, veröffentlicht wurden, fand begeisterte Anhänger seiner Musik gerade im Kreis New Yorker Musiker, der schon in den fünfziger Jahren Auswege aus dem Dilemma des Post Bop gesucht hatte. Während erfolgreiche Musiker des populären Hard-Bop die neue Musik weitestgehend ablehnten, war sich die Gruppe intellektueller Jazzmusiker und -liebhaber in New York einig, daß der Weg Colemans wie die Neuerungen Cecil Taylors die vielgesuchten *extensions* der Errungenschaften Charlie Parkers sein könnten[45].

[41] A.B. Spellman, *Black Music - Four Lives*, New York 4/1976

[42] Francis Thorne, *An Afternoon with John Lewis*, in: *Jazz Review*, iii/3 (März/April 1960), S. 9

[43] Vgl. Nat Hentoff, *The Jazz Life*, New York 1961, S. 246

[44] Ein Streichquartett von Ornette Coleman (*Dedications to Poets and Writers*, New York 1962, ESP 1006) war ein Ergebnis der intensiven Beschäftigung des Saxophonisten mit der europäischen Kompositionstradition. Schullers *Abstraction* (1959), *Densities* (1962), *Night Music* (1962) und andere waren die direkten Ergebnisse des Einflusses von Coleman auf die Idee einer neuen Jazzimprovisatison bei Schuller.

[45] Die personenfixierte Jazzgeschichtsschreibung nennt die vergleichbaren frühen Reaktionen auf die Neuerungen beider, Parkers und Colemans: Beide begannen innerhalb eines Stils, den sie nicht auszufüllen bereit waren, angefeindet von den Musikerkollegen, die ästhetische

Cecil Taylor wie Ornette Coleman hatten in der relativ übersichtlichen Szene des New Yorker Jazz engen Kontakt zu den intellektuellen Wortführern sowohl schwarzer Musik als auch besonders zu den schwarzen und weißen Third-Stream-Komponisten. Taylor lehnte den Bildungsfaktor, den die Initiatoren des Third Stream betonten, dann ab, wenn er zur Verleugnung von Jazztradition führte:

> [...] *the Schullers wanted to change jazz to fit their own needs; that, essentially, they couldn't recognize the tradition that came from a black subculture as being valid in the face of European culture.*[46]

Taylor befand sich so zumindest im Dialog mit den Exponenten des Third Stream. 1961 nahm er zudem an einer Aufnahmesitzung des Komponisten Gil Evans teil, die ohne weiteres mit zum Third Stream gezählt werden darf[47]. Ornette Coleman war von John Lewis und Gunther Schuller für verschiedene Konzerte und Aufnahmen des Orchestra U.S.A. herangezogen worden und war somit zum Teil direktes Objekt der Realisation neuester *Third Stream*-Kompositionen. Zusammen mit Eric Dolphy war Coleman zudem Anstoß für einige der neuen Arbeiten Schullers.

Entwicklungen zwischen Bebop und Free Jazz

Im folgenden sollen zusammenfassend einige Momente in der Musik der fünfziger Jahre und vor allem in der Musik des Modern Jazz Quartet herausgestellt werden, die als Verbindungsbrücken zwischen der Musikauffassung im Bebop und dem musikalischen Selbstverständnis des frühen Free Jazz angesehen werden können.

Alle Mitglieder des Modern Jazz Quartet waren und sind bis heute fest in der Tradition des Bebop verwurzelt. Milt Jackson, John Lewis und der erste Schlagzeuger des Quartetts, Kenny Clarke, hatten in den vierziger Jahren selbst an der Ausformung des Bebop aktiv teilgenommen.

Die harmonischen, rhythmischen und formalen Grundmuster des Bebop hatte das Quartett dann ausgeweitet, vor allem durch die unübliche, auf Traditionen sowohl schwarz-amerikanischer als auch weißer, d.h. europäischer Musik zurückgreifende Kompositionstechnik von John Lewis.

Lewis und das Modern Jazz Quartet waren der populäre Pol der intellek-

Voraussetzungen in Instrumentalklang, harmonischen, rhythmischen und formalen Konzeptionen nicht realisiert sahen. Beide fanden ihre erste Akzeptanz innerhalb eines kleinen Insiderkreises, innerhalb dessen die neuen Ideen weitreichenden Einfluß hatten. Beiden wurde von Kritikern zunächst die Zerstörung der alten Jazzideale vorgeworfen.

46 Zit. nach A.B. Spellman, *Black Music - Four Lives*, S. 31 f

47 *»Into the Hot«*, New York 1961, Impulse A(S) 9

tuellen Szene New Yorks der fünfziger Jahre. Die Aufnahmen, die Lewis und Schuller mit ihrem Orchestra USA Anfang der sechziger Jahre machten, fanden keine allzu große Reaktion. Einzig das Modern Jazz Quartet mit seinem langanhaltenden Erfolg und seinem Comeback seit Anfang der achtziger Jahre ist nach wie vor auch in den Third-Stream-Einspielungen mit Wiederveröffentlichungen auf dem Markt erhältlich.

Harmonik

Im Bebop wurde das harmonische Reservoir der *chord changes*, über die improvisiert wurde, im Vergleich zu den vorhergehenden Stilen bedeutend erweitert. Die partielle Aufgabe melodischer Improvisation zugunsten reiner Chorusphrasen-Improvisation, die Methode also des *running the changes*, begünstigte diese Gewichtsverlagerung vom melodischen auf das harmonische Element. Über ein herkömmliches harmonisches Gerüst, meist im zwölftaktigen Blues- oder zweiunddreißigtaktigen Reprisenbarschema, wurden Erweiterungen und Alterationen ursprünglicher Harmonik sowie eine Vielzahl von Zwischen- und Durchgangsakkorden gesetzt[48].

Die Harmonik im Third Stream ist in der Komposition stark durch harmonische Vorbilder europäischer Kunstmusik des 20. Jahrhunderts beeinflußt. Die Improvisationsteile des frühen Third Stream basieren in der Hauptsache auf den harmonischen Errungenschaften des Bebop[49].

Die Harmonik im frühen Free Jazz steht in einer engeren Beziehung zum Post-Bop und zu den ersten Third-Stream-Versuchen als allgemein ange-

48 Carl Gregor Herzog zu Mecklenburg sieht in der temporären Bitonalität, die sich durch individuell-spontane Interaktionen im harmonischen Grundgerüst zwischen Solist und Begleitung im Bebop oftmals ergaben, den ersten *Schritt zur Auflösung der Tonalität und Modalität* und von daher *eine logische Entwicklung* [...] *zum Free Jazz*. Vgl. Carl Gregor Herzog zu Mecklenburg, *Stilformen des modernen Jazz*, S. 85.

49 Einzelne Komponisten und Arrangeure entwickelten eine harmonische Sprache, die als Grundlage auch der improvisatorischen Soli deutlich eine eigene Faktur zeigten. John Lewis' Beschäftigung mit Barockmusik und barocken Formmodellen im Jazz führte auch in Kompositionen, die deutlich in der Jazztradition standen, zu Akkordprogressionen, deren »melodische« Faktur den Einfluß harmonischer Verläufe bei Johann Sebastian Bach zeigten. Mecklenburg (*Stilformen des modernen Jazz*, S. 189) nennt in der Musik des Modern Jazz Quartet *neben Blues- und anderen Jazzharmonien Akkordbildungen, die aus der Salonmusik des späten 19. Jahrhunderts und aus dem Impressionismus stammen*. Beide Übernahmen aus europäischer Musik – also Harmonik des späten 19. Jahrhunderts oder des musikalischen Impressionismus – allerdings sind eher als durch den direkten Einfluß über den amerikanischen *popular song* und über harmonische Neuerungen Ellingtons und Parkers in die Musik des Quartetts eingeflossen. Vor allem in den Suiten von Lewis läßt sich eine Harmonik in der Komposition nachweisen, die konkret auf die europäische Spätromantik bzw. den französischen *Impressionismus* in der Musik zurückzuführen ist.

nommen wird[50]. Cecil Taylor beschäftigte sich mit der gesamten Jazztradition und bestätigte beispielsweise auch sein Interesse für die Musik Strawinskys oder Anton Weberns[51]. Taylor nennt außerdem Dave Brubeck als einen frühen Einfluß, der ihn beeindruckt habe *with the depth and texture of his harmony*[52] sowie ein Ensemble Dizzy Gillespies, das er Anfang der fünfziger Jahre gehört habe, *a band that had Percy Heath, Milt Jackson, and John Lewis*[53].

Während in den New Yorker Kreisen um Gunther Schuller mit Atonalität in der Komposition experimentiert wurde, die Improvisationspassagen aber zumindest in den Stücken der fünfziger Jahre immer noch in den Grenzen der harmonischen Entwicklung des Bebop blieben, betraf im Free Jazz die phasenweise Aufhebung tonaler Bezüge auch die Improvisation. Neben anderen Stilrichtungen hatte sich im New York jener Jahre ein modaler Spielduktus entwickelt, bei dem Improvisationspassagen statt auf den fortlaufenden *changes* eines Grundmusters auf dem statischen »Ausreizen« modaler Skalen basierte. Das *modal playing* in der Musik von Miles Davis oder des frühen John Coltrane war aus historischer Sicht der Versuch einer Ausweitung des bisherigen tonalen Rahmens im Jazz.

Wie die Third-Stream-Experimente, die hauptsächlich die Komposition betrafen, hatten auch die modalen Entwicklungen von Davis und Coltrane nur bedingt Einfluß auf den Fortgang der Jazzgeschichte. Beide Richtungen gingen den Weg, den die Öffnung der Harmonik im Bebop begonnen hatte, nicht folgerichtig zu Ende. Erst die konstruktivistischen Strukturen des frühen Free Jazz, in denen sich Atonalität und Amodalität nicht als Postulat, sondern höchstens als Ergebnis einer improvisatorischen Beschäftigung auch mit der harmonischen Problematik ergaben, waren die korrekten Schlußfolgerungen der intellektuellen Auseinandersetzung mit den Möglichkeiten nach dem Bebop.

Der Third-Stream-Komponist George Russell stellte fest, daß es im Bebop keine Kompositionstechnik gab, die den Entwicklungen der Improvisation zu jener Zeit folgen konnte[54]. Russell sah in den kompositorischen Aktivitäten der New Yorker intellektuellen Szene die Möglichkeit für ein kompositorisches Äquivalent zu den solistischen Errungenschaften des Bebop. Tatsächlich aber

50 Ornette Colemans Musik basierte besonders in seinen frühen Aufnahmen nach wie vor auf den traditionellen *changes*. Diese waren allerdings mehr als zuvor der Melodielinie untergeordnet. Coleman selbst empfahl eine Befreiung vom komponierten Harmoniegerüst: *I would prefer it if musicians would play my tunes with different changes as they take a new chorus so that there'd be more variety in the performance.* [...] *If you feel the lines different one day, you can change the harmony accordingly.* Zit. nach A.B. Spellman, *Black Music – Four Lives*, S. 119.

51 Vgl. Ekkehard Jost, *Free Jazz*, Mainz 1975, S. 77; A.B. Spellman, *Black Music - Four Lives*, S. 27 ff.

52 Zit. nach A.B. Spellman, *Black Music - Four Lives*, S. 61

53 ibid., S. 62

54 George Russell, *Where do we go from here?*, S. 186

führte die versetzte Entwicklung von Komposition und Improvisation in jenen Jahren nun zu einem so starken Übergewicht des Problembewußtseins in bezug auf Komposition, daß in den Werken des Third Stream plötzlich die Improvisation den Entwicklungen auf kompositorischem Gebiet nicht mehr zu folgen vermochte.

John Lewis wie Gunther Schuller sahen in den neuen harmonischen, rhythmischen, formalen und technischen Auffassungen Colemans und Taylors die Möglichkeit zur Ausfüllung der Improvisationsabschnitte in ihren Third-Stream-Versuchen[55]. Schuller fand besonders in Colemans Spiel genügend Freiheit in der Tonhöhenauswahl, um gegen den atonalen, serialisierten Background der Komposition eines zeitgenössischen Third Stream bestehen zu können. Die Tatsache einer nicht gleichzeitigen Entwicklung kompositorischer und improvisatorischer Techniken in jenen Jahren brachte es allerdings mit sich, daß nun, mit der Ausbildung einer adäquaten Improvisationstechnik, die komponierten Eingrenzungen des Third Stream der neuen Freiheit in der Improvisation nicht mehr angemessen waren und daß die Innovatoren des frühen Free Jazz nach neuen Modellen, auch in der Komposition, suchten.

Rhythmik

Eine Emanzipation des Schlagzeug im Jazz hatte bereits im Bebop stattgefunden. Der Schlagzeuger war nicht mehr nur, sondern er unterstrich durch ausgesuchte Akzente in Soli anderer Musiker die improvisierten Aussagen und trug so verstärkt zum Gelingen der Improvisation bei[56].
Besonders an der amerikanischen Westküste experimentierten einzelne Musiker und Komponisten in den fünfziger Jahren mit der Veränderung metrischer Grundstrukturen im Jazz. Dave Brubeck vor allem benutzte im Jazz unübliche Metren wie den 3/4- oder 5/4-Takt, aber in Nachfolge des Erfolgs solcher Versuche auch 10/4- oder gar 11/4-Takte[57]. Diese Experimente betrafen einzig

[55] Schullers *Abstraction* von 1959 war *an attempt to bring together the most advanced stylistic manifestations of those jazz and »classical« music, on the assumption that there are by now enough basic similarities to warrant such a fusion*. Vgl. Gunther Schuller, *»Jazz Abstractions«* [Plattentext], Atlantic 1365.

[56] Das Interesse der Bebop-Musiker an der rhythmischen Faktur ihrer Musik war immens. Dizzy Gillespie brachte schon in den Orchestern von Teddy Hill oder Earl Hines um 1940 den Schlagzeugern die neuen rhythmischen Impulse bei, die von Musikern wie Kenny Clarke in den Jazz eingeführt worden waren. Gillespie auch nahm sehr intensiv Ende der vierziger Jahre an den Bestrebungen teil, die vor allem auf Rhythmik basierende afro-kubanische Musik mit dem Bebop zu verschmelzen. Charlie Parkers virtuos schnellen Saxophonimprovisationen lag zumeist eine komplexe rhythmische Struktur zugrunde, die jene der Solisten des Swing bei weitem übertraf.

[57] Die Verwendung unüblicher Taktmaße hatte wenig Einfluß auf die Fortentwicklung des Jazz. Höchstens Don Ellis, Komponist und Trompeter zwischen Third Stream und neuem Jazz der sechziger Jahre, wurde für seine komplexeren Metren bekannt.

die Grundstruktur von Komposition und Improvisation. Spieltechnik und Stellung der Rhythmusgruppe, d.h. besonders des Schlagzeugers im Ganzen des Jazzensembles blieben gleich.

John Lewis war sich der Bedeutung rhythmischer Weiterentwicklung im Jazz äußerst bewußt. Schon 1953, ein Jahr nach Gründung des Quartetts als festes Ensemble, wies Lewis auf die Notwendigkeit rhythmischer Aktivität im Jazz hin:

> *In jazz there's often been a rhythmic dullness. The bass, drums, and piano should do more than simply supply chords and the basic pulsation.* [...] *In our work we also stimulate counterpoint rhythmically this way: when someone is playing a solo, the other instruments will play ideas in the background, ideas subordinated to those of the soloist. They don't slip back and just keep time. And occassionally, one of the background ideas will become prominent during someone else's solo when it seems in context.* [...] *You can break the usual pattern of harmonic progression – and you can do it rhythmically.* [...]
> *All the instruments in our group supply rhythmic propulsion. Anybody who plays on whatever instrument must supply rhythmic propulsion.*[58]

Dies Postulat einer rhythmischen Gleichberechtigung aller Instrumente des Ensembles – selbstverständlich in dem Stil, in dem das Quartett musiziert, nur bis zu einem bestimmten Punkt – scheint wie eine Beschreibung von Ideen, die den frühen Free Jazz bestimmen.

Tatsächlich änderten sich mit der Ablösung des Schlagzeugers Kenny Clarke durch Connie Kay im Modern Jazz Quartet 1955 sowohl die Funktion als auch das Instrumentarium des Jazzschlagzeugers nachhaltig. Kay trat zwar nur vereinzelt in Soli in der Vordergrund und fiel auch in der Begleitung von Komposition und Improvisation höchstens durch zurückhaltende Unterstützung auf, dennoch brachte er einige neue Elemente in den Jazz ein, die in der Retrospektive wie Vorboten der rhythmischen Selbständigkeit des Schlagzeugs im Free Jazz wirken. John Lewis unterstützte Kay bei der Idee, das herkömmliche Instrumentarium bedeutend auszuweiten. Kay benutzte neben den üblichen Bestandteilen seines Drum-Sets eine Vielzahl verschiedener Zymbeln, chinesischer Gongs, Triangeln, Tympani, Rasseln und anderer Perkussionsinstrumente, die bis dahin im Jazz so gut wie unbekannt waren. Er stand mehr als dies zuvor in der Geschichte des Jazz der Fall gewesen war in der Tradition des europäischen Schlagwerks[59]. Neben der Besinnung auf afrikanische *roots* ging die Verwendung eines großen Perkussionsinstrumentariums im Free Jazz

58 Zit. nach Nat Hentoff, *Counterpoint*, in: *Down Beat*, xx (30. Dezember 1953)

59 In den zwanziger Jahren hatten Jazzschlagzeuger zum Teil eine ähnlich große Palette möglicher Klangeffekte im Instrumentarium. Die ausufernden Bühnenaufbauten Sonny Greers im Orchester Duke Ellingtons standen allerdings eher in der Tradition des Showbusiness einerseits, bezogen sich auf die Betonung afro-amerikanischer Bindungen im *jungle style* des Bandleaders andererseits. Erst der Ellington späterer Jahre setzte auch das Schlagzeug als »Satzgruppe« – im Bewußtsein seiner Stellung im Sinfonieorchester – ein.

zum Teil auch auf dies neue Verständnis eines gleichberechtigten Drummers im Modern Jazz Quartet zurück[60].

Methoden der Improvisation

Die Chorusphrasen-Improvisation des Swing und auch des Bebop war immer in erster Linie eine harmonisch orientierte Improvisationsmethode gewesen. Zwar kam bei den herausragenden Solisten beider Stile auch das melodische Element nie zu kurz, welches in der Gesamtform des Solos mit zur Geschlossenheit der »story« beitrug. Ein großer Teil weniger herausragender Solisten jener Jahre allerdings vollzog seine Improvisationspflicht einzig im »Abspulen« harmonischer Abläufe, d.h. im *running the changes*. Besonders in der New Yorker Jazzszene der fünfziger Jahre gewann dann die Forderung nach mehr Melodiebewußtsein in der Improvisation eine größere Anhängerschaft. Die Entwicklung motivischer Improvisation durch Musiker wie Lennie Tristano, Sonny Rollins oder John Lewis stand dabei nur bedingt in der Tradition der melodischen Paraphrase des frühen Jazz. Bei Tristano und Lewis ist sehr wohl auch das intellektuelle Bewußtsein motivischer Variation in europäischer Kunstmusik für die Idee solch neuer Improvisationspraktiken verantwortlich.

In der Jazzgeschichtsschreibung wird regelmäßig auf die Improvisationstechnik Lennie Tristanos verwiesen, deren motivische, harmonische und formale Struktur als historisches Bindeglied zwischen Bebop und Free Jazz genannt wird. Viel stärker als bei Tristano ist gerade bei Lewis das Moment motivischer Improvisation ausgeprägt[61]. In einzelnen seiner Soli ist in der analytischen Betrachtung ein geradezu kompositorisches Bewußtsein zu erkennen[62].

60 Die Forderung nach einer »Gleichberechtigung« des Schlagzeugers im Ensemble ist dabei selbstverständlich relativ. Im Modern Jazz Quartet und auch im frühen Free Jazz blieb die deutliche Trennung der Funktionen von Melodie- und Rhythmusgruppe erhalten. Gleichberechtigung heißt hier also – ganz im Sinne des Lewis-Zitats von 1953 (vgl. S. 320) – die Möglichkeit aller Instrumentalisten, auch aus einer untergeordneten Position heraus Impulse geben und die jeweilige Realisation nachhaltig beeinflussen zu können.

61 Lewis beschreibt seine Improvisationsmethode selbst folgendermaßen: *If you have a melodic design that is strong enough, you can build on this design and on the accompanying rhythmic patterns without relying on a particular harmonic progression.* Zit. nach Nat Hentoff, *Counterpoint*, in: *Down Beat*, xx (30. Dezember 1953).

62 Die von Kritikern hoch gelobte melodische Erfindungsgabe von Lewis in Komposition wie in Improvisation ist eine Voraussetzung für seine eigene solistische Improvisationspraxis, wie auch das Zitat in der vorstehenden Anmerkung belegt. Vgl. Gunther Schuller, *»Music for Brass«* [Plattentext], Columbia CL 941: *John has that rare ability to create a melody which is thoroughly conventional, immediately hummable, sounds as if one had heard it somewhere before, and yet is in fact absolutely original.*

Ekkehard Jost stellt eine weiterentwickelte Art motivischer Improvisation bei Ornette Coleman fest[63]. *Motivische Kettenassoziationen*, wie Jost Colemans Improvisationsmethode bezeichnet, gehen weniger als die motivische Improvisation zuvor von der komponierten Technik aus. Während sowohl bei Tristano als auch bei Lewis der Improvisationsprozeß quasi Spontankomposition darstellt, ist es bei Coleman eine Art »Bewußtseinsstrom«, aus dem neue Ideen entstehen, die nichts mit der komponierten Thematik zu tun haben müssen und die für neue motivische Assoziationsketten verwandt werden können[64].

Auch bei Cecil Taylor ist die Benutzung motivischer Varianten und motivischer Entwicklung ausgeprägt und besonders in seinen frühen Aufnahmen deutlich zu hören[65].

Anders als thematische Bezüge einer vor allem melodisch motivierten Paraphrasen-Improvisation ist die motivische Improvisation sowohl in der Musik der fünfziger Jahre wie auch im frühen Free Jazz ein Ergebnis der intellektuellen Auseinandersetzung mit Improvisationsmöglichkeiten, ein Ergebnis auch der Beschäftigung mit europäischer Komposition.

Von Kritikern wurde in der Musik des Modern Jazz Quartet immer die Rückbesinnung auf eine alte Tradition des Jazz betont, nämlich auf die Kollektivimprovisation. Tatsächlich hatte die verstärkte Gleichberechtigung der vier Instrumente des Quartetts zu einer Interaktion zwischen den Musikern geführt, die im Swing oder Bebop weitestgehend verloren war. Die Kollektivimprovisation beim Modern Jazz Quartet war allerdings trotz programmatischer Äußerungen von Lewis[66] eherdie Benutzung spontan erfundener Kontrapunkte als eine Variantenheterophonie wie sie im frühen Jazz üblich war[67] Die durch die Interaktion aller Musiker erreichte melodische, harmonische und rhythmische Dichte beim Modern Jazz Quartet ist aber – wenn auch in gänzlich anderer Ausformung – im Prinzip ohne weiteres mit den komplexen Realisationen des frühen Free Jazz vergleichbar.

63 Ekkehard Jost, *Free Jazz*, S. 56 f.

64 Vgl. Whitney Balliett, *Ornette*, in: ders., *American Musicians*, New York 1986, S. 401 ff. (besonders S. 407)

65 Vgl. Gunther Schuller, *Cecil Taylor: Two Early Recordings*, in: ders., *Musings*, S. 69 ff.

66 Vgl. Nat Hentoff, *Counterpoint*, in: *Down Beat*, xx (30. Dezember 1953). Hentoff zitiert Lewis: *Swinging is not new in the history of music, nor is improvisation. What makes jazz unique is that it is collective improvisation.*

67 Vgl. Nat Hentoff, *Collective Improvisation in Jazz: A Diminishing Element?*, in: *This is Jazz*, hg. von Ken Williamson, London 1960, S. 217 ff. Hentoff diskutiert verschiedene Ausformungen kollektiver Improvisation im zeitgenössischen Jazz, ohne allerdings kritisch die Tradition solcher Improvisationspraxis in der Jazzgeschichte zu betrachten und die Besonderheiten der aktuellen Kollektivimprovisation festzustellen.

I think that the audience for jazz can be widened if we strengthen our work with structure. If there is more of a reason for what's going on, there'll be more overall sense and, therefore, more interest for the listener. (John Lewis)[68]

Die Erweiterung des formalen Rahmens wurde Anfang der fünfziger Jahre als scheinbar dringlichstes Problem des Jazz dargestellt. Die Kompositionen europäischer Kunstmusik werden, so Nat Hentoff 1953, *as organic wholes* rezipiert, während im Jazz meist nur Fragmente einer musikalischen Erfahrung erinnert werden. Hentoff formuliert das Problem formaler Expansion:

The problem is whether it is possible to retain the improvisatory freedom of jazz while extending its structure. I think the answer is yes, though so far there have been few works to support the affirmation.[69]

Hentoff verlangt die *extended jazz work*, die nur von einem Musiker geschaffen werden kann, der tief in der Tradition des Jazz steht, der also die Geheimnisse der Jazzimprovisation durch Erfahrung genauso wie in der Theorie kennt. Verschiedene Musiker und Komponisten gatten schon zuvor versucht, das Problem einer Ausweitung konventioneller Formmodelle zu lösen. Am erfolgreichsten war bis dahin die Arbeit Duke Ellingtons mit Konzerten und Suiten gewesen, die vollständig in der Jazztradition standen[70]. In den fünfziger Jahren wurden von der Öffentlichkeit die Übernahmen barocker und klassischer Strukturen – Fugen, Concerti, Suiten und Sonatenmodelle – am meisten beachtet.

Auch John Lewis befaßte sich in vielen seiner Kompositionen vor allem mit dieser Möglichkeit der formalen Erweiterung. Die Errungenschaften der europäischen Kompositionstechnik im 20. Jahrhundert wurden nur von wenigen für dasselbe Ziel genutzt. Rolf Liebermanns *Concerto for Jazz Band and Symphony Orchestra* von 1954 verzichtete wie Strawinskys *Ebony Concerto* von 1946 oder europäische Kompositionen aus den zwanziger Jahren auf das wichtigste Element des Jazz, die Improvisation. Allerdings bezogen auch die Jazzkomponisten der Westküste und die meisten Experimentatoren in New York die Idee der formalen Erweiterung nur auf den komponierten Rahmen. Die Improvisation lief im herkömmlichen Schema von Chorusketten ab, welche zudem oft die traditionelle Blues- oder Reprisenbarform benutzten. Seltene Ausnahmen von diesem Prinzip waren beispielsweise einzelne Kompositionen von John

68 Zit. nach Nat Hentoff, *Counterpoint*, in: *Down Beat*, xx (30. Dezember 1953). Vgl. auch Nat Hentoff, *John Lewis*, in: *Down Beat*, xxiv (20. Februar 1957), S. 15. Hentoff zitiert Lewis: *The listeners don't have to guess what's going on. There's no mystery on the stand.*

69 Nat Hentoff, *Counterpoint*, in: *Down Beat*, xx (3. Juni 1953), S. 5

70 Die Komponisten des Third Stream, die ebenfalls an der Ausweitung des formalen Rahmens im Jazz arbeiteten, nannten als Beispiele für die Machbarkeit ihrer Pläne neben Werken europäischer Komponisten, die vor allem in den zwanziger Jahren das Jazzidiom nutzten, genau die Suiten und Konzerte Duke Ellingtons.

Lewis wie *Vendome* oder *Da Capo*. Hier wurde der übliche Chorus durch eine Art »Verlaufsform« ersetzt, eine offene Form ohne Wiederholungen und ohne Wiederholungsmöglichkeiten. Diese Stücke entbehrten daher auch der Flexibilität üblicher Choruskompositionen.

Der Terminus *extended form* stammt eigentlich von Charles Mingus, der ihn allerdings anders verstand. Mingus gab seine Kompositionen den einzelnen Musikern nicht im niedergeschriebenen Manuskript, sondern sang oder spielte sie ihnen vor, ließ die Musiker auch komplexe Arrangements auswendig lernen, um den oralen Charakter des Jazz zu erhalten. Im Gegensatz zu Lewis konnten Chorusse in den Realisationen der Kompositionen von Charles Mingus verschieden lang werden, je nachdem, wie lang der betreffende Solist Einzelteile des Chorus interpretieren wollte. Mingus' Vorstellung von *extended form* war also zum großen Teil die einer Verlängerung traditioneller Formmodelle, einer Ausweitung im Rahmen der Chorustradition. Ähnliche Ideen sind in einem Improvisationskonzept von John Lewis anzutreffen, das allerdings nicht direkt eine Verlängerung der Form zur Folge hat, sondern vor allem die improvisatorisch freiere Realisation von niedergeschriebener Komposition betrifft. Lewis sagt:

> *The best kind of jazz is improvised jazz; if it is possible at the time without relying on notes to be read.* [...] *I think that this ideal thing is to have this kind of improvisation of these dead notes along with the greater improvisation of using ideas that grow out of it – after a time you no longer need the notes and you can get to reach into the inner part of the music that is written, making it work out your own musical feelings.*[71]

Auf einem anderen, nämlich kompositorischen Level arbeitete Lewis mit der Erweiterung und Veränderung des herkömmlichen Chorusschemas. Vielen seiner Kompositionen – exemplarisch sei auf die Einzelstücke der Suite *The Comedy* hingewiesen – legt Lewis als Grundmuster für Komposition und Improvisation Standardchorusse mit Blues- oder Reprisenbarform zugrunde, die aber in Augmentation oder Diminution verändert sind. Die Ausweitung von Form auch in der Improvisation findet bei Lewis also bereits in der Komposition statt, nämlich im Arrangement der Solochorusse[72].

Beide Möglichkeiten – die von Lewis praktizierte, im mehr oder weniger exakten Vorplan auch innerhalb des traditionellen Chorusschemas Form zu erweitern und zu verändern, und die von Charles Mingus, dem Solisten die Ausweitung des formalen Grundrisses seines Solos zu überlassen – haben ihre Fortführungen und extremen Resultate im frühen Free Jazz in der Musik Cecil Taylors und Ornette Colemans gefunden.

71 Zit. nach N.N., *Improvisation in Jazz. Is It Limited?*, in: *Jazz Today*, i/5 (Dezember 1956), S. 23

72 Ein konkretes Beispiel ist *Spanish Steps* aus *The Comedy*, ein Stück, in dem der harmonische Grundplan sowie die Länge des Chorus-A-Teils im Verlauf von Komposition und Arrangement ständig Varianten erfährt.

Die Veränderungen in der Formauffassung des Jazz lassen sich folgendermaßen zusammenfassen:

1. Die traditionelle Jazzform bestimmt rein äußerlich die Improvisationsgrundlage als relativ einheitliches Schema. Formales Grundmaß ist der Blues, die Reprisenbarform oder von beiden abgeleitete mehr- oder wenigertaktige Einheiten.

2. Innerhalb des Soloablaufs wurde vom improvisierenden Solisten eine innere Formung verlangt, in der Stringenz und Zusammenhalt ästhetische Werte sind[73]. Entsprechend der oralen Tradition des Jazz bestimmt die äußere Form nur den Rahmen, ist für die innere Form der Improvisation das Moment des *to tell a story* maßgeblich[74].

   Im Bebop sind diese Grundmuster äußerer Form und innerer Formung wenig verändert. Die melodische Paraphrase, die im Jazz der zwanziger Jahre vielfach noch die Improvisation beherrschte, weicht im Bebop vollends der harmonischen Improvisation in Chorusphrasenmanier, dem Abspielen festgelegter oder spontan übergesetzter *changes* (*to run the changes*).

3. Die Ausweitung der Form in den fünfziger Jahren betrifft zum größten Teil den komponierten Rahmen. Die Experimentatoren an der Ost- wie an der Westküste – John Lewis, aber auch die Third-Stream-Komponisten – benutzten weiterhin Blues- oder Reprisenbarschemata als Improvisationsgrundlage. Ihr Hauptinteresse galt der Einpassung des Improvisationschorus in einen komponierten Ablauf sowie der Begleitung des Solos durch komplexe Arrangements. Ekkehard Josts Kritik, daß in den meisten Third-Stream-Versuchen eine *Überbewertung von Konstruktion zuungunsten von Emotion und Spontaneität*[75] stattfand, ist zuzustimmen, und hierin ist auch der Grund für das relativ abrupte Ende jener mehr oder weniger einseitigen Experimente Mitte der sechziger Jahre zu sehen.

   LeRoi Jones forderte, daß eventuelle formale Übernahmen aus europäischer Kunstmusik in die eigene Interpretation des Musikers übertragen werden müßten und nicht kanonisiert dem Jazz übergestülpt werden dürften[76]. Solch integrierende Verwendung ist gerade John Lewis zumindest

[73] *logic and coherence*: Vgl. Billy Taylor, *Jazz Piano. A Jazz History*, S. 23

[74] Vgl. unter anderem Ira Gitler, *Swing to Bop*, New York 1985, S. 47; Whitney Balliett, *American Musicians*, S. 40, 71. Das Moment des *to tell a story* wird von vielen Musikern betont.

[75] Ekkehard Jost, *Free Jazz*, S. 87. Vgl. auch Barry McRae, *The Jazz Cataclysm*, South Brunswick und New York 1967, S. 154: [...] *whether at its best or its worst Third Stream is an unsatifactory form because it cannot convince on both an intellectual and an emotional level.*

[76] LeRoi Jones, *Blues People*, S. 230: *In order for the jazz musicians to utilize most expressively any formal classical techniques, it is certainly neccessary that these techniques be subjected to the emotional and philosophical attitudes of Afro-American music – that these techniques be* used *not canonized.*

in den Kompositionen für das Modern Jazz Quartet in bester Weise gelungen[77].

Die Einbeziehung auch der Improvisation in die formelle Planung fand nur bei wenigen Komponisten des Third Stream statt. Wieder sind John Lewis und das Modern Jazz Quartet dabei an vorderster Stelle zu nennen. Motivische Improvisation, wie sie von individuellen Musikern wie Lennie Tristano, Sonny Rollins oder Lewis entwickelt wurde, spielte neben der Veränderung herkömmlicher Chorusmodelle eine wichtige Rolle bei der Ausweitung der Improvisationsform.

4. Die »extended form« bei Mingus, die insbesondere dem Solisten Freiheit innerhalb der herkömmlichen Beschränkungen geben soll, steht – im Gegensatz zu den meisten Third Stream-Kompositionen – in erster Linie in der Tradition oraler Überlieferung. Mingus' programmatische Äußerungen über nicht-schriftliche Komposition[78] stellen die Erweiterungen eines Konzeptes von simplen Kompositionsmustern dar, wie sie im *head arrangement* der dreißiger und vierziger Jahre üblich waren. Die Betonung solch nicht-schriftlicher Komposition konnte Mingus' Vorgehensweise nur für Musiker innerhalb der Jazztradition attraktiv machen. Im Third Stream, dem es außer auf das reine Arrangement auch auf eine Angleichung zwischen europäischer und afro-amerikanischer – und das heißt auch zwischen schriftlicher und nicht-schriftlicher Tradition – ankam, konnte diese Form eines komplexen *head arrangement* nur bedingt befriedigen.

5. Die sogenannte »free form« bei Ornette Coleman oder Cecil Taylor ahmte anfangs ohne weiteres noch traditionelle Chorusschemata nach, entwickelte sich dann in den Solo- wie in den Kollektivimprovisationen zu mehr oder weniger spontan gebildeten Prozessualformen. Die scheinbare Formlosigkeit vieler Free-Jazz-Realisationen erweist sich in der Analyse als eine Umbewertung formaler Zusammenhänge. Die Strukturierung der in Grenzen freien Auswahl musikalischer Spielmöglichkeiten zeigt sich in der Musik Taylors oder Colemans als zum Teil äußerst bewußte Organisation musikalischer und formaler Bezüge.

Diese Umschichtung hatte bereits bei Mingus begonnen. Die traditionelle Trennung von Form und Formung, äußerer und innerer Struktur, war durch die Offenheit äußerer Form im ausgeweiteten Modell aufgebrochen worden. Das traditionelle Chorusschema war zwar nach wie vor äußere Grundlage dieser Musik, konnte aber durch relativ spontane Ausweitungen stark

77 LeRoi Jones, der die formalen Experimente von John Lewis für prätenziös hielt, bezieht seine Forderung auf die neue Musik Colemans oder Taylors, sieht nicht, daß er eigentlich Kompositionen von Lewis wie *The Comedy*, *Fontessa* oder *Django* mit einbeziehen könnte. Vgl. auch Nat Hentoff, *The Jazz Life*, S. 224 f.: *Even Lewis* [...] *although he uses fugues and other European forms as frameworks for improvisation, has always transmuted them into jazz terms.*

78 Charles Mingus: *»Pithecanthropus Erectus«*, Atlantic 1237

verändert werden, verlor somit einige der Begrenzungen, die die äußere Form der inneren Formung in der Jazztradition auferlegte.

Diese Entwicklung fand ihren Höhepunkt in der »free form« der frühen Free Jazz. In ihr wurde einerseits die Prozessualform zum hauptsächlichsten Formprinzip. In ihr führte auf der anderen Seite die Verinnerlichung komplexester Kompositionsprinzipien zeitgenössischer Musik, wie sie in den fünfziger Jahre Einfluß auch auf den Third Stream hatten, zu einem dichten Netz formaler und inhaltlicher Bezüge, die im Extrem – besonders bei europäischen Nachfolgern des frühen Free Jazz – eine Unterscheidung zwischen Free Jazz und zeitgenössischer komponierter Musik schwer machte.

Organisation

Das Modern Jazz Quartet war nicht nur musikalisch, sondern auch – unüblich im amerikanischen Jazz – als »wirtschaftliche Einheit« eine Musikerkooperative. John Lewis wurde zwar allgemein als *nominal leader* genannt, alle vier Musiker aber waren in der Organisation von Schallplattenaufnahmen, Konzerten etc. gleichberechtigt. In den fünfziger Jahren gründete das Quartett den Verlag MJQ Music, in dem die wichtigsten Third-Stream-Kompositionen von Lewis, Schuller und anderen vor allem aus dem New Yorker Kreis publiziert wurden.

Die Organisation als Musikerkooperative sowie die Gründung eines Eigenverlages sind Vorformen einer Entwicklung, die erst die progressiven Musiker der sechziger Jahre wieder aufgriffen. Die Jazz Composers' Guild – gegründet 1964 – und die Association for the Advancement of Creative Musicians (AACM) – gegründet 1965 – sind zwei der namhafteren Musikerkollektiven, die im Rahmen des Free Jazz entstanden. In der Idee zwar weitreichender gehen beide im Prinzip doch auf die neuartigen Organisationsformen zurück, die das Modern Jazz Quartet mit in die amerikanische Jazzszene eingeführt hatte.

John Lewis' maßgebliche Beteiligung an der Jazz and Classical Music Society läßt sich als ganz konkretes Vorbild solcher Kooperativen des Free Jazz nennen. Beide Organisationsmodelle folgten dem Zwang, daß ohne Eigeninitiative die befürwortete Musik nur schwer an die Öffentlichkeit zu bringen war. Der Third Stream gleich wie der Free Jazz waren nicht leicht zu vermarkten und wurden in einer Gesellschaft, in der die Verkäuflichkeit auch in der Kunst als Qualitätsmerkmal diente, im Konzert- wie im Verlagswesen vernachlässigt.

Die neuen Hörgewohnheiten und die neuen Aufführungsorte, die John Lewis mit seinem Modern Jazz Quartet förderte und forderte[79], sind für die Rezeptionsformen des neuen Jazz der sechziger Jahre nicht mehr wegzudenken.

79 Vgl. John Lewis, *The Musician's View*, S. 3: *One of* [jazz's] *functions has been as dance music. It will still serve this purpose to some extent. However, with the enriching and increasing possibilities of expressiveness in jazz, some of this music demands more attention and consequently new listening places.*

Und von der Öffnung der Konzertsäle für experimentellen Jazz, welche in Privatinitiativen New Yorker intellektueller Kreise in den fünfziger Jahren organisiert wurde, profitierten in der Folge auch die Musiker des Free Jazz.

Das Modern Jazz Quartet als Mittler zwischen Bebop und Free Jazz

Das Modern Jazz Quartet ist keinesfalls ein direktes Bindeglied zwischen Bebop und Free Jazz. In den Kompositionen von John Lewis und insbesondere in den Realisationen des Quartetts zeichnen sich aber deutlich die Ergebnisse einer intellektuellen Auseinandersetzung mit Erweiterungsmöglichkeiten der Jazzsprache ab, welche auf anderer Ebene für die Neuerungen des Free Jazz mit verantwortlich waren. Die Sensibilisierung des Jazzmusikers in den fünfziger Jahren für Probleme der Form, komplexere Methoden der Komposition und der Improvisation, war grundlegend sowohl für den Third Stream wie auch für den Free Jazz. Soziologische Gründe wie insbesondere die verbesserte Ausbildungssituation nach dem Zweiten Weltkrieg hatten einigen Einfluß auf eine solche Sensibilisierung.

Das Modern Jazz Quartet war zwar während der ganzen Zeit seines Bestehens kommerziell erfolgreich, die musikalisch herausragendsten Ergebnisse aber spielte es – in der Zeit bis 1974 – vor allem in den fünfziger und frühen sechziger Jahren ein. Die damaligen Aufnahmen waren kontrovers und können trotz der Verwurzelung aller Musiker im Bebop mit zur musikalischen Avantgarde gerechnet werden. Mit dem Reifeprozeß, den der Free Jazz in den sechziger Jahren durchmachte, trat das Quartett aus dem Rampenlicht der Avantgarde in den Mainstream einer eher traditionellen Jazzmusik. Für die Beurteilung der Realisationen in den fünfziger und frühen sechziger Jahren ist das Wissen um die Konsequenzen, welche die Experimente des Third Stream im frühen Free Jazz gehabt haben, unerläßlich. Die Würdigung des Einzelwerks zwar ist ohne weiteres auch ohne das Bewußtsein der musikalischen Fortentwicklung des Jazz möglich. In einer generellen Auseinandersetzung mit der Musik des Modern Jazz Quartet aber ist die exemplarische Position des Ensembles innerhalb der intellektuellen Szene New Yorks unbedingt zu berücksichtigen.

Eine vergleichende Untersuchung über Kompositionen aus der ganzen Breite des Third Stream – also von Gunther Schuller über Bill Russo und John Lewis bis hin zur Arbeit von Charles Mingus – steht noch aus. Die mangelnde Dokumentation dieser Musik erschwert auch dem Jazzforscher den Zugang zu Werken, die im Einzelfall nicht einmal auf Schallplatte eingespielt wurden. Der Jazz ist durch das Moment der Improvisation eine sehr individuelle Musik, und die Qualität auch von Third-Stream-Kompositionen wird erst im Klangergebnis beurteilbar, in dem die Solopassagen improvisatorisch aufgefüllt sind. Stücke, die zur Zeit ihrer Entstehung und Erstaufführung nicht auf Tonträgern dokumentiert wurden, sind dem Historiographen als geschichtliche Marken verloren. Eine heutige Wiederaufführung von Kompositionen Gunther Schullers oder anderer würde sich in jedem Fall einer Improvisation bedienen, die im Wissen um die Fortentwicklung des Jazz völlig verschieden von der ursprünglichen Realisation der betreffenden Arbeiten wäre. Das Modern Jazz Quartet hat glücklicherweise viele der Experimente von John Lewis und ihm verbundener Komponisten auf Schallplatte eingespielt. In diesen Aufnahmen und in der Konsequenz solcher Experimente auch für das konventionelle Repertoire der Gruppe zeichnet sich zumindest ein Bild der Musik jener Jahre. Es bleibt zu hoffen, daß eventuell existierende Tondokumente von Third-Stream-Konzerten veröffentlicht werden und daß Musikforscher sich in Interviews und Gesprächen den immer noch aktiven Komponisten und Musikern jener Zeit zuwenden, um in Kenntnis ihrer Experimente und der Konsequenzen dieser Musik das Bild der Jazzentwicklung vom Bebop zum Free Jazz zu vervollständigen.

Bibliographie

Diese Bibliographie verzeichnet neben der zitierten Literatur auch Arbeiten und Aufsätze, die für das Thema insgesamt von Interesse sind. Außer Büchern und Aufsätzen in Zeitschriften und Sammelwerken führt ein dritter Punkt der Bibliographie die für diese Arbeit gesichteten musikalischen Veröffentlichungen und Arrangements von John Lewis auf.

I. Bücher

AMERY, Jean: *Im Banne des Jazz. Bildnisse großer Jazzmusiker*, Zürich 1961 (Kapitel »John Lewis«)

ASRIEL, Andre: *Jazz. Analysen und Aspekte*, Berlin (Ost) 1980

BALLIETT, Whitney: *The Sound of Surprise*, New York 1959

BALLIETT, Whitney: *Dinosaurs in the Morning. 41 Pieces on Jazz*, Philadelphia und New York 1962

BALLIETT, Whitney: *Such Sweet Thunder. Jazz Today*, London 1968

BALLIETT, Whitney: *New York Notes*, Boston 1976

BALLIETT, Whitney: *Improvising*, New York 1977

BALLIETT, Whitney: *American Muscians*, New York 1986

BARESEL, Alfred: *Jazz in der Krise – Jazz im Umbruch*, Trossingen, Württ. 1959

BERENDT, Joachim Ernst: *Variationen über Jazz*, München 1956

BERENDT, Joachim Ernst: *Ein Fenster aus Jazz*, Frankfurt am Main 1978

BERENDT, Joachim Ernst: *Das große Jazzbuch. Von New Orleans bis JazzRock*, Frankfurt am Main [5]1981

BERENDT, Joachim Ernst & CLAXTON, William: *Jazz Life. Auf den Spuren des Jazz*, Offenburg 1961

BERENDT, Joachim Ernst & TRÖLLER, Josef (Hgg.): *Prisma der Gegenwärtigen Musik*, Hamburg 1959

BERLIN, Edward A.: *Ragtime. A Musical and Cultural History*, Berkely 1980

BIGARD, Barney: *With Louis and the Duke*, Houndsmills 1985

BLESH, Rudi: *Shining Trumpets*, New York 1958 (Reprint: New York 1976)

BLESH, Rudi und JANIS, Harriett: *They All Played Ragtime*, New York 1971

BOHLÄNDER, Carlo und HOLLER, Karl Heinz: *Reclams Jazzführer*, Stuttgart [2]1970

BROOKS, Tilford: *America's Black Musical Heritage*, Englewood Cliffs, N.J. 1984

BROWN, Robert L.: *A Study of Influences from Euro-American Art Music on Certain Types of Jazz*, Phil.Diss. (Columbia University), New York 1974

BROWN, Scott E.: *James P. Johnson. A Case of Mistaken Identity*, Metuchen, N.J. 1986

BRUYNINCKX, Walter: *60 Years of Recorded Jazz*, Mechelen o.J. [1977-83]

BUDDS, Michael: *Jazz in the Sixties. The Expansion of Musical Resources & Techniques*, Iowa City 1978
CARLES, Philippe & COMOLLI, Jean-Louis: *Free Jazz – Black Power*, Frankfurt am Main [2]1974
CARR, Ian: *Miles Davis. A Biography*, New York 1982
CARR, Ian, FAIRWEATHER, Digby & PRIESTLEY, Brian: *Jazz. The Essential Companion*, London 1987
CHAMBERS, Jack: *Milestones. The Life and Times of Miles Davis*, Bd. 1, New York 1983; Bd. 2, New York 1985
CHARTERS, Samuel B. & KUNSTADT, Leonard: *Jazz. A History of the New York Scene*, New York 1962 (Reprint: New York 1981)
CHILTON, John: *Who's Who of Jazz*, o.O. 1978 (Time-Life-Ausgabe
CLARKE, John Henrik (Hg.): *Harlem. A Community in Transition*, New York 1964 (Reprint: New York 1969)
COLLIER, Graham: *Jazz*, Cambridge 1978
COLLIER, James Lincoln: *The Making of Jazz*, London 1978
DANCE, Stanley: *The World of Duke Ellington*, New York 1970
DANCE, Stanley: *The World of Swing*, New York 1974 (Reprint: New York 1979)
DAPOGNY, James (Hg.): *Ferdinand »Jelly Roll« Morton. The Collected Piano Music*, Washington, D.C. und New York 1982
DAUER, Alfons M.: *Jazz, die magische Musik*, Bremen 1961
DAUER, Alfons M.: *Der Jazz. Seine Ursprünge und seine Entwicklung*, Kassel [3]1977
DAUER, Alfons M. & LONGSTREET, Stephen: *Knaurs Jazzlexikon*, München und Zürich 1957
DAVIS, Francis: *In the Moment. Jazz in the 1980s*, New York 1986
DEXTER, Dave: *The Jazz Story. From the '90s to the '60s*, Englewood Cliffs, N.J. 1964
DRIGGS, Frank & LEWINE, Harris: *Black Beauty, White Heat*, New York 1982
ELLINGTON, Duke: *Music Is My Mistress*, Garden City, N.Y. 1973 (Reprint: New York [4]1985)
ELLINGTON, Mercer & DANCE, Stanley: *Duke Ellington in Person. An Intimate Memoir*, Boston 1978 (Reprint: New York 1979)
ELLISON, Ralph: *Shadow and Act*, New York 1964
ERLICH, Lilian: *What Jazz Is All About*, New York [2]1975
FAULKNER, Robert R.: *Hollywood Studio Musicians*, Chicago 1971
FEATHER, Leonard: *Inside Be-bop*, New York 1949 (Reprint als *»Inside Jazz«*, New York 1977)
FEATHER, Leonard: *The Book of Jazz*, London 1961 (Jazz Book Club; Original: New York 1957)
FEATHER, Leonard: Jazz. *Modern Jazz – An Exciting Story of the Past 20 Years*, Los Angeles o.J.
FEATHER, Leonard: *The Encyclopedia of Jazz*, New York 1960
FEATHER, Leonard: *The Encyclopedia of Jazz in the Sixties*, New York 1966

FEATHER, Leonard: *The Pleasures of Jazz*, New York 1977
FEATHER, Leonard & GITLER, Ira: *The Encyclopedia of Jazz in the Seventies*, New York 1976
GAMMOND, Peter (Hg.): *Duke Ellington. Sein Leben – seine Musik*, München 1961
GAYLE, Addison Jr. (Hg.): *The Black Aesthetic*, Garden City, N.Y. 1971
GEORGE, Don: *The Real Duke Ellington*, London 1981
GILLESPIE, Dizzy & FRASER, Al: *To Be or Not to Bop*, Garden City, N.Y. 1979
GIOIA, Ted: *The Imperfect Art. Reflections on Jazz and Modern Culture*, New York 1988
GITLER, Ira: *Jazz Masters of the Forties*, New York 1966 (Reprint: New York 1974)
GITLER, Ira: *Swing to Bop*, New York 1985
GLEASON, Ralph J.: *Celebrating the Duke*, Boston 1975
GOLDBERG, Isaac: *Tin Pan Alley. A Chronicle of American Popular Music*, New York 1930 (Reprint: New York 1961)
GOLDBERG, Joe: *Jazz Masters of the 50s*, New York 1965 (Reprint: New York 1983)
GREEN, Benny: *Drums In My Ears. Jazz In Our Time*, New York 1973
GRIME, Kitty & WILMER, Valerie: *Jazz at Ronnie Scott's*, London 1979
GROSSMAN, William L. & FARRELL, Jack W.: *The Heart of Jazz*, New York 1956
GÜNTHER, Helmut: *Jazz Dance. Geschichte – Theorie – Praxis*, Berlin 1980
HARRIS, William J.: *The Poetry and Poetics of Amiri Baraka. The Jazz Aesthetic*, Columbia 1985
HARRISON, Max, MORGAN, Alun, ATKINS, Ronald, JAMES, Michael & COOKE, Jack: *Modern Jazz. 1945-70. The Essential Records*, London 1975
HEISTER, Hanns-Werner: *Jazz* (Musik aktuell, Bd. 5), Kassel 1983
HEISTER, Hanns-Werner & STERN, Dietrich (Hgg.): *Musik 50er Jahre*, Berlin 1980
HELLHUND, Herbert: *Cool Jazz. Grundzüge seiner Entstehung und Entwicklung*, Mainz 1985
HENTOFF, Nat: *John Lewis*, New York 1960 [Broschüre der Broadway Music, Inc. (BMI)]
HENTOFF, Nat: *The Jazz Life*, New York 1961 (Reprint: New York 1978)
HENTOFF, Nat: *Jazz Is*, New York 1976 (Reprint: New York 1984)
HENTOFF, Nat & McCARTHY, Albert (Hgg.): *Jazz*, New York 1959 (Reprint: New York 1975)
HEUVELMANS, Bernard: *De la Bamboula au Be-Bop*, Paris 1951
HODEIR, André: *Jazz. Its Evolution and Essence*, New York 1956
HODEIR, André: *Toward Jazz*, New York 1962
HORRICKS, Raymond (Hg.): *These Jazzmen of Our Time*, London 1960 (Jazz Book Club; Original: London 1959)
HUGGINS, Nathan Irving: *Harlem Renaissance*, New York 1971

JABLONSKI, Edward: *The Encyclopedia of American Music*, Garden City, N.Y. 1981
JAMES, Michael: *An Appraisal of the Recorded Works of Ten Modern Jazz Men*, London 1960
JEWELL, Derek: *A Portrait of Duke Ellington*, New York ²1980
JONES, LeRoi (Amiri Baraka): *Blues People*, New York 1963
JONES, LeRoi (Amiri Baraka): *The Dead Lecturer. Poems*, New York 1964
JONES, LeRoi (Amiri Baraka): *Black Music*, New York 1967 (Reprint: New York 1980)
JOST, Ekkehard: *Free Jazz. Stilkritische Untersuchungen zum Jazz der 60er Jahre*, Mainz 1975
JOST, Ekkehard: *Sozialgeschichte des Jazz in den USA*, Frankfurt am Main 1982
KARL, Ingrid (Wiener Musik Galerie) (Hg.): *Jazz op. 3. Die heimliche Liebe des Jazz zur europäischen Moderne*, Wien 1986
KERNFELD, Barry Dean: *Adderley, Coltrane, and Davis at the Twilight of Bebop: The Search for Melodic Coherence (1958-59)*, Phil.Diss. (Cornell University) 1981 (maschr.)
KERSCHBAUMER, Franz: *Miles Davis. Stilkritische Untersuchungen zur musikalischen Entwicklung seiner Personalstils*, Graz 1978
KIMBALL, Robert & BOLCOM, William: *Reminiscing with Sissle and Blake*, New York 1973
KMEN, Henry A.: *Music in New Orleans. The Formative Years, 1791-1841*, Baton Rouge, La. 1966
KOFSKY, Frank: *Black Nationalism and the Revolution in Music*, New York ⁴1978
KUMPF, Hans: *Postserielle Musik und Free Jazz*, Rohrdorf ²1981
LEE, Bill: *People in Jazz*, Hialeah, Fla. 1984
LITWEILER, John: *The Freedom Principle. Jazz after 1958*, Poole, Dorset 1985
LOMAX, Alan: *Mister Jelly Roll*, Berkeley ²1973
LYONS, Len: *The Great Jazz Pianists. Speaking of Their Lives and Music*, New York 1983
McCALLA, James: *Jazz: A Listener's Guide*, Englewood Cliffs, N.J. 1982
McRAE, Barry: *The Jazz Cataclysm*, South Brunswick und New York 1967
MECKLENBURG, Carl Gregor Herzog zu: *Stilformen des Jazz 1. Vom Ragtime zum Chicago Stil*, Wien 1973
MECKLENBURG, Carl Gregor Herzog zu: *Stilformen des Jazz 2. Vom Swing zum Free Jazz*, Baden-Baden 1979
MECKLENBURG, Carl Gregor Herzog zu & SCHECK, Waldemar: *Die Theorie des Blues im modernen Jazz*, Baden-Baden 1971
MELLERS, Wilfrid: *Music in a New Found Land. Themes and Developments in the History of American Music*, New York 1967
MORGAN, Alun & HORRICKS, Raymond: *Modern Jazz. A Survey of Developments since 1939*, Westport, Conn. 1977

N.N.: *The Modern Jazz Quartet. A Book of Inventions*, New York o.J. [Public Relation-Broschüre]
OSTRANSKY, Leroy: *Understanding Jazz,* Englewood Cliffs, N.J. 1977
OWENS, Thomas: *Improvisation Techniques of the Modern Jazz Quartet*, Magisterarbeit (University of California) Los Angeles 1965 (maschr.)
OWENS, Thomas: *Charlie Parker: Techniques of Improvisation*, Phil.Diss. (University of California), Los Angeles 1974 (maschr.)
PANASSIE, Hugues & GAUTIER, Madeleine: *Guide to Jazz*, Boston und Cambridge 1956
PLEASANTS, Henry: *Serious Music – and all that Jazz. An Adventure in Music*, New York 1969
REDA, Jacques: *Jouer le jeu. L'improviste, II*, o.O. 1985
REISNER, Robert: *The Jazz Titans*, New York 1960 (Reprint: New York 1977)
RIVELLI, Pauline & LEVIN, Robert: *The Black Giants*, New York 1970
ROWELL, Jules Edmund: *An Analysis of the Extended Orchestral Works of Duke Ellington, circa 1931 to 1972*, Magisterarbeit (San Francisco State University), San Francisco 1983 (maschr.)
RUSCH, Robert D.: *Jazztalk. The Cadence Interviews*, Secaucus, N.J. 1984
RUSSELL, Ross: *Bird Lives*, London 1976
SCHULLER, Gunther: *Early Jazz. Its Roots and Musical Development*, New York 1968
SCHULLER, Gunther: *Musings. The Musical Worlds of Gunther Schuller*, New York 1986
SCHULLER, Gunther: *The Swing Era. The Development of Jazz, 1930-1945*, New York 1989
SCHWARTZ, Charles: *Gershwin. His Life and Music*, New York 1973
SHAPIRO, Nat & HENTOFF, Nat: *Hear Me Talkin' To Ya*, New York 1955 (Reprint: New York 1966)
SHAPIRO, Nat und HENTOFF, Nat (Hgg.): *The Jazz Makers*, New York 1959 (Reprint: New York 1979)
SIDRAN, Ben: *Black Talk*, New York 1981 (Original: New York 1971)
SPELLMAN, A.B.: *Black Music, Four Lives*, New York ^{4}1976 (Original als *»Four Lives in the Bebop Business«*, New York 1966)
STEARNS, Marshall: *The Story of Jazz*, New York ^{3}1970
STEARNS, Marshall & Jean: *Jazz Dance. The Story of American Vernacular Dance*, New York 1968
STUESSY, Clarence Joseph Jr.: *The Confluence of Jazz and Classical Music from 1950 to 1970*, Phil.Diss. (University of Rochester, Eastman School of Music), Rochester, N.Y. 1978
TAYLOR, Bill: *Jazz Piano. A Jazz History*, Dubuque, Iowa 1982/3
TIRRO, Frank: *Jazz. A History*, London 1979
ULANOV, Barry: *The Two Worlds of American Art. The Private & The Popular*, New York 1965
WALTON, Ortiz M.: Music: *Black, White & Blue*, New York 1972

WILDER, Alec: *American Popular Song. The Great Innovators 1900-1950*, New York 1972
WILLIAMS, Martin (Hg.): *The Art of Jazz. Ragtime to Bebop*, New York 1959 (Reprint: New York 1981)
WILLIAMS, Martin (Hg.): *Jazz Panorama*, London ²1967
WILLIAMS, Martin: *Jazz Masters in Transition, 1957-1969*, New York 1972 (Reprint: New York 1982)
WILLIAMS, Martin: *The Jazz Tradition*, New York 1970
WILLIAMS, Martin: *Jazz Heritage*, New York 1985
WILLIAMSON, Ken (Hg.): *This Is Jazz*, London 1960

II. Aufsätze in Zeitschriften und Sammelwerken; Plattentexte und Programmnotizen

BALLARIS, Giuseppe: *Milt Jackson* [Interview], in: *Jazz Forum*, xxi/99 (1986), S. 30 ff.
BERENDT, Joachim Ernst: *John Lewis – König des Jazz*, in: *Melos*, xxii/12 (Dezember 1955), S. 348 ff.
BERENDT, Joachim Ernst: *Warum Jazz in Donaueschingen?*, in: *Jazz Podium*, vi/12 (Dezember 1957), S. 8
BERENDT, Joachim Ernst: *J.S. Bach und der Jazz*, in: *Jazz Echo* (August 1960), S. 40 ff.
BERENDT, Joachim Ernst: *Jazz und Neue Musik*, in: *Prisma der Gegenwärtigen Musik*, hg. von Joachim Ernst Berendt & Jürgen Uhde, Hamburg 1959, S. 183 ff.
BERENDT, Joachim Ernst und TRÖLLER, Josef: *Jazz und Alte Musik*, in: *Prisma der Gegenwärtigen Musik*, hg. von Joachim Ernst Berendt & Jürgen Uhde, Hamburg 1959, S. 162 ff.
BELT, Byron: *Concert Etiquette*, in: *Stagebill* (Carnegie Hall), viii/9 (Mai 1986), S. 37
BERGQUIST, Mats: *John Lewis. Kompositör, arrangör och pianist*, in: *Orkester Journalen*, xxvi/12 (Dezember 1958), S. 16 f., S. 38
BROWN, Robert L.: *Classical Influences on Jazz*, in: *Journal of Jazz Studies*, iii/2 (Frühjahr 1976), S. 19 ff.
BROWN, Tony: *Jazz in a Bowler Hat*, in: *Melody Maker* (7. September 1957)
CAMPBELL, Mary: *Lewis is a Class(ical) Artist*, in: *Chicago Sunday Times* (25. Juli 1985)
CHARTERS, Ann: *Negro Folk Elements in Classic Ragtime*, in: *Ethnomusicology*, v (1961), S. 174 ff.
CLARK, Anita: *The Style of Milt Jackson*, in: *Down Beat*, xlvii (Juli 1980), S. 68 ff.

CLAYTON, Peter: *Jazz and the M.J.Q.*, in: *Jazz News*, v/41 (11. Oktober 1961), S. 11

CONOVER, Willis und CARROLL, Shirley: *A Conversation with John Lewis* [Interview], in: *Jazz Forum*, 54 (1978), S. 26 ff.

CORBY, Herbert: *The Modern Jazz Quartet. A Poem*, in: *Jazz Journal*, xiii/2 (Februar 1960), S. 7

COSS, Bill: *Jazz Society at Town Hall*, in: *Metronome*, lxxii/1 (Januar 1956), S. 16, 50

COSS, Bill: *Lester Young*, in: *The Jazz Word*, hg. von Dom Cerulli, Burt Korall & Mort Nasatir, London 1963 (Jazz Book Club), S. 87 ff.

DAHLHAUS, Carl: *Traditionszerfall im 19. und 20. Jahrhundert*, in: *Studien zur Tradition in der Musik. Festschrift für K.v. Fischer*, hg. von Hans Heinrich Eggebrecht und Max Lütold, München 1973, S. 177 ff.

DAHLHAUS, Carl: *Über offene und latente Traditionen in der Neuesten Musik*, in: *Die neue Musik und die Tradition*, hg. von Reinhold Brinkmann, Mainz 1978, S. 9 ff.

DANCE, Helen Oakley: *Kenny Clarke – Oral History* [Interview vom 30. September 1977], Teil des Oral History Project der Smithonian Institution und des Institute of Jazz Studies, im Institute of Jazz Studies, Rutgers University, Newark, N.J.

DANCE, Stanley: *The Modern Bach-Words Quartet*, in: *Jazz Journal*, x/2 (Februar 1957), S. 13

DANCE, Stanley: *Modest John's Quartet*, in: *Jazz Journal*, xi/1 (Januar 1958), S. 25

DANCE, Stanley: *Jazz at the White House*, in: *Saturday Review*, lii (15. November 1969)

DAUER, Alfons M.: *Jazz und Film. Ein historisch-thematischer Überblick*, in: *Jazzforschung*, xii (1980), S. 41 ff.

DAUER, Alfons M.: *Ragtime. Entwurf eines Entwicklunsschemas und einer musikalischen Entwicklungsgeschichte*, in: *Jazzforschung*, xviii (1986), S. 155 ff.

DAVIS, Francis: *The Art of Fugue*, in: *Village Voice*, xxviii (28. Juni 1983), S. 70, 80

DAVIS, Francis: *The American Jazz Orchestra. Putting on the Riffs*, in: *Village Voice*, xxxii (27. Mai 1986), S. 74, 83

DAWBARN, Bob: *The MJQ are Marvelous*, in: *Melody Maker* (10. November 1956)

DAWBARN, Bob: *John Lewis. The Genius Behind the MJQ*, in: *Melody Maker* (Dezember 1957)

DELAUNAY, Charles: *André Hodeir* [Interview], in: *Jazz Forum*, 20 (Dezember 1972), S. 95 ff.

DELAYE, Alain: *Reconsiderations: John Lewis*, in: *Jazz, Mensuel d'information*, iii/18 (Weihnachten 1959), S. 22 ff.

DeMICHAEL, Don: *Jackson of the MJQ*, in: *Down Beat*, xxviii (6. Juli 1961), S. 18 ff.
DeMICHAEL, Don: *Structure & Freedom*, in: *Down Beat*, xxxii (17. Juni 1965), S. 24 ff., 41
EVERETT, Tom: *John Lewis* [Interview], in: *Jazz New England*, i/7 (Oktober 1975), S. 28 f.
FEATHER, Leonard: *Blindfold Test: John Lewis*, in: *Down Beat*, xxii (23. März 1955)
FEATHER, Leonard: *Feather's Nest*, in: *Down Beat*, xxiv (18. April 1957), S. 60
FEATHER, Leonard: *Blindfold Test: Milt Jackson*, in: *Down Beat*, xxvi (23. Juli 1959), S. 33
FEATHER, Leonard: *Spotlight Review*, in: *Down Beat*, xxvii (8. Dezember 1960), S. 36 f.
FEATHER, Leonard: *Blindfold Test: Milt Jackson*, in: *Down Beat*, xxx (10. Oktober 1963), S. 38
FEATHER, Leonard: *Blindfold Test: John Lewis*, in: *Down Beat*, xxii (29. Juli 1965), S. 35
FEATHER, Leonard: *Blindfold Test: John Lewis*, in: *Down Beat*, xxxvii (30. April 1970)
FEATHER, Leonard: *MJQ Has an Era All Its Own*, in: *Home News* (New Brunswick) (21. November 1971)
FEATHER, Leonard: *Piano Giants of Jazz: John Lewis*, in: *Contemporary Keyboard*, iii/7 (Juli 1977), S. 55
FOX, Charles: *Gil Evans*, in: *These Jazzmen of Our Time*, hg. von Raymond Horricks, London 1960 (Jazz Book Club), S. 93 ff.
FRIEDWALD, Will: *The Modern Jazz Quartet. Form and Re-Form*, in: *Down Beat*, lii (Februar 1985), S. 23 ff.
FULLER, Hoyt W.: *Towards a Black Aesthetic*, in: *The Black Aesthetic*, hg. von Addison Gayle, Jr., Garden City, N.Y. 1971, S. 3 ff.
GAMMOND, Peter: *»Time On My Hands« (Pioneers of Jazz Piano)*, in: *The Decca Book of Jazz*, hg. von Peter Gammond, London 1958, S. 175 ff.
GIBSON, Michael: *Modern Jazz Rhythm Sections*, in: *Jazz Journal*, xiii/4 (April 1960), S. 13 f.
GIBSON, Michael: *John Lewis*, in: *Jazz Journal*, xiv/1 (Januar 1961), S. 11 f.
GIDDINS, Gary: MJQ: *Requiem*, in: *Village Voice*, xix (9. Dezember 1974)
GIDDINS, Gary: *An Orchestra Is Born*, in: *Village Voice*, xxxi (6. Mai 1986), S. 86
GIDDINS, Gary: *»Three Windows«* [Plattentext], Atlantic (WEA) 254 833-1
GINIBRE, Jean-Louis & WAGNER, Jean: *Entretien. John-le-laconique* [Interview mit John Lewis], in: *Jazz Magazine*, x/107 (Juni 1964), S. 41 f.
GITLER, Ira: *Modern Jazz Today*, in: *Just Jazz*, hg. von Sinclair Traill & The Honourable Gerald Lascelles, London 1957, S. 139 ff.
GITLER, Ira: *An Interview with Teddy Charles*, in: *Jazz*, 2 (Frühjahr 1959), S. 161

GLEASON, Ralph: *Perspectives*, in: *Down Beat*, xxi (17. Dezember 1954), S. 15
GLEASON, Ralph: *Perspectives*, in: *Down Beat*, xxiii (18. April 1956), S. 18
GLEASON, Ralph: *Perspectives*, in: *Down Beat*, xxiv (18. April 1957), S. 58 f.
GLEASON, Ralph: *»A Milanese Story«* [Plattentext], Atlantic 1388
GODDET, Laurent & CULLAZ, Maurice: *Milt Jackson. Bags' Groove* [Interview], in: *Jazz Hot*, xlii/328 (Juni 1976), S. 19 ff.
GRAHAM, Kenny: *The MJQ. Is It Too Obviously the Work of John Lewis?*, in: *Crescendo*, ii/10 (Mai 1962), S. 2 f.
GRANZ, Norman: *How to Act at a Jazz Concert*, in: JatP Program, 17th National Tour, o.O., o.J. [1956 oder 1957]
GREEN, Benny: *John Lewis. Group Consciousness*, in: *These Jazzmen of Our Time*, hg. von Raymond Horricks, London 1960 (Jazz Book Club), S. 122 ff.
GROVE, Gene: *Ornette Coleman, Storm Center. The New World of Jazz*, in: *New York Post* (17. November 1960)
GUSHEE, Lawrence: *Lester Young's »Shoeshine Boy«*, in: Kongreßbericht Berkeley 1977, S. 151 ff.
HAGAN, Dorothy: *Jazz as Contemporary Art. MJQ Gives Concert at University*, in: *Courier* (Champaign-Urbana, Ill.) (7. April 1959)
HAGGERTY, Michael: *Under Paris Skies. Conversation with Kenneth (»Kenny«) Spearman Clarke*, in: *The Black Perspective in Music*, xiii/2 (1985), S. 195 ff.
HAMMOND, John: *The Modern Jazz Quartet – Intellectual Techniques*, in: *New York Herald Tribune Book Review* (6. März 1955), S. 13
HARRISON, Max: *The Problem of Form*, in: *Jazz Monthly*, iii/2 (April 1957), S. 28 f.
HARRISON, Max: *Sait-On Jamais and Some Other Films*, in: *Jazz Monthly*, iv/6 (August 1958), S. 25, 31
HARRISON, Max: *Re-Composition in Jazz*, in: *Jazz Monthly*, iv/7 (September 1958), S. 26, 32
HARRISON, Max: *Looking Back at the Modern Jazz Quartet*, in: *The Art of Jazz*, hg. von Martin Williams, New York 1959 (Reprint: New York 1981), S. 219 ff.
HARRISON, Max: *M.J.Q. Progress Report. A Reaction to Hearing the M.J.Q. After Two Years*, in: *Jazz Journal*, xiii/1 (Januar 1960), S. 2 f.
HARRISON, Max: Jazz, in: Paul Oliver, Max Harrison & William Bolcom: *The New Grove Gospel, Blues and Jazz*, London 1986, S. 223 ff.
HEATH, Percy: *What I Feel About Jazz*, in: *Jazz News*, v/42 (18. Oktober 1961), S. 8 f.
HELLHUND, Herbert: *Third Stream. Zum Verhältnis eines strittigen Begriffs und einer mißverständlichen Sache*, in: *Jazz op. 3. Die heimliche Liebe des Jazz zur europäischen Moderne*, hg. von Ingrid Karl (Wiener Musik Galerie), Wien 1986, S. 37 ff.
HENAHAN, Don: *Spotlight Review*, in: *Down Beat*, xxvii (8. Dezember 1960), S. 36 f.
HENAHAN, Don: *Jazz and Symphonic Traditions Merge in »Quadri«*, in: *New York Times* (7. Oktober 1968)

HENTOFF, Nat: *Counterpoint*, in: *Down Beat*, xx (3. Juni 1953), S. 5
HENTOFF, Nat: *Counterpoint*, in: *Down Beat*, xx (30. Dezember 1953)
HENTOFF, Nat: *Counterpoint*, in: *Down Beat*, xxi (13. Januar 1954), S. 6, 27
HENTOFF, Nat: *The Modern Jazz Quartet*, in: *High Fidelity Magazine*, v/1 (März 1955), S. 36 ff., 102 ff.
HENTOFF, Nat: *Modern Jazz Quartet Sparks Rewarding Town Hall Concert*, in: *Down Beat*, xxii (16. November 1955)
HENTOFF, Nat: *Modern Jazz Society Concert Marks Some Firsts*, in: *Down Beat*, xxii (28. Dezember 1955), S. 14
HENTOFF, Nat: *John Lewis* [Interview], in: *Down Beat*, xxiv (20. Februar 1957), S. 15
HENTOFF, Nat: *Lester Young*, in: *The Jazz Makers*, hg. von Nat Shapiro & Nat Hentoff, New York 1959 (Reprint: New York 1979), S. 243 ff.
HENTOFF, Nat: *Collective Improvisation in Jazz: A Diminishing Element?*, in: *This Is Jazz*, hg. von Ken Williamson, London 1960, S. 217 ff.
HENTOFF, Nat: *New Directions in Jazz*, in: *International Musician*, lix/3 (September 1960), S. 14, 35
HENTOFF, Nat: *John Lewis. Success with Integrity*, in: *International Musician*, lix (Juni 1961), S. 16 f.
HENTOFF, Nat: *The Third Stream*, in: *International Musician*, lx/2 (Oktober 1961), S. 23 ff.
HODEIR, André: *Die simluierte Improvisation. Ihre Entstehung – ihr Einfluß im Bereich des Jazz*, in: *Jazz op. 3. Die heimliche Liebe des Jazz zur europäischen Moderne*, hg. von Ingrid Karl (Wiener Musik Galerie), Wien 1986, S. 97 ff.
HOEFER, George: *Caught in the Act: Modern Jazz Quartet, Beaux Arts String Quartet*, in: *Down Beat*, xxvi (12. November 1959), S. 46
HOEFER, George & LEES, Gene: *Newport: The Biggest Ever!*, in: *Down Beat*, xxvi (6. August 1959), S. 12 ff.
HOROWITZ, Irving Louis: *Authenticity and Originality in Jazz: Toward a Paradigm in the Sociology of Music*, in: *Journal of Jazz Studies*, i/1 (Oktober 1973), S. 57 ff.
HORRICKS, Raymond: *A Portrait of John Lewis*, in: *Jazz Journal*, vii/3 (März 1954), S. 23, 26
HORRICKS, Raymond: *John Lewis. First Composer of Modern Jazz*, in: *Jazz Monthly*, i/1 (März 1955), S. 29 ff.
HORRICKS, Raymond: *Die Orchestersuiten*, in: *Duke Ellington. Sein Leben – seine Musik*, hg. von Peter Gammond, München 1961, S. 178 ff.
HOWARD, Tony: *John Lewis and the MJQ*, in: *Jazz Journal*, x/3 (März 1957), S. 4 ff.
IOAKIMIDIS, Demètre: *Notes sur John Lewis*, in: *Jazz Hot*, xxvi/150 (Januar 1960), S. 22 ff.
IOAKIMIDIS, Demètre: *John Lewis* [Interview], in: *Jazz Hot*, xxvii/171 (Dezember 1961), S. 23 ff.

JACKSON, Milt: *Believes in Musical Sense and Logic*, in: *Crescendo*, iv/6 (Januar 1966), S. 3

JACKSON, Milt: *»Bags« Has Vocal Aspirations*, in: *Crescendo*, iv/6 (Januar 1966), S. 12

JACKSON, Milt: *High Voltage*, in: *Black Music & Jazz Review*, i/7 (Oktober 1978), S. 20

JACKSON, Milt & LEWIS, John: *Dialogue*, in: *Crescendo*, iv/4 (November 1965), S. 13

JAMES, Burnett: *Can't We Two Get Together? (Jazz and Modern Music)*, in: *The Decca Book of Jazz*, hg. von Peter Gammond, London 1958, S. 317 ff.

JAMES, Burnett: *Milt Jackson*, in: *Jazz Journal*, xxviii/12 (Dezember 1975), S. 32 f.

JOST, Ekkehard: *Spontaneität und Klischee in der Jazzimprovisation, dargestellt an John Coltrane's »Giant Steps«*, in: Kongreßbericht Berlin 1974, S. 157 ff.

JOST, Ekkehard: *Unbewußte und begriffene Tradition in Jazz und Pop*, in: *Die Neue Musik und die Tradition*, hg. von Reinhold Brinkmann, Mainz 1978, S. 55 ff.

JOST, Ekkehard: *Geschriebener Jazz. Zur Funktion des Komponierens in einer nicht komponierbaren Musik*, in: *Komponieren heute. Ästhetische, soziologische und pädagogische Fragen*, hg. von Ekkehard Jost, Mainz 1983 (Veröffentlichungen des Instituts für Neue Musik und Musikerziehung, Bd. 23), S. 54 ff.

KARENGA, Ron: *Black Cultural Nationalism*, in: *The Black Aesthetic*, hg. von Addison Gayle, Jr., Garden City, N.Y. 1971, S. 32 ff.

KENYON, Jack: *Modern Jazz Quartet Plays At Union*, in: *Schenectady Gazette* (23. März 1957)

KERNFELD, Barry Dean: *Two Coltranes*, in: *Annual Review of Jazz Studies*, ii (1983), S. 7 ff.

KINGTON, Miles: *Form in Jazz (If Any)*, in: *Jazz Journal*, xx/3 (März 1967), S. 6 f. (Teil I); *Jazz Journal*, xx/4 (April 1967), S. 10 f. (Teil II)

KNAUER, Wolfram: *»Simulated Improvisation« in Duke Ellington's »Black, Brown and Beige«*, in: The Black Perspective in Music, xviii (1990)

KORALL, Burt: *John Lewis. Pianist – Composer – Leader – Teacher*, in: *International Musician*, lxxvi (Juli 1977), S. 8, 18

KRAGLUND, John: *Gunther Schuller Explains Third Stream*, in: *Toronto Globe and Mail* (21. November 1964)

KRAMER, Gary: *»The Modern Jazz Quartet Plays No Sun In Venice«* [Plattentext], Atlantic 1284

KUMPF, Hans: *Modern Jazz Quartet* [Schallplattenrezension], in: *Jazz Podium*, xxxvi/7 (Juli 1987), S. 16

KURTH, Ulrich: *Als der Jazz »cool« wurde*, in: *Musik 50er Jahre*, hg. von Hanns-Werner Heister & Dietrich Stern, Berlin 1980, S. 110 ff.

LAMBERT, G.E.: *Jazz and European Musical Culture*, in: *Jazz Monthly*, ii/11 (Januar 1957), S. 2 ff.
LAWRIE, Alastair: *Modern Jazz Quartet Stays, Plays Together*, in: *Toronto Globe and Mail* (17. Oktober 1967)
LEES, Gene: *The Monterey Festival*, in: *Down Beat*, xxvi (12. November 1959), S. 21 ff.
LEES, Gene: *If Friedrich Gulda is Right: Jazz Has Had It!*, in: *Down Beat*, xxx (6. Juni 1963), S. 20 f.
LEES, Gene: *View of the Third Stream*, in: *Down Beat*, xxxi (13. Februar 1964), S. 16 f.
LEMERY, Denis: *Sait-on jamais?*, in: *Jazz Magazine*, x/105 (April 1964), S. 32 ff.
LEWIS, John: *The Modern Jazz Society Presents A Concert of Contemporary Music* [Programmnotizen zu einem Konzert in der Town Hall, New York, am 19. November 1955]
LEWIS, John: *The Jazz Musician's View*, in: *The World of Music*, iv/3 (Mai 1958), S. 3
LEWIS, John: *Jazz in the Concert Hall*, in: *East Magazine*, ii/34 (5. Mai 1958), S. 4 f.
LEWIS, John: *Time Future*, in: *Esquire*, li/1 (Januar 1959), S. 112
LEWIS, John: Jazz: *The Easy Life*, in: *New York Journal American* (21. August 1965)
LEWIS, John: *Foreword*, in: Leonard Feather: *The Encyclopedia of Jazz in the '60s*, New York 1966, S. 11 f.
LEWIS, John: *J.S. Bach's Influence in My Work*, Plattentext zu *»J.S. Bach, Preludes & Fugues«*, Philips 824.381-1
LEWIS, John & JACKSON, Milt: *Dialogue*, in: *Crescendo*, iv/4 (November 1965), S. 13
LINCOLN, Abbey, ROACH, Max et al: *Racial Prejudice in Jazz*, in: *Down Beat*, xxix (15. März 1962), S. 20 ff. (Teil I); *Down Beat*, xxix (29. März 1962), S. 22 ff. (Teil II)
LISSA, Zofia: *Prolegomena zur Theorie der Tradition in der Musik*, in: *AMw*, xxvii (1970), S. 153 ff.
LITTLER, William: *Jazz Can Cross Tracks*, in: *Toronto Daily Star* (26. Februar 1968)
LYONS, Len: *Dollars & Sense* [Interview mit Milt Jackson], in: *Down Beat*, xlii/9 (8. Mai 1975), S. 14 f.
LYONS, Len: *John Lewis. For Twenty Years, Leader of the Modern Jazz Quartet* [Interview mit John Lewis] in: *Contemporary Keyboard*, iii/4 (April 1977), S. 18, 28, 30
MARNE, Geoffrey: *The Modern Jazz Quartet*, in: *International Musician*, lxii (Januar 1964), S. 8 f., 39
MARTIN, T.E.: *Currents in Jazz History*, in: *Jazz Monthly*, viii/10 (Dezember 1962), S. 2 ff.

McLELLAN, John: *Modern Jazz Quartet Records Magnificent Album*, in: *Boston Traveller* (1. März 1960)
McLELLAN, John: *Paradox of Jazz is Puzzling*, in: *Boston Traveller* (3. März 1960)
McNAMARA, Helen: *Jazz: Don't Bury It – It's Still Moving*, in: *The Telegram* (Toronto) (21. Oktober 1967)
MINGUS, Charles: *»Pithecanthropus Erectus«* [Plattentext], Atlantic 1237
MOHR, Kurt: *Connie Kay*, in: *Jazz Hot*, xxiii/117 (Januar 1957), S. 17
MOORE, Richard B.: *Africa Conscious Harlem*, in: *Harlem. A Community in Transition*, hg. von John Henrik Clarke, New York 1964 (Reprint: New York 1969), S. 77
MORGENSTERN, Dan: *»Newport '59«*, in: *Jazz Journal*, xii/8 (August 1959), S. 4
MORGENSTERN, Dan: *Dionysus in New York*, in: *Jazz Journal*, xiii/7 (Juli 1960), S. 17 f.
MOULY, Raymond: *John Lewis et la non violence*, in: *Jazz Magazine*, vi/54 (Dezember 1959), S. 39 ff., 66
MÜLLMANN, Bernd: *Zeitgenossen haben das Wort. Donaueschingen*, in: *Musica*, xii (1957), S. 721 ff.
NEWTON, Francis: *Jazz Concerts*, in: *This Is Jazz*, hg. von Ken Williamson, London 1960, S. 11 ff.
NICHOLLS, Brian: *Jazzman's Diary. The Quartet to End All Quartets*, in: *Jazz Journal*, xi/1 (Januar 1958), S. 23
N.N.: *Concertizing*, in: *Metronome*, lxx/1 (Januar 1954), S. 8
N.N.: *Swinging Union*, in: *Metronome*, lxxi/3 (März 1955), S. 6
N.N.: *Improvisation in Jazz: Is It Limited?*, in: *Jazz Magazine*, iii/22 (Dezember 1956), S. 20 f.
N.N.: *le M.J.Q. – fait-il du jazz?*, in: *Jazz Magazine*, iii/22 (Dezember 1956), S. 20 f.
N.N.: *»Sait-on jamais«*, in: *Jazz Magazine*, iii/28 (Juni 1958), S. 33 ff.
N.N.: Programmheft für eine Deutschland-Tournee des Modern Jazz Quartet, 1958 oder 1959, Offenbach o.J.
N.N.: Pressenotiz über Fernsehaufnahmen des Modern Jazz Quartet, in: *Jazz-Echo* (Februar 1958)
N.N.: Pressenotiz über Steuerbefreiung von Modern Jazz Quartet-Konzerten in der Bundesrepublik, in: *Jazz-Echo* (März 1958)
N.N.: *Modern Jazz Ballett kommt*, in: *Jazz Podium*, viii/2 (Februar 1959), S. 31
N.N.: *A »Precious Asset« For John Lewis*, in: *Down Beat*, xxvii (7. Juli 1960), S. 9
N.N.: *John Lewis. Music Master*, in: *Ebony*, xv/5 (März 1960, S. 110 ff., 114
N.N.: *John Lewis Links Jazz to Classics*, in: *Chattanooga Times* (2. April 1961)
N.N.: *John Lewis*, in: *Current Biography*, xxiii/1 (Januar 1962), S. 20 ff.
N.N.: *Pressenotiz*, in: *Jazz Hot*, xxviii/178 (Juli 1962), S. 30
N.N.: *Oedipus Hex*, in: *Time* (8. Februar 1963)
NÖRREGAARD, Hans Christian: *Und ich hörte sie sagen...*, in: *Jazz Podium*, x/5 (Mai 1961), S. 130 f.

ÖSTBERG, Lennart: *Underbar Kammarjazz*, in: *Orkester Journalen*, xxiv/12 (Dezember 1956), S. 8 f.
ÖSTBERG, Lennart: *Percy Heath. Basist med många meriter*, in: *Orkester Journalen*, xxviii/5 (Mai 1960), S. 12 f.
O'NEAL, John: *Black Arts: Note Book*, in: *The Black Aesthetic*, hg. von Addison Gayle, Jr., Garden City, N.Y. 1971, S. 47 ff.
OVERTON, Hall: *The Influence of the Classics on Jazz*, in: *Metronome Yearbook Jazz (1954)*, S. 58 f.
OWENS, Thomas: *The Fugal Pieces of the Modern Jazz Quartet,* in: *Journal of Jazz Studies*, iv/1 (Herbst 1976), S. 25 ff.
PAGE, Ben S.: *Open Bags* [Interview mit Milt Jackson], in: *Down Beat*, xxxvii/9 (30. April 1970), S. 18 f., 37
PEASE, Sharon: *John Lewis Piano Style*, in: *Down Beat*, xxiii (8. Februar 1956), S. 46 f.
PEKAR, Harvey: *Third Stream Jazz*, in: *Jazz Monthly*, viii/10 (Dezember 1962), S. 7 ff.
PLEASANTS, Henry: *Jazz and Classical*, in: *Jazz Quarterly*, i/1 (Oktober 1958), S. 88 ff.
RADO, Alexandre & POSTIF, Francois: *John Lewis à coeur ouvert* [Interview], in: *Jazz Hot*, xxxv/249 (April 1969), S. 26 ff.
ROBERTSON, Stanley: *Scribe Discusses Jazz Test of Time*, in: *Los Angeles Sentinel* (27. Oktober 1960)
ROGERS, Pat: *Re-Composition in Jazz*, in: *Jazz Monthly*, iv/4 (Juni 1958)
RUSCH, Robert D.: *Connie Kay: Interview*, in: *Cadence*, v/2 (Februar 1979), S. 8 ff.
RUSSELL, George: *Where Do We Go From Here*, in: *The Jazz Word*, hg. von Dom Cerulli, Burt Korall & Mort Nasatir, London 1963 (Jazz Book Club), S. 185 ff.
RUSSELL, Ross: *James P. Johnson*, in: *The Art of Jazz. Ragtime to Bebop*, hg. von Martin Williams, New York 1959 (Reprint: New York 1981), S. 49 ff.
SACHS, Ed: *John Lewis. Man and Musician* [Interview], in: *Down Beat*, xxvi/3 (5. Februar 1959), S. 18 ff.
SAVY, Michel: *Modern Jazz Quartet / Orchestre Philharmonique O.R.T.F. / 22 Solistes de Jazz*, in: *Jazz Hot*, xxxvi/267 (Dezember 1970)
SCHAAP, Phil: *»Boyd Raeburn and his Orchestra: Man With The Horns«* [Plattentext], Savoy (RCA) WL 70534
SCHMITZ, Hans-Peter: *Baroque Music and Jazz*, in: *The Black Perspective in Music*, vii/1 (Frühjahr 1979), S. 75 ff. [Originalbeitrag in: *Die Stimme*, Heft 18 (1949), S. 497 ff.]
SCHULLER, Gunther: *The Future of Form in Jazz*, in: *Saturday Review*, xl (1. Dezember 1957), S. 62 f., 68
SCHULLER, Gunther: *Is Jazz Coming Off Age?*, in: *Musical America*, lxxix (Februar 1959), S. 7 ff., 166

SCHULLER, Gunther: *Address delivered to the Convention of the American Symphony Orchestra League, Phoenix, Arizona, June 11, 1959*, in: *We Start With Music*, hg. von Broadway Music, Inc. (BMI), New York o.J. [1959]

SCHULLER, Gunther: *And Perhaps the Twain Shall Meet*, in: *New York Times* (15. November 1959)

SCHULLER, Gunther: *Jazz and Classical Music*, in: Leonard Feather: *The Encyclopedia of Jazz*, New York 1960, S. 497 ff.

SCHULLER, Gunther: *John Lewis on the Modern Jazz Beachhead*, in: *High Fidelity Magazine*, x (Oktober 1960), S. 54 ff, 134 f.

SCHULLER, Gunther: *Ornette Coleman's Compositions*, in: *Ornette Coleman Folio*, New York 1961 (MJQ Music, Score 8)

SCHULLER, Gunther: *»Third Stream« Redefined*, in: *Saturday Review*, xliv (13. Mai 1961), S. 54 f.

SCHULLER, Gunther: *The Development of 20th Century Concert Music and its Effect on Jazz*, in: *Down Beat Yearbook, Music 1963*, Chicago 1963, S. 36 ff.

SCHULLER, Gunther: *Sonny Rollins and Thematic Improvisation*, in: *Jazz Panorama*, hg. von Martin Williams, London ²1967, S. 239 ff.

SCHULLER, Gunther: *Jazz und zeitgenössische Musik*, in: *Jazz op. 3. Die heimliche Liebe des Jazz zur europäischen Moderne*, hg. von Ingrid Karl (Wiener Musik Galerie), Wien 1986, S. 63 ff. [Originalabdruck in: *Jazz Podium*, x (Januar 1961)]

SCHULLER, Gunther: *»Music For Brass«* [Plattentext], Columbia CL 941

SCHULLER, Gunther: *»The Modern Jazz Quartet at Music Inn, Vol. 2«* [Plattentext], Atlantic 1299

SCHULLER, Gunther: *»Modern Jazz Quartet: Odds Against Tomorrow«* [Plattentext], United Artists UAL 4072

SCHULLER, Gunther: *»Jazz Abstractions«* [Plattentext], Atlantic 1365

SCHWAB, Heinrich W.: *Zur Rezeption des Jazz in der komponierten Musik*, in: *Dansk Aarbok for Musikforskning*, x (1979), S. 127 ff.

SHAW, R.B.: *Anatomy of Film Jazz*, in: *Just Jazz 4*, hg. von Sinclair Traill & The Honourable Gerald Lascelles, London 1960, S. 43 ff.

STEARNS, Marshall: Handschriftliche Notizen über die Intellektualisierung der Künste und die Intellektualisierung des Jazz. Manuskript für The School of Jazz, Lenox, Mass., o.J. Im Archiv des Institute of Jazz Studies, Rutgers University, Newark, N.J.

STEWART, Jim: *Introduction to Black Aesthetics in Music*, in: *The Black Aesthetic*, hg. von Addison Gayle, Jr., Garden City, N.Y. 1971, S. 81 ff.

STODDARD, Tom: *Blind Tom – Slave Genius*, in: *Storyville*, 18 (April – Mai 1970), S. 134 ff.

THOMAS, Ralph: *Brubeck vs. Schuller. Two Approaches to Modern Music*, in: *Toronto Daily Star* (21. November 1964)

THORNE, Francis: *An Afternoon with John Lewis* [Interview], in: *Jazz Review*, iii/3 (März/April 1960), S. 6 ff.

TIRRO, Frank: *The Silent Theme Tradition in Jazz*, in: *Musical Quarterly*, liii/3 (Juli 1967), S. 313 ff.
TIRRO, Frank: *Constructive Elements in Jazz Improvisation*, in: *JAMS*, xxvii (1974), S. 285 ff.
TOMKINS, Les: *Disc Discussion with the Modern Jazz Quartet* [Blindfold Test], in: *Crescendo*, ii/11 (Juni 1964), S. 20 ff.
VOGEL, Eric T.: *Friedrich Guldas Bekenntnis zum Jazz* [Interview], in: *Jazz Podium*, xii/3 (März 1963), S. 53 ff.
WALLING, William: *The Politics of Jazz. Some Preliminary Notes*, in: *Journal of Jazz Studies*, ii/1 (Dezember 1974), S. 46 ff.
WEIHSMANN, Helmut: *Jazz und Film*, in: Ausstellungskatalog *»That's Jazz«*, Darmstadt 1988, S. 589 ff.
WELDING, Pete: *Caught in the Act: Gunther Schuller*, in: *Down Beat*, xxix (20. Dezember 1962), S. 39
WENSELER, R.J.: [Leserbrief], in: *Jazz Podium*, vii/9 (September 1958), S. 188
WHITE, Ted E.: *John Lewis. Three Reviews in Context*, in: *Metronome*, lxxvii/7 (Juli 1960), S. 40 f.
WILLIAMS, Martin: *Jelly Roll Morton*, in: *Jazz*, hg. von Nat Hentoff & Albert J. McCarthy, New York 1959 (Reprint: New York 1975), S. 42
WILLIAMS, Martin: *Concert Review*, in: *Jazz Review,* ii/11 (Dezember 1959), S. 42
WILLIAMS, Martin: *The Pleasures of Form*, in: *The Griffin*, ix/12 (Dezember 1960), S. 9 ff.
WILLIAMS, Martin: *John Lewis: European Windows* [Schallplattenbesprechung], in: *Down Beat*, xxv (1958)
WILLIAMS, Martin: *Jazz Composition. What Is It?*, in: *Down Beat*, xxix (15. Februar 1962), S. 20 ff.
WILLIAMS, Martin: *The Inevitable Form in Modern Jazz*, in: *Jazz Journal*, xv/3 (März 1962), S. 18 f., 22
WILLIAMS, Martin: *The Alliances of Jazz*, in: *Down Beat* Yearbook, Music 1962, Chicago 1962, S. 27 ff.
WILLIAMS, Martin: *Two Reviews of »Third Stream« Music,* in: *Jazz Panorama*, hg. von Martin Williams, London [2]1967, S. 299 ff.
WILLIAMS, Martin: *Problems in the Third Stream*, in: *Jazz Journal*, xix/4 (April 1966), S. 8 ff.
WILLIAMS, Martin: *John Lewis*, in: *International Musician*, lxx (Januar 1972), S. 8, 32
WILLIAMS, Martin: *Jazz at the Movies*, in: *Film Music. From Violins to Video*, hg. von James Limbacher, Metuchen, N.J. 1974, S. 42 ff.
WILMER, Valerie: *Percy Heath* [Interview], in: *Jazz Journal*, xvii/6 (Juni 1964), S. 6 ff.
WILSON, John S.: *Jazz Unit Makes Town Hall Debut. Modern Society Group and Chamber Orchestra Offer Adventurous Program*, in: *New York Times* (21. November 1955), S. 23

WILSON, John S.: *Homecoming Jazzmen. Striped Pants of the Modern Jazz Quartet Astounded a Bristish Enthusiast*, in: *New York Times* (6. April 1958)
WILSON, John S.: Jazz*: Modern Quartet. Group Offers Its Subtle Music at Town Hall*, in: *New York Times* (13. Mai 1958)
WILSON, John S.: *Connie Kay. One Drummer Who Doesn't Care to Solo*, in: *Down Beat*, xxvi (5. März 1959), S. 20 f., 40
WILSON, John S.: *Fusion of Styles. Beaux Arts Strings and Modern Jazz Quartet on Same Bill at Town Hall*, in: *New York Times* (26. Septembet 1959)
WILSON, John S.: *Town Hall Scene of Jazz Concert. Modern Jazz Quartet is Highlight. Group Plays »Pyramid« by Ray Brown*, in: *New York Times* (1. Februar 1960)
WILSON, John S.: *John Lewis & Co. In Jazz Program. Quartet Offers a Polished Concert at Philharmonic*, in: *New York Times* (29. Dezember 1963)
WOOD, Berta: *Modern Jazz Quartet*, in: *Jazz Journal*, ix/6 (Juni 1956), S. 7 f.
ZIMMERLE, Dieter: *Gebändigter Hot Jazz im MJQ*, in: *Jazz Podium*, vi/12 (Dezember 1957), S. 7, 10

III. Veröffentlichte Kompositionen, Solo- und Quartett-Transkriptionen

Dieser Teil der Bibliographie verzeichnet die gesichteten Veröffentlichungen von Kompositionen und Arrangements, die einen direkten Bezug zum Modern Jazz Quartet haben. Nicht aufgelistet also sind beispielsweise Arrangements von John Lewis für andere Besetzungen und Kompositionen, die nie ihren Weg ins Repertoire des Quartetts fanden. Einen Überblick über die vom Verlag MJQ Music, Inc. publizierten Kompositionen, Arrangements, Taschenpartituren und Folios (Sammelbände) gibt der ausführliche Katalog, herausgegeben von MJQ Music, Inc., 1697 Broadway, New York, N.Y. 10019, U.S.A.

BLACHER, Boris: *Two Poems for Jazz Quartet* (1957), Berlin 1958 [MJQ-Besetzung; Komposition/Partitur]
GIUFFRE, Jimmy: *Fine*, New York 1961 [MJQ-Besetzunng & Klarinette, Gitarre, Kontrabaß; Komposition/Partitur]
GIUFFRE, Jimmy: *Fun*, New York 1964 [MJQ-Besetung & Klarinette; Komposition/Partitur]
HEIDER, Werner: *Divertimento* (1957), New York 1961 (score MJQ 12) [MJQ-Besetzung & Sinfonieorchester; Komposition/Partitur]
HODEIR, André: *Ambiguité II* (1958), New York 1964 [MJQ-Besetzung & Bläser-Ensemble; Komposition/Partitur]

HODEIR, André: *Around the Blues* (1958), New York 1960, 1961 (score MJQ 6) [MJQ-Besetzung & Sinfonieorchester; Komposition/Partitur]
JACKSON, Milt: *Django* (Vibraphonsolo der Aufnahme von 23. Dezember 1954), in: *Down Beat Handbook '80*, S. 62 f. [Solotranskription]
JACKSON, Milt: *Milano* (Vibraphonsolo der Aufnahme vom 23. Dezember 1954), in: *Down Beat*, lii (Februar 1985), S. 50 f. [Solotranskription]
LEWIS, John: *Bel*, New York 1962 [Lewis-Arrangement für das Jazztet; Arrangement/Partitur]
LEWIS. John: *The Comedy* (1957-1959), New York 1961 [MJQ-Besetzung; Arrangement/Partitur]
LEWIS, John: *Excerpts from The Comedy* (1957-1959), New York 1960, 1961 (score MJQ 8) [Lewis-Arrangement für Blechbläser-Ensemble & Rhythmusgruppe; Arrangement/Partitur]
LEWIS, John: *Concorde*, in: *The Modern Jazz Quartet. A Book of Inventions*, New York o.J. [Public Relations-Broschüre; Komposition/Partitur]
LEWIS, John: *Django*, in: Leonard Feather, *Piano Giants of Jazz: John Lewis*, in: *Contemporary Keyboard*, iii/7 (Juli 1977), S. 55 [MJQ-Besetzung; Komposition/Partitur]
LEWIS, John: *Django*, New York 1955 [Lewis-Arrangement für Combo-Besetzung; Arrangement/Partitur]
LEWIS, John: *England's Carol*, New York 1957 [MJQ-Besetzung & Sinfonieorchester; Komposition/Partitur]
LEWIS, John: *Exposure*, New York 1960 [MJQ-Besetzung & Holzbläser & Harfe; Komposition/Partitur]
LEWIS, John: *The Golden Striker* (1957), New York 1957 (score MJQ 5) [Lewis-Arrangement für Blechbläser-Ensemble & Rhythmusgruppe; Arrangement/Partitur]
LEWIS, John: *Home (Today)*, New York 1965, 1966 [MJQ-Besetzung & Big Band; Komposition/Partitur]
LEWIS, John: *Jazz Ostinato*, New York 1966, 1969 (score MJQ 25) [MJQ-Besetzung & Sinfonieorchester; Komposition/Partitur]
LEWIS, John: *In Memoriam*, New York 1971 [Lewis-Arrangement für zwei Klaviere; Arrangement]
LEWIS, John: *Little David's Fugue*, New York 1969 [Lewis-Arrangement für MJQ-Besetzung und gemischten Chor; Arrangement/Partitur]
LEWIS, John: *A Milanese Story*, New York 1962 [Lewis-Arrangement für Flöte, Streichquartett & Rhythmusgruppe; Arrangement/Partitur]
LEWIS, John: *Milano*, New York 1955 [Lewis-Arrangement für Combo-Besetzung; Arrangement/Partitur]
LEWIS, John: *N.Y. 19*, New York 1962 [Lewis-Arrangement für Combo-Besetzung; Arrangement/Partitur]
LEWIS, John: *Original Sin – Fugato*, New York 1961 [MJQ-Besetzung; Komposition/Arrangement]

LEWIS, John: *Original Sin – Slow*, New York 1961 [MJQ-Besetzung; Komposition/Arrangement]
LEWIS, John: *Parker's Mood* (Klaviersolo der Aufnahme vom 18. September 1948), in: Sharon Pease: *John Lewis Piano Styles*, in: *Down Beat*, xxiii (8. Februar 1956), S. 46 f. [Solo-Transkription]
LEWIS, John: *Piazza Navona*, New York 1960 [Lewis-Arrangement für MJQ-Besetzung & Blechbläser-Ensemble; Arrangement/Partitur]
LEWIS, John: *Sketch for Double Quartet* (1959), New York 1960 (score MJQ 1) [MJQ-Besetzung & Streichquartett; Komposition/Partitur]
LEWIS, John: *The Spiritual*, New York 1965, 1969 [MJQ-Besetzung & Blechbläser-Ensemble; Komposition/Partitur]
LEWIS, John: *Sun Dance*, New York 1955 [Bläser-Ensemble plus Rhythmusgruppe; Komposition/Partitur]
LEWIS, John: *Three Little Feelings*, New York 1957 [Big Band-Besetzung; Komposition/Partitur]
LEWIS, John: *Three Windows* (23. August 1957), in: Thomas Owens, *The Fugal Pieces of the Modern Jazz Quartet*, in: *Journal of Jazz Studies*, iv/1 (Herbst 1976), S. 25 ff. [Volltranskription/Partitur]
LEWIS, John: *Two Degrees East, Three Degrees West*, New York 1956 [Lewis-Arrangement für Combo-Besetzung; Arrangement/Partitur]
LEWIS, John: [unidentifizierter Blueschorus], in: E.H. Newberger, *The Major Jazz Piano Styles*, B.A. Thesis (Yale University), New Haven 1962 (maschr.), S. 90 [Solo-Transkription]
LEWIS, John: *Two Bass Hit / Django / Excerpts from 'Silver'*, in: *Jazz Festival*, London 1977 [Komposition/Arrangement für Solo-Piano]
McFARLAND, Gary: *Why Are You Blues*, in: Gary McFarland, *The McFarland Touch*, New York 1964 [Komposition/Arrangement für Solo-Piano]
SCHULLER, Gunther: *Concertino for Jazz Quartet and Orchestra* (1959), New York 1961 (score MJQ 3) [MJQ-Besetzung & Sinfonieorchester; Komposition/Partitur]
SCHULLER, Gunther: *Conversations for Jazz Quartet and String Quartet* (1959), New York 1960 (score MJQ 3) [MJQ-Besetzung & Streichquartett; Komposition/Partitur]
SCHULLER, Gunther: *Django*, New York 1955, 1962 [Schuller-Arrangement für Blechbläser-Ensemble & Rhythmusgruppe; Arrangement/Partitur]
SCHULLER, Gunther: *Variants on a Theme of John Lewis (Django)*, New York 1964, 1966 [Schuller-Arrangement füpr MJQ-Besetzung & Sinfonieorchester; Arrangement/Partitur]
SCHULLER, Gunther: *Variants for Jazz Quartet and Orchestra* (1960), New York 1964, 1972 (score MJQ 35) [MJQ-Besetzung & Sinfonieorchester; Komposition/Partitur]
»MJQ Folio«, Stockholm 1960: *Afternoon in Paris / Bright Blues / D & E / Delaunay's Dilemma / England's Carol / Hello / Milano / The Queen's Fancy /*

Ralph's New Blues / The Spirit Feel / Two Degrees East, Three Degrees West [Komposition/Lead Sheet: Melodie und Baßstimme]

»The Modern Jazz Quartet. The Legendary Profile«, New York 1977: *Django / Plastic Dreams / Dancing / Blues In A Minor / Blues In Bb / Precious Joy / The Martyr / The Legendary Profile* [MJQ-Besetzung; Komposition/Partitur]

OWENS, Thomas: *Improvisation Techniques of the Modern Jazz Quartet*, Magisterarbeit (University of California), Los Angeles 1965 (maschr.), Notenanhang: *Bluesology* (14. Februar 1956); *Between The Devil And The Deep Blue Sea* (24. August 1957); *Angel Eyes* (22. Januar 1956); *Django* (April 1960); *Versailles* (22. Januar 1956); *Three Windows* (23. August 1957) [MJQ-Besetzung; vollständige Transkriptionen/Partitur]; *Bags' Groove* (3. August 1958); *Django* (23. Dezember 1954); *Django* (22. August 1959) [Solo- und Teiltranskriptionen]

Diskographie

Die folgende Diskographie des Modern Jazz Quartet ist auf den Rahmen der vorliegenden Studie zugeschnitten. Eine komplette Diskographie des Quartetts sowie seiner einzelnen Mitglieder ist vom Verfasser bereits erstellt und steht in nächster Zeit zur Veröffentlichung an. In dieser sind neben sämtlichen publizierten Studio- und *live*-Aufnahmen des Ensembles und der einzelnen Musiker alle bekannten, aber auch nicht veröffentliche Studioeinspielungen sowie Rundfunkmitschnitte und Konzertprogramme wichtiger Aufführungen verzeichnet.

Um die folgende Diskographie nicht zu lang werden zu lassen, wurden folgende Auswahlkriterien benutzt:

- Verzeichnet sind sämtliche veröffentlichten Studio- und *live*-Aufnahmen des Modern Jazz Quartet. Sind in einer Aufnahmesitzung weitere Einspielungen gemacht worden, die aber nicht auf Schallplatte publiziert wurden, so finden sie sich ebenfalls in der Diskographie wieder. Dasselbe gilt für nicht veröffentlichte Teile von Konzerten, die partiell auf Schallplatte erschienen. Außerdem sind unveröffentliche *live*-Mitschnitte verzeichnet, welche dem Autor als Vergleichsaufnahmen zur Verfügung standen.
- Nicht verzeichnet sind Aufnahmesitzungen, aus denen keine Einspielungen publiziert wurden.
- Die Matrixnummern der Studio-Sessions wurden im Interesse der Übersichtlichkeit fortgelassen. Aus der Menge verschiedener Schallplattenveröffentlichungen einer Sitzung wurde jeweils das momentan am besten zugängliche Label ausgewählt.

Folgende Instrumentenabkürzungen fanden – Diskographie-üblich – Verwendung:

(as)	= Altsaxophon	(frhrn)	= Horn
(b)	= Kontrabaß	(g)	= Gitarre
(bar)	= Baritonsaxophon	(harp)	= Harfe
(bassoon)	= Fagott	(p)	= Piano
(bgo)	= Bongo	(perc)	= Perkussion
(cello)	= Violoncello	(sop)	= Sopransaxophon
(cga)	= Conga	(tbn)	= Posaune
(cl)	= Klarinette	(tp)	= Trompete
(cond)	= Dirigent	(ts)	= Tenorsaxophon
(d)	= Schlagzeug	(vib)	= Vibraphon
(el-b)	= elektrischer Baß	(viola)	= Viola
(fl)	= Querflöte	(vln)	= Violine

ca. 1948 *Detroit*	MILT JACKSON ALL STARS: Milt Jackson (vib), John Lewis (p), Al Jackson (b), Kenny Clarke (d), Chano Pozo (bgo)		
	Bobbin' With Robin (alias *Baggy's Blues*)	America	30 AM 6972
	Autumn Breeze (alias *In A Beautiful Mood*)		–
	Slits		–
	Baggy Eyes		–
1951 *24. August* *New York*	MILT JACKSON QUARTET: Milt Jackson (vib), John Lewis (p), Ray Brown (b), Kenny Clarke (d)		
	Milt Meets Sid	Savoy	SJL 1106
	D And E		–
	Yesterdays		–
	Between The Devil And The Deep Blue Sea		–
18. September *New York*	MILT JACKSON QUARTET: Milt Jackson (vib), John Lewis (p), Ray Brown (b), Al Jones (d)		
	Autumn Breeze	Savoy	SJL 1106
	Bluesology		–
	Round About Midnight		–
	Moving Nicely		–
1952 *April* *New York*	MILT JACKSON QUARTET: Milt Jackson (vib), John Lewis (p), Percy Heath (b), Kenny Clarke (d)		
	Softly As In A Morning Sunrise	Savoy	SJL 1106
	Love Me Pretty Baby		–
	Heart And Soul		–
	True Blues		–
7. April *New York*	MILT JACKSON QUINTET/QUARTET: Lou Donaldson (as–1), Milt Jackson (vib), John Lewis (p), Percy Heath (b), Kenny Clarke (d)		
	Tahiti (–1)	Blue Note	LA 590-H2
	Lillie (zwei Takes)		–
	Bags' Groove (–1)		–
	What's New (zwei Takes)		–
	Don't Get Around Much Anymore (–1; zwei Takes)		–
	On The Scene (–1)		–

Herbst Birdland New York	BEN WEBSTER & MILT JACKSON QUARTET: Ben Webster (ts), Milt Jackson (vib), John Lewis (p), Percy Heath (b), Kenny Clarke (d)		
	Confirmation	Ozone	22
	You Are Too Beautiful		–
	Lady Be Good		–
	The Nearness Of You		–
	Poutin'		–
	Cottontail		–
	Danny Boy		–
	Billie's Bounce		–
1. November Birdland, New York	CHARLIE PARKER & MILT JACKSON QUARTET: Charlie Parker (as), Milt Jackson (vib), John Lewis (p), Percy Heath (b), Kenny Clarke (d)		
	How High The Moon	Transark	1001
	Embraceable You		–
	52nd Street Theme (Thema)		–
22. Dezember New York	MODERN JAZZ QUARTET: Milt Jackson (vib), John Lewis (p), Percy Heath (b), Kenny Clarke (d)		
	All The Things You Are	Prestige	7749
	La Ronde		–
	Vendome		–
	Rose Of The Rio Grande		–
1953			
25. Juni New York City	*The Queen's Fancy*	Prestige	7749
	Delaunay's Dilemma		–
	Autumn In New York		–
	But Not For Me		–
7. Oktober Hackensack, New Jersey	SONNY ROLLINS & MODERN JAZZ QUARTET: Sonny Rollins (ts), Milt Jackson (vib), John Lewis (p), Percy Heath (b), Kenny Clarke (d)		
	In A Sentimental Mood	Prestige	PRLP 7029
	The Stopper		–
	lmost Like Being In Love		–
	No Moe		–

31. Oktober Birdland New York	MODERN JAZZ QUARTET: Milt Jackson (vib), John Lewis (p), Percy Heath (b), Kenny Clarke (d)		
	Vendome	Session	SR 110
	Lillie		–
	The Queen's Fancy		–
	Bags' Groove		–
	All The Things You Are		–
	La Ronde		–
1954 *23. Dezember New York*	*I'll Remember April*	Prestige	PR 24005
	Django	Prestige	7749
	One Bass Hit		–
	Milano		–
1955 *Anfang Birdland New York*	*Two Degrees East, Three Degrees West*	Musidisc	30 JA 5207
	Between The Devil And The Deep Blue Sea		–
	Angel Eyes		–
	Bluesology		–
	God Rest Ye Merry, Gentlemen (England's Carol)		–
	Delaunay's Dilemma		–
	Bess (Bess, Oh Where's My Bess)		–
	Bags' Groove		–
9. Januar New York	*La Ronde Suite (parts 1 to 4)*	Prestige	7749
2o. Januar Birdland New York	*What's New*	Alto	AL 716
	I'll Remember April		–
	Django		–
23. Januar Birdland New York	*Concorde*	Alto	AL 716
	Yesterdays		–
	One Bass Hit		–
30. Januar Birdland New York	MODERN JAZZ QUARTET: Milt Jackson (vib), John Lewis (p), Percy Heath (b), Connie Kay (d)		

	Bags' Groove	Alto	AL 716
	What's New	Session	SR 111
	One Bass Hit		–
	Django		–
	Concorde		–
	Milt Meets Sid		–
6. Februar			
Birdland	*D And E*	Session	SR 111
New York	*Yesterdays*		–
	Bluesology		–
	Autumn In New York	Session	SR 112
	Milt Meets Sid		–
	Summertime		–
2. Juli			
Hackensack,	*Ralph's New Blues*	Prestige	P 7005
New Jersey	*All Of You*		–
	I'll Remember April		–
	Gershwin Medley:		–
	Soon		
	Love Walked In		
	Our Love Is Here To Stay		
	For You, For Me, For Evermore		
	Concorde		–
	Softly As In A Morning Sunrise		–
1956			
22. Januar			
New York	*Woodyn' You*	Atlantic	SD 1231
	Willow Weep For Me		–
	Fontessa		–
	Versailles		–
	Angel Eyes		–
	Over The Rainbow		–
	Bluesology	Unveröffentlicht	
	Bags' Groove	–	
	A Night In Tunesia	–	
	D And E	–	
14. Februar			
New York	*Woodyn' You*	Unveröffentlicht	
	Bluesology	Atlantic	SD 1231
	Woodyn' You	Unveröffentlicht	

5. Juli Newport Jazz Festival Newport, Rhode Island	*Ralph's New Blues*	VoA J-110
	Willow Weep For Me	–
	I'll Remember April	Unveröffentlicht
	Two Degrees East, Three Degrees West	VoA J-110
	God Rest Ye Merry Gentlemen (England's Carol)	–
	Versailles	–

28. August Music Inn Lenox, Massachussetts

MODERN JAZZ QUARTET & JIMMY GIUFFRE:
Jimmy Giuffre (cl–1), Milt Jackson (vib), John Lewis (p), Percy Heath (b), Connie Kay (d)

Bess, Oh Where's My Bess	Atlantic LP 1247
A Fugue For Music Inn (–1)	–
Two Degrees East, Three Degrees West	–
Serenade (–1)	–
Fun (–1)	–
Sun Dance	–
The Man That Got Away	–
A Morning In Paris	–
Variation on God Rest Ye Merry, Gentlemen (alias *England's Carol*)	–

12. November SWF Jazz Jubilee Concert Freiburg Westdeutschland

MODERN JAZZ QUARTET & MILES DAVIS & LESTER YOUNG & KURT EDELHAGEN ORCHESTER:
(–1) Milt Jackson (vib), John Lewis (p), Percy Heath (b), Connie Kay (d)
(–2) Kurt Edelhagen Orchester: Kurt Edelhagen (ldr), Connie Jeckel (tp), Franz von Klenck (as), Helmut Brandt (bar), Heinz Kiessling, Mladem Gutesha (arr); weitere Besetzung unbekannt
(–3) Miles Davis (tp), Lester Young (ts)

D And E (–1)	Unveröffentlicht
Milano (–1)	–
Versailles (–1)	–
Django (–1,–2; HK-arr)	–
Bluesology (–1,–2; MG-arr)	–
How High The Moon (–1,–3)	Unique Jazz UJ 14
Lester Leaps In (–1,–2,–3)	–

19. November Zürich

MODERN JAZZ QUARTET:
Milt Jackson (vib), John Lewis (p), Percy Heath (b), Connie Kay (d)

Schweiz	*Softly As In A Morning Sunrise*.........................	Unveröffentlicht
	Over The Rainbow	–
	Vendome	–
	Ralph's New Blues	–
	Concorde	–
	A Morning In Paris	–
	(Interview mit John Lewis)	–

1957
4. April

New York	*Three Windows*...	Atlantic LP 1284
	Cortege	–
	The Golden Striker	–
	One Never Knows	–
	One Never Knows............................	Atlantic/Versailles 90 M 199
	The Rose Truc...	Atlantic LP 1284
	Venice	–

(Anmerkung: Atlantic LP 1284 trägt den Titel »*The Modern Jazz Quartet Play's No Sun In Venice*«. Der alternative *take* von *One Never Knows* kann auch aus einer späteren Aufnahmesitzung stammen.)

5. April

New York	*Between The Devil And The Deep Blue Sea*..	Atlantic SD 1256
	La Ronde: Drums	–
	A Night In Tunesia	–
	Yesterdays	–
	Bags' Groove	–
	Baden-Baden (alias *Milt Meets Sid*)	–
	Ballad Medley: *They Say It's Wonderful* / *How Deep Is The Ocean* / *Ghost Of A Chance* / *My Old Flame* / *Body And Soul*	–

23. August
Lenox, Massa-chussetts

MODERN JAZZ QUARTET & JIMMY GIUFFRE TRIO:
Jimmy Giuffre (cl,ts), Milt Jackson (vib), Jim Hall (g), John Lewis (p), Percy Heath, Ralph Pena (b), Connie Kay (d)

	Da Capo..	Atlantic LP 1345
	Fine	–

19. Oktober Opera House Chicago	MODERN JAZZ QUARTET: Milt Jackson (vib), John Lewis (p), Percy Heath (b), Connie Kay (d)

	D And E	Verve MV 2795
	Now's The Time	–
	Round About Midnight	–
	I'll Remember April	Verve 2367-072

27. Oktober Stadthalle, Donaueschingen Westdeutschland	*Three Windows*	MPS 68.161, Ingo 12
	The Golden Striker	–, –
	Cortege	–, –
	The Rose Truc	–
	J.B. Blues	–

(Anmerkung: Das Datum auf MPS 68.161 – 20. Oktober 1957 – ist offensichtlich falsch, da das Modern Jazz Quartet zu dem Zeitpunkt noch an einer Tournee von Jazz at the Philharmonic in den Vereinigten Staaten teilnahm.)

1958

19. Januar Festival Internazionale di Jazz San Remo, Italien	*I'll Remember April*	Ingo 12
	A Night In Tunesia	–
	Django	–
	Angel Eyes	Unveröffentlicht
	Yardbird Suite	–
	Round Midnight	–
	Fontessa	–

3. August Music Inn Lenox, Massachussetts	*Ballad Medley:* *Stardust* / *I Can't Get Started* / *Lover Man*	Atlantic SD 1299
	Yardbird Suite	–
	Now's The Time	Unveröffentlicht
	Festival Sketch	Atlantic SD 1299
	Midsömmer	–
	Confirmation	Unveröffentlicht

3. September
Music Inn
Lenox, Massachussetts

SONNY ROLLINS & MODERN JAZZ QUARTET:
Sonny Rollins (ts), Milt Jackson (vib), John Lewis (p), Percy Heath (b), Connie Kay (d)

Bags' Groove	Atlantic	SD 1299
A Night In Tunesia		–
Doxy (MJ out)	Metrojazz (E)	S 1011
Limehouse Blues (MJ out)		–
I'll Follow My Secret Heart (MJ + JL out)		–
You Are Too Beautiful (MJ out)		–

1959
2. Juli
Newport Jazz Festival
Newport, Rhode Island

MODERN JAZZ QUARTET:
Milt Jackson (vib), John Lewis (p), Percy Heath (b), Connie Kay (d)

Django	VoA	J-100
How High The Moon		–
La Cantatrice	Unveröffentlicht	
Round Midnight	VoA	J-100
Harlequin	Unveröffentlicht	
I'll Remember April	VoA	J-100

22. August
Music Inn
Lenox, Massachussetts

Harlequin	Unveröffentlicht	
Django	Atlantic	LP 1325

25. August
Music Inn
Lenox, Massachussetts

Romaine	Atlantic	LP 1325

23. September
New York

MODERN JAZZ QUARTET & BEAUX ARTS STRING QUARTET:
Milt Jackson (vib), John Lewis (p), Percy Heath (b), Connie Kay (d), Gerald Tarak, Allan Martin (vln), Carl Eberl (vla), Joe Tekula (cello), Gunther Schuller (cond−1)

Sketch	Atlantic	LP 1345
Conversation (−1)		–

9. & 10. Oktober New York — MODERN JAZZ QUARTET:
Milt Jackson (vib), John Lewis (p), Percy Heath (b), Connie Kay (d)

A Social Call	United Artists	UAL 4063
Skating In Central Park		–
Cue No. 9		–
No Happiness For Slater		–
A Cold Wind Is Blowing		–
Odds Against Tomorrow		–

(Anmerkung: United Artists UAL 4063 trägt den Titel »*Odds Against Tomorrow*«.)

21. Dezember New York

It Don't Mean A Thing	Atlantic	LP 1325
Pyramid		–

1960 *15. Januar New York* — MODERN JAZZ QUARTET & HOLZBLÄSER-/STREICHER-ENSEMBLE:
Milt Jackson (vib), John Lewis (p), Percy Heath (b), Connie Kay (d);
(–1) plus Paul Ingraham (frhrn), Bob DiDomenica (fl), Bill McColl (cl), Manny Ziegler (bassoon), Joe Tekula (cello), Betty Glamman (harp), Gunther Schuller (cond)

Exposure (–1)	Atlantic	LP 1345
Vendome	Atlantic	LP 1325
How High The Moon		–

ca. März wahrscheinlich Paris — MODERN JAZZ QUARTET & JAZZ GROUP DE PARIS:
Milt Jackson (vib), John Lewis (p), Percy Heath (b), Connie Kay (d);
(–1) plus Jazz Group de Paris, André Hodeir (cond), Rest unbekannt

Animal Dance	Curcio (I)	5
Django		–
God Rest Ye Merry, Gentlemen (*England's Carol*)		–
La Ronde (Vibes)		–
Midsömmer		–
Bags' Groove		–
Sketch 3 (–1)		–
Ambiguité (–1)		–

(Anmerkung: Auf dem Plattencover wird *God Rest Ye Merry, Gentlemen* fälschlicherweise als *Milano* und *La Ronde* als *Bluesology* identifiziert.)

11. April	MODERN JAZZ QUARTET:	
Stockholm, Schweden	Milt Jackson (vib), John Lewis (p), Percy Heath (b), Connie Kay (d)	
	Django	Unveröffentlicht
	La Ronde	–
	I Remember Clifford	Atlantic SD 2-603
	Festival Sketch	–
	Midsömmer	Unveröffentlicht
	Vendome	–
	Odds Against Tomorrow	–
	The Cylinder	Atlantic SD 2-603
	Pyramid	–
	It Don't Mean A Thing	Unveröffentlicht
	Skating In Central Park	–
	The Little Comedy	–
	Bags' Groove	Atlantic SD 2-603
	Round Midnight	Unveröffentlicht
	I'll Remember April	Atlantic SD 2-603
12. April		
Göteborg,	*Django*	Atlantic SD 2-603
Schweden	*Bluesology*	–
(1. Konzert)	*I Should Care*	–
	La Ronde	–
	I Remember Clifford	Unveröffentlicht
	Festival Sketch	–
	Midsömmer	–
	Vendome	–
	Odds Against Tomorrow	Atlantic SD 2-603
	The Cylinder	Unveröffentlicht
	Pyramid	–
	It Don't Mean A Thing	–
	Skating In Central Park	Atlantic SD 2-603
	The Little Comedy	Unveröffentlicht
12. April		
Göteborg,	*Django*	Unveröffentlicht
Schweden	*Bluesology*	–
(2. Konzert)	*I Should Care*	–
	How High The Moon	–

	I Remember Clifford	Unveröffentlicht
	Festival Sketch	–
	Cortege	–
	A Night In Tunesia	–
	Odds Against Tomorrow	–
	The Cylinder	–
	Pyramid	–
	It Don't Mean A Thing	–
	Skating In Central Park	–
	The Little Comedy	–
13. April Stockholm, Schweden	*Django*	Unveröffentlicht
	Bluesology	–
	I Should Care	–
	La Ronde	–
	I Remember Clifford	–
	Festival Sketch	–
	Midsömmer	–
	Vendome	Atlantic SD 2-603
	Odds Against Tomorrow	Unveröffentlicht
	The Cylinder	–
	Pyramid	–
	It Don't Mean A Thing	Atlantic SD 2-603
	Skating In Central Park	Unveröffentlicht
	The Little Comedy	–
	Round About Midnight	Atlantic SD 2-603
3. & 4. Juni Stuttgart Westdeutschland	MODERN JAZZ QUARTET & ORCHESTER: Milt Jackson (vib), John Lewis (p), Percy Heath (b), Connie Kay (d), großes Sinfonieorchester, Gunther Schuller (cond), Werner Heider (cond–1)	
	England's Carol (God Rest Ye Merry, Gentlemen)	Atlantic LP 1359
	Divertimento	–
	Around The Blues	–
	Concertino For Jazz Quartet And Orchestra: First Movement, Second Movement, Third Movement	–
20. Oktober New York	MODERN JAZZ QUARTET & DIAHANN CARROLL: Milt Jackson (vib), John Lewis (p), Percy Heath (b), Connie Kay (d), Diahann Carroll (vcl)	

	La Cantatrice	Atlantic SD 1390
1962	MODERN JAZZ QUARTET:	
22. Januar	Milt Jackson (vib), John Lewis (p), Percy Heath (b), Connie Kay	
New York	(d)	
	Spanish Steps	Atlantic SD 1390
	Columbine	–
	Pulchinella	–
23. Januar		
New York	*Pierrot*	Atlantic SD 1390
	Harlequin	–
24. Januar		
New York	*Piazza Navona*	Atlantic SD 1390
	Trieste	Atlantic SD 1381
25. Januar		
New York	*Lonely Woman*	Atlantic SD 1381
29. Januar		
New York	*New York 19*	Atlantic SD 1381
	Animal Dance	–
	Why Are You Blue	Unveröffentlicht
	Belkis	–
2. Februar		
New York	*Animal Dance*	Unveröffentlicht
	Lamb Leopard	Atlantic SD 1381
	Fugato	–
	Why Are You Blue	–
	Belkis	–
1963		
16. Mai		
New York	*Bachianas Brasileiras*	Atlantic SD 1414
	Mean To Me	–
	Natural Affection	–
	Donnie's Theme	–
	Carnival	Unveröffentlicht
	Carnival	Atlantic SD 1414

17. Mai		
New York	*Concorde*	Atlantic SD 1420
	A Milanese Story Part One: In A Crowd	Unveröffentlicht
	Winter Tale	Atlantic SD 1420
	The Sheriff	Atlantic SD 1414
	Reunion Blues	Atlantic SD 1420
	Yesterdays	–

(Anmerkung: Atlantic SD 1414 trägt den Titel »*The Sheriff*«; Atlantic SD 1420 trägt den Titel »*A Quartet Is A Quartet Is A Quartet*«.)

20. Dezember		
New York	*In A Crowd*	Atlantic SD 1414

1964		
TV-Show		
San	*The Golden Striker*	Unveröffentlicht
Francisco	*If I Were Eve*	–
	Wintertale	–
	Lonely Woman	–
	(Interview mit John Lewis)	–

9. April oder 6. Mai Théâtre des Champs Elysées, Paris

MODERN JAZZ QUARTET & LAURINDO ALMEIDA:
Milt Jackson (vib), John Lewis (p), Percy Heath (b), Connie Kay (d), Laurindo Almeida (g)

Bags' Groove	Unveröffentlicht
One Note Samba	–
Valeria	–
Trieste	–
Silver	–

21. Juli		
New York	*Concierto de Aranjuez*	Atlantic SD 1429
	One Note Samba	–
	Fugue In A Minor	–
	Trieste	–
	Valeria	–
	Silver	–
	Foi De Saudade	–

23. & 24. Juli New York

MODERN JAZZ QUARTET:
Milt Jackson (vib), John Lewis (p), Percy Heath (b), Connie Kay (d)

	I Loves You Porgy	Atlantic SD 1440
	My Man's Gone Now	–
	There's A Boat Dat's Leaving Soon For New York	–
	Intima	Unveröffentlicht
	Swing Low, Sweet Chariot	–
	Fugue In D Minor	–
	Blues Milanese	–
	Summertime	Atlantic SD 1440

(Anmerkung: Atlantic SD 1440 trägt den Titel »*The Modern Jazz Quartet Plays George Gershwin's Porgy And Bess*«.)

1965

26. April		
New York	*Summertime*	Unveröffentlicht
	Bess, You Is My Woman Now	Atlantic SD 1440
	It Ain't Necessarily So	–
	Bess, Where Is My Bess	–

25. Mai New York — MODERN JAZZ QUARTET & ALL STAR JAZZ BAND:
Clark Terry, Ernie Royal, Snooky Young, Bernie Glow (tp,flhrn), Jimmy Cleveland, Kai Winding, Tony Studd (tbn), Charlie Mariano, Phil Woods (as), Richie Kamuca, Seldon Powell (ts), Wally Kane (bar), Milt Jackson (vib), Howard Collins (g), John Lewis (p), Percy Heath (b), Jimmy Lewis (el-b –1), Connie Kay (d)

	Intima	Atlantic SD 1449
	The Golden Striker	–
	Ralph's New Blues	–
	Animal Dance	Unveröffentlicht
25. Juni		
New York	*Home* (–1)	Atlantic SD 1449
	Django	–
	One Never Knows	–
	Animal Dance	–

13., 14. oder 15. Oktober Lucerna Hall, Prag — MODERN JAZZ QUARTET:
Milt Jackson (vib), John Lewis (p), Percy Heath (b), Connie Kay (d)

	Cerny Orfeus (Orfeo Negro)	Supraphon DV 10196

Oktober/		
November	*Summertime*	Unveröffentlicht
Jazz	*I Loves You Porgy*	–
Festival,	*Bess, You Is My Woman Now*	–
West-Berlin	*There's A Boat*	
	Dat's Leaving Soon For New York	–

1966		
2. Februar		
TV-Show,	*Summertime*	Unveröffentlicht
London	*I Loves You Porgy*	–
	My Man's Gone Now	–
	It Ain't Necessarily So	–
	Summertime (Variations)	–

14. März			
Kosei-Nenkin	*Really True Blues*	Atlantic (Jap.)	5536-7A
Kaikan,	*The Cylinder*		–
Tokio	*Monterey Mist*		–
	Midsömmer		–
	Summertime		–
	Animal Dance		–
	For Someone I Love		–
	The Golden Striker		–
	There's A Boat Dat's		
	Leaving Soon For New York		–
	It Ain't Necessarily So		–
	Ralph's New Blues		–
	My Man's Gone Now		–
	Winter Tale		–
	I Loves You Porgy		–
	Pyramid		–
	Home		–
	Blues Milanese		–
	Bags' Groove		–
	Django		–

ca. März			
Half Note,			
New York	*Home*	Session	SR 112

27. April	MODERN JAZZ QUARTET (& STREICHQUARTET/HOLZ-
Carnegie	BLÄSER-ENSEMBLE):
Hall	Milt Jackson (vib), John Lewis (p), Percy Heath (b), Connie Kay
New York	(d);

(–1) plus Tom Zungola, Bruce Freifeld (vln), Jack Katz (vla), Joe Tekula (cello);
(–2) plus Joe Farrell (fl), Don Ashworth (oboe), Eddie Daniels (cl), Don Stewart (b-cl), Walter Kane (bassoon)

Pyramid	Atlantic SD 1468
The Cylinder	–
Really True Blues	–
Ralph's New Blues	–
Monterey Mist	–
Blues Milanese	–
Bags' Groove	–
Conception And Inflection On A Jazz Rhythm	Unveröffentlicht
Vendome	–
Concorde	–
Home	Atlantic SD 1468
Excerpt From The Musical Offering (J.S. Bach) (–1)	Unveröffentlicht
Excerpt From Dido (H. Purcell) (–1)	–
Excerpt From Aeneas (H. Purcell) (–1)	–
Sketch (For Double Quartet) (–1)	–
Sacha's Fugue (–1, –2)	–
Little David's Fugue (–1, –2)	–

(Anmerkung: Atlantic SD 1468 trägt den Titel »*Blues At Carnegie Hall*«.)

27. September & 30. Oktober Paris

MODERN JAZZ QUARTET & SWINGLE SINGERS:
Milt Jackson (vib), John Lewis (p), Percy Heath (b), Connie Kay (d), Jeanette Beaucomont, Claudine Meunier, Alice Herald, Christian Legrand, Ward Swingle, Jean Cussac, José Germain (vcl)

When I Am Laid In Earth (Dido's Lament)	Philips PHM 200-225
Little David's Fugue	–
Air On A G String	–
Vendome	–
Ricercare A Six	–
Alexander's Fugue	–
Three Windows	–

1967
16. & 17. März

MODERN JAZZ QUARTET:
Milt Jackson (vib), John Lewis (p), Percy Heath (b), Connie Kay (d)

Lighthouse Club, Hermosa Beach, California	*The Shadow Of Your Smile*	Atlantic SD 1486
	Novamo	–
	Odds Against Tomorrow	Unveröffentlicht
	Skating In Central Park	–
	I'll Remember April	–
	For Someone In Love	Atlantic SD 1486
	The Sheriff	Unveröffentlicht
	(Bach aria)	–
	Little David's Fugue	–
	England's Carol (God Rest Ye Merry, Gentlemen)	–
	Vendome	–
	Bachainas Brasileiras No. 5	–
	Concorde	–
	Dido's Lament	–
	Alexander's Fugue	–
	What's New	Atlantic SD 1486
	Intima	–
	(unbekannter Titel)	Unveröffentlicht
	Baseball	Atlantic SD 1486
	The Spiritual	–
	(unbekannter Titel)	Unveröffentlicht
	(unbekannter Titel)	–
	True Blues	–
	Swing Low, Sweet Chariot	–
	Monterey Mist	–
	Ralph's New Blues	–
	Pyramid	–
	It Ain't Necessarily So	–
	Summertime	–
	(unbekannter Titel)	–
	Animal Dance	–

16. September Jazz Festival Monterey, California

MODERN JAZZ QUARTET & DIZZY GILLESPIE:
Dizzy Gillespie (tp), Milt Jackson (vib), John Lewis (p), Percy Heath (b), Connie Kay (d)

Round Midnight	Unveröffentlicht

12. Dezember Bristol, England

MODERN JAZZ QUARTET:
Milt Jackson (vib), John Lewis (p), Percy Heath (b), Connie Kay (d)

The Blue Necklace .... Apple SAPCOR 4
Three Little Feelings –
Exposure –
The Jasmin Tree –

(Anmerkung: Apple SAPCOR 4 trägt den Titel »*The Jasmine Tree*«.)

1969
New York

Visitor From Venus .... Apple SAPCOR 10
Visitor From Mars –
Here's That Rainy Day –
Dilemma –
Concierto de Aranjuez (Adagio) –

(Anmerkung: Apple SAPCOR 10 trägt den Titel »*Space*«.)

1970
28. Oktober
Köln
West-deutschland

Monterey Mist .... Unveröffentlicht
Willow Weep For Me –
Romance –
The Walking Stomp –

1971
24. Mai
New York

MODERN JAZZ QUARTET (& BLECHBLÄSER-QUINTETT):
Milt Jackson (vib), John Lewis (p), Percy Heath (b), Connie Kay (d);
(–1) plus Snooky Young, Joe Newman (tp), Garnett Brown (tbn), Jimmy Buffington (frhrn), Don Butterfield (tuba)

Variations On A Christmas Theme (–1) .... Atlantic SD 1589
Piazza Navona –
Blues In Bergerie .... Unveröffentlicht
Romance –
Dancing .... Atlantic SD 1589
Plastic Dreams –
Walkin' Stomp –
England's Carol (God Rest Ye Merry, Gentlemen) –
The Trip .... Unveröffentlicht
Travlin' .... Atlantic SD 1589

(Anmerkung: Atlantic SD 1589 trägt den Titel »*Plastic Dreams*«.)

25. Dezember Town Hall New York	MODERN JAZZ QUARTET & PAUL DESMOND: Paul Desmond (as), Milt Jackson (vib), John Lewis (p), Percy Heath (b), Connie Kay (d)	
	Greensleeves	Finesse 25 PJ 50
	You Go To My Head	–
	Blue Dove	–
	Jesus Christ Superstar	–
	Here's That Rainy Day	–
	East Of The Sun	–
	Bags' (New) Groove	–
1972 *New York*	MODERN JAZZ QUARTET: Milt Jackson (vib), John Lewis (p), Percy Heath (b), Connie Kay (d)	
	The Legendary Profile	Atlantic SD 1623
	Valeria	–
	Misty Roses	–
	The Martyr	–
	What Now My Love (Et Maintenant)	–
	Romance	–

(Anmerkung: Atlantic SD 1623 trägt den Titel »The Legendary Profile«.)

17. Juni London	*Travlin'*	Unveröffentlicht
	Monterey Mist	–
	In Memoriam	–
	The Legendary Profile	–
	Plastic Dreams	–
	Concierto de Aranjuez	–
1973 *5. November New York*	MODERN JAZZ QUARTET & SYMPHONY ORCHESTRA: Milt Jackson (vib), John Lewis (p), Percy Heath (b), Connie Kay (d), Sinfonieorchester, Maurice Peress (cond)	
	Jazz Ostinato	Little David P 8508 L
	Adagio (*Concierto de Aranjuez*)	–
6. November New York	*In Memoriam: First Movement*	Little David P 8508 L
	In Memoriam: Second Movement	–

(Anmerkung: Little David P 8508 L trägt den Titel »*In Memoriam*«.)

26. November New York	MODERN JAZZ QUARTET: Milt Jackson (vib), John Lewis (p), Percy Heath (b), Connie Kay (d)	
	Regret (Das alte Jahr vergangen ist)	Atlantic SD 1652
	Rise Up In The Morning (Wachet auf ruft uns die Stimme)	–
	Don't Stop This Train (Clavierbüchlein, Fuge in D-Moll)	–
	Tears From The Children (Wohltemperiertes Clavier, Präludium Nr. 8)	–
	Precious Joy (Jesu Freude meines Herzens)	–
27. November New York	*Blues In B Flat*	Atlantic SD 1652
	Blues In A Minor	–
	Blues In C Minor	–
	Blues In H (B)	–

(Anmerkung: Atlantic SD 1652 trägt den Titel »*Blues On BACH*«.)

1974

25. November Avery Fisher Hall New York	*Softly As In A Morning Sunrise*	Atlantic SD 2-909
	The Cylinder	–
	Summertime	–
	Really True Blues	Atlantic 8806
	What's New	Atlantic SD 2-909
	Blues In A Minor	–
	Confirmation	–
	Round Midnight	–
	A Night In Tunesia	–
	Tears From The Children	Atlantic 8806
	Blues In H (B)	–
	England's Carol (God Rest Ye Merry, Gentlemen)	–
	The Golden Striker	Atlantic SD 2-909
	One Never Knows	–
	Travlin'	–
	Skating In Central Park	–
	Concierto de Aranjuez	Unveröffentlicht
	The Jasmin Tree	Atlantic 8806
	In Memoriam	–
	Bags' Groove	Atlantic SD 2-909
	Django	–

(Anmerkung: Atlantic SD 2-909 trägt den Titel »*The Last Concert*«; Atlantic 8806 trägt den Titel »*More From The Last Concert*«.)

1981/82		
San	*Django*	Unveröffentlicht
Fancisco	*The Jasmin Tree*	–
	Odds Against Tomorrow	–
	The Cylinder	–
	The Martyr	–
	True Blues	–

1981		
19. & 20.		
Oktober	*Softly As In A Morning Sunrise*	Atlantic P 13011
Budokan,	*The Cylinder*	–
Tokio,	*Really True Blues*	–
Japan	*The Golden Striker*	–
	Odds Against Tomorrow	–
	The Jasmin Tree	–
	Bags' Groove	–
	Django	–

1982		
10. Juli		
Jazz Festival	*Django*	Unveröffentlicht
Nizza,	*The Jasmin Tree*	–
Frankreich	*Odds Against Tomorrow*	–
	The Cylinder	–
	The Martyr	–
	True Blues	–
	Travlin'	–
	I'll Remember April	–
	The Golden Striker	–
	One Never Knows	–
	Billie's Bounce	–
	Round Midnight	–
	Woodyn' You	–

11. Juli	MODERN JAZZ QUARTET & DIZZY GILLESPIE:	
Jazz	Dizzy Gillespie (tp–1), Milt Jackson (vib), John Lewis (p), Percy	
Festival	Heath (b), Connie Kay (d)	
Nizza,		
Frankreich	*Softly As In A Morning Sunrise*	Unveröffentlicht
	Odds Against Tomorrow	–

	Billie's Bounce (−1)	Unveröffentlicht
	What's New (−1)	–
	Blues (−1)	–

18. Juli	MODERN JAZZ QUARTET:	
Jazz	Milt Jackson (vib), John Lewis (p), Percy Heath (b), Connie Kay	
Festival	(d)	
Nizza,	*Monterey Mist*	Unveröffentlicht
Frankreich	*Django*	–
	True Blues	–
	Travlin'	–
	I'll Remember April	–
	One Never Knows	–
	Billie's Bounce	–
	Round Midnight	–

24. Juli		
Jazz	*Softly As In A Morning Sunrise*	Unveröffentlicht
Festival	*True Blues*	–
London	*Odds Against Tomorrow*	–
	The Golden Striker	–
	Woodyn' You	–
	Round Midnight	–
	Bags' Groove	–
	Django	–
25. Juli		
Jazz	*Django*	Pablo 2308-244
Festival	*The Cylinder*	–
Montreux,	*The Martyr*	–
Schweiz	*True Blues*	–
	Odds Against Tomorrow	–
	The Jasmin Tree	–
	Monterey Mist	–
	Bags' (New) Groove	–
	Woodyn' You	–

(Anmerkungen: Pablo 2308-244 trägt dem Titel »*Together Again*«.)

1983		
22. April		
Dominion	*Monterey Mist*	Unveröffentlicht
Theatre	*Odds Against Tomorrow*	–
London	*Hornpipe For The Queen*	–
	That Slavic Smile	–

	Nature Boy (MJ solo)	Unveröffentlicht
	The Walking Stomp	–
	Sacha's March	–
	D And E	–
	Lela	–
	Watergate Blues	–
	The Legendary Profile	–
	Milano	–
	True Blues	–
	Travlin'	–
	Django	–
	Bags' Groove	–

2. Mai
Bern
Schweiz

MODERN JAZZ QUARTET (& RAY BROWN):
Milt Jackson (vib), John Lewis (p), Percy Heath (b–1), Ray Brown (b–2), Connie Kay (d)

One Never Knows (–1)	Unveröffentlicht
True Blues (–1)	–
Willow Weep For Me (–1)	–
Travlin' (–1)	–
That Slavic Smile (–1)	–
D And E (–1)	–
Lela (–1)	–
Sacha's March (–1)	–
Django (–1)	–
Bags' Groove (–2)	–
The Golden Striker (–1)	–
Nature Boy (MJ solo)	–
Watergate Blues (–1)	–
Milano (–1)	–
Hornpipe For The Queen (–1)	–

27. Oktober
Hamburg, Westdeutschland

MODERN JAZZ QUARTET (& RAY BROWN & KENNY CLARKE):
Milt Jackson (vib), John Lewis (p), Ray Brown (b–1), Percy Heath (b–2), Kenny Clarke (d–1), Connie Kay (d–2)

Woodyn' You (–1)	Unveröffentlicht
Round Midnight (–1)	–
Billie's Bounce (–1)	–
Confirmation (–1)	–
Between The Devil And The Deep Blue Sea (–1)	–
Bags' Groove (–1)	–

	Yesterdays (−1)	Unveröffentlicht
	Monterey Mist (−2)	–
	Watergate Blues (−2)	–
	That Slavic Smile (−2)	–
	Nature Boy (MJ solo)	–
	D And E (−2)	–
	Sacha's March (−2)	–
	Milano (−2)	–
	True Blues (−2)	–
	Hornpipe For The Queen (−2)	–
	One Never Knows (−2)	–
	Django (−2)	–

28. Oktober Jazz Festival West-Berlin

MODERN JAZZ QUARTET:
Milt Jackson (vib), John Lewis (p), Percy Heath (b), Connie Kay (d)

	Monterey Mist	Unveröffentlicht
	One Never Knows	–
	Watergate Blues	–
	That Slavic Smile	–
	Nature Boy (MJ solo)	–
	D And E	–
	Sacha's March	–
	Hornpipe For The Queen	–
	Bags' Groove	–
	Django	–
	Milano	–

1984		
6. März		
New York	*That Slavic Smile*	Pablo 2312-142
	Echoes	–
	The Watergate Blues	–
	The Horn Pipe	–
	Connie's Blues	–
	Sacha's March	–

(Anmerkung: Pablo 2312-142 trägt den Titel »*Echoes: The MJQ 1984 – Together Again*«.)

1985		
3. & 4. Juni		
New York	*Reunion Blues*	Pablo 2310-917
	Nature Boy (MJ solo)	–

	Topsy	Pablo 2310-917
	D And E	–
	Valeria	–
	Milano	–
	Le Cannet	–

(Anmerkung: Pablo 2310-917 trägt den Titel »*Topsy... This One's For Basie*«.)

21. Juli		
Jazz Festival Juan-les-Pins Frankreich	*Reunion Blues*	Unveröffentlicht
	A Day In Dubrovnik	–
	Nature Boy (MJ solo)	–
	Sacha's March	–
	Milano	–
	D And E	–
	Le Cannet	–
	Rockin' In Rhythm	–
1986		
22. Juni		
Tübingen Westdeutschland	*Reunion Blues*	Unveröffentlicht
	Baden-Baden	–
	D And E	–
	One Never Knows	–
	True Blues	–
	Django	–
	J.B. Blues	–
	A Day In Dubrovnik	–

1987 *16. - 20. März New York*

MODERN JAZZ QUARTET & NEW YORK CHAMBER SYMPHONY:
Milt Jackson (vib), John Lewis (p), Percy Heath (b), Connie Kay (d); New York Chamber Symphony, John Lewis (cond). Besetzung der New York Chamber Symphony unbekannt, außer: Syoko Aki, Ronald Oakland (vln)

Three Windows	Atlantic-WEA 254 833
Kansas City Breaks	–
Encounter In Cagnes	–
Django	–
A Day In Dubrovnik:	–
Afternoon	
Evening And Late Night	
Morning	

(Anmerkung: Atlantic-Wea 254 833 trägt den Titel »*Three Windows*«.)

14. Juli Jazz Festival Montreux, Schweiz	MODERN JAZZ QUARTET: Milt Jackson (vib), John Lewis (p), Percy Heath (b), Connie Kay (d)	
	The Golden Striker	Unveröffentlicht
	One Never Knows	–
	Reunion Blues	–
	Nature Boy (MJ solo)	–
	D And E	–
	True Blues	–
	A Day In Dubrovnik	–
	Rockin' In Rhythm	–
	Django	–

1988

1.-3. Februar New York	*For Ellington*	East-West	790 926-1 [LP]
	Jack The Bear		–
	Prelude To A Kiss		–
	It Don't Mean A Thing		–
	Ko-Ko		–
	Maestro E.K.E.		–
	Sepia Panorama		–
	Rockin' In Rhythm		–
	Come Sunday	East-West	790 926-2 [CD]

(Anmerkung: East-West 790 926 trägt den Titel »*For Ellington*«.)

Index

Der folgende Index enthält Personennamen, Kompositionstitel und wichtige sachliche Stichworte. Die vier Musiker des Modern Jazz Quartet – Milt Jackson, John Lewis, Percy Heath und Connie Kay – sind ausgespart, da ihre Namen natürlich die gesamte Studie durchziehen.